Laura Picht / Katharina Schmidt /
Geraldine Schmitz / Lukas Wiggering (Hrsg.)

The Limits of Change
Was ist der Wert der beständigen Dinge?

Laura Picht / Katharina Schmidt /
Geraldine Schmitz / Lukas Wiggering (Hrsg.)

The Limits of Change

Was ist der Wert der beständigen Dinge?

Neofelis Verlag

Dieses Buch ist ein Ergebnis der Aktivitäten des Graduiertenkollegs „Wert und Äquivalent" (GRK 1576) der Goethe Universität Frankfurt am Main und der TU Darmstadt. Die Publikation des Buches wurde durch die Deutsche Forschungsgesellschaft (DFG) ermöglicht.

Bibliografische Information der Deutschen Nationalbibliothek
Die Deutsche Nationalbibliothek verzeichnet diese Publikation in der Deutschen Nationalbibliografie; detaillierte bibliografische Daten sind im Internet über http://dnb.d-nb.de abrufbar.

Umschlaggestaltung: Marija Skara
Druck: PRESSEL Digitaler Produktionsdruck, Remshalden
Gedruckt auf FSC-zertifiziertem Papier.
ISBN (Print): 978-3-95808-022-5
ISBN (PDF): 978-3-943414-87-5

Inhalt

Vorwort

In der heutigen, schnelllebigen Gesellschaft scheint unser Alltag einem ständigen Wandel zu unterliegen, Veränderung prägt das Leben jedes Einzelnen. Eine Innovation folgt der nächsten, Traditionen sind häufig nicht mehr vertretbar, vermeintlich moderne Trends werden altmodisch. Selbst solch scheinbar selbstverständliche Konstanten wie Familie und Beziehungen befinden sich immer mehr in Auflösung. Aber nicht nur im Jetzt, sondern auch im Rückblick scheint es nichts anderes zu geben als Einbrüche und neue Erfindungen und Ideen, welche die Geschichte durch ständige Wertverschiebungen verändern. Was ist jedoch mit den beständigen Dingen? Nicht nur Veränderung ist wertbildend, sondern auch Beständigkeit. Dieser Einfluss ist wechselseitig, Beständigkeit schafft Werte, Werte aber auch Beständigkeit. Traditionen sind identitätsstiftend, sie gehören zum kulturellen Gedächtnis und bilden oftmals sogar erst die Basis für Innovationen. Dadurch haben sie eine ganz andere Wertigkeit als die so viel offensichtlicheren Phänomene des Umbruchs.

Kontinuitäten zu erkennen, ist in einer Welt voller Wandel ein schwieriges Unterfangen. Nichtsdestotrotz ist das Philosophieren über Kontinuität so alt wie die Philosophie selbst. Eben aus der Philosophie, genauer aus der Geschichtsphilosophie, stammt dann auch eine der wichtigsten Erkenntnisse über Kontinuität, nämlich dass diese häufig erst im Nachhinein erkennbar ist. Ein scheinbarer Wandel im Kleinen kann sich mit dem entsprechenden Abstand als Teil einer großen Konstante entpuppen. Neben der Deutung geschichtlicher Ereignisse erlaubt auch ein Blick auf die materielle Kultur Aufschlüsse über Beständigkeit. Von Menschen gefertigte Dinge sind Traditionsträger, sie beherbergen die Ideen und Wertvorstellungen ihrer Gestalter und bleiben über Zeit und Raum hinweg erhalten.

Der Rückblick offenbart aber auch einen anderen, wichtigen Aspekt der Kontinuität, nämlich Kontinuität als Konstrukt. Kontinuität und Wandel sind fast immer eine Frage der Perspektive und somit in vielen Fällen auch ein Gebilde des Forschers. Aber nicht nur der Forscher wird mit diesem Aspekt konfrontiert, sondern andere machen ihn sich zu Nutze, z. B. wenn eine eigentlich nicht vorhandene Kontinuität als Herrschaftslegitimation konstruiert wird. Solche scheinbaren von wirklichen Kontinuitäten zu unterscheiden, ist eine zusätzliche Herausforderung für alle Forschenden.

Diese Überlegungen bildeten den Ausgangspunkt bei der Planung des Workshops „The Limits of Change – Was ist der Wert der beständigen Dinge?", der im Juli 2014 in Frankfurt am Main stattfand. Da die Frage nach Kontinuität in verschiedenen Disziplinen gestellt und unterschiedlich beantwortet wird, erschien es sinnvoll, den Workshop interdisziplinär zu gestalten. Das Ergebnis waren Beiträge aus Archäologie, Ethnologie und Philosophie, die sich mit ihren jeweils eigenen Methoden der Thematik näherten und die Aspekte von Kontinuität und Wandel kritisch beleuchteten. Das Resultat des daraus entstandenen, fruchtbaren Austauschs ist der vorliegende Band.

All das wäre ohne die finanzielle und strukturelle Unterstützung der Deutschen Forschungsgemeinschaft und des Graduiertenkollegs „Wert und Äquivalent" nicht möglich gewesen. Ihnen gilt also zu allererst unser Dank, nicht zuletzt auch für die finanziellen Mittel zur Drucklegung dieser Publikation. Außerdem danken wir Annabel Bokern, Johannes Beringer und Ruben Wehrheim für die tatkräftige Unterstützung bei der Planung und Durchführung des Workshops.

Zu großem Dank verpflichtet sind wir ferner Annabel Bokern und Paul Lotz für ihre Hilfe bei der Realisierung der Publikation, welche nur aufgrund der bereitwilligen Mitarbeit aller Autoren ermöglicht werden konnte. Nicht zu vergessen ist aber auch die Unterstützung von Frank Schlöffel und dem Team des Neofelis Verlags, die uns jederzeit beratend zur Seite standen und denen wir die ansprechende Erscheinungsform des vorliegenden Werkes zu verdanken haben.

Frankfurt am Main, Juni 2015
Laura Picht, Katharina Schmidt, Geraldine Schmitz und Lukas Wiggering

Einführung

Katharina Schmidt

Theorie, Definition und Begrifflichkeit

Der Anschein, unsere Gegenwart unterliege einem stetigen Wandel, wird nicht zuletzt durch eine historische Weltsicht geprägt, die den Eindruck erweckt, dass die Geschichte und damit die Welt einer ständigen Veränderung unterworfen sei. Doch stellt sich die Frage, ob es sich bei diesen vermeintlichen Brüchen und Veränderungen tatsächlich immer um einen Wandel handelt, oder ob dies bei genauerer Betrachtung ein Trugschluss ist und Wandel lediglich offensichtlicher in Erscheinung tritt. Dies ist nachvollziehbar, da Wandel als einschneidend empfunden wird, Kontinuität hingegen eher als Alltäglichkeit. Die Frage, was als Konstante und was als Veränderung bezeichnet, verstanden und auch emotional, subjektiv erfasst werden kann, bedarf zunächst einer grundlegenden Diskussion der Begrifflichkeiten und Konzepte von Kontinuität und Diskontinuität. Eine rein theoretische Annäherung an den Kontinuitätsbegriff stellt Arthur Depners Beitrag „Kontinuität der Werte?“ dar, der auf der phänomenologischen Werttheorie Max Schelers[1] basierend eine Brücke vom Fachgebiet der Ethik zur Kultur- und Sozialwissenschaft spannt und damit seine Theorie für den ‚material turn‘ zugänglich macht. Die Frage, ab wann Wandel als solcher festgestellt werden kann, wird gemäß Scheler mit dem Gehalt der vorhandenen ‚Grundsubstanz‘ bzw. des ‚Identitätskerns‘ eines Konzeptes gemessen. Kontinuität ginge demnach in logischer Konsequenz von einer „ausreichende[n] Ähnlichkeit, zeitliche[n] Nähe und funktionale[n] Gleichförmigkeit“[2] aus. Dies wirft die grundsätzliche Frage auf, wieviel Grundsubstanz notwendig ist, um Kontinuität festzustellen und ab wann es sinnvoll erscheint, von Veränderung zu sprechen.

1 Max Scheler: *Der Formalismus in der Ethik und die materiale Wertethik. Neuer Versuch zur Grundlegung eines ethischen Personalismus*, hrsg. v. Maria Scheler. Bonn: Bouvier 2008.

2 Arthur Depner, S. 22.

Kontinuität wird häufig mit Tradition, Sitte, Brauch oder auch Gewohnheit in Verbindung gebracht, weshalb eine Auseinandersetzung mit diesen Begriffen und den dahinterstehenden bzw. diese bedingende Konzepten an dieser Stelle lohnend ist. Besonders ‚Tradition' bzw. ‚traditionell' sind auffällig häufig verwendete und viel diskutierte Begriffe in der Kultur- und Sozialwissenschaft, mit dem sich der Beitrag „Towards a Theory of Tradition and Agency" von Ton Otto beschäftigt. In Bezugnahme auf den Soziologen Edward Shils bemerkt er,[3] dass das Konzept von Tradition zwar häufig beschrieben und analysiert wird, die Bedingungen und Mechanismen seiner Entstehung und sein Fortbestehen jedoch selten zur Sprache kommen. Ähnlich verhält es sich mit den Begriffen ‚Gewohnheit' (‚habit') und ‚Brauch/Sitte' (‚custom'). Otto orientiert sich bei seiner Auseinandersetzung mit diesen Konzepten an dem Soziologen Michael Young,[4] der die Ansicht vertritt, dass Menschen genetisch dazu veranlagt seien Gewohnheiten anzunehmen, die jedoch durch bewusste Entscheidungen und Reflektionen geprüft und bewertet werden können. Während er ‚habit' als Charakteristikum von Individuen betrachtet, schreibt er ‚custom' Gruppen zu.[5] Ottos Fallbeispiel der Manus in Papua Neuguinea zeigt, dass Traditionen nicht unbedingt über einen langen Zeitraum hinweg entstehen müssen. Vielmehr können Werte und Institutionen auch relativ kurzfristig in eine Gesellschaft eingeführt und etabliert werden. Dies kann, wie die ‚Paliau Movements' zeigen, dazu führen, dass verschiedene von der Bevölkerung akzeptierte Traditionen nebeneinander legitim existieren. In Bezug auf das Konzept von Kontinuität und Veränderung ist für Otto ausschlaggebend, dass Veränderung auf verschiedenen Ebenen kulturellen Bewusstseins ablaufen und dies in verschiedener Geschwindigkeit und Intention stattfinden kann. Ein System ändert sich demnach nicht unbedingt schlagartig auch wenn es häufig danach aussieht. Eine Theorie der Tradition sowie des Wandels erfordert nach Otto die Anerkennung, dass sowohl Beständigkeit als auch Wandel auf unterschiedlichen Ebenen zeitgleich stattfinden können.

3 Edward Shils: Tradition. In: *Comparative Studies in Society and History* 13 (1971), S. 122–159.

4 Michael Young: The Metronomic Society: Natural Rhythms and Human Timetables. Cambridge: Harvard UP 1988.

5 Ebd., S. 95.

Kontinuität und Geschichte/ Kontinuität als Konstrukt

Wie bereits angedeutet, sind Kontinuität und Diskontinuität stark mit dem Grundkonzept von Geschichte verknüpft. Geschichte zeichnet sich per se durch einen Zeitablauf aus, in dessen Rahmen eine Abfolge von Ereignissen stattfindet, die in Zusammenhang miteinander stehen. Die Grundeigenschaft von Historie ist daher Konstanz, innerhalb dieser (regelhafte) Brüche und Veränderungen stattfinden können.[6] Thomas Knopf formuliert in seinem Beitrag „Der Wert des Hügels – Tradierungen und Bedeutungen eines Grabmonuments in Mitteleuropa und Japan" diesbezüglich: „Kontinuität dient somit dazu, Geschichte einen Sinn bzw. ein Ziel oder eine Richtung zu verleihen." Und auch Depner konstatiert, dass „[...] ohne ein gewisses Maß an Kontinuität [...] Geschichte als solche gar nicht vorgestellt werden [kann]."[7] Knopf geht in seinen Ausführungen noch einen Schritt weiter und überträgt diese Grundeigenschaft von Geschichte auf das Konzept von Zeit: „Kontinuität ist eine besondere Form der Betrachtung von Zeit"[8], da Zeit lediglich durch das kontinuierliche Wiederkehren von Ereignissen wahrgenommen werden kann.

Mit der Frage, ob Kontinuität in der Realität überhaupt erfassbar ist, setzt sich u. a. die Geschichtsphilosophie auseinander. Mehrheitlich wird dabei darauf hingewiesen, dass Geschichtsschreibung immer als Konstrukt zu sehen ist und damit Kontinuität und Wandel nur im Rückblick entstehen können.[9] In „Beständiger Wandel. Japanische Architektur als interpretatorische Verfügungsmasse (1850–2015)" von Beate Löffler geht es um diese nachträgliche Zuschreibung von kontinuierlicher Wertigkeit, was sie anhand der westlichen Rezeption von japanischer Architektur aufzeigt. Löffler geht dabei davon aus, dass neben allgemeingültigen konstanten Wertvorstellungen einer Gesellschaft (grundlegende Nahrungsmittel, Währungsäquivalente, soziale Tugenden) der Großteil der Wertzuschreibungen diskursabhängig ist. Sie macht dies anhand der westlichen Diskurse über traditionelle japanische Holzarchitektur deutlich, die als kulturhistorisch wertvoll betrachtet wird, deren Wertschätzung

6 Nach Hans Michael Baumgartner: *Kontinuität und Geschichte. Zur Kritik und Metakritik der historischen Vernunft.* Frankfurt am Main: Suhrkamp 1997, S. 146–153.

7 Arthur Depner, S. 22, in Anlehnung an Baumgartner: *Kontinuität*, S. 92; Johann Gustav Droysen: *Historik. Vorlesungen über Enzyklopädie und Methodologie der Geschichte.* Darmstadt: WBG 1958, S. 12, 14.

8 Thomas Knopf, S. 56.

9 Siehe hierzu Baumgartner: *Kontinuität*, S. 146–166; Thomas Schwietring: *Kontinuität und Geschichtlichkeit. Über die Voraussetzungen und Grenzen von Geschichte.* Konstanz: UVK 2005, S. 27–28.

jedoch nicht auf „Fakten", sondern vielmehr auf einem langen und kontinuierlichen Prozess kultureller Zuschreibungen beruht. Diese nachträgliche Veränderung der Wertvorstellungen fußt, so Löffler, häufig in ökonomische Interessen oder artifiziell geschaffenen wissenschaftliche Typologien. Kontinuität stellt die Grundkonstante von Geschichte, ja sogar von Zeit dar, innerhalb dieser Brüche und Veränderungen stattfinden. Die Prinzipien von Kontinuität und Veränderung scheinen in Bezug auf Geschichte und Zeit folglich nicht nur miteinander vereinbar, sondern vielmehr „zwingend nötig für jede Art von Periodisierung und Epochenbildung, da sie zunächst vorhanden sein muss, um eine Abgrenzung vornehmen zu können."[10] Die hier vorgestellten Beiträge weisen einvernehmlich auf die Subjektivität[11] des Historikers bzw. Geisteswissenschaftlers hin: Eine Bewertung von Kontinuität und Diskontinuität ist immer erst im Rückblick möglich und ist daher ein Konstrukt der Geschichtsschreibung.

Kontinuität und materielle Kultur

Archäologie beschäftigt sich mit Hinterlassenschaften der materiellen Kultur vergangener Gesellschaften, somit kann das Konzept von Kontinuität lediglich auf der Basis von Ähnlichkeiten beobachtet werden. Diskontinuitäten können analog dazu nur aus der Veränderung kultureller Hinterlassenschaften heraus interpretiert werden. Eine grundlegende Arbeitsweise in der Archäologie ist die Einordnung von Objekten und Befunden in Kategorien, um Aussagen über verschiedene gesellschaftliche Aspekte zu erlangen. Eine solche Zuordnung beruht dabei auf der Beibehaltung, d. h. der kontinuierlichen Erscheinung bestimmter Objekteigenschaften, die als „typologische Methode" bezeichnet wird.[12] Kritik an dieser Methode wurde seit dem 19. Jh. vielfach vorgebracht.[13] Im Zusammenhang mit der hier geführten Diskussion

10 Laura Picht, S. 136, in Anlehnung an Droysen: *Historik*, S. 29–30; Schwietring: *Kontinuität und Geschichtlichkeit*, S. 37.

11 Hingegen beispielsweise der Auffassung Wilhelm Diltheys: *Der Aufbau der geschichtlichen Welt in den Geisteswissenschaften*. Berlin: Philosophisch-Historische Klasse 1910, der im Rahmen seiner „Objektivation des Lebens" auch von einer Objektivität der Geschichte ausgeht (ebd., S. 142–153).

12 Vgl. hierzu Manfred K. H. Eggert: *Prähistorische Archäologie. Konzepte und Methoden*. Tübingen: Francke 2012, S. 183–202.

13 Zusammenfassend Sebastian Brather: Typologie. In: *Reallexikon der germanischen Altertumskunde*, hrsg. v. Johannes Hoops / Heinrich Beck. Überarb. u. erw. Aufl. Berlin / New York: de Gruyter 2006, S. 346–353.

soll besonders auf die Rolle des Interpreten eingegangen und damit auf das Problem der Subjektivität des Betrachters verwiesen werden.

Martin Hensler erörtert in seinem Beitrag „Untersuchungen zum Konsum einer archäologischen Objektgruppe über die Grenzen von Zeit, Raum und Kontext" diese Problematik anhand frühbronzezeitlicher kupferner Ösenringe und stellt heraus, dass „[f]ür archäologisches Arbeiten [...] die Annahme von Kontinuität bei der regelhaften Wiederholung von Merkmalen notwendig [ist]. Sonst wird aus umfangreichen Materialstudien lediglich die Schilderung von Einzelfällen."[14] In Bezug auf eine Regulierung der Fehlerquellen weist er ferner auf die Wichtigkeit der Einbeziehung der Befundsituation sowie der Fundvergesellschaftung hin. Eine Forderung nach formaler Ordnung archäologischen Materials ist folglich unabdingbar, um inhaltliche Aussagen treffen zu können, die die Basis archäologisch-historischer Arbeit darstellt.[15]

Ähnlich dem Zusammenhang mit Geschichte werden Kontinuität und Brüche auch in der Archäologie innerhalb bestimmter Zeitabschnitte betrachtet, in dem eine kontinuierliche Benutzung bzw. eine Veränderung beobachtet werden kann. Neben der Komponente Zeit spielt der Raum eine wichtige Rolle, womit die räumlich-geografische Abgrenzung eines Untersuchungsgebiets gemeint ist.

In der Siedlungs- und Landschaftsarchäologie werden Ereignisse in einem Zeit-Raum-Verhältnis untersucht. Die Anwendung des Kontinuitätsbegriffs auf diese archäologischen Teildisziplinen ist dabei keineswegs eindeutig.[16] Elnaz Rashidian widmet sich in ihrem Beitrag „Urbane Diskontinuität, Siedlungskontinuität und Landschaftswandel. Die Gültigkeit der Kontinuitätsfrage in Siedlungs- und Landschaftsarchäologie" der Problematik der Konzepte von Kontinuität und Diskontinuität im Hinblick auf Siedlungs- und Landschaftsarchäologie. Anhand der Fallbeispiele ‚Elam', ‚Landwirtschaft' und ‚Howeizeh' argumentiert sie, dass Wandel immer vom Untersuchungsrahmen abhängig ist, der vom Betrachter selbst festgelegt wird.

Wie stark das Kontinuitäts- und Diskontinuitätskonzept von den jeweiligen Betrachtungsebenen (so z. B. morphologisch, technologisch, funktional, ökonomisch, sozial usw.) abhängt und wie komplex sich materielle Kultur oft darstellen, zeigt Elwira Marta Janus in „Kontinuitätsbruch? Umgang der Römer mit dem Baubestand griechischer Städte". Sie widmet sich der

14 Martin Hensler, S. 233.

15 Nach Thomas Knopf: *Kontinuität und Diskontinuität in der Archäologie.* Münster: Waxmann 2002, S. 11.

16 Zusammenfassende Behandlung ebd., S. 20–32.

architektonischen Dimension von Kontinuität und Diskontinuität. Ihre Analyse basiert auf Bauten in unterschiedlichen griechischen Städten, die unter römischem Einfluss standen. Sie stellt dabei anhand verschiedener baulicher Beispiele heraus, welche Aspekte der Architektur durch eine neue politische Macht Veränderungen erfahren und welche unverändert weitergenutzt wurden. In diesem Zusammenhang macht sie auf die unterschiedlichen Aspekte von Bauwerken aufmerksam, die es vor einer Auseinandersetzung mit den Konzepten Kontinuität und Diskontinuität zu unterscheiden gilt. Diese verschiedenen Aspekte reichen von der baulichen Substanz über ihre Funktion bis hin zu Formalitäten der Dekorelemente. Auf diesen Ebenen können unterschiedliche Entwicklungen beobachtet werden, die parallel ablaufen können oder gegensätzlich orientiert sind. So kann beispielsweise trotz baulicher Veränderung die Funktion eines Gebäudes erhalten bleiben und genau andersherum können funktionale Veränderungen eintreten, die jedoch keine baulichen Brüche oder Umformungen zur Folge haben müssen. Bezeichnungen wie ‚Intendierte Kontinuität' oder ‚Scheinbare Kontinuität' zeigen deutlich, dass Kontinuität in Bezug auf Architektur und damit auf materielle Kultur im Allgemeinen zum einen auf verschiedenen Ebenen stattfinden kann und sich zum anderen in verschiedenen Nuancen manifestiert.[17]

Ähnlich fasst dies auch Laura Picht in ihrem Beitrag „Kontinuität vs. kontinuierlicher Wandel? Zur Beurteilung des hellenistischen Trinkgefäßspektrums" auf. Sie legt ausführlich dar, wie sich im Laufe der Zeit ein formtypologischer Wandel in Bezug auf hellenistische Trinkgefäße vollzieht, der in letzter Konsequenz eine Veränderung im Ablauf des Symposions zur Folge hat. Picht konstatiert diesbezüglich, dass der Wandel in der Gefäßtypologie auf dieser Ebene augenscheinlich in den Vordergrund rückt. Setzt man diese jedoch in Bezug zu dem Phänomen des Trinkgelages an sich wird deutlich, dass sich diese Veränderung vor dem Hintergrund einer Konstanten vollzieht: Das gemeinsame Trinken ist ein Phänomen sowohl mediterraner also auch mesopotamischer Gesellschaften und blickt nicht nur auf ein geografisch weites Gebiet, sondern auch auf eine lange Zeitspanne gegenseitiger Beeinflussung zurück. Während sich also Einzelaspekte einer Ebene ändern können (Trinkgefäße) bleibt die Grundkonstante (Symposion) erhalten.

In welcher Komplexität sich das Kontinuitätskonzept im Zusammenhang mit Kult, Heiligtümern und Ritualabläufen zeigt, wird in dem Beitrag „Der

17 Nach Wolfgang Brestrich: *Die mittel- und spätbronzezeitlichen Grabfunde auf der Nordstadtterrasse von Singen am Hohentwiel.* Stuttgart: Theiss 1998, S. 300.

Kult des Iuppiter Dolichenus in Doliche und die Frage nach Kontinuität" von Michael Blömer deutlich. Blömer setzt sich mit der Frage auseinander, ob und inwiefern auf Grundlage des archäologischen Befunds Kontinuitäten anhand von Heiligtümern abgeleitet werden können. Auch er geht von verschiedenen Betrachtungsebenen im Hinblick auf ihre Dauerhaftigkeit aus und weist diesbezüglich auf Standort, Ritualabfolge und formale Gestaltung des Heiligtums hin. Am konkreten Beispiel des Heiligtums Iuppiter Dolichenus in Doliche wird dabei deutlich, dass in diesem speziellen Fall nicht von einer bewussten Etablierung von Tradition auszugehen ist, sondern vielmehr die historische Situation der Region den Fortbestand einzelner Elemente förderte. Es wird deutlich, dass in antiken Kulturen des Mittelmeerraumes Alter und Tradition und damit das Konzept von Kontinuität zwar autoritätsstiftend sind, die im archäologischen Befund zu beobachtende Kultkontinuität jedoch lediglich vor dem Hintergrund des Einzelfalls betrachtet und beurteilt werden kann.

Dass Konzepte wie Kontinuität und Diskontinuität nicht immer direkt aus den materiellen Hinterlassenschaften abgeleitet werden können, zeigt der Aufsatz „Das Objekt Tontafelhülle. Eine Erfindung der Ur III-Zeit? Auf der Suche nach Kontinuität, wo keine zu sein scheint" von Bonka Nedeltscheva. Sie stellt heraus, dass hinter Objekten immer auch Handlungs- und Verhaltensweisen von Individuen stehen, die dem Konzept von Beständigkeit und Wandel unterliegen. So argumentiert sie, dass die Praxis des Umhüllens von Tontafeln zwar erst in der Ur III-Zeit durch ein hohes Fundaufkommen klar konstatiert werden kann, jedoch Einzelfunde von Tontafelhüllen – wenn auch spärlich – in den Vorgängerperioden bereits existent waren und daher die Idee des Umhüllens bereits etabliert war. Nedeltscheva stellt diesbezüglich zum einen heraus, dass bei der Bearbeitung materieller Hinterlassenschaften immer die Unvollständigkeit der Überlieferung angenommen werden muss. Zum anderen appelliert sie in letzter Konsequenz an den „lebendigen" Kontext von archäologischen Artefakten, der gerade bei einer Beschäftigung mit Theorien berücksichtigt werden sollte.

Kontinuität in Herrschafts- und Gesellschaftsformen

Kontinuität bzw. Tradition gilt häufig als identitätsstiftend. Die aktive Bezugnahme auf dieses Konstrukt ist im Zusammenhang mit Legitimationsfragen besonders brisant. So muss eine Ungebrochenheit von Tradition nicht der historischen Realität entsprechen, sondern kann im Interesse von Akteuren ihrer Zeit für ihre Zwecke verändert werden. Diese Annahme wird in dem

Beitrag von Stefan Eisenhofer „Die höfische Kunst im Reich Benin (Nigeria): Kontinuitäten und Kontinuitätsbehauptungen" deutlich, der sich mit Bronze- und Elfenbeinkunst aus dem Reich Benin im heutigen Nigeria beschäftigt. Im dortigen Königshaus wird dabei die Auffassung postuliert, dass diese Handwerkszweige auf alten Traditionen beruhen. Eisenhofer stellt anhand der verfügbaren materiellen und schriftlichen Quellen heraus, dass das hohe Alter dieser Handwerkskulturen anzuzweifeln ist und der Bezug auf Tradition und Kontinuität von der herrschenden Oba-Dynastie aus Legitimationsgründen bewusst inszeniert und gefördert wird.
Um Herrschaftslegitimation in der antiken Welt geht es in dem Beitrag von Torsten Bendschus „Zwischen römischem Kaiserhaus und den Monumenten der Vorfahren. Die Konstruktion tatsächlicher Kontinuität im Münzbild des Antiochos IV. von Kommagene". Bendschus zeigt anhand des Münzbildes von Antiochos IV. Epiphanes von Kommagene (38–72 n. Chr.), wie sich das Erscheinungsbild von Münzen in Anbetracht der besonderen politischen und historischen Rahmenbedingungen der kleinasiatischen Königreiche verhält, um eine Inszenierung der Herrscherfamilie zu erzielen. Die Verknüpfung von Tradition und Veränderung, die in unterschiedlichen Aspekten wie Ikonografie und Motivik zum Ausdruck kommt, zeigt dabei erneut die Vielschichtigkeit und die differenzierten Betrachtungsebenen des Kontinuitätskonzeptes.
Weniger um den Aspekt der Legitimation als vielmehr um das Fortbestehen der Wirtschaft geht es in „Der informelle Handel als Notwendigkeit für wirtschaftliche Kontinuität in Ghana" von Geraldine Schmitz. Sie macht deutlich, dass der informelle Handel für das Funktionieren der formellen staatlichen Wirtschaft Ghanas existenziell ist. Kontinuität bezieht sich bei Schmitz daher in erster Linie auf eine ökonomische Stabilität, die sich im speziellen Fall des informellen Marktes durch sein kontinuierliches Funktionieren auf die Wirtschaft überträgt, die nicht zuletzt aufgrund versagender staatlicher Mechanismen stark von Krisen und Brüchen betroffen ist.

Die Vielzahl an Beiträgen aus den unterschiedlichen Fachrichtungen macht deutlich, dass nicht nur die Konzepte von Kontinuität und Diskontinuität vielschichtig sind, sondern auch das disziplinäre Feld aus dem diese stammen. Die Dringlichkeit eines Diskurses ist über die Grenzen der Geschichtsphilosophie – in der diese Konzepte am weitreichendsten behandelt wurden – hinaus bis in die Disziplinen der Ethik, Soziologie, Archäologie und Ethnologie offensichtlich. Bereits bei dem im Sommer 2014 stattfinden Workshop „The Limits of Change – was ist der Wert der beständigen Dinge" wurde in aller Deutlichkeit ersichtlich, dass eine alleinig fachspezifische Auseinandersetzung mit dem Thema nicht unbedingt zielführend ist. Vielmehr stellte sich im Verlauf der Diskussion heraus, dass die verschiedenen Disziplinen vor ähnlichen Problemen stehen, sich denselben theoretischen Konzepten bedienen und ähnliche Konsequenzen aus diesen ziehen. Der vorliegende Band legt seinen Schwerpunkt daher nicht auf die theoretische Erschließung des Themas, sondern vielmehr auf die multiperspektivische Betrachtung der Konzepte von Kontinuität und Diskontinuität aus unterschiedlichen Fachbereichen.

Kontinuität der Werte?

Arthur Depner

> Als Gegenstand der Geschichte in ihrem größten Sinn erscheint der Wandel der Kulturformen. Dies ist die äußere Erscheinung, mit der die Geschichte als empirische Wissenschaft sich begnügt, indem sie in jedem einzelnen Fall die konkreten Träger und Ursachen jenes Wandels herausstellt. Der Tiefenvorgang dürfte aber der sein, daß das Leben vermöge seines Wesens als Unruhe, Entwicklung, Weiterströmen, gegen seine eigenen festgewordenen Erzeugnisse, die mit ihm nicht mitkommen, dauernd ankämpft; da es aber seine eigene Außenexistenz nicht anders finden kann als eben in irgendwelchen Formen, so stellt sich dieser Prozeß sichtbar und benennbar als Verdrängung der alten Form durch eine neue dar. Der fortwährende Wandel der Kulturinhalte, schließlich der ganzen Kulturstile, ist das Zeichen oder vielmehr der Erfolg der unendlichen Fruchtbarkeit des Lebens, aber auch des tiefen Widerspruchs, in dem sein ewiges Werden und Sich-Wandeln gegen die objektive Gültigkeit und Selbstbehauptung seiner Darbietungen und Formen steht, an denen oder in denen es lebt. Es bewegt sich zwischen Stirb und Werde – Werde und Stirb.[1]

Die Vorstellung, die Welt sei stets im Wandel, ist sicherlich auch Ausdruck einer historisch bedingten Weltsicht, was wiederum die These bzw. den Eindruck, es gäbe einen stetigen Wandel, bestätigt, da der Wandel, die Abweichung, die Veränderung, die Opposition etc. gerade in unseren Vorstellungen – und insbesondere da, wo wir unsere mit denen anderer vergleichen – offensichtlich zutage tritt. Aber auch unser emotionales Weltverhältnis ist starken Schwankungen unterworfen. Vielmehr noch als unsere Vorstellungen.
Offenbar gibt es also in der Geschichte eine Art Hin- und Her-Bewegung, einen ständigen Drang, Bestehendes umzuformen, neu zu denken, zu revolutionieren, zu reformieren, zu verbessern, aus den Angeln zu heben, noch fester zu verankern, es zu zerstören oder auch es (auf) zu bewahren etc. Diese kurze Aufzählung zeigt schon an, dass die je verwendete Rhetorik auch

1 Georg Simmel: *Der Konflikt der modernen Kultur. Ein Vortrag von Georg Simmel.* München / Leipzig: Duncker & Humblot 1918, S. 7.

unterschiedliche Wertschätzungen des Bestehenden widerspiegelt. Der Eindruck des starken Wandlungscharakters der Geschichte scheint auch damit im Zusammenhang zu stehen, ob es ein gewisses Maß an geteilter Wertschätzung gegenwärtiger Zustände gibt. Es ist also der Wandel der Wertschätzungsstrukturen innerhalb sozialer Gruppen für den Kulturwandel mitverantwortlich, ja vielleicht fallen sogar beide in eins.

Vor dieser Folie will der vorliegende Beitrag der Frage nach dem Wert der beständigen Dinge auf konzeptueller Ebene nachgehen. Dabei sollen drei Schwerpunkte in den Blick genommen werden:

Zunächst gilt es zu klären, wie die Begriffe Kontinuität und Veränderung zueinander in Beziehung gebracht werden können (1). In einem zweiten Schritt soll anhand Max Schelers Werttheorie ein Vorschlag gemacht werden, Werte nicht primär als soziokulturelle Konstrukte zu betrachten, sondern als emotionale Gegebenheiten (2). Die These hierbei ist, dass so rhetorische Unklarheiten und Erklärungsschwierigkeiten über das Zustandekommen geteilter Werte gelöst werden bzw. sich zumindest zurückstellen lassen. Die soziokulturellen Bedingungen solcher Gefühlsmuster finden in Schelers Konzept des Ethos ihre Berücksichtigung (3).

Kontinuität und Veränderung

> Wir haben den Ausdruck Geschichte und das, was er umfaßt, nicht erfunden, sondern wir finden das Gebilde Geschichte vor, wie wir andere Gebilde, etwa Menschen, Tiere, Pflanzen, Häuser vorfinden. Das Gebilde Geschichte mag nicht klarer und nicht unklarer sein als diese Gebilde. Wir sprechen unbefangen von dem allen; sobald wir aber gefragt werden, was das nun eigentlich sei, was ein Mensch, ein Tier, eine Geschichte sei, mögen wir zwar viele Antworten bereit haben, aber keine Antwort, die ins Schwarze trifft. Wir versuchen etwa mit Definitionen und Beschreibungen dem Gebilde näherzukommen und haben dabei vielleicht das Gefühl, daß wir uns damit nur von ihm entfernen. […] Die Geschichte jedenfalls läßt sich nicht als Gegenstand untersuchen, weil etwas Geschichte nur insoweit ist, als ich in die Geschichte verstrickt bin. Dies Verstricktsein läßt sich nicht so aus der Geschichte lösen, daß auf der einen Seite die Geschichte übrigbliebe und auf der anderen Seite mein Verstricktsein oder so, daß die Geschichte überhaupt noch irgend etwas wäre ohne den Verstrickten, oder der Verstrickte noch irgend etwas wäre ohne die Geschichte.[2]

Wir befinden uns stets inmitten der Geschichte, die wir, indem wir sie zu fassen suchen, gleichzeitig mitproduzieren. Die erste Frage, der wir in diesem

2 Wilhelm Schapp: *In Geschichten verstrickt. Zum Sein von Mensch und Ding.* Frankfurt am Main: Klostermann 1985, S. 85–86.

Schema 1

$A \rightarrow A' \rightarrow A'' \rightarrow A''' \rightarrow A^{n'}$ Entwicklungsschema
t_1 t_2 t_3 t_4 t_n Zeitpunkte der Messung / Beobachtung

Abb. 1: Schematische Darstellung einer kontinuierlichen Entwicklung.

Abschnitt nachgehen wollen, ist: In welchem Verhältnis stehen Kontinuität und Veränderung zueinander?

Zunächst können wir festhalten, dass Kontinuität bzw. kontinuierliche Prozesse Veränderung keineswegs ausschließen. Insbesondere evolutionäre Entwicklungsprozesse – in gewissem Sinne der Kern unserer modernen Naturgeschichte – sind ja gerade durch diese Art der kontinuierlichen Veränderung charakterisiert. Der stetige Übergang vom Einen ins Andere ist also aus dieser Perspektive mit dem Kontinuitätsbegriff vereinbar. Allerdings müssen wir zugleich festhalten, dass wir es hier mit einem sehr basalen, vereinfachten Verständnis dieser zu tun haben.

In diesem Modell ist das Konzept kontinuierlicher Veränderung unproblematisch. Dabei suggeriert die Variable A, es handele sich bei den beobachteten Entitäten um ‚Gleiche' im Sinne einer geteilten (nennen wir es) Grundsubstanz bzw. eines Identitätskerns, die/der trotz der eintretenden Veränderungen an sich unverändert bleibt. Für den Fall der Biologie wären das beispielsweise genetische Übereinstimmungen. Wie aber verhält es sich, wenn wir uns mit einem solchen Schema kulturellen Gütern, geistigen Erzeugnissen, Artefakten und dergleichen zuwenden und deren Entwicklung in der Zeit betrachten? Auch hier könnte man zunächst sagen, es herrsche dasselbe Verhältnis von Kontinuität und Veränderung vor, wie in obigem Schema dargestellt. So könnte man beispielsweise argumentieren: es mag sich zwar die Formensprache in der Architektur ändern, aber die Grundsubstanz etwa sakraler Bauten bleibt erhalten. Was aber kann in diesem Fall so etwas wie eine Grundsubstanz/ein Identitätskern überhaupt sein? Die Antwort auf diese Frage kann nur eine Aufzählung mehrerer Kriterien sein, die je nach raumzeitlicher Spezifikation divergieren können. Diese Kriterien beziehen sich dabei meist auf ein oder mehrere Vorbilder bzw. zumindest auf Vergleichsobjekte. Diese Bezugspunkte stellen in gewisser Hinsicht das A zum Zeitpunkt t_1 dar. Die Wandlungen und Veränderungen z. B. in der Formensprache und anderen Aspekten, die durch die hochgestellten Striche symbolisiert sind,

betreffen also zu keinem Zeitpunkt t_n die vermeintliche Grundsubstanz/den Identitätskern A.
Aus dieser Annahme folgt das grundlegende Problem des Kontinuitätsbegriffs in den historischen Kultur- und Sozialwissenschaften: Es kommt fast unweigerlich zu einer Identifikation des veränderten Objekts (bspw. A') mit dem Referenzobjekt (A). Die Frage nach historischer Kontinuität ist also äußerst anfällig dafür, ab einem gewissen Zeitpunkt in der Argumentation vom Thema abzukommen und eine ganz andere Frage zu verhandeln: die Frage nach der Identität. Diese Vermengung eigentlich völlig unterschiedlicher Fragestellungen ist höchst brisant, wie wir seit dem 19. und der ersten Hälfte des 20. Jahrhunderts wissen.
Problematisch hieran ist, dass die vermeintliche Grundsubstanz/der Identitätskern A eben aus einem Konglomerat unterschiedlichster Faktoren besteht. Dies kann schlicht die Funktion bestimmter Gegenstände und Güter in konkreten Kontexten sein (z. B. Festtagskleidung). Das allein reicht aber nicht aus. Dazu gehören auch Aspekte wie die ver- und bearbeiteten Materialien, die teilhabenden Personengruppen, die institutionelle Einbettung, die kulturellen Praktiken und das Maß ihrer Reglementierung, politische und wirtschaftliche Rahmenbedingungen – um nur einige recht grob gefasste Elemente einer möglichen Grundsubstanz in oben genanntem Sinne zu nennen.
Mit dieser Aufzählung soll ein Problem des Schema 1 offen gelegt werden: Wie viel der vermeintlichen Grundsubstanz/des Identitätskerns muss übrig sein, um noch sinnvoll von Kontinuität sprechen zu können? Wie groß darf der zeitliche Abstand zwischen den einzelnen Zeitpunkten der Beobachtung sein? Im Grunde basiert jede Kontinuitätsbehauptung auf einer Setzung, die davon ausgeht, eine ausreichende Ähnlichkeit, zeitliche Nähe, funktionale Gleichförmigkeit etc. liege vor. Gestützt auf Quellen und weitere Indizien wird so das historische Band der Ordnung zwischen zwei Zeitpunkten geknüpft. Dieses Vorgehen ist hinsichtlich der prinzipiellen Möglichkeit, Geschichte überhaupt verstehen zu können, durchaus nachvollziehbar. Denn ohne ein gewisses Maß an Kontinuität kann Geschichte als solche gar nicht vorgestellt werden. Geschichte hat ganz offensichtlich einen Ablauf, der eine irgendwie geartete Sukzession dieser Tatsachen und Ereignisse in der Zeit impliziert. Diese Sukzession, so könnte man meinen, stellt die Ordnung in der Zeit her, so dass eben Geschichte als der geordnete Zeitverlauf – oder, je nach Perspektive: der geordnete Zeit*ablauf* wäre. Aber dieser Ordnungsgedanke lässt sich, solange er allein für sich bestehen bleibt, nicht durchhalten. Denn wie Niklas Luhmann in seinem Aufsatz „Ideengeschichte in

soziologischer Perspektive" richtig bemerkt, müssen Theorien, die sich auf die Geschichte beziehen, „auf unfaßbare Komplexität eingestellt werden. Man kann annehmen, daß alles irgendwie zusammenhängt, aber damit ist eine Grundvorstellung gewonnen, die sich ebenso gut als Chaos wie als Ordnung deuten läßt"[3].
Hinsichtlich der Kontinuitätsproblematik bleibt für uns festzuhalten, dass Veränderung und Kontinuität zwar prinzipiell miteinander zu vereinbarende Konzepte sind, dies aber stets zu Verwirrungen bezüglich der Identitätsfrage führt.

Max Schelers Werttheorie

Max Schelers Konzept einer materialen Wertethik hier umfassend darzustellen, ist nicht möglich. Daher sollen auch nur ausgewählte Aspekte aus seinem Ethik-Buch und einschlägigen Aufsätzen herangezogen werden. Grundsätzlich ist seine Hauptthese die, dass Werte weder kognitiv erschlossene Kategorien der Vernunft noch „von den Gütern abstrahiert" oder „erst aus den tatsächlichen Wirkungen der Güterdinge auf unsere Zustände von Lust und Unlust ablesbar"[4] sind. Für Scheler sind Werte emotionale Gegebenheiten – und darüber hinaus bestimmend für die fundamentalen Weisen, in denen wir uns zur Welt verhalten können. Er unterscheidet vier „Wertmodalitäten", zwischen denen eine apriorische Rangbeziehung besteht. In ihrer aufsteigenden Rangfolge sind dies: 1. die „sinnlichen Werte" des „Angenehmen" bzw. „Unangenehmen"; 2. die „vitalen Werte" des „Edlen" bzw. „Gemeinen"; 3. die „geistigen Werte" des „Schönen" bzw. „Hässlichen", des „Rechten" bzw. „Ungerechten" und die Werte der „reinen Wahrheitserkenntnis"; sowie 4. die Wertmodalität des „Heiligen" bzw. „Unheiligen".[5] Diese Werte tauchen in der Geschichte niemals in ihrer absoluten Form auf, sondern stets relativ und selektiv. Das heißt also, dass diese absoluten Wertmodalitäten unabhängig von den zu je einer Zeit oder für je eine Kultur oder Person als angenehm, edel, schön oder heilig geltenden *Dingen* sind. Zwar *realisieren* sie sich stets an bestimmten Dingen, denen man mit einem der jeweiligen Wertmodalität entsprechenden „Antwortreaktionen"[6] begegnet, allerdings *entstehen* sie nicht

3 Niklas Luhmann: Ideengeschichte in soziologischer Perspektive. In: Ders.: *Ideenevolution. Beiträge zur Wissenssoziologie*, hrsg. v. André Kieserling. Frankfurt am Main: Suhrkamp 2008, S. 238.

4 Max Scheler: *Der Formalismus in der Ethik und die materiale Wertethik. Neuer Versuch zur Grundlegung eines ethischen Personalismus*, hrsg. v. Maria Scheler. Bonn: Bouvier 2008, S. 34.

5 Vgl. ebd., S. 122–126.

6 Ebd.

erst in der Folge einer solchen Begegnung. Die Werte bzw. Wertmodalitäten entsprechen demnach einer bestimmten emotionalen Bewegung, die un- bzw. unter- auf jeden Fall aber *vor*bewusst einem Erkenntnisakt gleich, die Richtung unserer Haltung zur Welt bestimmt. Dabei unterliegt diese Richtung keineswegs dem Wollen oder der Planung einzelner Personen oder Gruppen. Vielmehr sind derartige vorsätzliche Verhaltensweisen schon selbst Ausdruck eines Vorziehens bzw. Nachsetzens bestimmter Werte. Diese erschließen uns also gewissermaßen erst den Kosmos unseres möglichen Bezugnehmens überhaupt. Zu Beginn seiner Schrift *Ordo Amoris* heißt es dementsprechend – und die Thesen aus seiner *Materialen Wertethik* ausbauend:

> Ich befinde mich in einer unermesslichen Welt sinnlicher und geistiger Objekte, die mein Herz und meine Leidenschaften in eine unaufhörliche Bewegung setzen. Ich weiß, daß ebensosehr die Gegenstände, die mir zu wahrnehmender und zu denkender Erkenntnis kommen, wie all das, was ich will, wähle, tue, handle, leiste, vom Spiel dieser Bewegung meines Herzens abhängig ist. Hieraus folgt für mich, daß alle Art von Rechtheit oder Falschheit und Verkehrtheit meines Lebens davon bestimmt sein wird, ob es eine *objektiv rechte Ordnung* dieser Regungen meiner Liebe und meines Hasses, meiner Neigung und Abneigung, meines mannigfaltigen Interesses an den Dingen dieser Welt gibt, und ob es mir möglich sei, diesen *»ordo amoris«* meinem Gemüte einzuprägen.[7]

Unter dem Begriff „ordo amoris" sind gewissermaßen die Regeln des Vorziehens und Nachsetzens der Werte selbst zu verstehen. Diese Regeln, nach denen sich die möglichen Erfahrungshorizonte der objektiven Rangordnungen der Werte realiter ausprägen, nennt Scheler in seinem Ethik-Buch „Ethos". Dieser ist zwar kulturell und kulturhistorisch relativ, allerdings nicht in dem Sinne, dass etwa zu allen Zeiten ein bestimmtes ethisches Ideal vorherrschte und mit je unterschiedlichen Handlungsstrategien und -ordnungen verfolgt wurde. Eine historische Forschung auf diesem Gebiet habe demnach von den Oberflächenerscheinungen des ethischen Wandels abzusehen und dessen Tiefendimension zu ergründen:

> Nicht z.B. die wechselnden *Ideen* über Liebe und Gerechtigkeit sind hier zu erforschen, sondern die Formen jener sittlichen Stellungnahmen selbst und ihrer erlebten Rangordnung; nicht was man an Handlungen usw. für edel oder für nützlich oder für wohlfahrtdienend usw. hielt, sondern nach welchen Regeln man diese Werte selbst schon einander vorzog oder nachsetzte.[8]

7 Max Scheler: Ordo Amoris. In: Ders.: *Gesammelte Werke*, Bd. 10: Schriften aus dem Nachlaß, Bd. 1: Zur Ethik und Erkenntnislehre, hrsg. v. Maria Scheler. Erw. Aufl. Bern: Francke 1957, S. 347.

8 Scheler: *Der Formalismus in der Ethik*, S. 306.

Die historische Relativität der diversen Ausprägungen der inhaltlichen Ordnung sowie der hierarchischen Gliederung der Wertsphären innerhalb des Ethos ist aus Schelers phänomenologischem Blickwinkel kein Argument gegen die apriorische Rangbeziehung zwischen den ebenfalls apriorischen Wertmodalitäten – die Geschichte ist zwar der Ort möglicher Bewegungsabläufe, nicht aber jener, an dem die Möglichkeit der Bewegung selbst erst entsteht. Als die grundsätzlichste Bedingung der Möglichkeit einer Bewegung *hin* zur Welt und zum Sein wird bei Scheler immer wieder die *Liebe* genannt. Sie ist es letztlich auch, die alle mögliche Erkenntnis – als eine bestimmte Art der liebenden Hineinwendung in die Wahrnehmung von Welt – begründet.

Aus diesem kurzen Einblick in Max Schelers Werttheorie möchte ich folgenden Vorschlag für die sozial- und kulturwissenschaftliche Auseinandersetzung mit dem Themenkomplex ‚Werte' ableiten: Der Vorschlag betrifft die Rhetorik in der Auseinandersetzung mit Werten. Häufig ist die Rede davon, dass bestimmten Objekten Werte *zugeschrieben* werden. Impliziert wird hier, dass diese Zuschreibungen gleichsam die Realität dieser Werte für eine bestimmte soziale Gruppe zur Folge haben.

Selbstverständlich haben diskursive (Macht)Strukturen einen Einfluss auf die Wertnehmung der beteiligten Subjekte. Allerdings nicht in dem Sinne, dass durch entsprechende Zuschreibung eines Werts von einer machtvollen Position aus dieser Wert gewissermaßen durch intellektuelle Leistungen, die schließlich zur ‚Einsicht' in die Richtigkeit bzw. die Angemessenheit der Zuschreibung führen, angeeignet wird. Wertnehmung ist von intellektueller Anschauung und anderen kognitiven oder volitiven Prozessen unterschieden. Gerade volitive Aspekte, also jene, die unseren Willen betreffen, sind ja geradezu fundiert in einem vorgegebenen Akt der Wertschätzung. Das Wertfühlen fundiert die Willensakte.

Als Beispiel können wir uns die Situation ansehen, in der ein Erwachsener einem Kind versucht, den Wert des Teilens durch Reden und Argumentieren beizubringen. Jeder, der das schon einmal versucht hat, wird wissen, dass dies ein oft zum Scheitern verurteiltes Unterfangen ist. Die erwachsene Person hat das Ziel, das Kind zum Teilen zu bewegen. Aber damit ist es meist noch nicht genug; das Kind soll auch teilen wollen, eben weil es weiß, versteht, fühlt, dass Teilen gut ist. Erst wenn das gelungen ist, wenn also der Willensakt in einem Wertfühlen fundiert ist, würde dieser Lernprozess als vollständig abgeschlossen gelten. Es kann ja auch gelingen, dass das Kind lernt, dass Teilen einen Nutzen für es selbst hat (da es beispielsweise für ein entsprechendes Verhalten belohnt, anerkannt, gelobt etc. wird). In diesen Fällen würden wir eher

nicht von einem gelungenen Lernprozess sprechen. Die Erkenntnis der Werthaftigkeit des Teilens hängt also weniger von einer Zuschreibung von Außen ab, als vielmehr von einem intentionalen Fühlen. Das Gleiche gilt auch für die Wertschätzung von Dingen – beispielsweise eines geerbten Objektes.
Der Vorschlag wäre dementsprechend eine kleine Verschiebung in der Rhetorik, die vielleicht auch einen fruchtbaren Perspektivenwechsel für zukünftige Forschungen auf dem Gebiet der materiellen Kultur mit sich bringen kann: Statt von der Zuschreibung von Werten auf Dinge zu sprechen, wäre im Sinne Schelers davon zu reden, dass sich in Dingen Werte verwirklichen bzw. verwirklicht werden. Dabei kann es sein, dass in einem solchen Wertding mehrere Werte zugleich realisiert werden. Die Rangfolge der primär erfühlten Werte wäre entsprechend abhängig von dem jeweiligen Ethos bzw. „ordo amoris", der mit dem jeweiligen Wertding konfrontiert ist.

Ethos und Werterkenntnis

Um das Problem des Wandels der Werte von Dingen in der Zeit in den Blick zu nehmen, wollen wir zunächst eine Unterscheidung Schelers einführen: Er unterscheidet zwischen Wertdingen (Güter), Dingen und Sachen:

> Das *Gut* verhält sich zur Wertqualität so, wie sich das Ding zu den Qualitäten verhält, die seine „Eigenschaften" erfüllen. Damit ist schon gesagt, daß wir zwischen Gütern, d.h. „Wertdingen", und bloßen Werten, die Dinge „haben", die Dingen „zukommen", d.h. „Dingwerten", unterscheiden müssen. Die Güter sind nicht etwa fundiert auf die Dinge, so daß etwas zunächst Ding sein müßte, um „Gut" sein zu können. Vielmehr stellt das Gut eine „dinghafte" Einheit von Wertqualitäten, resp. Wertverhalten dar, die in einem bestimmten Grundwert fundiert ist. Die Dinghaftigkeit, nicht aber „das" Ding ist im Gute gegenwärtig.[9]

Und weiter führt er zur Unterscheidung von Gut, Ding und Sache aus:

> Ein natürliches Ding der Wahrnehmung mag Träger irgendwelcher Werte sein und insofern ein wertvolles Ding; sofern aber seine Einheit als „Ding" nicht selbst durch die Einheit einer Wertqualität konstituiert ist, sondern sich der Wert nur zufällig an ihm findet, ist es noch kein „Gut". Es mag in diesem Falle eine „Sache" heißen, ein Wort, mit dem wir Dinge bezeichnen, sofern sie Gegenstände einer in einem Werte fundierten erlebten Beziehung auf ein Verfügenkönnen durch eine Willensmacht sind. So setzt der Begriff des Eigentums weder bloße Dinge noch schon Güter, sondern „Sachen" voraus. Das Gut hingegen ist ein Wertding.[10]

9 Scheler: *Der Formalismus in der Ethik*, S. 42–43.
10 Ebd., S. 43.

Was nun die zufälligen Werte angeht, die Dingen zugesprochen werden, so mag deren Veränderung tatsächlich von Variationen und Wandlungen in den oben genannten Aspekten der vermeintlichen Grundsubstanz bzw. des Identitätskerns und ihrer kontextuellen Einbettung liegen.

Bezogen auf Güter jedoch kann diese Erklärung nicht ausreichend sein. Da diese als wertrealisierende Gegenstände im Sinne Schelers gedacht werden müssen, muss sich eine Veränderung ihres Wertes anders darstellen. Schelers Erklärung hierfür ist die Änderung der Ethosformen in der Geschichte. Darunter versteht er die Regeln des Vorziehens und Nachsetzens bestimmter Werte. In gewisser Weise könnte man dies als eine Art emotionalen Magnetismus bezeichnen, der die Wertnehmung bestimmt. Die Änderung des Werts eines Guts kann sich demnach nur dadurch ergeben, dass dieses Gut nun mit einem anderen Ethos konfrontiert ist. Da sich in Gütern auch je Ethosspezifische Wertrangordnungen realisieren (z. B. entsprechend einer Epoche), kann es durch veränderte Ethosformen auch zu Verschiebungen in der Rangordnung der in dem jeweiligen Gut realisierten Werte kommen.

So kann beispielsweise der Grundwert einer Kirche, in der Werte des Heiligen, geistige Werte (etwa ästhetische Werte) und Werte des Angenehmen (die Kühle im Sommer, die Überdachung bei Regen) realisiert sind, zu je unterschiedlichen Zeiten bzw. in der Begegnung mit je unterschiedlichen Ethosformen ein anderer sein. Die Rangordnung zwischen diesen drei Wertmodalitäten kann je unterschiedlich erfasst werden.

In diesem Zusammenhang lohnt sich auch ein Seitenblick auf Schelers Konzept einer Wissenssoziologie. In seinem Werk *Probleme einer Soziologie des Wissens*[11] benennt er zwei wesentliche Faktoren, die für die Entwicklung in der Kultur verantwortlich sind: Idealfaktoren und Realfaktoren. Die Realfaktoren umfassen die Grundtriebe und deren Derivate, also u. a. Selbsterhaltungs- und Fortpflanzungstrieb, Wirtschafts- und Machtverhältnisse sowie soziale Institutionen wie die Ehe, Erziehung etc. Die Idealfaktoren hingegen fügen sich aus den Objektivationen des menschlichen Geistes heraus und umfassen beispielsweise Religion, Wissenschaft, Kunst, Rechtswesen etc.

Im Zusammenspiel dieser beiden gibt es gleichsam auch eine klare Zuordnung ihrer jeweiligen Wirkweise: Während die Realfaktoren in Schelers Worten den „Unterbau“ der Geschichte bilden, also die eigentlich treibende, realisierende Kraft darstellen, wirken die Idealfaktoren wie eine Art

11 Max Scheler: Probleme einer Soziologie des Wissens. In: Ders.: *Gesammelte Werke*, Bd. 8: Die Wissensformen und die Gesellschaft, hrsg. v. Maria Scheler. Bern / München: Francke 1960, S. 15–190.

Kompass – sie sind Richtungsgeber der Möglichkeiten des realen geschichtlichen Veränderungsprozesses.
Für die hier verhandelte Fragestellung ist diese Entwicklungslogik – die wir mit Scheler auch als „Funktionalisierung" bezeichnen können – insofern wichtig, als sich mit ihr die Herausbildung des faktischen „ordo amoris" von Personen, Milieus und Gesellschaften beschreiben lässt. Das Zusammenspiel von Real- und Idealfaktoren wirkt also determinierend auf die Ausbildung bestimmter Ethosformen. Diese Kontextualisierung im Zuge der Erforschung von Wertstrukturen in der materiellen Kultur ist also unabdingbar. In diesem Zusammenhang möchte ich noch einmal im Sinne Schelers dafür plädieren, nicht von Wertzuschreibungen zu sprechen, sondern der phänomenalen Gegebenheit von Wertnehmungsstrukturen bzw. Ethosformen nachzugehen. Schelers Werttheorie und Wissenssoziologie können hierfür wichtige Hinweise liefern und bei der Ausarbeitung des entsprechenden Handwerkszeugs auch konkrete Anknüpfungspunkte liefern.
Was können aber diese Ausführungen für die kultur- und sozialwissenschaftliche Erforschung materieller Kultur bedeuten? Schelers Werttheorie kann dazu beitragen, den Wandel von Werten nicht allein aus der Perspektive sich wandelnder soziokultureller Rahmenbedingungen zu verstehen, sondern diese Perspektive um jene ergänzen, die ebendiese Wandlungen als Folge eines sich wandelnden Ethos ansieht. Veränderung – so könnte man sagen – ist immer schon Ausdruck der Funktionalisierung geistiger Fühlakte; worunter Scheler eben die Wandlung der Ethosformen versteht, die als apriorische Strukturen die Regeln des Vorziehens und Nachsetzens von Werten bestimmen.
Diese Wandlungen vollziehen sich freilich nicht im luftleeren Raum. Sie sind aber auch nicht bloße Folge von irgendwelchen Ereignissen und Handlungen, sondern sie sind vielmehr die Grundlage der wertmäßigen Erkenntnis von Ereignissen, Handlungen, Dingen etc. Die Wertnehmung ist letztlich entscheidend dafür, als was uns die Dinge begegnen (können).

Schlussbetrachtung

In vorliegendem Beitrag habe ich skizziert, wie Max Schelers aus dem Fachgebiet der Ethik kommende Werttheorie an die kultur- und sozialwissenschaftliche Erforschung materieller Kultur anschlussfähig gemacht werden kann. Dies kann nur als erster, vorsichtiger und andeutender Versuch gesehen werden.
Ausgehend von der Problematik des Kontinuitätsbegriffs, die sich darin äußert, dass sich die Frage nach historischer Kontinuität schnell mit der Frage nach

Identität vermengt und so zu problematischen Unklarheiten führt, wurde in der Folge Max Schelers Werttheorie dargelegt. Diese zeigt an, dass die Frage nach der Identität selbst mit der Frage sich wandelnder Wertnehmungsstrukturen zusammenhängt. Die Frage nach der Kontinuität der Werte führte also zu der Frage nach dem Wandel der Ethosformen. Hier bleibt festzuhalten, dass die Wertmodalitäten (heilige Werte, geistige Werte, vitale Werte, sinnliche Werte) zwar absolut sind, aber in unterschiedlichen Färbungen, wenn man so will, abgerufen werden.

Die Einbeziehung Schelers in historisch orientierte sozial- und kulturwissenschaftliche Forschung ist mit Sicherheit in mehrerlei Hinsicht gewinnbringend. Gerade im Kontext der materiellen Kultur aber zeigt sich, dass gerade seine Werttheorie in ihrer ganzen Komplexität, in der sie versucht, den gesamten Kosmos des Wertfühlens von seinen apriorischen Möglichkeitsbedingungen bis hinein in die punktuellen Ausprägungen personaler Identität zu umfassen, für jede Wissenschaft, die sich in irgendeiner Form der Frage danach widmet, was es bedeutet, Mensch zu sein, nicht nur eine wahre Schatzkammer der Inspiration sein kann, sondern auch den Weg zu einer systematischen Erforschung der emotionalen Dimension menschlicher Lebenswirklichkeit (diese in Schelers Sinne als Wirklichkeit geistiger Fühlakte verstanden) aufzeigt.

Towards a Theory of Tradition and Agency

Ton Otto

Tradition is without doubt a key concept in history, archaeology and the social sciences. In this chapter I will take my point of departure in the invention of tradition debate in anthropology and history that was inspired by Eric Hobsbawm and Terence Ranger's path breaking volume *The Invention of Tradition*[1], and also by a series of regionally focused publications.[2] The key insight of the invention of tradition debate is that traditions not necessarily are continuous with the past, although they are presented as such by the people maintaining the tradition. Paradoxically, traditions play a major role in times of radical change, for example during the emergence of nation states in Europe, which engendered the creation of many new traditions. The renowned anthropologist Marshall Sahlins has polemically reviewed the invention of tradition literature and criticised it for reducing culture to a merely instrumental and ideological phenomenon.[3] In this chapter I aim to defend the theoretical contribution of this body of literature and develop the theoretical framework in a way that gives a greater place to the dialectics between explicit cultural change and implicit cultural continuities. As a case study I will discuss Manus in Papua New Guinea with its spectacular history of cultural change,

1 Eric Hobsbawm / Terence Ranger (eds): *The Invention of Tradition.* Cambridge: Cambridge UP 1983.

2 See in particular *Mankind* 13,4 (1982): Reinventing Traditional Culture: The Politics of Kastom in Island Melanesia, ed. by Roger Keesing / Robert Tonkinson, pp. 297–399. For a comprehensive discussion of the invention of tradition debate, see Ton Otto / Paul Pedersen: Disentangling Traditions: Culture, Agency and Power. In: Iid. (eds): *Tradition and Agency: Tracing Cultural Continuity and Invention.* Aarhus: Aarhus UP 2005, pp. 11–49.

3 Marshall Sahlins: Two or Three Things that I Know About Culture. In: *Journal of the Royal Anthropological Institute* (*N. S.*) 5 (1999), pp. 399–421.

in particular the Paliau Movement and its aftermath, described among others by Margaret Mead[4] and Theodore Schwartz[5], and studied more recently by myself.

Marshall Sahlins and Margaret Mead on Tradition and Cultural Change

In the article "Two or three things I know about culture" Marshall Sahlins[6] presents his critical reading of the invention of tradition literature. Sahlins makes insightful points about the way invented traditions are based on the existing, passed on culture, but he does not appear to appreciate what the central contribution of the debate is to our understanding of the relation between culture, power and agency. Sahlins' main critique is that the invention debate is an example of a larger "rhetorical shift to morality and politics that has overtaken all the human sciences".[7] In his view culture is thereby reduced to being merely instrumental and ideological, a disguise for "more fundamental interests, principally power and greed"[8]. Joel Robbins in his summary of Sahlins theory of structural history even calls this shift a general trend to "powerism".[9] Sahlins wants to rehabilitate the concept of culture and re-establish its central position within anthropological studies.

According to Sahlins the key to understanding culture is the conception that it is structured, and it is exactly this insight that he finds is disappearing in the contemporary debates: "invented" traditions are presented as political fabrications and therefore they are purely functional. But, Sahlins argues, Hobsbawm's invented traditions are in reality the same as Bronislaw Malinowski's mythical charter, which is also functional.[10] Functionality, in this sense of instrumentality, cannot stand on its own; it has to be based on structure.[11] The new "inventions" are permutations of older forms of relationships,

4 Margaret Mead: *New Lives for Old.* New York: Morrow 1966 [1956].

5 Theodor Schwartz: The Paliau Movement in the Admiralty Islands, 1946–54. In: *Anthropological Papers of the American Museum of Natural History* 49 (1962), pp. 207–421.

6 Sahlins: Two or Three Things that I Know About Culture.

7 Ibid., p 403.

8 Joel Robbins: Introduction – Humilation and Transformation: Marshall Sahlins and the Study of Cultural Change in Melanesia. In: Id. / Holly Wardlow (eds): *The Making of Global and Local Modernities in Melanesia.* Aldershot: Ashgate 2005, pp. 3–21, here p. 8.

9 Ibid., p. 8.

10 Sahlins: Two or Three Things that I Know About Culture, p. 403.

11 Ibid., p. 407.

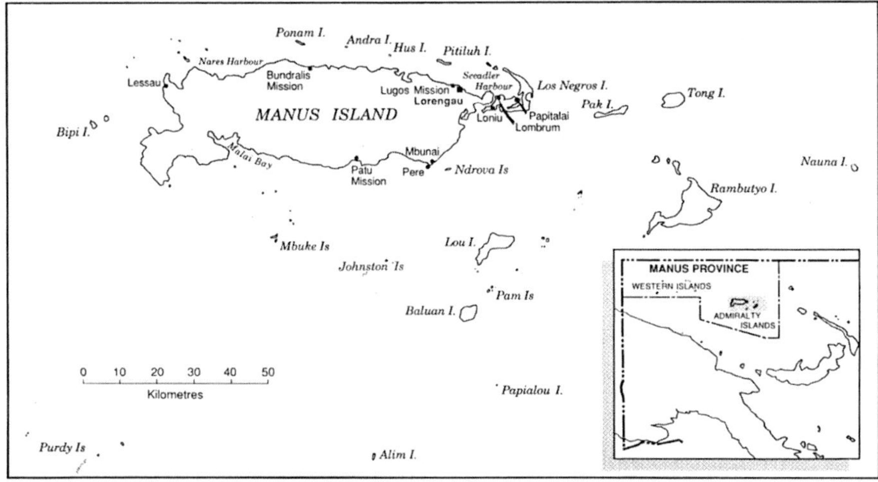

Fig. 1: Map of Manus Province in Papua New Guinea.

adapted to novel situations. Instead of the invention of tradition we see the "inventiveness of tradition".[12]

> From what I know about culture, then, traditions are invented in the specific terms of the people who construct them. Fundamentally, they are atemporal, being for the people conditions of their form of life as constituted, and considered coeval with it. It follows that if such traditions are authoritatively narrativized, or when they contingently rise to consciousness, they will be aetiologized: that is as charter myths.[13]

As I hope to make clear in the following, this quotation succinctly illustrates how Sahlins' interpretation of traditions radically differs from the invention debate. In the latter's perspective invented traditions are about conscious interventions in culture, that are presented as continuities, rather than about real cultural continuities that contingently rise to awareness.

Sahlins' plea for a structural approach to culture is without doubt an important reminder of some fundamental characteristics of cultural processes, but I believe that he is misreading the situation with regard to the invention of tradition debate. Most of the contributors to this debate are well aware of the cultural continuities involved in the creation of new traditions. Sahlins' polemic emphasis on the structure of culture appears to make it difficult to see the real theoretical contribution of the invention debate. This, in my view,

12 Ibid., p. 408.
13 Ibid., p. 409.

is to be found in the relationship between cultural process and human agency. Although Sahlins claims, "Of course I do not mean to deny historical agency", the agency implied by his approach appears to be that of the competent language user, who makes grammatically correct sentences out of the available idiomatic repertoire when negotiating new situations.[14] Whereas this opens up for a conception of – structural – cultural chance, it is different from the kind of cultural intervention and historical agency that it is at stake in the invention debate.

To be fair, Sahlins has contributed centrally important works to the anthropological understanding of history and cultural transformation.[15] For example in *Islands of History*, Sahlins is particularly concerned with theorising structural change in relation to human action. In this book he develops a very useful theory to explain how cultural categories always are "at risk" in human action and therefore can be revaluated, which may result in structural change. I cannot elaborate on Sahlins' influential theory here,[16] and will only summarize what I see as the theory's main explanatory problems. First, even though Sahlins goes to great lengths to define agency, in the end he appears to subsume agency under culture. What agents see as their interests and goals is defined by their position in the cultural order. In my view the cultural sphere has a considerable level of indeterminacy, which allows for greater space for human agency. Second, in Sahlins' view people always appear to strive for reproduction of their culture. Sahlins refers to this as the "cultural integrity of the indigenous people"[17]. But is cultural reproduction really the norm? This I believe is contradicted by the many recorded cases of intentional cultural change, among them religious conversion. I think cultural continuity is not a self-evident premise, it has to be demonstrated and it has to be explained. Third, I assume we can get a better understanding of the relation between

14 Sahlins: Two or Three Things that I Know About Culture, p. 409.

15 Marshall Sahlins: *Historical Metaphors and Mythical Realities: Structure in the Early History of the Sandwich Islands Kingdom.* Ann Arbor: University of Michigan Press 1981; id.: *Islands of History.* Chicago / London: University of Chicago Press 1985; id.: *Apologies to Thucydides. Understanding History as Culture and Vice Versa.* Chicago / London: University of Chicago Press 2004; id.: The Economics of Develop-man in the Pacific. In: Robbins / Wardlow (eds): *The Making of Global and Local Modernities in Melanesia*, pp. 23–42.

16 See for an elaborate discussion, Ton Otto: The Ways of History. Review Article of Marshall Sahlins, 'Islands of History'. In: *Canberra Anthropology* 9,2 (1986), pp. 72–79; id. / Marshall Sahlins: Historical Metaphors and Mythical Realities: Structure in the Early History of the Sandwich Islands Kingdom. 1981. Islands of History. 1985. In: Ole Høiris (ed.): *Antropologiske mesterværker.* Aarhus: Aarhus UP 2007, pp. 289–301; Robbins 2005: op. cit.

17 Marshall Sahlins: *Culture in Practice. Selected Essays.* New York: Zone Books 2000, p. 9

cultural continuity and change, if we allow for different levels of conscious agency, which may involve different tempi of change.

But before I develop this point, I will turn to one of the best-known anthropologists of the last century, Margaret Mead, who has described a case of radical cultural change in her book *New Lives for Old*. The place she describes is Manus in Papua New Guinea, where I have done most of my own research, and I will return to this case later in this chapter. Once a key text on cultural change, Mead's book now appears almost completely forgotten. It is however quite interesting for my present discussion, as Mead stresses the importance of conscious agency and the possibility, even the desirability of radical change. In the preface to the 1966 edition, she writes:

> The transformation I witnessed in 1953 taught me a great deal about social change – change within one generation – and about the way a people who were well led could take their future in their own hands. It helped correct the widely held belief that slow change, however uneven, was preferable to rapid change.[18]

Mead had observed a certain tension in traditional Manus culture resulting from a stark contrast between a free and autonomous upbringing and the dependencies of adulthood – a tension that provided a motivation for change. She also mentioned that the Manus people were aware of cultural differences between social groups, which created a certain detachment allowing them to work the system. But this motivation and cultural awareness were not sufficient conditions for them to initiate any radical changes. The opportunity for change was provided by a historical event of great import: during the Second World War the American army chose Seeadler Harbour in Manus as a temporary marine base. This exposed the Manus people not only to enormous material wealth but also to other kinds of intercultural relations with the white and black American soldiers than they were used to in the pre-war Australian colonial society. As a second historical condition of great importance, Mead points to the presence of an unusually gifted leader, with a vision to change society, namely Paliau Maloat from Baluan Island.

Mead's study of the Paliau Movement, which radically transformed indigenous society, leads her to draw the following conclusions:

> So one important contribution of this record of change among the Manus is that it points up the completeness with which a people may want to change rather than merely submit to being changed.[19]

18 Mead: *New Lives for Old*, p. xiv.

19 Ibid., p. 442.

Fig. 2: The Paliau Movement originally strived for modernization Western style. Here is Paliau Maloat in Western dress and with a distinction from the British Empire (year and photographer unknown).

> A second contribution of the Manus experience is the suggestion that rapid change is not only possible, but may actually be very desirable.[20]

Mead points to the importance of wholesale instead of piecemeal change. Change is easier to accomplish if it involves whole patterns:

> While it is dreadfully difficult to graft one foreign habit on a set of old habits, it is much easier and highly exhilarating to learn a whole new set of habits, each reinforcing the other as one moves—like a practised dancer learning a completely new dance—more human even than one was before, because one has been able to do one more complicated human thing, learn something completely new.[21]

To support this point, she also refers to the experience of immigrants to the United States, who were able to adapt to the new society to which they had arrived by changing their original culture radically. Whereas later work, including my own,[22] has shown that there was much more continuity underlying the revolutionary changes in Manus, Mead's focus on intentional and radical change is important to keep in mind when analysing cultural change in Manus as well as elsewhere.

Fredrik Barth on Values and Concerns

Let us now turn to the work of Fredrik Barth, because he has developed a concept of culture that allows for different levels of conscious agency. In a seminal article Barth asks the question how we empirically can study values and norms, which presuppose a connection between people's concepts and behavioural choices.[23] Will the collective outcome of such choices provide a sufficient clue to identifying the underlying values and norms? Even if we for a moment ignore the obvious gap between intended outcome and real results of behaviour, this position is problematic. Barth provides a telling example on the basis of his research among the Baktaman in the Western Province of Papua New Guinea. He characterises the style of social interaction of these people as shy and unaggressive, quite unlike the typical behaviour in the New

20 Mead: *New Lives for Old*, p. 445.

21 Ibid., p. 451.

22 Bent Gustafsson: *Houses and Ancestors*. Ph.D. Thesis, Göteborg University 1992; Ton Otto: *The Politics of Tradition in Baluan: Social Change and the Construction of the Past in a Manus Society*. Nijmegen: Centre for Pacific Studies 1991; id.: The Ways of *Kastam*: Tradition as Category and Practice in a Manus Village. In: *Oceania* 62,2 (1992), pp. 264–283.

23 Fredrik Barth: Are Values Real? The Enigma of Naturalism in the Anthropological Imputation of Values. In: Michael Hechter et al. (eds): *The Origin of Values*. New York: de Gruyter 1993, pp. 31–46.

Guinea highlands. He observes that the Baktaman often display sensitivity and attention to the needs and feelings of others, especially in ways that seem to minimise conflict by accommodating themselves to the perceived wishes of others.

Is it justifiable then to assume that the Baktaman are guided by such values as sociability, consideration and accommodation? Barth does not think so, because he has been unable to identify separate indigenous concepts referring to these values in Baktaman conversations and in the ways they admonish their children. Rather than conceptions of generosity, consideration or sociability he found out that Baktaman point to the need to avoid the anger of others when talking about the reasons for sharing and amity. Anger will lead to revenge and much feared sorcery and it is therefore essential to avoid offending other people. Barth concludes that Baktaman practices of sharing and accommodating perhaps better are understood as an operating strategy to avoid sorcery, rather than as generated by shared values of sociality. Ideas about the destructive capacity of other human beings enforces the fear of causing offence and thus, indirectly, contributes to Baktaman social and gentle behaviour.

In the same article Barth presents another ethnographic example, namely that of the Balinese in Indonesia. I will not summarise that here but only refer to Barth's highly interesting comparison of the two cases. Seen from a Baktaman perspective, Barth argues, the Balinese must look enormously acquisitive and divisive: most land is privately owned – unlike the Baktaman situation – and there are stark differences between rich and poor; people strive after personal wealth accumulation while hospitality is strictly regulated. Nevertheless it is the Balinese who conceptualise and express the value of generosity and condemn the vice of greed, when discussing their behaviour.

In the book *Balinese Worlds*[24] Barth provides a detailed ethnography of the Balinese. In this monograph he further develops his theoretical understanding of the relationship between culture and social action. He introduces the term "concerns" for the implicit cultural constructs that guide people's behaviour but that are not explicitly formulated as values.[25] In the example just given, the Baktaman could be seen as having a concern to avoid making other people angry with them, out of fear for sorcery. In the monograph Barth lists a number of concerns for the Balinese such as "a pervasive fear of making an error or mistake and not acting correctly", "a need to protect

24 Fredrik Barth: *Balinese Worlds*. Chicago: University of Chicago Press 1993.

25 Ibid., p. 105, acknowledges his wife Unni Wikan (1990) for suggesting the concept of concerns.

oneself and one's health by surrounding oneself with happiness and harmony" and "a perennial pressure to manage one's heart and compel oneself to be good – in a world where others may be evil".[26] Barth recognises these concerns also in the descriptions by other ethnographers of Bali and calls them "broadly shared" and "compelling". He emphasises that they are closely connected to everyday experiences from which they in fact derive:

> [W]e should understand them as a precipitate of the experience of living as members of a Balinese community. In other words, we must not conceptualise them as "norms" for people to enact. [...] Instead, I suggest that they summarise recurring life experiences: they provide caveats, puzzles, and maxims to people who are trying to cope in a complex, unpredictable, and imperfectly known world.[27]

Therefore an important qualification of a theory of culture in action is the need to distinguish between a level of more implicit 'concerns' and a level of more explicit 'values and norms'.

In *Balinese Worlds* Barth sums up his theoretical argument as follows: Social action occurs at the conjunction of two rather different kinds of cultural materials.[28] On the one hand there are concerns, a set of orientations that are salient in social interaction and that summarise recurring life experiences. On the other hand there are traditions of knowledge. These knowledge traditions are characterised by (1) a body of ideas with a distinctive source and history; that (2) are held together as a body mainly through a distinctive social organisation; which (3) is maintained by people with special vested interests, in particular experts. "Traditions are articulated by persons with some degree of special knowledge and distinctive positions in the relevant social organizations"[29].

Barth's model draws on Max Weber's distinction between "(1) events, or behaviour – the objective, observable things that happen and (2) acts – human action as interpreted, or understood, within a cultural framework of meanings"[30]. The model thus adopts the Weberian distinction between behaviour and actions. Human behaviour underlies the laws of material causality and thus unfolds as a series of events. At the same time human behaviour needs to be seen from the perspective of actors, who transform events into acts by their capacity of signification, that is, they give meaning to their

26 Ibid., pp. 342–353.
27 Barth: *Balinese Worlds*, p. 343.
28 Ibid., pp. 342–353.
29 Ibid., p. 353.
30 Ibid., p. 158.

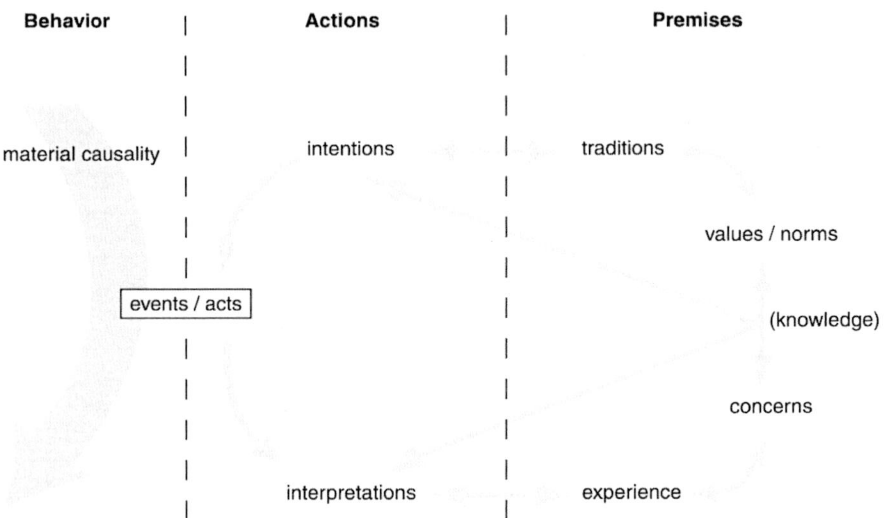

Fig. 3: Cultural premises of human action, adapted from Frederik Barth: *Balinese Worlds*.

lived-in worlds. This bestowment of meaning informs and shapes acts and thus impacts on the material causality of events. In the column "Actions" Barth divides the process of meaning giving into two different components, namely "intentions", which are the meanings attached to an act by the actors themselves, and "interpretations", which are the meanings conferred to the act by others (this includes the interpretation of what was intended and what was effected). This process of signification is based on cultural 'premises' and here I have taken the liberty to adjust Barth's scheme to my own understanding – partly derived from reading his article on values – namely by separating out concerns and values.

Interpretations are transformed and accumulated into 'experience', which engenders 'concerns'. These concerns provide orientation to people's intentions at an implicit level. More explicitly people relate the intentions of their actions to values and norms. These are closely connected with and derived from bodies of ideas that Barth has called "traditions of knowledge", which are maintained by experts in specific social organisations.[31] Concerns on the

31 Fredrik Barth: An Anthropology of Knowledge. In: *Current Anthropology* 43 (2002), pp. 1–18.

one hand and values/norms on the other can be quite different, complementary or even contradictory, but through the process of meaningful social action they influence each other. Thus lived experience impacts on knowledge traditions and vice versa.[32]

Towards a Dynamic Theory of Tradition

The popular notion of tradition refers to continuity with the past and to repetitive actions. However, as has become conspicuously clear from the invention of tradition literature, traditions can be consciously manipulated by human actors. An invented tradition is by definition a departure from the past in spite of its claim to the opposite. I refer to Ton Otto and Poul Pedersen[33] for an overview over the accomplishments of the literature on the politics of tradition, which is particularly rich concerning Melanesia and the Pacific more generally. In this section I will attempt to develop a way to understand the relation between cultural continuity and change by focusing on levels of conscious agency. The central assumption is that cultural change is more radical at more conscious levels of cultural agency, as in the example of the Paliau Movement described by Mead. Traditions belong to more conscious levels of cultural praxis and therefore display a greater tendency to radical change. In the definition of knowledge traditions suggested by Barth,[34] traditions have a certain continuity through time, but this continuity depends on the active involvement of interested actors. If there are insufficient experts or other actors with a vested interest, the tradition will disappear.

To start with, I believe that the issue of continuity is surprisingly undertheorised in anthropology, in comparison to the theoretical attention devoted to change.[35] True enough, many theoretical perspectives – structural-functionalism, structuralism, interpretative anthropology – imply stability and continuity in their treatment of social and cultural phenomena. They deal with various models of order and integration, but they do not address the central question of how this stability is generated. What is the origin or basis of the order we observe? Edward Shils, in a seminal article on tradition,[36] remarks

32 Ton Otto: Concerns, Norms and Social Action: Notes on Fredrik Barth's Analytical Model. In: *FOLK: Journal of the Danish Ethnographic Society* 46/47 (2005), pp. 143–157.

33 Otto / Pedersen: Disentangling Traditions: Culture, Agency and Power.

34 Barth: An Anthropology of Knowledge, p. 3.

35 Think of the theoretical efforts of evolutionism, (neo)Marxism, transactionalism, the Manchester School and historical anthropology.

36 Edward Shils: Tradition. In: *Comparative Studies in Society and History* 13 (1971), pp. 122–159.

that "tradition" and "traditional" are among the most commonly used terms in the study of culture and society. He states that "Those who would explain why a particular action is performed or a particular belief accepted say that 'there is a tradition' which motivates or elicits the desire to act or believe in that way; *the matter is left at that*".[37] Shils notes that there has been very little analysis of the properties of tradition. Anthropologists, sociologists and historians have described and analysed the substantive content of traditions but they have often neglected to ask the question of the "traditionality" of these traditions: "The modes and mechanisms of the traditional reproduction of beliefs are left unexamined".[38]

The sociologist Michael Young faces this question directly in a stimulating book, *The Metronomic Society: Natural Rhythms and Human Timetables*, in which he searches for the sociological equivalent of the biological clocks we can observe in nature. With intellectual predecessors such as Émile Durkheim, Weber and especially Pierre Bourdieu, Young identifies "habit" as the social synchroniser and cites the felicitous formulation from William James, who calls habit "the enormous flywheel of society, its most precious conservative agent"[39]. Young shows how human action cannot be understood without the force of habit and argues that the disposition to produce habits is genetically given.[40] But there is an important difference between habits and genes. Habits are usually less precise in their prescription of action and are, generally speaking, open to conscious monitoring. Even though habits refer to processes of automation, situations of complete, machine-like reproduction rarely occur. In most cases the conscious mind has a vital reflective and monitoring role.[41] The conscious mind (or intelligence) forms intentions, that can subordinate habits to other considerations and therefore make a choice between alternative actions. This combination of reason and habit produces a system for the reproduction of cyclical time that is much more adaptable and fast changing than the genetic system. Young sees habits as characteristic for individuals, whereas he defines custom as "the habit of a group, a social habit".[42] The force that is responsible for cycles in society is therefore custom.

37 Shils: Tradition, p. 123 (italics added).

38 Ibid., p. 124.

39 William James: *Principles of Psychology,* vol. 1. New York: Holt 1931, p. 221.

40 Michael Young: *The Metronomic Society: Natural Rhythms and Human Timetables.* Cambridge: Harvard UP 1988, p. 123.

41 Ibid., p. 90.

42 Ibid., p. 95.

Another important inspiration comes from Peter Berger and Thomas Luckmann's well-known exercise in the sociology of knowledge, *The Social Construction of Reality*.[43] In this book they develop a dialectical perspective on the relation between human actors and their main common product, human society, which in turn gives shape to human subjectivity. They coin three terms that are useful for understanding cultural process in relation to different levels of conscious agency. In the first place all human activity is subject to the process of "habitualisation", which is the formation of habits in individuals. This provides predictability in human action as well as the specialization that is lacking in man's biological equipment. Through habitualisation a lot of routine activity moves to the background of human consciousness, which gives space to a foreground of conscious deliberation and innovation. The second term is "institutionalisation", which refers to the reciprocal typification of actions by actors: this is the basis of the creation of social institutions, which assume a certain degree of objectivity in relation to human actors. They are social products articulated through sign systems, such as images, gesture and language. These social products or institutions we may also call "customs", to use a central anthropological concept, as opposed to "habits", which are conceived as being part of individual experience. Of course the transition between individual habit and social custom, between private and public action and experience is fluid and the processes of habitualisation and institutionalisation must be seen as mutually dependent. Or to put it differently, habit and custom can be understood as two perspectives on the same process with habit focussing on the experience of individuals and custom highlighting the regularities of social interaction. Barth's notion of "concerns" refers to the condensation of social constructs through the actors' experience of recurring life events and is thus related to customs.

The acquisition of socially accepted customs by new individuals entering the society – such as children or immigrants – through the process of habitualisation is not unproblematic, but often needs some extra effort in the form of explicit explanations and justifications. Here Berger and Luckman's third term applies, namely "legitimation". This is the level of traditions, which they call "second-order" objectifications. Traditions can have various forms, such as rituals, ceremonies or religious instructions. They are repetitive actions just like customs, but their reoccurrence is subject to conscious orchestration.

43 Peter Berger / Thomas Luckmann: *The Social Construction of Reality: A Treatise in the Sociology of Knowledge*. Harmondsworth: Penguin 1967.

Traditions are organised and executed by particular categories of actors, often experts; they are taught and performed at specific occasions, whereas customs belong to the repetitive actions that are the stuff of everyday life. Metaphorically one could imagine the space where traditions are made and performed as a cultural foreground that operates upon and in contrast to a cultural background of customs, where cultural patterns are reproduced habitually, that is at a much more unconscious level. Traditions can be more or less elaborate, from simple proverbs to comprehensive systems of knowledge that require specialists and special organisations for their maintenance and reproduction. Traditions relate to general social conduct by referring to norms and values; they provide a discursive space for dealing with moral issues. The invocation of a value or norm presupposes conscious agency and the performance of traditions is therefore something completely different from the simple execution of a norm, as Ladislav Holy and Milan Stuchlik have stipulated very clearly.[44] Because traditions are the stuff that people use for their intentional actions and legitimation (see Barth's model), it is this modality of culture that is most likely to be changed radically in times that the inherited cultural meanings have come under press. Let us return to the case of Manus and the Paliau Movement to illustrate this.

Paliau's Negation and Creation of Tradition

The Paliau Movement is relatively well known in the anthropological literature, not only through the work of Margaret Mead[45], but also thanks to Theodore Schwartz[46] and Peter Worsley.[47] More recently Ton Otto[48], Berit Gustafson[49], and Alexander Wanek[50] have contributed to our knowledge of this movement, which aimed at a total reorganisation of indigenous society in

44 Ladislav Holy / Milan Stuchlik (eds): *Actions, Norms and Representations; Foundations of Anthropological Enquiry*. Cambridge: Cambridge UP 1983.

45 Mead: *New Lives for Old.*

46 Schwartz: The Paliau Movement in the Admiralty Islands.

47 Peter Worsley: *The Trumpet Shall Sound. A Study of 'Cargo' Cults in Melanesia.* 2nd, augmented ed. New York: Schocken 1968.

48 Otto: *The Politics of Tradition in Baluan*; id.: The Paliau Movement in Manus and the Objectification of Tradition. In: *History and Anthropology* 5 (1992), pp. 427–454; id.: Paliau's Stories: Autobiography and Automythography of a Melanesian Prophet. In: *Focaal* 32 (1998), pp. 71–87.

49 Gustafsson: Houses and Ancestors; id.: From God to Win: The Rise of a Melanesian Religious Movement Based on Christianity. In: Göran Aijmer (ed.): *Syncretism and the Commerce of Symbols*. Gothenburg: Institute for Advanced Studies in Social Anthropology 1995, pp. 60–83.

50 Alexander Wanek: *The State and Its Enemies in Papua New Guinea*. London: Curzon 1996.

Fig. 4
Paliau Maloat talking at a religious meeting (1986).

order to achieve equality with the colonisers. The roots of the movement can be found in the 1920s and 1930s when a lot of Manus men were employed as contract labourers and were away from their home societies during many years. In these years they learned about the customs of other indigenous groups as well as about the institutions of Western colonial society. Some of these men returned to their villages not only with money and Western goods but also with a strong desire for change. They did not want to accept the existing relations of power and obligation that existed in the villages and that would keep them in a position of dependency for many years. Paliau Maloat from Baluan had worked in the native police in different regions of New Guinea and had gradually come to the insight that the traditional exchanges and feasts were wasteful of wealth and human life. They would often lead to temporary poverty, disease and even death and prevented the indigenous population from building up wealth and strength to match the White colonisers. The rejection of traditional ceremonies with large distributions of food and wealth as well as the pooling of goods and money acquired through contract labour became central elements of Paliau's programme. Paliau, in contrast to other dissatisfied young entrepreneurs, got a regional influence that far exceeded the reach of traditional leaders. No doubt his intelligence, charisma and political insight played an important part, as well as the high status he acquired in the native police. But both for him and other innovating leaders, the Second World War with the presence of enormous American wealth and manpower, was an event of great impact, that created the opportunity for radical change, as it raised feelings of dissatisfaction with the colonial situation among a large part of the indigenous population.

Paliau and his many followers – at its height the Movement included 33 villages – were able to realise a major restructuring of their society that affected its core institutions. All major ceremonial exchanges were abolished: the great *lapan* feasts to commemorate a deceased leader and establish the reputation of his successor; *pailou*, the compulsory distributions of wealth at the occasion of death; and the competitive bride-price payments (*mosap*) that would indebt the married men for many years, as it was their fathers, uncles or elder brothers who organised the ceremonies. The Movement experimented with new forms to establish and mark social relations and statuses: for example a marriage was performed through the payment of a modest sum of Western money in the presence of the appointed village leader. And adultery was to be solved by paying a fine to the woman involved, who then would give it to her husband. Central to these reforms was a break with the past: the ways of the ancestors were seen as inhibiting and even damaging, because they caused poverty and illness. They had to be replaced by the New Way (*nupela pasin*) that was derived from the experience with colonial society. Most villages in the Movement were newly built; often involving two formerly separated ethnic groups. Houses were built on poles and placed in straight lines. Village life was no longer organised along traditional kin networks but more in the style of a labour camp on a plantation. Villagers would meet in a 'line' and the appointed or elected village leader would divide the work of the day. Exploitation of land and sea resources was done in a communal spirit, which overrode traditional claims to ownership.

Explicit markers of 'modernity' or Western culture were introduced, such as a council house and the use of Western clothes at ceremonial occasions. Importantly, a new sense of historical agency had developed that understood the present as period of historic change. This new historicity was communicated and spread through Paliau's reformulation of central biblical stories, which gave a key role to him and his Movement. The new sense of time was supported by the introduction of the calendar and the recording of events and dates. The historicity of the New Way was directed towards the future, which would be different and which provided the motivation for the many changes in the present. As emphasised by Mead, the radical nature of the change was striking as it encompassed many, if not most aspects of life. This radical change was only possible through the involvement of the conscious agency of as many followers as possible, motivated by the new traditions created by Paliau and his group of leaders.

Without doubt there was also much cultural continuity underlying the massive and overwhelming transformations introduced in a relatively short period of time, about six to eight years.[51] As examples one could point to conceptions of knowledge and efficacy, to the role of predictions in validating knowledge, to aspects of leadership such as the capacity for oratory and the organisation of large social events. Using the terminology developed above, we could call these continuing cultural orientations 'concerns'. Often traditional concepts were used in a new context. For instance it was very important for Paliau that a large meeting house was built and this can be understood against the cultural background that the material house was a symbol for the traditional descent group, which was at the centre of the old society:[52] therefore the new meeting house was to mark the start of a new society. This symbol thus combined traditional and western connotations. Important though for the present argument is, that the explicit culture in the Movement was focused on new institutions and traditions: council meetings, village leadership, collective organisation of work in the 'line', schools, Western clothing, etc.[53] Paliau and the other local leaders asserted their own agency with a new sense of historicity that challenged both the Western mission and the colonial government. They were going to be the authors of their own future!

51 Theodor Schwartz: Cult and Context: The Paranoid Ethos in Melanesia. In: *Ethos* 1 (1973), pp. 153–174.

52 A patrilineage is typically called the house of a particular ancestor, for example *um tan Paliau* is 'the house of Paliau' referring to Paliau's patrilineal descendants.

53 Theodor Schwartz: Kastom, "Custom", and Culture: Conspicuous Culture and Culture-Constructs. In: *Anthropological Forum* 6 (1993), pp. 515–540.

Polpolot, or the Construction of *Kastam*

The negative attitude towards the old traditional institutions and ceremonies was apparently pervasive in the villages that followed the Paliau Movement.[54] This does not mean that all forms of traditional exchanges had completely disappeared. According to my informants some traditional activities continued, in particular in relation to ceremonies concerning death, as many still considered it opportune to placate the spirits of the dead. But these activities were performed mostly clandestinely or in any case not publicly, as the new doctrine condemned them. The focus was on creating a new world and the pre-movement traditional ceremonies were considered as an obstacle to achieving that goal. Paradoxically, this rejection of the past created the discursive space that allowed for the development of a new tradition of meaningful action that explicitly referred to the past for its legitimation.

The establishment of this new tradition on Baluan can be traced back to the actions of three known individuals.[55] Of course they reacted to context and circumstance but their decisions were decisive for initiating a process that continues to the present day. The first person to openly organise a ceremony that clearly involved traditional elements was Ninou Solok of the Sauka clan. The year was presumably 1958, that is 12 years after the start of the Paliau Movement on Baluan. According to the principles of traditional succession Ninou Solok would have had the possibility to establish himself as the leader of the large Sauka clan, because the senior lineage did not have a man able to assume this role. On Baluan there were undoubtedly more men in a similar position who nevertheless abstained from engaging in traditional ventures, but according to my informants Ninou decided to make a feast after he was nearly fatally hit by a large branch that fell down from a tree.[56] Acutely aware of his the possibility of his sudden death, he wished to establish his reputation – and that of his lineage – through a big traditional feast before it was too late. The ceremony he organised was called *polpolot* – at least retrospectively – after the name for a particular type of song. A *polpolot* is sung in two-voice harmony and it typically describes memorable deeds of the ancestors, such as wars, large feasts, migrations, etc. The language used in these songs is different from daily speech and at the time of my fieldwork only few people

54 Tradition was also rejected in villages that followed the missions, most strongly in those adhering to the Seventh Day Adventist church.

55 There is wide consensus about this among my Baluan informants.

56 The story specifies that it was a nut tree. Therefore the accident probably happened when people were harvesting the nuts, what they often do by cutting down branches.

Fig. 5: The exchange of food was a central aspect of the Polpolot ceremony and many other traditional ceremonies. Here we see women carrying baskets with yams on their head as part of a wedding (1987).

could still understand this language. Both the singing of these songs and the actual exchanges organised made a strong statement concerning the value of the ways of the ancestors, which was in stark contrast with the ethos of the Paliau Movement.

Ninou Solok had died when I did my first fieldwork on Baluan (1986–1988), but I was able to interview the second man who organised a *polpolot*, Kelu Salikioi of the Poipoi clan, assumedly in 1960 or soon thereafter. He made a large garden with only the primary ceremonial food, namely yams, and his clan brothers also made gardens. When the yams were harvested he collected all the food in front of his house and invited his *narumpein*. This Baluan word refers to the descendants of the women of his own clan who, as was Baluan custom, had married men from other clans. *Narumpein* stands in opposition to *narumwen*, and these categories are conceived as the descendents of a sister and a brother pair (*narumpein* means son of the woman and *narumwen* means son of the man). The *narumwen* are the primary guardians of the clan properties but the *narumpein* retain secondary rights to these properties and are believed to have power over the clan's success and fertility. In traditional Baluan understanding it is imperative to maintain good relationships between the *narumpein* and the *narumwen* in order to secure prosperity as well as to reconfirm obligations to assist with major enterprises including feasting and warfare. In the New Way established by the Paliau Movement it was not really possible to acknowledge these relations, at least not in larger public events. Kelu purposely invited his *narumpein* to a feast where he entertained them with *polpolot* songs and cooked food. At the end he divided the uncooked garden food between the different *narumpein* groups. Later these groups returned with a gift of predominantly western money, but also some traditional valuables, namely dogs' teeth and shell beads, even though the later had become scarce on Baluan. Kelu divided the money between the people who had assisted him with producing the food. Half the money went to his affines, the family of his wife, and the other half to a man who was one of his *narumwen*.

The third man to organise a *polpolot* was Kisokau Aiwai from the Munukut clan. Like Kelu Salikioi he was the traditional leader of a clan of some status. The New Way did not give them the possibility to assert their leadership with regard to potential competitors, nor to reconfirm the relative status of their group. Their staging of a *polpolot* did not directly challenge the political authority of the Movement's leaders but rather established a different field of competitive action. Of course the performance of such 'recidivist' activities clearly challenged the hegemony of the New Way and opened up for more heterodox developments. Apparently there was sufficient support for this. Asked for the reason for the introduction of *polpolot* ceremonies, most informants pointed to the wish "to show the family". Clearly it had been felt that the old networks of kin relations needed to be maintained or re-established in spite of the community-based organisation of the New Way. The new social bonds could not fully replace the old ones. Or, to put it in another way, old concepts of personhood lingered on. The New Way in effect required a different type of personhood based on communal sharing and political organisation. But the establishment of personhood involves also the more implicit modalities of culture and these take a longer time to change. The organisation of the *polpolot* was an attempt to articulate the old and the new in a different way.

Even though the *polpolot* ceremony referred to the past and the ways of the ancestors, it was in fact a new cultural form. On the basis of my oral history material, I am rather certain that no such ceremony existed in pre-war Baluan. In the past all ceremonies were connected with critical life events such as birth,

Fig. 6
Kelu Salikioi talks about his *Polpolot* ceremony (1987).

marriage and death. The *polpolot* was perhaps most similar in its intention to the old *lapan* feast, where a new clan leader established his reputation by honouring his deceased predecessor. But in practice these ceremonies were quite dissimilar, both concerning their scale and the particulars of their execution.[57] The most conspicuous continuity with pre-movement culture can be found in the public staging of exchange activities involving relevant kin groups and the singing of traditional songs.

The *polpolot* ceremonies, even though popular at the time, did not have a long life. I have records only of the three I have mentioned here. They were superseded by ceremonies that were more similar to those of the past, especially

57 Traditional *lapan* feasts were very large events, which often involved many years of preparation. Contrary to the *polpolot*, the leader of a *lapan* feast did not get a return for his gifts in the form of valuables or food. In addition the pattern of distribution was also different.

those relating to marriage and death. These ceremonies were reintroduced slowly and with many changes and adaptations to the new circumstances, including the use of Western money. One informant assessed this revival as follows: "They did not do it right. Like a tree that was cut in pieces; some parts were taken, while other parts were left to rot." But even though this criticism was correct from a traditionalist point of view, the idea of 'tradition' (or *kastam* as it was later called locally) had become an important part of contemporary Baluan life. The three *polpolot* organisers used the discursive space created by the Paliau Movement, by revaluing 'traditional' practices to establish their name and personhood through gift exchange. By so doing they stand at the beginning of a new tradition that explicitly uses the past as its point of reference. At the time the word *kastam* was not yet in use, I date its introduction to the middle of the 1970s. In stead the activities were referred to as *pasin bilong ol tumbuna* or *nurunan ip palsi*. This traditional sphere took time to grow and consolidate and this involved developments that came from outside the local community, such as the introduction of land Demarcation Committees (1963), initiatives from the Education Department (1970s), national politics in relation to independence, and the economy of remittances sent home by migrant Baluan people.[58]

The change caused by the emergence of the tradition of *kastam*, was not as fast and radical as that of the New Way, nor did it replace the latter. Ideas of progress and development have persisted up to the present. It is rather the case that *kastam* has established an alternative way of assessing the morality of actions. In daily practice there tends to be a division of activities belonging to *kastam* and those belonging to *modernity*, which mostly exist side by side. But they can clash head on when people invoke one in opposition to the other to support a particular choice of action. I have given several examples of such clashes elsewhere.[59] And the opposition is also known from other places in Papua New Guinea, such as Tanga, New Ireland[60] and Matupit, East New Britain[61], where the lack of business development at the village level is often blamed on the reciprocal obligations enforced by people invoking *kastam*.

58 Otto: *The Politics of Tradition in Baluan*, pp. 223–264.

59 Otto: The Ways of *Kastam*: Tradition as Category and Practice in a Manus Village. In: *Oceania* 62,2 (1992), pp. 264–283.

60 Robert John Foster: *Social Reproduction and History in Melanesia: Mortuary Ritual, Gift Exchange, and Custom in the Tanga Islands*. Cambridge: Cambridge UP 1995.

61 Keir Martin: *The Death of the Big Men and the Rise of the Big Shots: Custom and Conflict in East New Britain*. Oxford: Berghahn 2013.

Conclusion

In this chapter I have presented two cases of cultural change from Manus, which were driven by the intentional agency of participants consciously reworking their cultural traditions. The Paliau Movement, a well-known case of radical change from the anthropological literature, involved the abolishment of existing traditions and the creation of new ones. If we return to Barth's model, as adapted and presented above, I would suggest that we can find an important cause for this movement in the cognitive conflict that developed from the interpretation of lived experience in light of existing traditions. As a result of European colonisation Manus people experienced a discrepancy between their central values and their apparent lack of success and status in relation to the Western colonisers. The awareness of this tension developed most clearly among young men, who had extensive experience with Western society and were not yet fully integrated and established within their own. They were able to take a more distant view, and some were able to envision a different culture and future. The Paliau Movement succeeded in creating new traditions that were to a large extent inspired by the leader's perception of Western society. The wholesale change that the Movement aimed for, created a very strong motivation among a large group of followers, as observed by Mead.[62] Therefore the movement was able to achieve a radical reorganisation of society that impressed many colonial officers as well as researchers. However, as discussed above, underlying the adoption of new values and institutions, there were continuing concerns that could not be changed so readily. These implicit continuities led to a tension between the new explicit values and the interpretation of experience, based on lingering concerns. As a result, a number of local leaders took the initiative to organize practices that implied a revaluation of the pre-Movement traditions. This initiative became part of a more comprehensive movement to establish a tradition that later became called *kastam* (or "tradition"), with reference to the pre-War and pre-Movement practices. The new *kastam* movement was not strong enough to annihilate the Movement's New Way but it provided an important alternative. As a result there are two strong knowledge traditions in contemporary Manus: one deriving from the Movement's New Way, that celebrates progress and modernity and one referring to an idealised traditional culture that still can give moral direction in the present time.

62 Mead: *New Lives for Old.*

Looking at Barth's diagram again, the Manus case exemplifies that the mutual impact between concerns and values can go two ways, constituting a genuine dialectic. An experienced conflict of interpretation can bring concerns to awareness and may lead to the formation of a new tradition. On the other hand, once a tradition is established successfully, its values will become routinized over time and thus engender implicit concerns in actors through lived experience.[63] Thus the relationship between cultural materials and levels of conscious agency is fluid and depends on historical situations. Important for an understanding of change is, therefore, that we have to allow for different levels of cultural awareness or different modalities of culture to have their own tempi of change. A cultural system does not change 'en bloc', even though change at the surface may appear radical. People may transform their traditions to become 'modern' or may adopt Christianity in a revolutionary move of conversion. But many parts of their culture will linger on and may not only inform the understanding of the new cultural forms but also form the basis of the creation of alternative traditions later on. It is however not correct, I argue, to reduce invented traditions to the meanings of the local culture as inherited – to the "inventiveness of tradition" as Sahlins calls it. There may be genuinely new elements in these traditions, , as illustrated by Paliau Movement, that in the end will precipitate into concerns informing action at a more implicit, less conscious level. A theory of tradition and cultural change needs to encompass these different levels of conscious involvement and allow for the existence of different simultaneous traditions that create a certain indeterminacy of culture by providing alternative possibilities of legitimation to actors in the same society.

63 David Akin: Ancestral Vigilance and the Corrective Conscience. Kastom as Culture in a Melanesian Society. In: *Anthropological Theory* 4 (2004), pp. 299–324.

Der Wert des Hügels
Tradierungen und Bedeutungen eines Grabmonuments in Mitteleuropa und Japan

Thomas Knopf

Einführung

Vom Neolithikum bis in römische und teilweise frühmittelalterliche Zeit finden sich in Europa Grabhügel als auffällige Monumente. Während die frühesten Bauten dieser Art megalithische Steinsetzungen oder Steinkammern enthielten und zusammen mit einer Erdüberschüttung runde bis längliche Formen bildeten, wurden ab der Bronzezeit meist runde Erdhügel errichtet. Auch diese enthalten zuweilen Kammern, Einfriedungen oder Abdeckungen aus Stein. Es existieren Grabhügelfelder mit wenigen bis dutzenden Hügeln unterschiedlicher Dimensionen. Sehr große, häufig als ‚fürstlich' bezeichnete Grabhügel stammen aus der Frühbronzezeit (etwa derjenige von Leubingen/Thüringen) und insbesondere aus der Späthallstatt- und Frühlatènezeit wie z. B. der Magdalenenberg (Baden-Württemberg) oder Grabhügel 1 am Glauberg (Hessen).

Das vergleichbare Phänomen kennt man auch aus Japan. Hier werden ab der Yayoi-Zeit (8. Jh. v. Chr. bis 3. Jh. n. Chr) und insbesondere in der Kofun-Zeit (3. Jh. bis 7. Jh. n. Chr.) Grabhügel errichtet. Hier findet man mit den schlüssellochförmigen Hügeln die größten Monumente dieser Art auf der Welt (bis zu 486 m Achsenlänge und 123 Hektar Grundfläche).

Man kann dem Phänomen Grabhügel bei allen formalen Unterschieden somit hier wie da eine ausgesprochene ‚Kontinuität' beimessen. Doch welche Intentionen steckten hinter dem Bau solcher Grabanlagen? Sowohl in Europa als auch Japan finden sich traditionelle Vorstellungen wie die Selbstdarstellung der Bestatteten bis hin zu soziopolitischen Aspekten. Grabhügel stellen somit als formale Kategorie wie auch inhaltlich zu deutendes Bauwerk ein interessantes Objekt der Frage nach ‚Kontinuität' und Wertzuschreibung dar.

Im Gegensatz zu Japan mit einer rund 1.000 Jahre währenden Tradition des Grabhügelbaus verschwinden in Europa diese Grabmonumente über einen deutlich längeren Zeitraum hinweg immer wieder, um mit regionalen Unterschieden erneut aufzutreten. Das Ziel eines solchen Vergleichs liegt jedoch nicht in einer Art Parallelisierung des Phänomens und auch nicht in der Entwicklung einer kulturanthropologischen Gesamttheorie des Grabhügelbaus. Vielmehr steht der Vergleich von Gemeinsamkeiten und Unterschieden formaler Art und ihrer Interpretation als kontinuierliche oder diskontinuierliche Merkmale der Gesellschaft im Vordergrund. Dafür stehen hier wie dort umfangreich ergrabenes Material und darauf basierende Deutungen zur Verfügung.

Im Folgenden soll nach einigen grundlegenden Bemerkungen zum Konzept der Kontinuität in der prähistorischen Archäologie das Potenzial von Grabhügel als Gegenstand der Fragestellung ‚Kontinuität' diskutiert werden. Anschließend folgt ein Überblick über Formen und Interpretationen von Grabhügeln aus Europa und Japan in vergleichender Perspektive. Zusammenfassende Bemerkungen und generelle Folgerungen bilden den Schluss.[1]

Kontinuität in der Prähistorischen Archäologie: Einige Bemerkungen zum Konzept

Kontinuität ist eine besondere Form der Betrachtung von Zeit. Daher hat die Geschichtsphilosophie grundlegende, auch für die Archäologie relevante Aspekte, behandelt. Die Diskussion setzte verstärkt in den 70er Jahren des 20. Jh. ein. Hier sind insbesondere Arbeiten Hans Michael Baumgartners[2] zu nennen, ebenso das Stichwort ‚Kontinuität' im *Historischen Wörterbuch*[3]. Baumgartner stellte etwa fest, dass eine Folge von Ereignissen, die als Geschichte aufgefasst werde, immer als ein kontinuierlicher Zusammenhang erscheine, selbst wenn dieser Zusammenhang Unterbrechungen, Brüche, Diskontinuitäten enthalte.[4] Jede Geschichte sei eine Kontinuität, solange sie überhaupt

1 Werner Steinhaus M.A. (Hiroshima) danke ich für Anmerkungen und weiterführende Hinweise.

2 Hans Michael Baumgartner: *Kontinuität und Geschichte. Zur Kritik und Metakritik der historischen Vernunft*. Frankfurt am Main: Suhrkamp 1972.; ders.: Kontinuität. In: Klaus Bergmann / Anette Kuhn / Jörn Rüsen / Gerhard Schneider (Hrsg.), *Handbuch der Geschichtsdidaktik*. 3., überarb. Aufl. Düsseldorf: Schwann 1985, S. 150–152.

3 Norbert Herold: Stichwort „Historische Kontinuität". In: Joachim Ritter / Karlfried Gründer (Hrsg.): *Historisches Wörterbuch der Philosophie*. Darmstadt: WBG 1976, S. 1038–1042.

4 Baumgartner: Kontinuität, S. 150

eine Geschichte sei. Baumgartner sah die Kontinuität der Geschichte zugleich als Konstruktion, die nicht einen objektiven Zusammenhang von Ereignissen darstelle.[5] Kontinuität dient somit dazu, Geschichte einen Sinn bzw. ein Ziel oder eine Richtung zu verleihen.

Der Soziologe Thomas Schwietring hat sich in jüngerer Zeit intensiv mit dem Thema „Kontinuität und Geschichtlichkeit" beschäftigt.[6] Er stellte fest, dass Zeit das Medium sei, in dem sich Ereignisse zu einem Geschehen aneinanderreihen. Zugleich sei Zeit der Faktor, der die Ereignisse voneinander trenne und es auf diese Weise erforderlich mache, sie erneut zusammenzufügen und zwar als ‚Geschichte':

> Als Dimension des kontinuierlichen Zusammenhangs spielt Zeit eine entscheidende Rolle für den Begriff der Kontinuität. Denn Zeit ist jenes Phänomen – neben dem Raum – an dem der Begriff der Kontinuität überhaupt entwickelt worden ist.[7]

Schwietring ist daher der Meinung, dass der Begriff der Kontinuität die Sehnsucht nach der Einheit der Erkenntnis und nach großen Zusammenhängen zu bedienen scheine.[8] Er hat auch auf ein „allgemeines Vorverständnis von Kontinuität" hingewiesen.[9] Dieses rage aus dem Alltagswissen in die Wissenschaft hinein und ihm gelte der Begriff als eine selbstverständliche Kategorie zur Beschreibung und Gliederung geschichtlicher und überhaupt zeitlich strukturierter Tatsachen. Insgesamt fordert Schwietring, sich intensiver mit den intellektuellen Konstrukten der Darstellung von Geschichte als dem Ort der Erzeugung von Kontinuität zu befassen.[10] Insbesondere die Stilgeschichte bedeute, so Schwietring, die Konstruktion einer in sich geschlossenen und in hohem Maße folgerichtigen und kontinuierlichen, aber durch und durch idealen Kette formaler Veränderungen und Innovationen.[11] Stilgeschichte sei das Modell einer geschlossenen und lückenlosen, also kontinuierlichen, aber eben nicht (zwangsläufig) kausalen Entwicklung.

5 Dem hat etwa Jürgen Habermas widersprochen, der davon ausgeht, dass Geschichte durchaus ein objektiver und nicht erst ein ‚theoretisch' vom Geschichtsschreiber konstruierter Lebenszusammenhang sei, siehe Jürgen Habermas: *Zur Rekonstruktion des Historischen Materialismus.* Frankfurt am Main: Suhrkamp 1995, S. 251.

6 Thomas Schwietring: *Kontinuität und Geschichtlichkeit. Über die Voraussetzungen und Grenzen von Geschichte.* Konstanz: Universitätsverlag 2005, S. 36.

7 Ebd., S. 411.

8 Ebd., S. 33.

9 Ebd., S. 30.

10 Ebd., S. 357.

11 Ebd., S. 41.

Bereits der Kunsthistoriker Georg Kubler war in seinem lesenswerten Buch über die *Die Form der Zeit* auf stilkundliche Aspekte eingegangen.[12] Generell charakterisierte er, dass man Zeit nur indirekt durch das kenne, was in ihr geschehe: durch die Beobachtung von Dauer und Wandel, durch die Abfolge von Ereignissen und die dazwischen liegenden Phasen der Unveränderlichkeit.[13] Dabei empfinden wir unser eigenes Leben beständig als Kontinuum und diese „biologische Zeit"[14] – besser gesagt, die daraus für uns als normal erwachsende Kontinuität – übertragen wir auf die Geschichte.

In der Ur- und Frühgeschichtlichen Archäologie basiert das Konzept von Kontinuität in erster Linie auf Ähnlichkeiten jeweils untersuchter materieller Zeugnisse. Daraus wird auf Ähnlichkeiten der jeweiligen Menschen bzw. ihrer ‚Kultur' geschlossen.[15] Die Analyse der Verwendung des Begriffs in der Forschungsgeschichte der Ur- und Frühgeschichtlichen Archäologie[16] hat spezifische Merkmale deutlich gemacht. Ausgehend von einer Ähnlichkeit materieller Aspekte jeweils untersuchter ‚Kulturen', meist des archäologischen Materials spezifischer Zeitabschnitte in einzelnen Regionen, wurde auf die Ähnlichkeit kultureller Merkmale der assoziierten Menschen geschlossen. Insbesondere leitete man aus materiellen Affinitäten eine Konstanz des Ethnos ab. Dieses Konzept war vor allem bis in die 30er und 40er Jahre des 20. Jh. dominierend, findet sich aber, etwa in Bezug auf die ‚Träger' der Hunsrück-Eifel-Kultur, letztlich bis heute fortgeführt. Ein grundlegendes Postulat für die Archäologie hinsichtlich ‚Kontinuität' besteht darin, zu entschlüsseln, welche Ursachen hinter der Konstanz oder dem Wandel je spezifischer ‚materieller Kultur' stehen. Für den Bereich ‚Keramik' konnten etwa durch eine systematische Analyse ethnographischer Studien zur Herstellung und zum Wandel von Tonware entsprechende Aussagen gewonnen und an Fallbeispielen exemplifiziert werden. Als Fazit wurde seinerzeit u. a. eine differenziertere Anwendung des Kontinuitätsbegriffs gefordert.[17] Kontinuität sollte mit Vorgängen und Abläufen verbunden werden, nicht aber mit Zuständen. So kann von einer steten (=kontinuierlichen) Nutzung gesprochen werden, wenn

12 George Kubler: *Die Form der Zeit. Anmerkungen zur Geschichte der Dinge.* Frankfurt am Main: Suhrkamp 1982.

13 Ebd., S. 47.

14 Ebd., S. 46.

15 Thomas Knopf: *Kontinuität und Diskontinuität in der Archäologie – Quellenkritisch-vergleichende Studien.* Münster / New York / Berlin / München: Waxmann 2002.

16 Ebd., S. 16–28.

17 Ebd., S. 271.

damit gemeint ist, dass keine Unterbrechung stattgefunden hat. Hier ist eine zeitliche Tiefe vorhanden. Bei ‚Bevölkerung' oder ‚Keramik' ist dies a priori nicht gegeben. Hier muss auf jeweilige Merkmale abgehoben werden, die unverändert oder verändert über einen bestimmten Zeitraum existent waren. Insgesamt ist für die Archäologie die Quellenabhängigkeit, insbesondere auch die jeweilige Auslegung chronologischer Unschärfen, ebenso wie die generell schwammige Verwendung des Kontinuitätsbegriffs festzuhalten.

Die scheinbar selbstverständliche Übertragung von Zeit- und Kontinuitätskonzepten erfolgt in der Ur- und Frühgeschichtlichen Archäologie häufig implizit. Dementsprechend ist auch die Zahl der Arbeiten, die über Kontinuität, Wandel und andere Begriffe reflektiert, vergleichsweise gering.[18] Neuere Arbeiten setzen sowohl die Tradition des allgemeinen, unreflektierten Gebrauchs von ‚Kontinuität' fort, haben aber auch Umsetzungen reflektierter Konzepte gefordert bzw. angewendet. So hatte sich etwa die Deutsche Gesellschaft für Archäologie des Mittelalters und der Neuzeit 2005 in Frankfurt/Oder zusammengefunden und unter dem Thema „Kontinuität und Diskontinuität im archäologischen Befund" vierzehn Beiträge versammelt.[19] Die Archäologische Arbeitsgemeinschaft Ostbayern/West- und Südböhmen widmete sich auf ihrem 12. Treffen 2002 in Cheb diesem Schwerpunktthema durch die Zeiten hindurch (in achtzehn Beiträgen) vom Neolithikum bis ins Mittelalter.[20] Für die beteiligten Wissenschaftler_innen stellte der geringe Grad an Reflexion des Begriffs oder der Konzepte von Kontinuität kein großes Problem dar. Bei allen dürfte ein Vorverständnis von Kontinuität vorhanden sein. Kontinuität ist im Sinne Schwietrings (s.o.) eine „selbstverständliche Kategorie zur Beschreibung und Gliederung geschichtlicher und überhaupt zeitlich strukturierter Tatsachen", wobei hier in der Regel eine wie auch immer im Einzelnen gearteten Fortführung der Nutzung von Plätzen

18 Zusammenfassend Manfred K.H. Eggert: *Prähistorische Archäologie. Konzepte und Methoden.* Tübingen: Francke 2011, S. 318–329. An älteren Arbeiten sind zu nennen, Jens Lüning: Kontinuität und Diskontinuität. In: Siegfried Jan De Laet (Hrsg.): *Acculturation and Continuity in Atlantic Europe Mainly During the Neolithic Period and the Bronze Age: Papers Presented at the IV. Atlantic Colloquium, Ghent 1975.* Brügge: de Tempel 1975, S. 174–188; Wolfgang Brestrich: *Die mittel- und spätbronzezeitlichen Grabfunde auf der Nordstadtterrasse von Singen am Hohentwiel.* Stuttgart: Theiss 1998, S. 183–188. Aus volkskundlicher Sicht, aber von Archäologen häufig zitiert: Herrmann Bausinger: Zur Algebra der Kontinuität. In: Ders. / Wolfgang Brückner (Hrsg.): *Kontinuität? Geschichtlichkeit und Dauer als volkskundliches Problem.* Berlin: Schmidt 1969, S. 9–30.

19 Matthias Untermann / Ralf Röber (Red.): *Kontinuität und Diskontinuität im archäologischen Befund.* Paderborn: Selbstverlag 2006.

20 Miloslav Chytráčekof / Karl Schmotz / Peter Weinzierl (Hrsg.): *Archäologische Arbeitsgemeinschaft Ostbayern/West- und Südböhmen, 12. Treffen, 19.–22. Juni 2002 Cheb.* Rahden: Leidorf 2003.

oder Räumen, von Wissen oder Funktionen gemeint ist. Man könnte somit von einem pragmatischen, fund- und befundorientierten Ansatz sprechen. In der Regel blieb aber die inhaltliche Bedeutung der steten Nutzung oder fortgeführten Tradition recht unklar. Was bedeutet es, wenn in denselben Räumen immer wieder oder gar ununterbrochen gesiedelt wird, wenn handwerkliche Techniken erhalten bleiben bzw. wenn am selben Ort, aber in veränderter Weise gebaut wird usw.? Zwar wurden diese Fragestellungen zuweilen angesprochen, es müsste jedoch in differenzierterer Weise über die Fortführung von Gebäudefunktionen, der Tradierung von Handwerk oder der Bedeutung von dauerhafter Nutzung von Landschaften als sozialen Räumen nachgedacht werden.

Zwei andere Arbeiten haben weiterführende Untersuchungen im Kontext des Kontinuitätsbegriffs durchgeführt. Philipp Stockhammer wählte für seine Dissertation die Schlagworte „Kontinuität und Wandel" als Haupttitel und setzte sich mit den entsprechenden Konzepten auseinander.[21] Die Verbindung quellenkritischer Analyse der Keramik, kontextueller Einbindung in Befundsituationen sowie kulturanthropologischer Ansätze mit Heranziehung zahlreicher ethnographischer Analogien zu Herstellung und Wandel von Keramik bzw. Keramiktraditionen erbrachte nicht nur anschauliche, sondern auch konkrete Aussagen über die Vorgänge in dieser Zeit. So ist etwa von „Keramik- und Kochtraditionen", „Töpfern, die sich an Kundenwünschen orientierten", oder der „Fähigkeit zur repräsentativen Selbstdarstellung oder Integration der Einwanderer" die Rede.

Ähnliches gilt für eine Untersuchung des Wechsels von der Körper- zur Brandbestattung als Phänomen der Bronzezeit. Kerstin P. Hofmann hat dabei den konzeptionellen Rahmen von Kontinuität/Diskontinuität sowie Innovation und Tradition einer knappen, konzisen Analyse unterzogen.[22] Auch sie rückte den Begriff der ‚Tradition' in den Fokus (etwa Hobsbawms ‚invented traditions'). Ebenso verwies sie auf die Innovationsforschung, deren Modelle hilfreich für ein besseres Verständnis der Abläufe seien.[23]

21 Philipp Stockhammer: *Kontinuität und Wandel – Die Keramik der Nachpalastzeit aus der Unterstadt von Tyrins.* Heidelberg: 2008. http://www.ub.uni-heidelberg.de/archiv/8612 (Zugriff am 27.12.2014), S. 1–4.

22 Kerstin Hofmann: Kontinuität trotz Diskontinuität? Der Wechsel von der Körper- zur Brandbestattung im Elbe-Weser-Dreieck und die semiotische Bedeutungsebene ‚Raum'. In: Daniel Bérenger / Jean Bourgeois / Marc Talon / Stefan Wirth (Hrsg.): *Gräberlandschaften der Bronzezeit/Paysages funéraires de l'âge du Bronze. Internationales Kolloquium zur Bronzezeit Herne, 15.–18. Oktober 2008.* Darmstadt: von Zabern 2012, S. 355–373, hier S. 355–357.

23 Ebd., S. 367.

Insgesamt muss auch weiterhin über das Konzept ‚Kontinuität' nachgedacht werden. Dabei stehen für die Archäologie die Mechanismen des Wandels materieller Kultur (und der dahinterstehenden geistigen Vorstellungswelt) im Vordergrund. Auf einer analytischen Ebene sollte besser von Konstanz oder Veränderung bzw. Wandel von Merkmalen der materiellen Kultur gesprochen werden. Auf der interpretatorischen Ebene werden Tradition/Innovation mit ihren jeweiligen Modellen und möglichst systematisch vergleichend erhobene Analogien den ehemaligen Realitäten sicher besser gerecht. Somit ist für eine systematische Traditionsforschung zu plädieren (siehe etwa Edward Shils)[24], die abstrakte Kontinuitäten zu lebendigen Beschreibungen kultureller Praktiken werden lässt. Eine spezifische Art einer solchen Praxis ist etwa das, was im englischsprachigen Raum als ‚memory' bezeichnet wird. Im Deutschen würde wohl der Begriff des ‚kulturellen Gedächtnisses' am besten passen. Ruth M. van Dyke und Susan E. Alcock definieren etwa ‚social memory' als „the construction of a collective notion about the way things were in the past".[25] Das Grundproblem der Rekonstruktion solcher „mnemonic systems in the past"[26] bleibt dasselbe, wie es oben umrissen wurde: „the relationship between materiality and memory"[27]. Zweifellos dürften die meisten prähistorischen Gesellschaften Vorstellungen von ihrer Vergangenheit gehabt und aktive Möglichkeiten der Schaffung von ‚Erinnerungen', etwa in Form irgendwelcher Monumenten, genutzt haben. Die epistemologische Frage für die Archäologie bleibt dieselbe: Wie gelangt man von materiellen Zeugnissen (und ihrer Konstanz oder ihrem Wandel) zu einer Deutung. ‚Memory' ist dabei eine Art der Deutung, die in den Sachzeugnissen beobachtete und mit Analogien begründete Argumentationen benötigt.

Letztlich stellt sich diese Frage bei allen Aspekten des in den archäologischen Hinterlassenschaften festgestellten oder vermuteten ‚Kulturwandels'. Dabei dürfte es gleichgültig sein, ob einzelne Akteure im Sinne von ‚agency' oder eine kulturelle Evolution nach Darwinschen Maßstäben als Erklärungsmuster zum Einsatz kommen.[28] Immer geht es um ‚Mechanismen', die bewirken,

24 Edward Shils: *Tradition.* Chicago: University of Chicago Press 1981.

25 Ruth M. Van Dyke / Susan E. Alcock: Archaeologies of Memory: An Introduction. In: Dies. (Hrsg.): *Archaeologies of Memory.* Malden / Oxford / Melbourne / Berlin: Blackwell 2003, S. 1–13, hier S. 3.

26 Dušan Borić: Introduction: Memory, Archaeology and the Historical Condition. In: Ders.: *Archaeology and Memory.* Oxford: Oxbow 2010, S. 1–34, hier S. 3.

27 Ebd.

28 Ethan Cochrane / Andrew Gardner (Hrsg.): *Evolutionary and Interpretive Archaeologies: A Dialogue.* Walnut Creek: Left Coast 2011.

dass menschliche Gemeinschaften soziale und andere Eigenschaften in der Regel unter dem Einfluss zahlreicher ineinander verwobener kultureller Elemente verändern oder dadurch verändert werden. Es scheint somit fast den jeweiligen Vorlieben überlassen, welches Leitmotiv der Deutung zugrunde gelegt wird, solange der Bezug zwischen Dingen und ihren von Menschen in so mannigfaltiger Form zugeschriebenen Eigenschaften im Fokus bleibt. Dann kann auch ein neoevolutionistischer Archäologe die neo-darwinistischen Synthesen aus der Biologie nutzen, um Muster kultureller Stabilität und kulturellen Wandels zu erklären.[29]

Grabhügel als Kontinuitätsobjekt: Möglichkeiten und Grenzen

Aus Erde, Steinen und Holz gebaute Hügel, die Gräber enthalten, sei es, dass ein Grab ‚überhügelt' wurde, sei es, dass in einen Hügel ein Grab eingetieft wurde, stellen im Sinne der Bernheimschen Quellensystematik zweifellos ‚Denkmäler' dar. Übergeordnet gehören sie zu einer ‚nichtschriftlichen Tradition'[30]. Das bedeutet, sie wurden mit der Absicht errichtet, den Menschen ‚Kunde' von etwas Geschehenem zu übermitteln.[31] Als Monument stellen sie ein Zeichen der kollektiven, öffentlichen Erinnerung dar. Dabei kann sich sowohl die ‚Kunde' als auch die Erinnerung im Laufe der Zeit verändern bzw. sie kann bewusst verändert werden.

Grabhügel kommen sowohl in Europa als auch in Japan (und auch andernorts auf der Welt) häufig in zeitlich gesehen ‚langen Reihen' vor, d.h. sie wurden über längere Zeiträume, oft Jahrhunderte, hinweg errichtet. Dabei blieb die generelle Form (etwa runder Hügel) ebenfalls lange Zeit erhalten. Dies bildet die Voraussetzung, Konstanz und Wandel der Größe, Form, von baulichen Merkmalen, der Gruppierung oder den Bezug zu Siedlungen zu verfolgen. Somit sind auch hier, ähnlich wie für die ‚klassischen' Kontinuitätsobjekte Keramik oder Schmuck, Überlegungen zu den Ursachen von Konstanz und Wandel möglich. Grabmonumente und Gräber stellen dabei jedoch mit ihren vielfältigen Aspekten von Bestattungsritual, Beigaben etc. und den

29 Stephen Shennan: *Genes, Memes and Human History. Darwinian Archaeology and Cultural Evolution.* London: Thames & Hudson 2002. Mit ‚neodarwinistisch' ist grundsätzlich ein unter Berücksichtigung neuer Erkenntnisse der Naturwissenschaften weiterentwickelter Darwinismus gemeint. Generell zur Evolutionsarchäologie, Patrice A. Teltser (Hrsg.): *Evolutionary Archaeology. Methodological Issues.* Tucson / London: University of Arizona Press 1995.

30 Eggert: *Prähistorische Archäologie*, S. 44–47.

31 Ebd., S. 44.

Abb. 1: Der (wiederaufgeschüttete) späthallstattzeitliche Großgrabhügel Magdalenenberg bei Villingen (Durchmesser ca. 100 m; erbaut 616 v. Chr.).

darauf aufbauenden Deutungen von Sozialstruktur usw. zweifellos ein komplexeres Feld dar.

Grabhügel in Europa und Japan: Formen und Interpretationen

Hügel sind in Europa nicht zu allen Zeiten und nicht in allen Regionen als Grabform errichtet worden. Sie kommen in Europa seit dem Neolithikum vor. Erste Formen sind die Megalithgräber und Langbetten, die vor allem in Norddeutschland und Skandinavien, aber auch in Westeuropa (Frankreich, England, Spanien) verbreitet sind. In der Regel waren die großformatigen Steine mit einem Erdhügel überwölbt. Auch aus der Schnurkeramik sind Grabhügel bekannt, die z. T. auch größere Gräberfelder bilden. Während aus der Frühbronzezeit vor allem die großen ‚Fürstengräber', etwa von Leubingen, als Hügelbestattungen bekannt sind, wird in der Mittleren Bronzezeit der Grabhügel gleichsam zum Standard der Bestattungsform. Daher rührt der Name ‚Hügelgräberbronzezeit'. Während in der Spätbronze- und Urnenfelderzeit Hügel nicht überall und in gleichem Maße angelegt wurden, stellt die Hallstattzeit mit ihren zahlreichen Gräberfeldern und den bekannten ‚Fürstengrabhügeln' wie etwa in Hochdorf, dem Magdalenenberg bei Villingen (beide Baden-Württemberg) oder dem Glauberg (Hessen) gleichsam den Höhepunkt der Grabhügelsitte dar. Dabei gilt es hier und wohl auch für andere Zeiten zu beachten, dass stets auch außerhalb von Hügeln bestattet wurde, etwa in einfachen Brandgrubengräbern am Rand der Hügel bzw. in ihrer Nachbarschaft. Schon während der Frühlatènezeit wird diese Art der Bestattungssitte seltener und ist im mittleren und späten Abschnitt dieser Periode praktisch nicht mehr zu finden. Vereinzelt werden dann in römischer und frühmittelalterlicher Zeit Grabhügel als Monument verwendet, zuweilen werden auch ältere Hügeln nachbelegt.

Insgesamt wird – mit Unterbrechungen – über sehr lange Zeiträume und über große Gebiete hinweg unter Hügeln bestattet. Nachfolgend sollen einige beispielhafte Aussagen zu den Ursachen und Bedeutungen von Grabhügeln und ihrer Errichtung in forschungsgeschichtlicher Perspektive zusammenfassend vorgestellt werden. Dabei sollen Gemeinsamkeiten und Unterschiede dargestellt werden, die zeigen, wie formale Konstanz und Veränderung inhaltlich gedeutet werden. Die raum- und zeitabhängige Variabilität der europäischen Grabhügel hat überwiegend zu entsprechenden spezifischen Aussagen zu einzelnen Regionen oder Perioden usw. geführt. Literatur zum Grabhügelphänomen an sich findet sich nicht, wobei eine solche Aufarbeitung durchaus lohnend sein könnte.

Insbesondere in seiner Arbeit über *Soziale Evolution*[32] ging Vere Gordon Childe auch auf das Entstehen reicher Bestattungen ein. Grabhügel als solche schienen ihm noch nicht ausreichend, um auf eine sozial höhergestellte Person im Grab zu schließen. „Hirtentümliche Stämme“, etwa in Jütland und Südschweden, die ihre Toten meist einzeln unter Grabhügeln bestatteten, sah er vielmehr im Gegensatz zu den Erbauern der Megalithgräber.[33] „Sorgfältig erbaute“ Grabhügel der frühen Bronzezeit mit einem „überraschenden Reichtum an Waffen und Ornamenten aus Bronze“ ordnete Childe dann schon „einer herrschenden Klasse großer Landbesitzer oder Viehzüchter“ zu.[34] Die sehr großen Hügel wie etwa in Seddin bezeichnete er als „Königsgräber“[35]. Grabhügel in Wessex mit reicher Ausstattung schienen für ihn auf eine „Aristokratie von kleinen Häuptlingen hinzuweisen“[36]. Nicht Grabhügel als solche, aber jene mit reichen Beigaben sind somit nach Childe als Merkmal einer Hierarchisierung der Gesellschaft aufzufassen. Damit verbunden sind in der Regel auch technologische und wirtschaftliche Veränderungen, nicht zuletzt

32 Vere Gordon Childe: *Soziale Evolution*. Frankfurt am Main: Suhrkamp 1975 [Orig. London: 1951].

33 Ebd., S. 110.

34 Ebd.

35 Ebd., S. 111.

36 Ebd., S. 106.

auch das Entstehen von ,Prestige'[37]. Childes Deutungsansätze in Richtung einer sozialen Hierarchisierung sind bis heute in der einen oder anderen Form existent. Vereinfacht könnte man sagen: Je größer der Hügel und je mehr und ,reichere' Beigaben desto höher die soziale Stellung.[38] Jedoch werden auch andere Merkmale herangezogen. Aus der Anzahl der Grabhügel schloss etwa Hans Peter Uenze für die Urnenfelder- und Hallstattzeit in Bayern auf unterschiedliche soziale Befindlichkeiten: große „Zentralfriedhöfe" auf der einen und meist kleinere Hügelgruppen auf der anderen Seite sprächen für ein urnenfelderzeitliches Gemeinschaftsgefühl und einen stärker ausgeprägten Individualismus der Hallstattzeit.[39] Ähnliche Mutmaßungen stellte Jörg Biel für die Entwicklung der großen sogenannten ,Fürstengrabhügel' an.[40] Der Umfang der Hügelschüttungen nehme immer mehr ab, hingegen würden die Ausstattungen immer reicher und hybrider. Dies könne auf eine „Degeneration" der „Fürstenschicht" hinweisen.[41]

Colin Renfrews Arbeiten betonten zwar durchaus auch die soziale Komponente (insbesondere die Entwicklung von Häuptlingstümern), jedoch waren für ihn auch andere Aspekte der Grabhügel entscheidend.[42] Es ging auch um die Funktion der Monumente. Sie sind weniger Orte, um die Toten zu bestatten; vielmehr sind sie eine Notwendigkeit für die Gemeinschaft, und zwar aus sozialen und religiösen Gründen.[43] Einflussreiche Leute ,müssen' quasi eine Bestattung (in Grabhügeln) in der Nähe des Zentrums des

37 Siehe auch Ulrich Veit: Über die Anfänge menschlichen Totengedenkens und die Entstehung „monumentaler" Grabanlagen im westlichen und nördlichen Europa. In: Ders. / Christoph Kümmel / Beat Schweizer (Hrsg.): *Körperinszenierung – Objektsammlung – Monumentalisierung: Totenritual und Grabkult in frühen Gesellschaften. Archäologische Quellen in kulturwissenschaftlicher Perspektive.* Münster / New York / Berlin / München: Waxmann 2008, S. 33–77, hier S. 34

38 Auch für Georg Kossack stand mit den sogenannten ,Prunkgräbern' die Selbstdarstellung einer Elite im Grabkult im Vordergrund. Vgl. Georg Kossack: Prunkgräber: Bemerkungen zu Eigenschaften und Aussagewert. In: Ders. / Günter Ulbert (Hrsg.): *Studien zur vor- und frühgeschichtlichen Archäologie: Festschrift Joachim Werner zum 65. Geburtstag.* München: Beck, S. 3–33.

39 Hans Peter Uenze: Ein keltisches Jahrtausend? Kontinuität und Diskontinuität. In: Hermann Dannheimer / Rupert Gebhard (Hrsg.): *Das keltische Jahrtausend.* Ausstellungskatalog der Prähistorischen Staatssammlung. Mainz: von Zabern 1993, S. 7–14, hier S. 8.

40 Jörg Biel: Frühkeltische Fürsten. In: Dannheimer / Gebhard (Hrsg.) *Das keltische Jahrtausend,* S. 40–46.

41 Ebd., S. 46.

42 Etwa Colin Renfrew: Monuments, Mobilization and Social Organisation in Neolithic Wessex. In: Ders. (Hrsg.): *Approaches to Social Archaeology.* Edinburgh: Edinburgh UP 1984, S. 225–245 (Reprint des Artikels in: ders. (Hrsg.): *The Explanation of Culture Change: Models in Prehistory.* London: Duckworth 1973, S. 539–558).

43 Ebd., S. 233.

Stammesgebietes bekommen.[44] Die Lang- und Rundhügel des Neolithikums und der Bronzezeit werden gleichsam Markierungen der Stammesgebiete. Sie demonstrieren damit u.U. auch den Anspruch auf die Kontrolle der jeweiligen Ressourcen und stärken den Zusammenhalt der Gruppe. Dies schließt aber eine gegenseitige Hilfe beim Bau von Hügeln (und Erdwerken) nicht aus. Feste (etwa im Kontext der Bestattungszeremonie) als Gegenleistung,[45] aber auch regelrechte ‚Konföderationen' oder ‚Koalitionen' von einzelnen, separierten in größere Häuptlingstümer mit einzelnen ‚Unterstämmen' seien vorstellbar.[46]

Die traditionellen sozialen Deutungen von Grabhügeln und die eher den prozessualen Strömungen entstammenden Überlegungen zu Territorien und Gebietsmarkierungen werden in den letzten 20 Jahren durch eher postprozessual inspirierte Überlegungen ergänzt. Mike Parker-Pearson hat das bewusste Platzieren der Toten („placing the dead") und ihrer Begräbnisstätten betont.[47] So hätte beispielsweise der Wandel des Lagebezugs der Gräber in Relation zu den Siedlungen eine spezifische Bedeutung. Rücken die Gräber näher an die Siedlungen, so hätten die Vorfahren eine neue Bedeutung für die Lebenden erhalten. Die Toten seien nicht länger „out there". Vielmehr zeige sich ein neuer Ausdruck von Identität: Tote und Lebende beschützten sich in unruhigen Zeiten.[48] Zugleich drücken Gräber in der Landschaft regionale Beziehungen der Menschen zum Land aus. Der Platz für die Toten habe signifikante Bedeutung innerhalb der von den Menschen wahrgenommenen sozialen Geographie, denn dadurch werden die Beziehungen zu den Vorfahren, dem Land und den Lebenden ausgedrückt.[49]

Die Errichtung eines Hügels und die damit verbundenen Vorgänge stellten, so Tobias Kienlin, einen „außeralltäglichen Anlass für die Aktualisierung kulturellen Wissens dar".[50] Der Grabhügelbau ist zugleich eine Inszenierung zur Selbstvergewisserung der Identität einer Gemeinschaft. Dabei werden

44 Renfrew: Monuments, S. 239.

45 Ebd., S. 233.

46 Ebd., S. 239.

47 Mike Parker-Pearson: *The Archaeology of Death and Burial.* Stroud: Sutton 1999. S. 124

48 Ebd., S. 129

49 Ebd., S. 141

50 Tobias Kienlin: Der „Fürst" von Leubingen: Herausragende Bestattungen der Frühbronzezeit als Bezugspunkt gesellschaftlicher Kohärenz und kultureller Identität. In: Kümmel / Schweizer / Veit (Hrsg.): *Körperinszenierung – Objektsammlung – Monumentalisierung,* S. 181–206, hier S. 182–183.

traditionelle Werte vermittelt und memoriert.[51] Gemeinschaftliches rituelles Handeln im Kontext der von ihm betrachteten frühbronzezeitlichen Grabhügel besaß in Umbruchzeiten (durch das Aufkommen von Metall in der Gesellschaft) eine normative Funktion. Ähnlich hat sich Ulrich Veit geäußert.[52] Auch für ihn ist die Monumentalarchitektur (eines Großgrabhügels) materieller Ausdruck des ‚kulturellen Gedächtnisses' und eine Art ‚Bühne für rituelle Aktivitäten' mit repetitivem und andauerndem Charakter. Das Aussetzen des Grabhügelbaus bzw. das Wiederaufleben der Sitte weist nach Veit auf eine Tradierung dieses Gedächtnisses, auf die Stabilität kollektiver Wissensbestände und Traditionen hin. Diese würden in Form von Festen, Riten etc. aktualisiert.[53]

Johannes Müller hat vergleichbare Ansätze, aber letztlich auch Renfrews Ideen bei der Betrachtung von Sozialstrukturen der Trichterbecherzeit aufgegriffen.[54] Dolmen, Langhügeln usw. seien oberirdisch sichtbare Monumente zur Schaffung eines sozialen Raums.[55] Ein Großsteingrab werde etwa zum Generationen überspannenden Mittel der Traditionsbildung und Erinnerungskultur. Die zunehmend längere Nutzung kollektiver und oberflächlich sichtbarer Bestattungsplätze dokumentiere so die Identifikation mit Ort und Gemeinschaft.[56] Insgesamt zeigten solche Gräber die gesellschaftliche Notwendigkeit zur in der Landschaft sichtbaren Tradierung sozialer Beziehungen. Es geht beim Bau solcher Großgräber aber auch um die Versicherung gegenseitiger Kooperation. So sei die Praxis der gemeinschaftlichen Grablegung ein Hinweis auf die Dominanz einer Gruppe innerhalb der Gesellschaft, die das Investment zur Aufrechterhaltung der Grabanlagen dominiere.[57]

Die hier kursorischen Belege zeigen das Spektrum der mit Grabhügeln verbundenen Deutungen. Ursachen für den Bau solcher Monumente, aber auch Gründe für Veränderungen wie etwa die Größe, die Ausstattung oder die Anzahl der Bestatteten betreffend werden vielfältig interpretiert, wobei

51 Ebd., S. 199

52 Veit: Über die Anfänge menschlichen Totengedenkens.

53 Ebd., S. 65.

54 Johannes Müller: Rituelle Kooperation und Rituelle Kollektivität: Zur Sozialstruktur der mittleren und jüngeren Trichterbecher-Nordgruppe (3500–2800 v. Chr.). In: Svend Hansen / Johannes Müller (Hrsg.): *Sozialarchäologische Perspektiven: Gesellschaftlicher Wandel 5000–1500 v. Chr. zwischen Atlantik und Kaukasus.* Mainz: von Zabern 2011, 139–150.

55 Ebd., S. 140.

56 Ebd., S. 146.

57 Ebd., S. 148.

soziale und religiöse Aspekte dominieren bzw. Hand in Hand gehen. Soziopolitische Ursachen werden ebenfalls in Betracht gezogen.
Gerade Letztere spielen eine entscheidende Rolle bei der Interpretation der Grabhügel in der japanischen Archäologie.[58] In West-Japan tauchen in der Yayoi-Zeit (ca. 8. Jh. v. Chr. bis 3. Jh. n. Chr.) erstmals Gräber mit viereckig aufgeschütteten Hügeln auf. Am Ende der Mittel- und zu Beginn der Spät-Yayoi-Zeit werden immer größere Hügel mit Seitenlängen bis zu 20 m errichtet.[59] Sie werden als Gräber von Oberhäuptern und ihrer Familien betrachtet. Es sei eine hierarchische Gesellschaft entstanden, bei denen die Oberhäupter die Überschüsse monopolisierten und wieder verteilten.[60] Die Hügelgräber zeigen dabei jetzt und auch in späteren Zeiten große regionale Besonderheiten in Form, Bestattung und Beigaben. Inwiefern die Hügel als „Symbol der Zurschaustellung der regionalen Integration" dienten, bleibe dabei spekulativ.[61]
Auch für die weitere Entwicklung bzw. den Wandel der Grabhügel werden soziale Ursachen zugrunde gelegt. So zeige sich die fortschreitende gesellschaftliche Schichtung in den unterschiedlichen Dimensionen der Grabbezirke.[62] Für die Mächtigen würden in allen Regionen Einzelgrabhügel angelegt;

58 Den besten deutschsprachigen Zugang zur japanischen Archäologie bieten Handbuch und Katalogband, die zur Ausstellung „Zeit der Morgenröte" 2004 erschienen sind (Alfred Wieczorek / Werner Steinhaus / Makoto Sahara (Hrsg.): *Zeit der Morgenröte. Japans Archäologie und Geschichte bis zu den ersten Kaisern.* Mannheim: Reiss-Engelhorn-Museen 2004; Alfred Wieczorek / Werner Steinhaus / Forschungsinstitut für Kulturgüter Nara (Hrsg.): *Zeit der Morgenröte. Japans Archäologie und Geschichte bis zu den ersten Kaisern.* Mannheim: Reiss-Engelhorn-Museen 2004). Hier haben zahlreiche japanische Archäologen den aktuellen Forschungsstand vorgelegt. Die von Werner Steinhaus herausgegebene japanische Version des Handbuchs gilt an japanischen Universitäten als eines der Standard-Lehrbücher und ist bereits in mehreren Auflagen erschienen. Grundlegend auch die (auf Englisch publizierten) Arbeiten von Hiroshi Tsude (Hiroshi Tsude: *Chiefly Lineages in Kofun Period Japan: Political Relations between Centre and Region.* Antiquity 64 (1990), S. 923–929; ders.: The Kofun Period and State Formation. In: *Acta Asiatica* 63 (1992) S. 64–86; ders. / Walter Edwards: *Early State Formation in Japan.* In: Joan R. Piggott (Hrsg.): *Capital and Countryside in Japan, 300–1180: Japanese Historians Interpreted in English.* Ithaca: Cornell University East Asia Program 2006, S. 13–53). Neuerdings liegt zur Yayoi- und Kofun-Zeit die umfangreiche, englischsprachige Monographie von Koji Mizoguchi (2013) vor (Koji Mizoguchi: *The Archaeology of Japan. From the Earliest Rice Farming Villages to the Rise of the State.* Cambridge: Cambridge UP 2013).

59 Hideji Harunari: Die Yayoi-Zeit – Eine allgemeine Einführung. In: Wieczorek / Steinhaus / Sahara (Hrsg.): *Zeit der Morgenröte*, S. 181–184, hier S. 184.

60 Ebd.

61 Ebd.

62 Hideshi Ishikawa: *Die Grabsitten der Yayoi-Zeit.* In: Ebd., S. 227–232, hier S. 231

Abb. 2: Modell eines schlüssellochförmigen Grabhügels der Kofun-Zeit in Japan.

jede Region besaß aber individuelle Bestattungsrituale.[63] Der Bezug zur Gliederung des Raums bzw. der Wahrnehmung der Landschaft wird dann mit der Beobachtung Rechnung getragen, dass in einer Region die Grabhügel in den Niederungen liegen, also dort, wo sich die Felder und Siedlungen befinden, andernorts wird auf den Anhöhen bestattet. Für das Ende der Yayoi-Zeit nimmt man schließlich an, dass sich der Platz der Bestattungen zu einem politischen Ort gewandelt habe. Funde legten nahe, dass Oberhäupter aller Regionen an den Bestattungsritualen teilnahmen. Wahrscheinlich gebe es in dieser Zeit auch erste Versuche politischer Verbindungen. So könnten sich aus diesen wiederholten Zusammenkünften weiträumigere politische Verbindung gebildet haben, die dann als Kofun-zeitliche Gesellschaft bezeichnet würde.[64] Dabei ist es von Bedeutung, dass der Beginn der Kofun-Zeit im dritten nachchristlichen Jahrhundert mit der Form von Grabhügeln verknüpft wird. Die ältesten, sogenannten ‚schlüssellochförmigen Grabhügel', namentlich der ‚Hashihaka-Grabhügel' (in der Nara-Ebene) mit der frühesten standardisierten Schlüssellochform, dienen hier als Kriterium.

63 Ebd., S. 232.

64 Ebd.

Abb. 3: Blick auf den runden Hauptteil des viertgrößten japanischen Grabhügels (Länge 360 m), den sogenannten Tsukuri-yama bei Okayama.

In der Kofun-Zeit schließlich (bis ca. 7 n. Chr.) werden fast überall in der gesamten japanischen Inselwelt (außer auf Hokkaido und Okinawa) Grabhügel errichtet.[65] Ähnlich wie für die Spät-Yayoi-Zeit werden auch für die Kofun-Zeit Funde von den Grabhügeln als Nachweis für gemeinsam von regionalen Oberhäuptern durchgeführte Bestattungszeremonien gesehen. Auf den bzw. am Rand der Hügel aufgestellte, zylindrische, später auch gegenständliche Objekte aus Ton, die sogenannten ‚Haniwa', sollen dies beispielsweise aufgrund ihrer Provenienz belegen. Gleiches gilt für das Material von Steinkammern bzw. Steinsärgen.[66]

Kofun-zeitliche Grabhügel seien zu etwas „gemeinsam Geschaffenem" geworden, also auf der Grundlage eines festen Systems und bestimmter Pläne, auf die sich die Oberhäupter aller Gebiete geeinigt hätten.[67] Die Einheitlichkeit der Hügel würde somit ein Bündnis aller Oberhäupter bzw. politisches

65 Shiraishi, Taichiro: Die Kofun-Zeit – Eine allgemeine Einführung. In: Wieczorek / Steinhaus / Sahara (Hrsg.): *Zeit der Morgenröte*, S. 277–286, hier S. 227.

66 Ebd., S. 280.

67 Mizoguchi sieht als Grund für die Anlage der Riesenhügel von über 200 m Länge die symbolische Repräsentation der Position der Verstorbenen, die versuchten, jeweils größere Hügel als ihre ‚Gegner' zu errichten. Vgl. Mizoguchi: *The Archaeology of Japan*, S. 279.

Allianzsystem nahelegen. Dabei denken manche japanischen Archäologen, dass diese Einheitlichkeit Ergebnis der Anweisungen einer zentralen Instanz, der sogenannten ‚Yamato-Macht' sei. Es sei die besondere Struktur des Bündnisses von Oberhäuptern, die die ungewöhnlich riesenhaften Grabhügel hervorgebracht hätte.[68] Als Grund bzw. Auslöser der Allianz-Bildung sieht man letztlich die gemeinsamen religiösen Grundlagen für gemeinschaftliche Zeremonien sowie politische und wirtschaftliche Vor- und Nachteile. Die Verbindung soziopolitischer und religiöser Faktoren mit der Form von Grabhügeln wird auch in der Idee deutlich, dass der Tod der legendären ‚Königin' Himiko Ursache dafür gewesen sei, dass schlüssellochförmige Grabhügel mit rundem Hauptteil errichtet wurden. Mit der Kontrolle einer bestimmten Form wird die Aufrechterhaltung eines politischen Systems und der magischen Macht verbunden.[69] Koji Mizoguchi ist der Ansicht, dass die Errichtung der schlüssellochförmigen Grabhügel selbst eine wichtige Rolle in der Reproduktion der sozialen ‚Kohäsion' und der Aufrechterhaltung sozialer Netzwerke spielte.[70] Die Verteilungsmuster der Hügel reflektierten die genealogische Dynamik der „chieftains" und ihrer sich wandelnden politischen Beziehungen und Hierarchien.[71] Es ist jedoch für Kontinuitätsfragen von Bedeutung, dass trotz der Versuche der Vereinheitlichung insgesamt die Tradition der regionalen Yayoi-Hügelgräber nicht aufgegeben wurde, es also zeitgleich verschiedene Formen von Hügeln gab.

Die Tatsache, dass ab der zweiten Hälfte des 5. Jh. außerhalb der Region Kinai keine großen Hügel mehr gebaut wurden, sei Folge eines gestärkten ‚Großkönigs' mit gehorsamen regionalen Familien.[72] Am Ende des 6. und Anfang des 7. Jh. endet der Bau der großen schlüssellochförmigen Hügel. Die herrschende Schicht begann, große runde oder viereckige Hügel zu errichten. Auch dies wird wieder politisch gedeutet: Ursache sei der Abschied vom Oberhäupter-Bündnis und die Errichtung eines zentralisierten Staatssystems. Explosionsartig aber entstehen Gruppen kleinerer Grabhügel. Ein Teil der Beherrschten (eine neue Schicht einflussreicher Bauern) konnten nun eigene Hügel bauen.[73] Im 7. Jh. kommt dann in Kinai wiederum eine neue

68 Taichiro: *Die Kofun-Zeit*, S. 281.

69 Ebd., S. 285.

70 Mizoguchi: *The Archaeology of Japan*, S. 243.

71 Ebd.

72 Ebd., S. 286.

73 Mizoguchi (ebd., S. 300) nimmt für die Entstehung zahlreicher neuer Gräberfelder mit sehr vielen kleineren Hügeln in der Spätkofun-Zeit an, dass dahinter eine Sanktionierung durch die Herrschenden („paramount chieftainship") in der Kinki-Region stehe. Zugleich zeige dieses Phänomen einen neuen ‚Bestattungsdiskurs', der neue soziale Identitäten reproduziere.

Hügelform mit oktogonalem Grundriss auf. Diese hält man für die Gräber von Großkönigen, denen die Form vorbehalten war; parallel dazu existierten aber weiter runde und viereckige Hügel mit seitlich zugänglichen Steinkammern. Schließlich kommt der Grabhügelbau mit der Anlage kleiner Hügel ganz zum Erliegen.[74]

Diese überwiegend soziopolitisch gedeuteten Veränderungen der japanischen Grabhügel wurden jedoch auch relativiert. So bedeute das a priori-Verständnis einer auf der japanischen Inselkette wie auch immer gearteten integrativen Ordnung ein heimliches Einverständnis mit der Theorie eines zugrunde liegenden Plans dieser Grabanlagen.[75] Form und Dimension der Kofun-zeitlichen Hügel müssten aber kein Spiegel der Gesellschaftsordnung sein. Grabhügel seien vielmehr Objekte einer religiösen Struktur, in denen entsprechend eine ‚religiöse Sprache' zum Ausdruck komme. Da die Religion die gesellschaftlichen Verhältnisse nicht unbedingt falsch, aber verzerrt oder übertrieben zum Ausdruck bringe, sei bei der Rekonstruktion sozialer und politischer Systeme Vorsicht geboten.[76] Gefordert werden daher z. B. vergleichende Untersuchungen mit anderen Großgräbern weltweit auf übereinstimmende Kulturmerkmale und eine Analyse der Bestattungsrituale aus strukturalistischer Perspektive. Zudem müssten die Beziehungen zwischen Form und Größe der Hügel und der Lebenssituation der Menschen (etwa Subsistenz und Technologie), wie sie in Siedlungen zum Ausdruck kommt, erfasst werden.[77]

Schluss: Formen, Werte, Traditionen – Grabhügel und Kontinuität

In Europa dominiert, sieht man einmal von den neolithischen Hügeln ab, der mehr oder weniger runde Hügel.[78] Folglich werden weniger die Gesamtform als vielmehr Veränderungen bzw. Konstanz der Größe, der Einbauten bzw. Gräber und ihrer Beigaben sowie der Bezug zu anderen Gräbern und den Siedlungen als Kriterium für Erklärungen herangezogen. In Japan spielen daneben auch die sich z. T. stark verändernden Gesamtformen (viereckig,

74 Mizoguchi: *The Archaeology of Japan*, S. 300.

75 Takehiko Matsugi: Kofun-zeitliche Grabhügel – Die Debatte über frühe Staatlichkeit. In: Wieczorek / Steinhaus / Sahara (Hrsg.): *Zeit der Morgenröte*, S. 319–323, hier S. 322.

76 Ebd.

77 Ebd.

78 In der Hallstattzeit kommen auch quadratische Grundrisse vor, die eine Art pyramidenförmige Hügelform nahelegen. Vgl. etwa Gerd Stegmaier / Ulrich Veit: Ein rechteckiger Grabhügel der späten Hallstattzeit aus der Nekropole beim Burrenhof, Gde. Grabenstetten, Kreis Reutlingen. In: *Archäologische Ausgrabungen in Baden-Württemberg 2007* (Stuttgart 2008), S 64–67.

rund, schlüssellochförmig etc.) eine große Rolle. Für die Deutung der Errichtung solcher Monumente generell sowie der Veränderung ihrer formalen Merkmale werden dennoch überwiegend ähnliche Argumentationen verwendet. Drei übergeordnete Muster lassen sich dabei festhalten. Diese überschneiden sich zweifellos bzw. die Argumentationen verwenden nicht selten mehrere dieser Muster parallel:

1. Die Veränderung sozialer Strategien und Ideologien führt zum Wandel der Hügel.
Man könnte mit Veit sagen, dass von formalen Arrangements auf soziale Befindlichkeiten geschlossen wird.[79] Der Beginn der Hügelsitte wird in der Regel mit gesellschaftliche Differenzierung verbunden. Dabei besteht die Gefahr eines Zirkelschlusses, wenn als Ausdruck dieser Hierarchisierung (große) Grabhügel gesehen werden, zugleich die Hügel als Beleg für eine solche Hierarchisierung dienen. Die Größe der Hügel wird nicht selten unmittelbar mit der gesellschaftlichen Bedeutung der darin Bestatteten verknüpft. Veit hat solche „kurzschlüssigen" Deutungen kritisiert.[80] Die Autoren sähen zumeist soziale Strategien und Ideologien am Werke, ohne deren kulturelle Grundlagen zu definieren.

2. Grabhügel als Objekte religiöser Struktur spiegeln Veränderungen der Glaubenswelt.
Grabhügel sind Orte der Ahnen, sind Bühnen ritueller Aktivitäten und dienen als Fest- und Kultplatz. Hier gilt Ähnliches wie bei der sozialen Deutung. Die zweifellos zum Ausdruck kommende ‚religiöse Sprache' muss weder die sozialen Verhältnisse noch die ideellen Glaubensvorstellungen unverändert wiedergeben. Zudem kann Religion zwar in starkem Maße mit der Gesellschaftsstruktur verknüpft sein, muss aber nicht alle Aspekte durch Bestattungen und ihren Wandel, konkret die Grabhügel, zum Ausdruck bringen.

3. Grabhügel als Ausdruck soziopolitischer Zustände und ihrer Veränderung.
Grabhügel als Monumente und als Orte von Versammlungen dienen unter diesem Gesichtspunkt zur Demonstration und Aufrechterhaltung von magischer und politischer Macht. Sie legitimieren gleichsam Herrschaft, etwa durch spezifische rituelle Aktivitäten oder Zeremonien am Hügel, die quasi als eine Art politischer ‚Kleber' verstanden werden. Zu dieser Argumentation gehört beispielsweise die gesteuerte Aushandlung von Allianzen oder auch die Selbstvergewisserung und Stabilisierung von Gesellschaften in Unruhezeiten.

79 Veit: Über die Anfänge menschlichen Totengedenkens, S. 67.
80 Ebd.

Zweifellos fließen diese drei Ebenen der Deutung des formalen Wandels von Grabhügeln, d. h. von ‚Kontinuitäten' und Diskontinuitäten' ihrer Form, Größe und Bestattungen nicht selten ineinander. Dies wird etwa bei Interpretation deutlich, die man am ehesten der ‚landscape archaeology' zuordnen möchte (siehe oben etwa bei Parker-Pearson).[81] Grabhügel sind hier sowohl Grundlage ‚sozialer Landschaften', etwa als Territorienmarker, verdeutlichen rituelle Identitäten und markieren quasi den politischen Anspruch auf Räume.

Auf einer anderen Ebene ist hinsichtlich des Blicks auf ‚Grabhügel und Kontinuität' eine weitere Gliederung möglich. Zum einen werden diese Monumente und ihre Errichtung eher als eine bewahrende Tradition verstanden, d. h. spezifische Aspekte der Gesellschaft sollen durch die Hügel fortgeführt oder wenig verändert werden. Zum anderen bilden Grabhügel ein nach außen sichtbares Zeichen des Wandels, etwa soziopolitischer Verhältnisse, und verändern somit zugleich durch das ‚Wahrgenommenwerden' die Gesellschaft oder Teile davon. Während der erste Aspekt der obigen Gliederung vor allem den Wandel oder gar Bruch betont, können Nr. 2 und 3 hier wie da wirksam werden: Die Zurschaustellung bekannten religiösen Verhaltens kann stabilisierend wirken, veränderte Formen und damit zusammenhängende Rituale aber auch Wandel signalisieren. Legitimierung bestehender Herrschaft durch beständige Form ebenso wie bewusste Neugestaltung als Ausdruck neuer Herrschaftsverhältnisse sind für den dritten Punkt zu nennen.

Wie auch immer die einzelnen Interpretationen vorgenommen werden, stets schließt man aus dem Wandel der dinglichen Hinterlassenschaften ur- und frühgeschichtlicher Menschen auf die Veränderung (oder Konstanz) ihrer ‚Kultur'. Und wie anders sollte man in der Prähistorischen Archäologie vorgehen? Mit der Interpretation jedoch gehen zugleich Bewertungen, subjektive Vergleiche usw. in die Deutung ein. ‚Kontinuitäten' und ‚Diskontinuitäten', d. h. als Beständigkeiten und Veränderungen kultureller Merkmale gedeutete Sachverhalte, sind daher Konstrukte. Diese sind stets zu hinterfragen. Der vergleichende Überblick über Grabhügel in Europa und Japan hat gezeigt, dass Grabhügel durchaus als klassisches ‚Kontinuitätsobjekt' der Prähistorischen

81 Siehe auch den interessanten Aufsatz von Timothy R. Pauketat und Susan M. Alt zu Grabhügeln in Nordamerika. Auch hier werden verschiedene Interpretationen von Grabhügeln diskutiert, insbesondere stellen die Autoren ihre Bedeutung als „powerful media that shaped the lived experience of people" heraus; damit würden die Hügel zu „social memory in landscapes" (Timothy R. Pauketat / Susan M. Alt: Mounds, Memory, and Contested Mississipian History. In: Ruth M. Van Dyke / Susan E. Alcock (Hrsg.): *Archaeologies of Memory*. Malden / Oxford / Melbourne / Berlin: Blackwell 2003, S. 151–179, hier S. 170).

Archäologie gelten können. Ganze ‚Szenarien' gesellschaftlicher Entwicklung werden damit erstellt. Dies geschieht zwar in der Regel kontextbezogen, also mit Blick auf Siedlungen o.ä., jedoch sind dies ebenso häufig ad hoc-Hypothesen. Es wäre sicher sinnvoll, ähnlich wie dies für Keramik und ihren Wandel durchgeführt wurde, auch für Grabhügel eine Art materialbasierte ‚Theorie von Grabbauten und den Ursachen ihrer Dauerhaftigkeit und ihrer Veränderung' zur Verfügung zu haben. Dafür wäre eine breit angelegte ‚kulturanthropologische' Untersuchung anhand historischer und ethnographischer Quellen nötig. Die Intentionen für den Bau von Grabmonumenten und religiöse und soziopolitische Parameter, die dabei eine Rolle zu spielen, böten hier eine analogische Basis. In Kombination mit dem für den zu interpretierenden archäologischen Einzelfall stets zu analysierenden jeweiligen Kontext der Funde und Befunde besteht so die Chance, zu konsistenteren Modellen und Wahrscheinlichkeiten zu gelangen.[82]

82 Siehe dazu auch Parker-Pearson mit seinem Kapitel über Ethnoarchäologie und Bestattungspraktiken und seinem allerdings recht zurückhaltenden Fazit. Die Rolle der Ethnoarchäologie läge darin, unsere Vorstellungskraft zu erweitern und einen Rahmen für menschliche Aktivitäten zu bieten. Parker-Pearson: *The Archaeology of Death and Burial*, S. 21–44.

Die höfische Kunst im Reich Benin (Nigeria) Kontinuitäten und Kontinuitätsbehauptungen

Stefan Eisenhofer

Oftmals sind Dinge, die Macht und Herrschaft legitimieren, jünger als sie scheinen oder vorgeben zu sein. Als uralt empfundene oder ausgegebene Phänomene erweisen sich bei kritischer Prüfung häufig als relativ rezente Einrichtungen, die von Machthabern als politische Instrumente geschaffen wurden, um neue Loyalitäten zu unterstreichen, alte zu verwischen, Ideen zu initiieren oder um Ansprüche zu bekräftigen.[1] Doch während solche Mechanismen für Europa schon mehrfach untersucht wurden und als ‚Traditionserfindungen' ausgemacht werden konnten, wurden solche Fragen für viele afrikanische Königtümer bislang noch immer nur zaghaft erörtert. Das gilt auch für das Reich Benin im heutigen Nigeria, das als eines der wichtigsten Modelle für königsorientierte Staatenbildung im subsaharischen Afrika gilt.[2]

Für das Reich Benin wird sowohl in der Forschung wie auch in populären öffentlichen Diskursen über die höfische Kunst des Reiches Benin und vor allem auch vom dortigen Königshaus die Auffassung postuliert, dass die Verwendung von Bronze und Elfenbein am Hofe Benins uralt sei und weit in Zeiten zurückreichen würde, bevor ein Kontakt mit Europäern stattgefunden habe. Die kontinuierliche exklusive Nutzung dieser dauerhaften Materialien über mehrere Jahrhunderte hinweg und die historisch weit zurückreichende Anbindung der gildenmäßig organisierten Elfenbeinschnitzer und

1 Vgl. dazu etwa die Aufsatzsammlung von Eric Hobsbawm / Terence O. Ranger (Hrsg.): *The Invention of Tradition.* Cambridge: Cambridge UP 1983.

2 Siehe etwa Jan Vansina: *Art History in Africa.* London: Longman 1988; Robert Layton: *The Anthropology of Art.* Cambridge: Cambridge UP 1991.

Abb. 1
Ahnengedenkkopf.
Anonym. Reich Benin
(Nigeria), 18./19. Jh.
Gelbguss.

Bronzegießer an den königlichen Hof wird dabei gleichsam auch zur Legitimation der herausgehobenen Stellung der königlichen Oba-Dynastie von Benin benutzt.[3]

Eine kritische Sichtung der vorhandenen Quellen für das Reich Benin offenbart jedoch, dass eine vorschnelle Übernahme von Vorstellungen sehr langer Kontinuität immer wieder auch irreführend sein kann. Denn die Angaben über das sehr hohe Alter von Bronzeguss und Elfenbeinschnitzerei am königlichen Hof von Benin beruhen mangels anderer verlässlicher Quellen in allererster Linie auf den Angaben des Bini-Lokalhistorikers Jacob Egharevba, der in seiner sogenannten *Short History of Benin* entsprechend darüber berichtet.

3 Vgl. z. B. William Buller Fagg: *Divine Kingship in Africa*. London: British Museum Press 1970; Barbara Blackmun: Who Commissioned the Queen Mother Tusks. In: *African Arts* 24,2 (1991), S. 54–91; Bryna Freyer: *Royal Benin Art in the Collection of the National Museum of African Art*. Washington: National Museum of African Art 1987.

Abb. 2
Elefantenstoßzahn mit Reliefschnitzerei.
Anonym. Reich Benin (Nigeria), 18./19. Jh. Elfenbein.

Bei der *Short History of Benin*, die erstmalig 1933 erschienen ist,[4] handelt es sich aber keineswegs um eine mehr oder weniger wortgetreue Übersetzung und Niederschrift von seit langer Zeit mündlich tradierter historischer Überlieferungen. Vielmehr ist dieses Büchlein eine Kompilation aus verschiedenen oralen südnigerianischen Traditionen, aus europäischen Reiseberichten, aus englischsprachigen wissenschaftlichen Werken und aus persönlichen Anschauungen des Autors. Tatsächlich baute Egharevba sein Werk aus unterschiedlichsten einheimischen und europäischen Quellen zu einem homogenen Gebilde zusammen. Die *Short History* ist zudem in verschiedenen Auflagen erschienen, die sich teilweise erheblich in ihren Aussagen unterscheiden. Diese wurden zwischen 1933 und 1968 veröffentlicht und sind ganz maßgeblich von den sozialen und historischen Hintergründen ihrer Zeit geprägt.[5]

4 Jacob Egharevba: *Erkherbe Vbe Ebe Itan Edo*. Benin City 1933.

5 Siehe dazu Stefan Eisenhofer: *Höfische Elfenbeinschnitzerei im Reich Benin. Kontinuität oder Kontinuitätspostulat*. München: Akademischer Verlag 1993, S. 12–13; ders.: The Origins of the Benin Kingship in the Works of Jacob Egharevba. In: *History in Africa* 22 (1995), S. 1–23.

Die Einführung der Elfenbeinschnitzerei nach Benin wird in der ersten englischen Ausgabe von 1936 dem Oba (= König) Ewuare zugeschrieben, einem aus dem benachbarten Yoruba-Reich Ife stammenden Herrscher, der Mitte des 15. Jahrhunderts regiert haben soll.[6] Diese Alters- und Kontinuitätsangaben über die höfische Elfenbeinschnitzerei erweisen sich in den 1930er-Jahren jedoch als Mittel, um das in der britischen Kolonialzeit bedrohte Königtum von Benin zu stützen. Durch eine Verknüpfung der Ursprünge der Elfenbeinschnitzerei mit den mächtigen Nachbarreichen und mit den auch in der Kolonialzeit sehr einflussreichen Yoruba sollte die lange erfolgreiche Arbeit der gegenwärtigen und eigentlich fremdstämmigen Oba-Dynastie Benins herausgestellt werden. Zudem wurde so auch den europäischen Kolonialherren verdeutlicht, dass die wesentlichen Kulturleistungen des Reiches bereits vor dem Kontakt mit den Europäern stattgefunden haben.[7]
In der zweiten Auflage der *Short History* von 1953 wurden die Anfänge der höfischen Schnitzerei jedoch um einige hundert Jahre zurück verlegt.[8] Denn die historischen Rahmenbedingungen hatten sich in den folgenden knapp 20 Jahren wesentlich verändert. Die im Süden des britischen ‚Protektorats Nigeria' dominierenden Yoruba drängten im Zuge der Föderalisierung der Kolonie derart vehement an die Macht, dass kleinere Bevölkerungsgruppen wie die Bini von Benin zunehmend befürchten mussten, dass ihre Interessen völlig untergeordnet werden könnten. In der 1950er-Ausgabe der *Short History* ist tatsächlich eine Betonung des ‚Yoruba-Unabhängigen' und des ‚Bini-Eigenen' festzustellen, die sich vor allem in der Aufwertung der einheimischen Ogiso-Könige manifestiert, die vielen Überlieferungen der Region zufolge vor der Yoruba-stämmigen Oba-Dynastie regiert haben sollen.[9]
In der dritten Auflage aus dem Jahr 1960, als die Furcht vor Fremdbestimmung in Benin ihren Höhepunkt erreicht hatte, wurde den Ogiso-Herrschern eine noch bedeutendere Rolle hinsichtlich Neuerungen und kultureller Leistungen zugeschrieben. Die Anfänge von ‚Zivilisationsmerkmalen' und dem Königtum sowie damit eng verknüpften Phänomenen wie der höfischen Elfenbeinschnitzerei wurden deshalb um weitere Jahrhunderte in die Vergangenheit verlegt.[10] Damit sollte der Empfindung Ausdruck verliehen werden,

6 Jacob Egharevba: *A Short History of Benin.* 1. überarb. u. erw. Aufl. Lagos: Lagos UP 1936, S. 25.

7 Eisenhofer: *Höfische Elfenbeinschnitzerei*, S. 69.

8 Jacob Egharevba: *A Short History of Benin.* 2., überarb. u. erw. Aufl. Benin City 1953, S. 18.

9 Eisenhofer: *Höfische Elfenbeinschnitzerei*, S. 69, 164.

10 Jacob Egharevba: *A Short History of Benin.* 3., überarb. u. erw. Auflage. Ibadan: 1960, S. 3.

Abb. 3: Reliefplatte. Anonym. Reich Benin (Nigeria), 17./18. Jh. Gelbguss.

dass die Kultur der Bini kein bloßer Ableger der benachbarten Yoruba-Reiche sei, sondern sogar älter und ehrwürdiger als die Stammväter der Yoruba-Herrscher.[11]

An den höfischen Werken aus dem Reich Benin zeigt sich daher, wie generell Angaben über das hohe Alter und die Kontinuität von Phänomenen vor dem Hintergrund aktueller sozialer und politischer Diskussionen und Strategien zu sehen sind. Stets ist damit zu rechnen, dass das postulierte hohe Alter und die Ungebrochenheit von Traditionen nicht in erster Linie als historische Realitäten für dabei genannte Phänomene zu betrachten sind, sondern als Spiegel der Anliegen und Interessen der Akteure jener Zeit, als diese Traditionen aufgezeichnet oder publiziert worden sind.

11 Eisenhofer: *Höfische Elfenbeinschnitzerei*, S. 70-71; vgl. dazu auch Stefan Eisenhofer: The Benin Kinglist/s: Some Questions of Chronology. In: *History in Africa* 24 (1997), S. 139–156.

Zwischen römischem Kaiserhaus und den Monumenten der Vorfahren

Die Konstruktion tatsächlicher Kontinuität im Münzbild des Antiochos IV. von Kommagene

Torsten Bendschus

Die Frage nach Formen und Möglichkeiten der Konzeption, Kommunikation und Legitimation von Herrschaft ist mitunter besonders dann interessant, wenn die tatsächliche Machtfülle der Akteure gering ist. Im Gebiet Kleinasiens und des Hellenistischen Ostens treten insbesondere im 3. und 2. Jahrhundert v. Chr. viele formell eigenständige Königreiche in Erscheinung, deren Existenz gegenüber den großen hellenistischen Monarchien und dem später expandierenden Römischen Reich auf Kosten der tatsächlichen politischen Unabhängigkeit behauptet werden musste. Die Regenten dieser in der Forschung als ‚Kleinkönigreiche', ‚Puffer-' oder ‚Vasallenstaaten' bezeichneten Reiche entstammten einem indigenen Adel, dessen Herrschaft ethnisch heterogene Bevölkerungsgruppen umfasste. Konfrontiert mit unterschiedlichen traditionsgebundenen Erwartungshaltungen und in Anbetracht eigener begrenzter Machtstellung waren hohe Ansprüche an ihre Herrschaftsrepräsentation gestellt, um mit der hellenistischen Welt zu kommunizieren, ohne die Legitimation gegenüber den eigenen Untertanen in Frage zu stellen.

Im Hinblick auf den oft tendenziösen Charakter der griechisch-römischen Autoren und den Mangel an weiteren Selbstzeugnissen bilden Münzen häufig den einzigen Zugang zur Selbstdarstellung dieser Regenten. Auf den numismatischen Hinterlassenschaften sind dabei nicht selten Elemente der Bildprogrammatik dokumentiert, mit denen dem Legitimationsdruck durch den Hinweis auf das sichere Fortbestehen dynastischer Kontinuität und auf – teils konstruiertes – genealogisches Prestige begegnet wird. In Form von physiognomischen Referenzen im Porträt, spezifischen monarchischen Distinktionsmerkmalen, Verweisen auf Filiation und Abstammung in der Münzlegende oder der Verwendung traditioneller, wappenartiger Ikonographie in der Motivik setzten die Monarchen ihre Zugehörigkeit zu etablierten Herrschaftsstrukturen als Quelle ihrer Königswürde in Szene. Am Fallbeispiel des Antiochos IV. Epiphanes von Kommagene (38–72 n. Chr.) soll im Folgenden untersucht werden, wie sich Kontinuität im Münzbild eines zwar dynastisch legitimen, jedoch von außen installierten Herrschers unter besonderen historischen Rahmenbedingungen manifestiert.

Historischer Überblick

Das hellenistische Königreich Kommagene umfasste ein felsiges kleinasiatisches Binnenland von verhältnismäßig kleiner geographischer Ausdehnung.[1] Es wurde vom Euphrat zu Armenien, der Sophene und Westmesopotamien begrenzt, südwestlich bildeten die Amanos Dağları (auch Nur Dağları; dt.: Nurgebirge) und nördlich sowie nordwestlich der Tauros natürliche Grenzen. Das Land galt bereits antiken Autoren wie Strabon und Cassius Dio als außerordentlich fruchtbar und reich.[2] Vermutlich stand Kommagene

1 Zur kommagenischen Frühgeschichte ab dem 2. Jahrtausend v. Chr. siehe auch John D. Hawkins: Von Kummuh nach Kommagene. In: Friedrich Karl Dörner (Hrsg.): *Kommagene. Geschichte und Kultur einer antiken Landschaft.*. Küsnacht: Raggi 1975, S. 5–10; Wolfgang Messerschmidt: Kommagene in vorhellenistischer Zeit. In: Engelbert Winter (Hrsg.): *ΠΑΤΡΙΣ ΠΑΝΤΡΟΦΟΣ ΚΟΜΜΑΓΗΝΗ. Neue Funde und Forschungen zwischen Taurus und Euphrat.* Bonn: Habelt 2008, S. 1–36. Zur Etymologie des Namens, siehe Dieter Metzler: Kommagene vom Osten her gesehen. In: Jörg Wagner (Hrsg.): *Gottkönige am Euphrat. Neue Ausgrabungen und Forschungen in Kommagene.* Mainz: von Zabern 2000, S. 51–55, hier S. 51. Zur Topographie und territorialen Definition, siehe Richard D. Sullivan: *Near Eastern Royalty and Rome. 100–30 BC.* Toronto: University of Toronto Press 1990, S. 59–60; David H. French: Commagene. Territorial Definitions. In: *Studien zum antiken Kleinasien. Friedrich Karl Dörner zum 80. Geburtstag gewidmet.* Bonn: Habelt 1991, S. 11–20; Patrizia Petroff: Die griechisch-persische Tradition in Kultordnung und Herrscherrepräsentation des Antiochos I. von Kommagene. In: Leonhard Schumacher (Hrsg.): *Religion – Wirtschaft – Technik. Althistorische Beiträge zur Entstehung neuer kultureller Strukturmuster im historischen Raum Nordafrika / Kleinasien / Syrien.* St. Katharinen: Scripta Mercaturae 1998, S. 21–97, hier S. 21–25; Margherita Facella: Coinage and the Economy of Commagene (First Century BC – First Century AD). In: Stephen Mitchell / Constantina Katsari (Hrsg.): *Patterns in the Economy of Roman Asia Minor.* Swansea: Classical Press of Wales 2005, S. 225–250, hier S. 225–227.
Für die Abkürzungen antiker Autoren gelten die Zitierrichtlinien des Deutschen Archäologischen Instituts gemäß Hubert Cancik / Helmuth Schneider (Hrsg.): *Der Neue Pauly. Enzyklopädie der Antike.* Bd. III: Cl–Epi. Weimar: Metzler 1997, S. XXXVI–XLIV.

2 Cass. Dio XLIX 20; Strab. XVI 2, 3. Vgl. auch Tacitus (hist. II 81, 1) in Bezug auf den damaligen Herrscher Antiochos IV.: *vetustis opibus ingens.* Auch Flavius Iosephus (bell. Iud. V 11, 3) spricht im Zusammenhang mit Antiochos IV. und dessen militärischer Unterstützung

als Satrapenland seit Artaxerxes II. Mnemon zunächst unter persischer Oberherrschaft, wurde dann von Alexander dem Großen erobert und schließlich in der Diadochenzeit dem System der seleukidischen Eparchien einverleibt. Im Kontext des Jahres 163/162 v. Chr. schildert Diodoros die erfolgreiche Autonomiebestrebung des Epistates Ptolemaios.[3] Als Nachfahr des Satrapen Orontes begründete Ptolemaios damit die Königsdynastie der kommagenischen Orontiden, deren berühmtester Angehöriger Antiochos I. Theos (69–36 v. Chr.) uns mit seinem Grabheiligtum (Hierothesion) auf dem Nemrud Dağı das bedeutendste Denkmal des Reiches hinterließ.[4]

Die Herrschaft der Orontidendynastie wurde 17 n. Chr. zu Gunsten der Verwaltung Kommagenes durch einen römischen Prätor beendet.[5] Unmittelbar nach dem Tod des Antiochos III. scheint es gemäß Tacitus zu innerkommagenischen Spannungen bezüglich der Frage nach Fortbestand des Königtums unter dem noch sehr jungen Prinzen Antiochos IV. oder Angliederung an das Römische Reich gekommen zu sein.[6] Nach Regelung der Verhältnisse im

von der *eudaimonia* Kommagenes. Zu Ökonomie und Handel Facella: Coinage, insb. S. 228–234. Zu Kommagene als Land *ubi ferrum nascitur* siehe insb. Karl Roesch: Kommagene – Das Land ubi ferrum nascitur. In: Dörner (Hrsg.): *Kommagene*, S. 15–16. Als Güter sind vor allem Wein, Öl und Früchte (vgl. Strab. XII 2, 1) sowie ein von Plinius (nat. 29, 13) überliefertes Medikament aus Gänsefett namens *commagenum* bekannt. Mit Arsameia am Euphrat, der Residenzstadt Samosata und Seleukeia am Euphrat (Zeugma) kontrollierte Kommagene wichtige Euphrat-Übergänge.

3 Diod. XXXI 19a.

4 Aus der umfangreichen Nemrud-Literatur seien genannt: Dörner (Hrsg.): *Kommagene*; ders.: *Der Thron der Götter auf dem Nemrud Dağ. Kommagene – Das große archäologische Abenteuer in der östlichen Türkei*. Erw. Auflage. Bergisch Gladbach: Lübbe 1987; Donald H. Sanders (Hrsg.): *Nemrud Dağı. The Hierothesion of Antiochus I of Commagene*. Winona Lake: Eisenbrauns 1996. Aus den Bereichen Epigraphik, Theologie, Philologie und Althistorie: Heinrich Dörrie: *Der Königskult des Antiochos von Kommagene im Lichte neuer Inschriften-Funde*. Göttingen: Vandenhoeck & Ruprecht 1964; Helmut Waldmann: *Die kommagenischen Kultreformen unter König Mithradates I. Kallinikos und seinem Sohne Antiochos I.* Leiden: Brill 1973 (u. ergänzend ders.: *Der kommagenische Mazdaismus*. Tübingen: Wasmuth 1991); Anneliese Mannzmann: Herrschaft unter dem Aspekt königlicher Machtpolitik. Zu den Inschriften Antiochos I. von Kommagene. In: Sencer Şahin / Elmar Schwertheim / Jörg Wagner (Hrsg.): *Studien zur Religion und Kultur Kleinasiens. Festschrift für Friedrich Karl Dörner zum 65. Geburtstag am 28. Februar 1976*. Leiden: Brill 1978, S. 265–294; Peter F. Mittag: Zur Selbststilisierung Antiochos' I. von Kommagene. In: *Gephyra* 1 (2004), S. 1–26, hier S. 20. Zum Löwenhoroskop vgl. u. a. Otto Neugebauer / Henry B. van Hoesen: *Greek Horoscopes*. Philadelphia: American Philosophical Society 1959.

5 Tac. ann. II 56, 4: *Commagenis Q. Servaeus praeponitur, tum primum ad ius praetoris translatis*. Vgl. Strab. XVI 2, 3. Die Existenz des Antiochos III. ist durch eine Ehreninschrift aus Athen (OGIS 406) belegt. Erstmals Antiochos III. zugeordnet durch Theodor Mommsen: Die Dynastie von Kommagene. In: *Mitteilungen des Deutschen Archäologischen Instituts, Athenische Abteilung* 1 (1876), S. 27–39, hier S. 27–28.

6 Tac. ann. II 1–5 u. 42, 5. Der Schilderung von Tacitus, nach der der Großteil der Bevölkerung

Zuge der Orientmission des Germanicus wurde Kommagene auf Geheiß des Kaisers Tiberius Teil der Provinz Syria und stand mit dem Prätor Quintus Servaeus unter römischer Provinzialverwaltung.[7] Antiochos IV. wurde vermutlich bereits 17 n. Chr. nach Rom gebracht, zählte daraufhin zu den Kindern hellenistischer Monarchen, mit denen Caligula am Hof seiner Großmutter Antonia Minor aufwuchs, und erhielt später das römische Bürgerrecht mit der Nomenklatur C. Iulius Antiochus Epiphanes Philokaisar.[8] Kaiser Caligula restaurierte 38 n. Chr. das Königreich Kommagene und setzte mit seinem Jugendfreund Antiochos IV. wieder einen Angehörigen der alten Orontidendynastie auf den Thron.[9] Zusätzlich zum ursprünglichen Reichsgebiet fügte Kaiser Claudius später einige westliche und südliche Städte Kilikia Tracheias und Lykaoniens dem Herrschaftsbereich des Antiochos hinzu.[10] Im Verlauf seiner Herrschaft sind für den König und dessen Sohn Epiphanes prorömische Aktivitäten belegt.[11] Kaiser Vespasian beendete seine Regentschaft jedoch, vorgeblich auf Verdacht des Verrats, und gliederte Kommagene 72 n. Chr. wieder der römischen Provinz Syria an.[12] Seine Söhne leisteten in diesem Jahr

sich für eine Angliederung an das Römische Reich aussprach, ist jedoch Flavius Iosephus (ant. Iud. XVIII, 53) gegenüberzustellen, wonach das Volk die Königsherrschaft bevorzugte. Aktuell kommt Speidel zu dem Schluss, dass es keine derartigen Spannungen gab, siehe Michael A. Speidel: Early Roman Rule in Commagene. In: *Scripta Classica Israelica* 24 (2005), S. 85–100, hier S. 92–93.

7 Hierzu vgl. insb. Ernst Kornemann: Die Mission des Germanicus im Orient. In: *Historia* 7 (1958), S. 331–375. Zu den administrativen Entwicklungen nach 17 n. Chr. siehe zusammenfassend Speidel: Early Roman Rule, S. 94–97.

8 Nachgewiesen durch eine Inschrift claudischer Zeit (um 47 n. Chr.), vgl. Andreas J. M. Kropp: *Images and Monuments of Near Eastern Dynasts. 100 BC – AD 100.* Oxford: Oxford UP 2013, S. 93. Siehe für einen griechischen Papyrus mit *tria nomina* auch Emanuela Borgia: The Rule of Antiochus IV of Commagene in Cilicia. A Reassessment. In: Michael C. Hoff / Rhys F. Townsend (Hrsg.): *Rough Cilicia. New Historical and Archaeological Approaches.* Oxford: Oxbow 2013, S. 87–98, hier S. 92.

9 Cass. Dio LIX 8, 2; Suet. Caligula 16, 3.

10 Cass. Dio LIX 8, 1–2; Ios. ant. Iud. XIX 276; Tac. ann. XII 55. Zur unklaren Ausdehnung der Herrschaft vgl. David Magie: *Roman Rule in Asia Minor, to the End of the Third Century after Christ.* Princeton: Princeton UP 1950, S. 1368; George MacDonald (Hrsg.): *Catalogue of Greek Coins in the Hunterian Collection*, Bd. III. Glasgow: Maclehose and Sons 1905, S. 541; Borgia: Rule, S. 90–91.

11 Unterstützung des Corbulo in dessen armenischen Kampagnen: Ios. bell. Iud. II 19, 9. Unterstützung des syrischen Legaten bei der Unterdrückung des jüdischen Aufstandes: Ios. bell. Iud. III 4, 2. 5. Hilfstruppen bei der Machtergreifung des Vespasian: Tac. hist. II 81, 1. Der kommagenische Prinz Epiphanes kämpfte in Italien auf der Seite Othos und unterstützte Titus bei der Belagerung Jerusalems, vgl. Tac. hist. II 25, 2 u. V 1, 2 sowie Ios. bell. Iud. V 11, 3.

12 Tac. hist. II 81; Ios. bell. Iud. VII 7, 1–3; Suet. Vespasian 8. Die Gründe für die erneute Provinzialisierung Kommagenes sind eher in Vespasians Ostpolitik zu finden: Als Übergang zwischen den Grenzprovinzen Syria und Cappadocia war eine direkte Kontrolle unabdingbar,

der Invasion des Caesennius Paetus erfolglos Widerstand, nachdem Antiochos bereits nach Kilikien geflohen war.[13]

Die Reichsprägung unter Antiochos IV. Epiphanes

Die numismatischen Hinterlassenschaften des Antiochos IV. umfassen eine für kommagenische Verhältnisse sehr umfassende königliche Prägung in verschiedenen Bronzenominalen und -teilnominalen.[14] Angaben von Ethnika

um durch effiziente Truppenbewegungen und Transporte den Euphratlimes zu sichern. Vgl. Richard D. Sullivan: The Dynasty of Commagene. In: Joseph Vogt / Hildegard Temporini / Wolfgang Haase (Hrsg.): *Aufstieg und Niedergang der römischen Welt. Geschichte und Kultur Roms im Spiegel der neueren Forschung*, Bd. II.8: Principat. Politische Geschichte (Provinzen und Randvölker: Syrien, Palästina, Arabien). Berlin / New York: de Gruyter 1977, S. 732–798, hier S. 791–792; Bernard Rémy: *L'évolution administrative de l'Anatolie aux trois premiers siècles de notre ère*. Lyon: Centre d'études romaines et gallo-romaines 1986, insb. S. 61–62; Fergus G. Millar: *The Roman Near East, 31 BC – AD 337*. Cambridge: Harvard UP 1993, S. 80–90; Facella: Coinage, S. 239, Anm. 84. Zum Verlauf des Euphratlimes siehe auch Hansgerd Hellenkemper: Der Limes am nordsyrischen Euphrat. Bericht zu einer archäologischen Landesaufnahme. In: Dorothea Haupt (Hrsg.): *Studien zu den Militärgrenzen Roms*, Bd. II. Köln / Bonn: Rheinland-Verlag 1977, S. 461–471; David H. French: New Research on the Euphrates Frontier. Supplementary Notes 1 and 2. In: Stephen Mitchell (Hrsg.): *Armies and Frontiers in Roman and Byzantine Anatolia*. Oxford: B. A. R. 1983, S. 71–101; Hans Täuber: Die syrisch-kilikische Grenze während der Prinzipatszeit. In: *Tyche* 6 (1991), S. 201–210; French: Commagene.

13 Die umfassendste Schilderung liefert Ios. bell. Iud. VII 7, 1–3.

14 Ausnahmen bilden zwei Silbermünztypen aus Chios mit Sphinx, Amphora und der Reverslegende ΒΑΣΙΛΕΩΣ ΑΝΤΙΟΧΟΥ ΔΩΡΟΝ. Neben Antiochos IV. Epiphanes wird die Namensnennung auch anderen, homonymen Herrschern zugeschrieben, vgl. Ernest Babelon: *Catalogue des monnaies grecques de la Bibliothèque Nationale (Paris, Département des Médailles et Antiques). Les rois de Syrie, d'Arménie et de Commagène*. Paris: Rollin et Feuardent 1890, Nr. 1589–1590 (Antiochus, incertain); Warwick William Wroth (Hrsg.): *Catalogue of the Greek Coins of Galatia, Cappadocia, and Syria*. London: British Museum 1899, S. xlvi; John Mavrogordato: *A Chronological Arrangement of the Coins of Chios*, repr. from the Numismatic Chronicle, Fourth Series, Vol. XV–XVIII. Oxford: Hall 1918, S. 201–203, 221–222, Nr. 88–89 (Antiochos II.); Louis Robert: *Études épigraphiques et philologiques*. Paris: Champion 1938, S. 138–141; Friedrich Imhoof-Blumer: *Griechische Münzen. Neue Beiträge und Untersuchungen*, unveränd. Nachdr. d. Erstausg. München 1890. Graz: Akademie der Wissenschaften 1972, S. 657, Nr. 398–399; Orhan A. Taşyürek: Die Münzprägung der Könige von Kommagene. In: Dörner (Hrsg.): *Kommagene*, S. 42–44, hier S. 43; Margherita Facella: Φιλοώμαιος και Φιλέλλην. Roman Perception of Commagenian Royalty. In: Olivier Hekster / Richard Fowler (Hrsg.): *Imaginary Kings. Royal Images in the Ancient Near East, Greece and Rome*. Stuttgart 2005, S. 87–103, hier S. 92–93; Michel Amandry / Andrew Burnett / Pere Paul Ripollès: *Roman Provincial Coinage I. From the Death of Caesar to the Death of Vitellius*, London: British Museum 1992, S. 410, Nr. 2415–2416. Es handelt sich nicht um Königsmünzen, sondern um Prägungen vor dem Hintergrund von Wohltaten des Antiochos für Chios, welche durch Inschriften neronischer Zeit belegt sind, vgl. Robert: *Études épigraphiques et philologiques*, S. 128–129 (= René Cagnat: *Inscriptiones Graecae ad res Romanas pertinentes*. Bd. IV. Paris: Leroux 1927, Nr. 946). Antiochos und seine Gattin Iotape waren auf Chios Inhaber des Stephanephorats, vgl. Cagnat: *Inscriptiones Graecae*, Nr. 940, 945–946; Magie: *Roman Rule*, S. 1367, Nr. 49; Kropp: *Images and Monuments of Near Eastern Dynasts*, S. 255.

Abb. 1: Diassarion des Antiochos IV. (Æ, 14,15 g, 27 mm). Av.: ΒΑΣΙΛΕΥΣ ΜΕ ΑΝΤΙΟΧΟΣ ΕΠΙ. Büste des Königs n. r., diademiert, darum Perlkreis. Rv.: ΚΟΜΜΑΓΗΝΩΝ. Skorpion mit Diadem in den Scheren, darum Kranz und Perlkreis.

auf den Reversen lokalisieren die Produktion in vermutlich einer inländischen Prägestätte (ΚΟΜΜΑΓΗΝΩΝ, wahrscheinlich Samosata[15]) und in diversen Münzstätten aus hauptsächlich dem westlichen Teil Kilikia Tracheias: Lakanatis (ΛΑΚΑΝΑΤΩΝ), Korykos (ΚΩΡΥΚΙΩΤΩΝ), Anemurion (ΑΝΕΜΟΥΡΙΕΩΝ), Lykaonien (ΛΥΚΑΟΝΩΝ, evtl. Laranda?[16]), Kelenderis (ΚΕΛΕΝΔΕΡΙΤΩΝ), Kietis (ΚΙΗΤΩΝ), Elaiussa-Sebaste (ΣΕΒΑΣΤΗΝΩΝ oder ΣΕΒΑΣΤΗΝΩΝ ΜΗΤΡΟΠΟΛΕΩΣ) und Selinus (CΕΛΙΝΟΥCΙWΝ).[17] Die Münzen tragen ausgeschrieben oder in diversen

15 Als Münzstätte u. a. vermutet bei Taşyürek: Münzprägung, S. 42; Elke Krengel: Philopappos aus Selinus/Kilikien. In: *Belehrung und Unterhaltung im Fache der Muenzkunde. Die Numismatische Gesellschaft zu Berlin. Festschrift zum 150-jaehrigen Bestehen.* Berlin: Numismatische Gesellschaft zu Berlin 1993, S. 69–73, hier S. 70; Facella: Coinage, S. 234, 236. Zu den dortigen Ausgrabungen Levent Zoroğlu: Samosata. Ausgrabungen in der kommagenischen Hauptstadt. In: Wagner (Hrsg.): *Gottkönige am Euphrat*, S. 75–83 (m. Bibliographie). Die Dichte städtischer Siedlungen in Kommagene war gering, vgl. Ptol. V 14, 8, der neun Städte nennt. Samosata wird bereits von Strabon (XVI 2, 3) als Haupt- und Residenzstadt hervorgehoben. Aus ihr sind (pseudo-)autonome Stadtprägungen mit den Legenden ΣΑΜΟΣΑΤΩΝ oder ΣΑΜΟΣΑΤΩ ΠΟΛΕΩΣ und teilweise Motiven der königlichen Bildprogrammatik bekannt, vgl. Wroth (Hrsg.): *Catalogue*, S. xlix–l, S. 116–117, Nr. 1–16; MacDonald: *Hunterian Collection*, S. 126, 1–9; Amandry / Burnett / Ripollès: *Roman Provincial Coinage*, S. 572, Nr. 3848–3851.

16 MacDonald: *Hunterian Collection*, S. 541.

17 Weitere kommagenische Münzstätten (Antiochia am Euphrat, Germaniceia Caesarea, Zeugma und Doliche) sind erst ab der Antiochos IV. folgenden römischen Herrschaft als Prägeorte belegt, vgl. Wroth (Hrsg.): *Catalogue*, S. xlix–li, S. 114–115, 124–129; MacDonald: *Hunterian Collection*, S. 124–125, Nr. 1–4 (Antiochia), S. 125, Nr. 1–4, S. 126, Nr. 1–2, S. 130–132, Nr. 1–19.

Abb. 2: Assarion des Antiochos IV. (Æ, 7,15 g, 23 mm). Av.: ΒΑΣΙ ΜΕΓ ΑΝΤΙΟΧΟΣ ΕΠΙ. Büste des Königs n. r., diademiert, darum Perlkreis. Rv.: ΚΟΜΜΑΓΗΝΩΝ. Capricorn n. r. auf einem Anker n. l., darüber Stern und Diadem, darum Kranz und Perlkreis.

abgekürzten Variationen die Herrschertitulatur samt Epitheton, ΒΑΣΙΛΕΩΣ ΜΕΓΑΛΟΥ ΑΝΤΙΟΧΟΥ ΕΠΙΦΑΝΟΥΣ, gemäß hellenistischer Tradition im Genitiv, jedoch nach römischem Vorbild auf dem Avers.[18] Sie rahmt, ebenfalls römische Münzen imitierend, kreisrund das ausnahmslos jugendliche Königsporträt mit Diadem. In den beruhigten Zügen, der lockigen Kurzhaarfrisur und der zeitlos jugendlichen Physiognomie ist mit Recht der starke Einfluss iulisch-claudischer Ikonographie erkannt worden.[19]

18 In Inschriften aus Chios wird Antiochos u. a. auch mit ‚Epiphanes' und ‚Philokaisar' angesprochen, vgl. Cagnat: *Inscriptiones Graecae*, Nr. 940. 945–946, 954; *Supplementum epigraphicum Graecum*. Bd. XVII. Leiden: Brill 1960, S. 381; Robert: *Études épigraphiques et philologiques*, S. 134–142 (insb. S. 140, Z. 1); Peter M. Fraser: The Kings of Commagene and the Greek World. In: Şahin / Schwertheim / Wagner (Hrsg.): *Studien zur Religion und Kultur Kleinasiens*, S. 362–371, no. III.1–5. Vgl. auch die 2003 publizierte Inschrift eines Architravblocks aus Elaiussa-Sebaste, besprochen von Borgia: Rule, S. 87, Anm. 1, Abb. 8.1–4, sowie *Supplementum epigraphicum Graecum*. Bd. LII. Leiden: Brill 2006, 1462bis, u. *Supplementum epigraphicum Graecum*. Bd. LIII. Leiden: Brill 2007, 1730. Vermutlich war aber nur Ἐπιφανὴς Bestandteil der offiziellen Titulatur, siehe Fraser: The Kings of Commagene, S. 370; Facella: Roman Perception, S. 92–93.

19 Jocelyn M. C. Toynbee: *Roman Historical Portraits*. London: Thames and Hudson 1978, S. 136; Facella: Roman Perception, S. 101; Dieter Salzmann: Zur Selbstdarstellung von Klientelherrschern im griechischen Osten. In: Marion Meyer (Hrsg.): *Neue Zeiten – Neue Sitten. Zu Rezeption und Integration römischen und italischen Kulturguts in Kleinasien*. Wien: Phoibos 2007, S. 37–43, hier S. 41–43; Karsten Dahmen: With Rome in Mind? Case Studies in the Coinage of Client Kings. In: Ted Kaizer / Margherita Facella (Hrsg.): *Kingdoms and Principalities in the Roman Near East*. Stuttgart: Steiner 2010, S. 99–112, hier S. 105.

Im Revers erscheinen neben besagten Ethnika diverse Bildmotive. Die Wahl des Motivs hängt meist nicht vom Prägeort ab, sondern ist nominalspezifisch, steht also im Zusammenhang mit dem jeweiligen Nennwert der Münze, für dessen Ansprache hier die Nominalklassen gemäß der überzeugenden Klassifizierung Ruprecht Zieglers übernommen werden.[20] Dementsprechend wurden diverse Münztypen in mehr als einer Münzstätte geprägt. Bei den Haupttypen mit Antiochos-Porträt handelt es sich um Diassaria mit Skorpion[21], Assaria mit Capricorn[22] und Hemiassaria mit zwei gekreuzten Füllhörnern[23]. Während der Skorpionstypus sowohl aus Kommagene als auch aus kilikischen Münzstätten stammt, wurden die Capricorn- und Füllhorntypen mit Antiochos-Porträt augenscheinlich nur im Stammland produziert. Ferner sind ein stehender Apollon Sidetes mit Patera und Zepter (Assaria

20 Beobachtung bereits bei MacDonald: *Hunterian Collection*, S. 120. Vgl. die dortigen Gewichtsangaben sowie die im Amandry / Burnett / Ripollès: *Roman Provincial Coinage*, S. 561 (Übersicht), S. 573–574, Nr. 3852–3867. Siehe auch Ruprecht Ziegler: Zum Geldumlauf in Asia Minor. Ein Fund frühkaiserzeitlicher Münzen aus dem Raum Anemurion und das Problem der Identifizierung von Nominalen des städtischen Kleingeldes. In: Cathy E. King / David G. Wigg (Hrsg.): *Coin Finds and Coin Use in the Roman World*. Berlin: Gebr. Mann 1996, S. 437–460, hier S. 445. Die hiesige Ansprache der Nominale als Diassaria, Assaria etc. richtet sich nach Ziegler: Geldumlauf, insb. S. 444–445, Tab. 2. Ist die Ansprache des Nennwertes städtischer Bronzemünzen Kleinasiens durchaus problematisch, gelang es Ziegler, die Kongruenz zwischen römischen Reichsmünzen im Osten und ihren städtischen Äquivalenten aufzuzeigen. Ein Assarion (20–22 mm, ca. 7g) entsprach dem östlichen As, darauf basierend die größeren Nominale Trihemiassarion (24–25 mm, 10–11g) und Diassarion (ca. 25 mm, 14–15g), letzteres in etwa dem Dupondius gleichwertig. Die kleineren Nominale ¼ Assarion (ca. 15 mm, 2–3g) und Hemiassarion (18–19 mm, ca. 4,5g) entsprachen dem Quadrans bzw. Semis.

21 Friedrich Imhoof-Blumer: *Porträtköpfe auf antiken Münzen hellenischer und hellenisierter Völker*. Leipzig: Teubner 1885, S. 43; Babelon: *Catalogue des monnaies grecques*, S. ccxv, 218–219, Nr. 8–20, Nr. 26–27; Wroth (Hrsg.): *Catalogue*, S. xlvi, S. 106–107, Nr. 1–10, S. 108, Nr. 21–24; MacDonald: *Hunterian Collection*, S. 120–121, Nr. 1–8, S. 122, Nr. 14–15; Imhoof-Blumer: *Griechische Münzen*, S. 707; Taşyürek: Münzprägung, S. 42, Nr. VI.1; Hans von Aulock: *Münzen und Städte Lykaoniens*. Tübingen: Wasmuth 1976, Nr. 1–10; Yeghia T. Nercessian: *Armenian Coins and their Values*. Los Angeles: Armenian Numismatic Society 1995, S. 92–93, Nr. 199–204; Amandry / Burnett / Ripollès: *Roman Provincial Coinage*, S. 541, Nr. 3533, S. 561, Nr. 3703, S. 573–574, Nr. 3852, 3854, 3856–3857, 3864.

22 Imhoof-Blumer: *Porträtköpfe*, S. 43; Babelon: *Catalogue des monnaies grecques*, S. 219–220, Nr. 21–23; Wroth (Hrsg.): *Catalogue*, S. xlvi, 107, Nr. 11–15; MacDonald: *Hunterian Collection*, S. 120–121, Nr. 9–10; Taşyürek: Münzprägung, S. 42, Nr. VI.2; Nercessian: *Armenian Coins and their Values*, S. 93–94, Nr. 205; Amandry / Burnett / Ripollès: *Roman Provincial Coinage*, S. 573, Nr. 3855.

23 Imhoof-Blumer: *Porträtköpfe*, S. 43; Babelon: *Catalogue des monnaies grecques*, S. 219, Nr. 24–25; Wroth (Hrsg.): *Catalogue*, S. xlvi, 107, Nr. 16–18; MacDonald: *Hunterian Collection*, S. 121, Nr. 12–13; Taşyürek: Münzprägung, S. 42–43, Nr. VI.3; Nercessian: *Armenian Coins and their Values*, S. 94, Nr. 206; Amandry / Burnett / Ripollès: *Roman Provincial Coinage*, S. 573, Nr. 3859.

aus Selinus)[24] bzw. lehnend an eine Säule mit Dreifuß (Diassaria und Assaria aus Kelenderis)[25], eine stehende Artemis mit Hirschkuh (Trihemiassaria und Assaria aus Anemurion)[26] sowie aus Elaiussa-Sebaste Assaria und Diassaria mit einer stehenden nackten Figur auf einer Prora[27] bzw. einer Tyche mit Steuerruder[28] bekannt.

Die Schwestergemahlin des Königs, Iotape, ist als Reversmotiv auf drei verschiedenen Bronzenominalen aus Anemurion in Form eines diademierten Porträtkopfes[29] sowie auf Trihemiassaria aus Elaiussa-Sebaste thronend mit Zepter und Patera[30] dem Königsporträt gegenübergestellt. Die Ansprache sichern die Legenden ΒΑΣΙΛΙΣΣΑ oder ΒΑΣΙΛΙΣΣΑ ΙΩΤΑΠΗ (im Nominativ!). Als Prägeherrin tritt Iotape allein mit vollständiger Titulatur ΒΑΣΙΛΙΣΣΑ ΙΩΤΑΠΗ ΦΙΛΑΔΕΛΦΟΣ und diademierter Aversbüste auf Skorpionsdiassaria[31] aus Kommagene, Lykaonien und Lakanatis auf. Darüber hinaus erscheinen ihr Bildnis und ihre Titulatur auf kleineren Nominalen mit

24 Taşyürek: Münzprägung, S. 43; Edoardo Levante: The Coinage of Selinus in Cilicia. In: *The Numismatic Chronicle* 150 (1990), S. 226–233, hier S. 228; Krengel: Philopappos, S. 71, Nr. 1; Nercessian: *Armenian Coins and their Values,* 94–95, Nr. 211; Ziegler: Geldumlauf, S. 444, Tab. 2; Amandry / Burnett / Ripollès: *Roman Provincial Coinage*, S. 561, Nr. 3701.

25 Babelon: *Catalogue des monnaies grecques*, S. ccxvi; Wroth (Hrsg.): *Catalogue*, S. xlvi, S. 108, Nr. 20; Taşyürek: Münzprägung, S. 43; Nercessian: *Armenian Coins and their Values*, S. 94, Nr. 208–210; Amandry / Burnett / Ripollès: *Roman Provincial Coinage*, S. 562, Nr. 3709–3710.

26 Wroth (Hrsg.): *Catalogue*, S. xlvi, S. 108, Nr. 19; Taşyürek: Münzprägung, S. 43; Nercessian: *Armenian Coins and their Values*, S. 94, Nr. 207; Ziegler: Geldumlauf, S. 444, Tab. 2, S. 451–452, Nr. 16–20; Amandry / Burnett / Ripollès: *Roman Provincial Coinage*, S. 562, Nr. 3704–3705.

27 Babelon: *Catalogue des monnaies grecques*, S. 219, Nr. 29; Friedrich Imhoof-Blumer: Zur griechischen Münzkunde (Fortsetzung). In: *Revue suisse de numismatique* 8 (1898), S. 1–48, hier S. 30–31, Nr. 18; Nercessian: *Armenian Coins and their Values*, Nr. 212; Amandry / Burnett / Ripollès: *Roman Provincial Coinage*, S. 564, Nr. 3721.

28 Nercessian: *Armenian Coins and their Values*, S. 95, Nr. 213. Zuweisung angezweifelt in Amandry / Burnett / Ripollès: *Roman Provincial Coinage*, S. 564, Nr. 3722.

29 Babelon: *Catalogue des monnaies grecques*, S. ccxvi, 221, Nr. 30; Levante: Coinage of Selinus, S. 229; Nercessian: *Armenian Coins and their Values*, S. 95, Nr. 214–215; Ziegler: Geldumlauf, S. 444, Tab. 2, S. 451–452, Nr. 8, 21; Amandry / Burnett / Ripollès: *Roman Provincial Coinage*, S. 562, Nr. 3707–3708.

30 Babelon: *Catalogue des monnaies grecques*, S. 221, Nr. 31; Imhoof-Blumer: Münzkunde, S. 31–32, Nr. 20–21; Sullivan: Dynasty of Commage, 746; Nercessian: *Armenian Coins and their Values*, S. 95–96, Nr. 216–217; Amandry / Burnett / Ripollès: *Roman Provincial Coinage*, S. 564, Nr. 3717–3720.

31 Imhoof-Blumer: *Porträtköpfe*, S. 43, Taf. VI, 13; Babelon: *Catalogue des monnaies grecques*, S. ccxv, 221–222, Nr. 32–37; Wroth (Hrsg.): *Catalogue*, S. 109, Nr. 1–4; MacDonald: *Hunterian Collection*, S. 122, Nr. 1–4; Taşyürek: Münzprägung, S. 43, Nr. VII; Nercessian: *Armenian Coins and Their Values*, S. 96–97, Nr. 219–221; Amandry / Burnett / Ripollès: *Roman Provincial Coinage*, S. 541, Nr. 3534, S. 573–574, Nr. 3853, 3865.

Abb. 3: Diassarion des Antiochos IV. (Æ, 15,00 g, 26 mm). Av.: ΒΑΣΙΛΙΣ[ΣΑ ΙΩΤΑΠΗ] ΦΙΛΑΔΕΛΦΟΣ. Büste der Iotape n. r., diademiert, darum Perlkreis. Rv.: ΚΟΜΜΑ-ΓΗΝΩΝ. Skorpion mit Diadem in den Scheren, darum Kranz und Perlkreis.

stehender Artemis,[32] einem Bogen schießenden Apollon[33] oder einer unidentifizierten männlichen Figur samt Aphlaston und Zepter[34]. Diese stammen ausschließlich aus Münzstätten außerhalb des Kernlandes (Selinus, Anemurion und Korykos).
Mit den Prinzen Epiphanes und Kallinikos sind weitere Mitglieder des kommagenischen Herrscherhauses durch Münztypen inszeniert worden: Ausgewiesen als königliche Söhne (ΒΑΣΙΛΕΩΣ ΥΙΟΙ) erscheinen sie im Avers als Reiter/Dioskuren mit wehenden Chlamydes.[35] Bei dem Nominal handelt es sich um ein Assarion und das Reversmotiv ist analog zu den Antiochos-Assaria ein Capricorn.[36] Ein weiterer ΒΑΣΙΛΕΩΣ ΥΙΟΙ-Typus gleichen Nominals

32 Imhoof-Blumer: *Porträtköpfe*, S. 43; Babelon: *Catalogue des monnaies grecques*, S. ccxvi; Imhoof-Blumer: *Griechische Münzen*, S. 714, Nr. 580; Taşyürek: Münzprägung, S. 43; Levante: Coinage of Selinus, S. 229; Krengel: Philopappos, S. 71, Nr. 3; Nercessian: *Armenian Coins and their Values*, S. 97, Nr. 222; Ziegler: Geldumlauf, S. 444, Tab. 2, S. 449, Nr. 1; Amandry / Burnett / Ripollès: *Roman Provincial Coinage*, S. 561, Nr. 3702.

33 Nercessian: *Armenian Coins and their Values*, S. 97, Nr. 224; Amandry / Burnett / Ripollès: *Roman Provincial Coinage*, S. 563, Nr. 3713.

34 Nercessian: *Armenian Coins and their Values*, S. 97, Nr. 223; Ziegler: Geldumlauf, S. 444, Tab. 2, S. 451, Nr. 9–15; Amandry / Burnett / Ripollès: *Roman Provincial Coinage*, S. 562, Nr. 3706.

35 Imhoof-Blumer: *Porträtköpfe*, S. 43; Babelon: *Catalogue des monnaies grecques*, S. 222, Nr. 38–42; Wroth (Hrsg.): *Catalogue*, S. 110, Nr. 1–7, S. 111, Nr. 9; MacDonald: *Hunterian Collection*, S. 123, Nr. 1–3; Taşyürek: Münzprägung, S. 43, Nr. VIII.1; Aulock: *Münzen und Städte Lykaoniens*, Nr. 11; Nercessian: *Armenian Coins and their Values*, S. 98, Nr. 226–228; Amandry / Burnett / Ripollès: *Roman Provincial Coinage*, S. 541, Nr. 3535, S. 573–574, Nr. 3861 u. 3866.

36 Vgl. Werte bei MacDonald: *Hunterian Collection*, S. 123, 1–5.

Abb. 4: Assarion des Antiochos IV. (Æ, 7,25 g, 19 mm). Av.: ΒΑΣΙΛΕΩΣ ΥΙΟΙ. Epiphanes und Kallinikos reitend n. l., darum Perlkreis. Rv.: ΚΟΜΜΑΓΗΝΩΝ. Capricorn n. r. auf einem Anker n. l., darüber Stern und Diadem, darum Kranz und Perlkreis.

zeigt im Avers die Köpfe der Prinzen aus Füllhörnern ragen.[37] Die Rückseite bildet eine aufrechte armenische Tiara mit Nackenlasche, Perlenverzierung, Spitzen und einem prominenten Skorpion als Kammverzierung ab. Beide Typen wurden in Kommagene, Lykaonien und Lakanatis produziert.

In nur einem Exemplar bekannt ist ein Assarion aus Selinus, auf dem die Porträts des Epiphanes (Revers) und Kallinikos (Avers) mit den jeweiligen Titeln ΒΑΣΙΛΕΥΣ ΜΕΓΑΣ ΕΠΙΦΑΝΗΣ resp. ΒΑΣΙΛΕΥΣ ΜΕΓΑΣ ΚΑΛΛΙΝΙΚΟΣ dargestellt sind.[38] Die im Vergleich zu den

37 Babelon: *Catalogue des monnaies grecques*, S. 222–223, Nr. 43–46; Wroth (Hrsg.): *Catalogue*, S. 110, Nr. 8, S. 111, Nr. 10; MacDonald: *Hunterian Collection*, S. 123, Nr. 4–5; Richard D. Sullivan: Diadochic Coinage in Commagene after Tigranes the Great. In: *The Numismatic Chronicle* 13 (1973), S. 18–39, hier S. 29; Taşyürek: Münzprägung, S. 43, Nr. VIII.2; Aulock: *Münzen und Städte Lykaoniens*, Nr. 12; Nercessian: *Armenian Coins and their Values*, S. 98–99, Nr. 229–231; Amandry / Burnett / Ripollès: *Roman Provincial Coinage*, S. 542, Nr. 3536, S. 573–574, Nr. 3860, 3867.

38 Imhoof-Blumer: *Porträtköpfe*, S. 43; Babelon: *Catalogue des monnaies grecques*, S. ccxv, 222, Nr. 38; Wroth (Hrsg.): *Catalogue*, S. xlvii; Sullivan: Dynasty of Commagene, S. 795; Levante: Coinage of Selinus, S. 229; Krengel: Philopappos, S. 71, Nr. 2; Nercessian: *Armenian Coins and their Values*, S. 97–98, Nr. 225. Taşyürek (Münzprägung, S. 43, Nr. IX) listet ferner einen Typus mit Aversporträt des Epiphanes und einem Reversmotiv mit thronender Königin Iotape und dem hinter dem Thron stehenden Prinzen. Nach persönlicher Sichtung des Exemplars, welches im Berliner Münzkabinett unter „Epiphanes und …" geführt ist, stellt sich dies als schlecht erhaltenes Exemplar des bekannten Typus mit Antiochos-Porträt im Avers und thronender Iotape im Revers heraus. ΕΠΙΦΑΝΗΣ ist nicht der Name des Dargestellten, sondern das Epitheton des Antiochos IV. und einzig erhaltener Bestandteil der Titulatur. Eine Figur hinter der thronenden Iotape ist nicht zu sehen.

Abb. 5: Assarion des Antiochos IV. (Æ, 6,94 g, 19 mm). Av.: ΒΑΣΙΛΕ[ΩΣ ΥΙΟΙ]. Zwei gekreuzte Füllhörner mit den Köpfen der Prinzen, dazwischen Stern und Anker, darum Perlkreis. Rv.: ΚΟΜΜΑΓΗΝΩΝ. Armenische Tiara mit fünf Spitzen, als Kammverzierung ein Skorpion, darum Kranz und Perlkreis.

ΒΑΣΙΛΕΩΣ ΥΙΟΙ-Typen unzweifelhafte Statuserhöhung der Prinzen findet sowohl in den Legenden als auch im Nennwert der Münzen Niederschlag. Waren die Münzen im Namen der ‚Söhne des Königs' denen des Antiochos und der Iotape untergeordnet, erscheinen die Großkönige Epiphanes und Kallinikos nun im innerhalb der Prägungen von Selinus höchsten Nominal, noch über den dortigen Hemiassaria der Königin. Neben einer möglichen Ernennung der Prinzen zu Mitregenten noch während der Herrschaftszeit des Antiochos ist denkbar, dass Epiphanes und Kallinikos durchaus als selbstständige Prägeherrn auftraten und der Münztyp um das Jahr 72 n. Chr. datiert, als ihr Vater bereits vor den Römern geflohen war und die Söhne als gleichwertige Großkönige weiterhin Widerstand leisteten.[39]

Möglicherweise gleichzeitig entstand, ebenfalls in Selinus, das ¼ Assarion des C. Iulius Antiochos Philopappos, des Enkelkindes des Antiochos IV. und Sohnes des Epiphanes.[40] Das Einzelstück aus der Sammlung Elke Krengels trägt im Avers die Büste des letzten kommagenischen Dynasten samt Benennung ΦΙΛΟΠΑΠΠΟ[C], im Revers mit der Büste der Athena die Göttin jener Stadt, in der später das berühmte Grabmal des Philopappos auf dem

39 Vgl. hierzu Ios. bell. Iud. VII 219–243. Statt der bei Iosephus geschilderten Flucht des Epiphanes ins Arsakidenreich deuten die numismatischen Zeugnisse auf eine Ankunft der restlichen Königsfamilie in Selinus, wo königstreue Münzen geprägt wurden, vgl. Krengel: Philopappos, S. 72.

40 Bekanntgemacht durch Levante: Coinage of Selinus, S. 229. Zur Münze siehe aber insb. Krengel: Philopappos.

Musenhügel errichtet wurde. Parallel zur Annahme des Königstitels durch seinen Vater Epiphanes mag die Münze den Aufstieg des zu diesem Zeitpunkt circa 14-jährigen Philopappos in die Rolle des Thronfolgers dokumentieren. Wie bereits Kallinikos und Epiphanes unter Antiochos und Iotape trat er als solcher in einem geringeren Nominal auf.

Imitation römischer Motivik und Adaption einheimischer Herrscherikonographie

Im Vergleich zu seinen Vorgängern erfährt die monarchische Münzprägung Kommagenes unter Antiochos IV. signifikante Veränderungen. Waren es zuvor maximal zwei Nominale nach regionalem Standard, sind von Antiochos IV. drei Hauptnominale mit durchschnittlich höherem Gewicht sowie mehrere Teilnominale im Umlauf.[41] Für eine stärkere Monetarisierung des Landes sprechen zudem das höhere Prägevolumen und die sprunghaft gestiegene Anzahl an Münztypen und Münzstätten. Mit Recht geht Margherita Facella davon aus, dass die Bevölkerung die Steuern in hellenistischer Zeit vorwiegend in Naturalien entrichtet hatte, bis Kommagene als Teil der Provinz Syria ins römische Fiskalsystem integriert wurde.[42] Antiochos IV. schloss sich diesem System an und ließ die größten Bronzemünzen mit den römischen Dupondii korrespondieren, die zuvor in vermutlich kommagenischen oder syrischen Münzstätten zur Zeit des Kaisers Tiberius geprägt wurden.[43] Die Existenz tiberischer Dupondii mit dem Gegenstempel CEΛI (für das nun kommagenische Selinus) belegt unter Antiochos IV. die anhaltende Zirkulation der provinzialrömischen Prägungen und somit deren Kohärenz mit den neuen Königsemissionen.[44]

Ikonographisch sind deutliche Einflüsse Roms erkennbar: Das Münzporträt des Antiochos IV. hebt sich stark vom vorausgehenden orontidischen Herrscherbildnis ab, in dem fast immer eine mit einem Diadem umwundene konische oder armenische Tiara als Kopfbedeckung und monarchisches Distinktionsmerkmal auftritt.[45] In seiner Rolle als hellenistischer Monarch

41 Vgl. Werte gemäß Facella: Coinage, S. 236.

42 Facella: Coinage, S. 238.

43 Amandry / Burnett / Ripollès: *Roman Provincial Coinage*, S. 574–575, Nr. 3868–3870. Gegen Kommagene als Prägeort (Wroth (Hrsg.): *Catalogue*, S. cxli) wurden Zweifel laut, vgl. Diskussion im Amandry / Burnett / Ripollès: *Roman Provincial Coinage*, S. 574.

44 Harold Mattingly (Hrsg.): *Coins of the Roman Empire in the British Museum*, Bd. I. London: British Museum 1923, I, 145, Nr. 174; Levante: Coinage of Selinus, S. 226–227; Facella: Coinage, S. 238. Zu den Gegenstempeln auch Ziegler: Geldumlauf, S. 447.

45 Zu einem in Samosata gefundenen Porträtkopf mit Inschrift ANTIOXO[Σ] und starker

nimmt Antiochos IV. (nur) das Diadem an, nähert sich im Porträtstil jedoch, vergleichbar anderen frühkaiserzeitlichen Herrschern wie Polemon I. von Pontos oder Archelaos I. von Kappadokien, dem iulisch-claudischen Kaiserbildnis. Zwar klingt im ausgeprägten Kinn, der prominenten Nase und der Gestaltung der Haare in dicken Locken noch die Ikonographie hellenistischer Könige nach. Auch gehört eine Kurzhaarfrisur durchaus zum Spektrum monarchischer Bildnisse des Hellenismus. Die beruhigten, ‚klassizistischen' Züge des Porträts und die Anordnung der Haare, die im Nacken parallel zum Hals gekämmt erscheinen, entspringen jedoch eindeutig iulisch-claudischem Vorbild.[46]

In den Königsmünzen des Antiochos IV. ist zudem die starke Präsenz der Herrscherfamilie auffällig und an eine strukturierte Hierarchisierung gemäß der Nominale gekoppelt, die den Eindruck einer einheitlichen Reichsprägung bestärkte. Auch für diese Prägungen dynastischen Charakters bediente sich Antiochos römischer Vorbilder: Gekreuzte Doppelfüllhörner erscheinen auch auf den angesprochenen kommagenischen Dupondii des Tiberius aus den Jahren TR POT XXI und XXII (19/20 n. Chr.), die z. T. mit Gegenstempeln weiterhin im Umlauf waren. Ein Bezug dieses in Kleinasien und dem Nahen Osten durchaus traditionellen Motivs auf die Ikonographie des Tiberius wird präziser, vergleicht man das ΒΑΣΙΛΕΩΣ ΥΙΟΙ-Aversmotiv der aus Füllhörnern ragenden Prinzenköpfe mit jenen Sesterzen des Tiberius von 22/23 n. Chr., die im Avers die Köpfe des Tiberius und Germanicus Gemellus, der Enkelsöhne des Kaisers, in gleicher Darstellungsweise abbilden.[47] Das Vorbild für die kommagenischen Prinzen als reitende Dioskuren ist demgegenüber in Dupondii des Caligula von 37/38 n. Chr. zu finden.[48] Auf diesen erscheinen zur Legende NERO ET DRVSVS CAESARES die reitenden Drusus und Nero mit wehenden Chlamydes. Zwar wurden die Dioskuren bereits unter seinem berühmten Vorgänger Antiochos I. auf Bronzemünzen

Ähnlichkeit zum Typus Alcudia des Octavian siehe Zoroğlu: Samosata, S. 79; Robert Fleischer: Augustusporträt und Klientelkönig. Ein Bildnis des Antiochos III. von Kommagene. In: Detlev Kreikenbom / Karl-Uwe Mahler / Patrick Schollmeyer (Hrsg.): *Augustus – Der Blick von außen. Die Wahrnehmung des Kaisers in den Provinzen des Reiches und in den Nachbarstaaten*. Wiesbaden: Harrassowitz 2008, S. 321–334, hier insb. S. 327–329. Von Letztgenanntem dem kommagenischen König Antiochos III. (?–17 n. Chr.) zugeschrieben. Kropp (*Images*, S. 84–85) hält als Dargestellten Antiochos I. oder IV. für möglich.

46 Kropp: *Images*, S. 86, 233, 364.

47 Harold Mattingly / Edward A. Sydenham: *The Roman Imperial Coinage*, Bd. I. London: Spink 1923, Nr. 42.

48 Mattingly / Sydenham: *Roman Imperial Coinage*, Nr. 34.

Kommagenes abgebildet.[49] Gleiches gilt für die sich überkreuzenden Füllhörner (jedoch ohne Prinzenköpfe), die von einem Münztyp des Königs Samos (130–96 v. Chr.) bekannt sind.[50] In Anbetracht der limitierten Zirkulation sowie der geringen Zahl und Bedeutung kommagenischer Münzen in hellenistischer Zeit ist jedoch anzuzweifeln, dass Antiochos IV. die Stücke überhaupt kannte, geschweige denn auf z. T. weit zurückliegende kleine Bronzenominale rekurrierte, die nicht mehr zirkulierten. Demgegenüber machen Details wie die aus den Füllhörnern ragenden Köpfe die römische Vorlage deutlich.

49 Wroth (Hrsg.): *Catalogue*, S. xlviii, Anm. NR (fälschlich Antiochos IV.); Jörg Wagner: Dynastie- und Herrscherkult in Kommagene. Forschungsgeschichte und neuere Funde. In: *Istanbuler Mitteilungen* 33 (1983), S. 177–224, hier S. 206, insb. S. 222–224 (Appendix); Sullivan: *Near Eastern Royalty*, S. 193; Bruno Jacobs: Überlegungen zu Ursachen und Gründen für die Konzeption von Heiligtumsausstattungen in der späthellenistischen Kommagene. In: Klaus S. Freyberger / Agnes Henning / Henner von Hesberg (Hrsg.): *Kulturkonflikte im Vorderen Orient an der Wende vom Hellenismus zur römischen Kaiserzeit.* Rahden: Leidorf 2003, S. 117–124, hier S. 120.

50 Imhoof-Blumer: *Porträtköpfe*, S. 42; Babelon: *Catalogue des monnaies grecques*, S. ccviii; Théodore Reinach: *L'histoire par les monnaies. Essais de numismatique ancienne.* Paris: Léroux 1902, S. 243; Wroth (Hrsg.): *Catalogue*, S. xliii; MacDonald: *Hunterian Collection*, S. 119, Nr. 1; Edward T. Newell: *Miscellanea Numismatica. Cyrene to India.* New York: American Numismatic Society 1938, S. 31; Sullivan: Dynasty of Commagene, S. 749–750; Taşyürek: Münzprägung, S. 42, Nr. I.2; Wagner: Dynastie- und Herrscherkult, S. 210, Anm. 113; Paul Z. Bedoukian: *Coinage of the Armenian Kingdoms of Sophene and Commagene.* Los Angeles: American Numismatic Society 1985, S. 10, 32, Nr. 1; Michael Alram: *Iranisches Personennamenbuch,* Band IV: Materialgrundlagen zu den iranischen Personennamen auf antiken Münzen. Nomina Propria Iranica in Nummis. Wien: Verlag der österreichischen Akademie der Wissenschaften 1986, S. 82, Nr. 240; Facella: Roman Perception, S. 90. Das Motiv der sich antithetisch kreuzenden Füllhörner tritt erstmals unter dem seleukidischen Usurpator Alexander II. (Zebinas) 129 v. Chr. in Ptolemais auf und wird etwa zeitgleich sowohl vom Hasmonäer Johannes Hyrkanos (134–104 v. Chr.) auf kleinen Bronzemünzen (11mm, 2,3g) als auch, wie angesprochen, durch Samos von Kommagene imitiert, vgl. Kropp: *Images*, S. 244–245, Abb. 97. Das Motiv erscheint im 1. Jh. v. Chr. auf kleinen Prägungen des Herodes d. Gr. (40–4 v. Chr.) in Iudaea sowie parallel zu Antiochos IV. auf Bronzemünzen aus Petra mit dem nabatäischen Königspaar Aretas IV. und Shuqaylah. Bemerkenswert ist ein Bronzemünztyp (13 mm, 2,9g) des Agrippa I. von Iudaea von 41 n. Chr.: Das antithetische Doppelfüllhorn begleitet eine Darstellung des Königssohnes Herodes Agrippa II. und die Legende ΒΑΣΙΛΕΩΣ ΥΙΟΥ, vgl. Amandry / Burnett / Ripollès: *Roman Provincial Coinage*, Nr. 4979,4987; Kropp: *Images*, S. 76–77, Abb. 33. Analog zu den ΒΑΣΙΛΕΩΣ ΥΙΟΙ-Prägungen des Antiochos IV. von Kommagene ist das Motiv der allgemeinen Prosperität hier explizit auf den königlichen Nachwuchs übertragen worden. Die Caesarenprägungen des Caligula wurden ebenfalls von Agrippa I. imitiert, der ähnlich den kommagenischen Münzen den Königssohn zur Legende ΑΓΡΙΠΠΑ ΥΙΟΥ ΒΑΣΙΛΕΩΣ als Reiter darstellt, siehe Andrew Burnett: The Coinage of King Agrippa I of Judaea. In: Henri Huvelin / Michel Christol / Georges Gautier (Hrsg.): *Melánges de Numismatique. Offerts à Pierre Bastien à l'occasion de son 75e anniversaire.* Wetteren: Editions NR 1987, S. 25–38, hier S. 27, Nr. 1, pl. III, 1. Das Motiv wurde erneut hinsichtlich der Existenz nur eines Prinzen entsprechend modifiziert.

Iotape ist nicht nur die erste kommagenische Königin, die auf einer Münze erscheint, sondern durch das Epitheton in der Münzlegende, ΦΙΛΑΔΕΛΦΟΣ, wird gleichzeitig ihr Status als Schwester des Königs ostentativ zur Schau gestellt. Damit ist ihre Abkunft von der alten kommagenischen Königsdynastie dokumentiert, um zur Legitimation ihrer selbst und des Herrscherhauses beizutragen. Eine besondere Nähe des Herrscherpaares vermitteln jene Münztypen, in denen dem König im Avers ein Bild seiner Gattin im Revers gegenübergestellt ist. Auffällig oft treten zudem Apollon und Artemis in der monarchischen Bildprogrammatik auf. In Selinus findet sich Apollon als Reversmotiv auf Assaria mit Antiochos-Porträt, ähnlich auf Diassaria und Assaria aus Kelenderis. Währenddessen ist Iotape auf einem geringeren Nominal (Hemiassarion) der Artemis gegenübergestellt. Bei Münzen aus Anemurion sind die Geschlechter zwar vertauscht, doch ist auch hier dem König mit Großkönigstitel die wertvollere Münze (Trihemiassarion) im Vergleich zur Königin mit männlicher Figur samt Aphlaston/Zweig und Zepter (Assarion) vorbehalten.[51] Dies wiederholt sich in Korykos mit Iotape und einem Bogen schießenden Apollon (Assarion) im Verhältnis zu Antiochos mit thronender weiblicher Figur (Trihemiassarion). Lediglich in der Reichsprägung mit Ethnikon ΚΟΜΜΑΓΗΝΩΝ erscheint Iotape auch im Avers der Diassaria, dort jedoch mit dem Skorpion, der eng mit Antiochos verknüpft ist. Orhan Taşyürek erklärt die Präsenz der Artemis und des Apollon mit ihrer Rolle als Stadtgottheiten der jeweiligen Prägestätten,[52] doch spricht die wiederkehrende Wahl der Motive für eine bewusste Parallelität, die zwischen dem neuen Herrscherpaar und den in einheimischen Kulten anhaltend beliebten Göttern hergestellt werden sollte.[53] Gegen einen einheimischen Bezug im Sinne des kommagenischen Stammlandes spricht indes, dass kein Artemis- oder Apollontypus mit Ethnikon ΚΟΜΜΑΓΗΝΩΝ bekannt ist. In der Tat wurden nur beide Skorpionstypen mit Antiochos- bzw. Iotape-Porträt sowie beide ΒΑΣΙΛΕΩΣ ΥΙΟΙ-Prägungen reichsweit produziert, während Capricorn- und Füllhornmünzen einzig aus Kommagene, alle übrigen Typen (Apollon, nackte Figur, Artemis, Tyche und Iotape) einzig aus den kilikischen und lykaonischen Münzstätten stammen.

51 Zu einem kommagenischen Stück mit Apollon (Av) und Artemis (Rv) aus einem westkilikischen Hortfund vgl. Ziegler: Geldumlauf, S. 450, Nr. 5, Taf. 1, 5.

52 Taşyürek: Münzprägung, 43.

53 Zu einem Temenos des Apollon Epekoos und der Artemis Diktynna aus Direk Kale vgl. Wagner: Dynastie- und Herrscherkult, S. 192–196.

In weiteren Elementen der Herrscherrepräsentation und Bildprogrammatik wird evident, dass Antiochos IV. die Rolle des kommagenischen Herrschers mit Rückbezügen auf die Orontidendynastie annahm und ausschmückte: Neben der Benennung des eigenen Sohnes als Kallinikos, dessen Ursprung sehr wahrscheinlich in Mithradates I. Kallinikos (96–69 v. Chr.), Vater des Antiochos I., zu suchen ist, tritt die Nutzung astrologischer Motive hervor, welche bereits für seine Vorgänger charakteristisch war. Als Reversmotiv erscheint ein Löwe auf Münzen des Antiochos I.,[54] und das sogenannte Löwenhoroskop seines Grabheiligtums auf dem Nemrud Dağı verweist wahrscheinlich auf eine Gestirnskonstellation vom 7. Juli 62 v. Chr., die den König zum „Kulminationspunkt des (kommagenischen) Kosmos“[55] machte. Skorpion und Capricorn als Reversmotive des Antiochos IV. sind mit Sicherheit als Tierkreiszeichen zu verstehen.[56] Aus Mangel an weiteren Quellen sind die Bezüge zwar unklar, doch erscheint eine Deutung als Sternzeichen des Herrscherpaares am wahrscheinlichsten. Während ein Bezug des Capricorn auf Iotape naheliegt,[57] kennzeichnet der Skorpion nicht nur das mit Antiochos

54 Imhoof-Blumer: *Porträtköpfe*, S. 42; Babelon: *Catalogue des monnaies grecques*, S. ccxiii, 218, Nr. 6–7; Wroth: *Catalogue*, S. xliv–xlv, 105, Nr. 1–2; MacDonald: *Hunterian Collection*, S. 120, Nr. 1–2; John H. Young: Commagenian Tiaras. Royal and Divine. In: *American Journal of Archaeology* 68 (1964), S. 29–34, hier S. 31, Anm. 23; Taşyürek: Münzprägung, S. 42, Nr. III.1; Jörg Wagner: Neue Funde zum Götter- und Königskult unter Antiochos I. von Kommagene. In: Dörner (Hrsg.): *Kommagene*, S. 51–59, hier S. 55; Paul Z. Bedoukian: *Coinage of the Artaxiads of Armenia*. London: Royal Numismatic Society 1978, S. 24, 68, Nr. 126–127; Richard D. Sullivan: Royal Coins and Rome. In: Ders. / Waldemar Heckel (Hrsg.): *Ancient Coins in the Graeco-Roman World. The Nickle Numismatic Papers*. Waterloo: Wilfrid Laurier UP 1984, S. 143–158, hier S. 145; Bedoukian: *Coinage of the Armenian Kingsdoms*, S. 17–18, 37, Nr. 25, 27; Nercessian: *Armenian Coins and their Values*, S. 91–92, Nr. 196–197. Mit „astrological meaning“ in Wroth (Hrsg.): *Catalogue*, S. xlv gedeutet. Vgl. auch MacDonald: *Hunterian Collection*, S. 120; Wagner: Dynastie- und Herrscherkult, S. 205; ders.: Könige, S. 20.

55 Mittag: Selbststilisierung, S. 14–16; Dörrie: *Königskult*, S. 201–207; Mannzmann: Herrschaft, S. 587–588; Wagner: Dynastie- und Herrscherkult, S. 207–208; Jacobs: Überlegungen, S. 119–120. Über die Bedeutung des Reliefs herrscht jedoch keine Einigkeit, vgl. Sanders: *Nemrud*, S. 172 (Grundsteinlegung). Zuletzt M. Crijns in Eric M. Moormann / Miguel J. Versluys: The Nemrud Dağ Project. First Interim Report. In: *Bulletin antieke beschaving* 77 (2002), S. 73–111, hier S. 98 (Regierungsantritt des Mithradates I.), dagegen jedoch Bruno Jacobs / Robert Rollinger: Die „himmlischen Hände“ der Götter. Zu zwei neuen Datierungsvorschlägen für die kommagenischen Reliefstelen. In: *Parthica* 7 (2005), S. 137–154.

56 Babelon: *Catalogue des monnaies grecques*, S. ccxv; MacDonald: *Hunterian Collection*, S. 120; Taşyürek: Münzprägung, S. 43; Dahmen: Rome in Mind, S. 106.

57 Wroth (Hrsg.): *Catalogue*, S. xlviii, 112, Nr. 1–3; MacDonald: *Hunterian Collection*, S. 124, Nr. 1; Nercessian: *Armenian Coins and their Values*, S. 99–100, Nr. 233–234; Amandry / Burnett / Ripollès: *Roman Provincial Coinage*, S. 542, Nr. 3537. In den ΠΙΣΤΙΣ-Münzen und weiteren autonomen Prägungen (vgl. Wroth (Hrsg.): *Catalogue*, S. 112, Nr. 4–8; MacDonald: *Hunterian Collection*, S. 124, Nr. 2–3; Nercessian: *Armenian Coins and their Values*, S. 100, Nr. 235–236;

IV. verknüpfte höchste Nominal der Reichsmünzen, sondern hält auf diesen das königliche Diadem in den Scheren. Zudem erscheint das Tier als Kammverzierung der armenischen Tiara auf ΒΑΣΙΛΕΩΣ ΥΙΟΙ-Assaria. Diese Position unterstreicht die Signifikanz des Motives für den amtierenden Herrscher, war die Wahl der Kammverzierung doch sowohl bei den Orontiden Kommagenes als auch bei den Artaxiden Armeniens und Arsakiden Parthiens keinesfalls rein dekorativ. Motivisch inspiriert ist die symbolhafte Abbildung einer einzelnen Tiara von Denaren des Marcus Antonius und den ARMENIA CAPTA-Münzen des Augustus.[58] In seiner Bildsemantik unterliegt das Motiv jedoch einem Wandel vom triumphalen Symbol der Unterwerfung Armeniens zum Distinktionsmerkmal kommagenischer Königswürde. Die Tiara ist nicht mehr auf Armenien, sondern durch den Kontext auf die herrschende Dynastie Kommagenes und auf Grund des Skorpions explizit auf Antiochos IV. zu beziehen. Dieser nimmt damit die ihm dynastisch angestammte königliche Dignität an. Analog hierzu bedeckt die armenische Tiara bereits das Haupt des Antiochos I. in den Dexiosis-Reliefs und monumentalen Sitzskulpturen des Hierothesions auf dem Nemrud Dağı.[59] Statt eines Skorpions ziert den Kamm ein Löwe, dessen enge Verknüpfung mit der Herrscherideologie des damals amtierenden Antiochos I. bereits angesprochen wurde.

Amandry / Burnett / Ripollès: *Roman Provincial Coinage*, S. 574, Nr. 3862) erscheinen Motive der königlichen Münztypen. Auf Grund des alleinigen Fehlens des Motives des überkreuzten Doppelfüllhorns vermutet MacDonald eine zu starke Konnotation des Motives mit den in den Konflikt von 72 n. Chr. verwickelten Prinzen. Ist der Ausschluss Absicht und mit dieser Assoziation verbunden, wäre möglicherweise auch der Capricorn als Sternzeichen gemieden worden, würde er sich auf Epiphanes oder Kallinikos direkt beziehen. Eine gegenteilige Interpretation bei Sullivan: Dynasty of Commagene, S. 795–796. Skorpion und Capricorn werden in diesem Zusammenhang mit Antiochos IV. und Iotape auch in Verbindung gebracht von Kay Ehling: „Wer wird noch an Schicksalsforschung und Horoskop glauben?“ (Ephraim d. Syrer 4, 26). Bemerkungen zu Julians Stiermünzen und dem Geburtsdatum des Kaisers. In: *Jahrbuch für Numismatik und Geldgeschichte* 45 (2005), S. 111–132, hier S. 121, und zuletzt Kropp: *Images*, S. 233.

58 Herbert Appold Grueber (Hrsg.): *Coins of the Roman Republic in the British Museum*, London: British Museum 1910, S. 179; , Michael H. Crawford (Hrsg.): *Roman Republican Coinage*, London: Cambridge UP 1974, Nr. 543.1; Mattingly: *Roman Empire*, Nr. 672; ders. / Sydenham: *Roman Imperial Coinage*, Nr. 516.

59 In einer 1976 publizierten Kultinschrift aus Sofraz Köy rühmt sich Antiochos I., als erster lokaler König die armenische Tiara angenommen zu haben, vgl. Jörg *Wagner* / Georg *Petzl*: Eine neue Temenos-Stele des Königs Antiochos I. von Kommagene. In: *Zeitschrift für Papyrologie und Epigraphik* 20 (*1976*), S. 201–223, hier S. 213, Z. 5–6. Zur Inschrift auch Wagner: Dynastie- und Herrscherkult, ebd., S. 205; Mittag: Selbststilisierung, S. 11–13.

Zusammenfassung

Konfrontiert mit den gravierenden Veränderungen in der vorausgegangenen römischen Oberherrschaft, der anhaltenden massiven Zirkulation römischer Münzen im eigenen Herrschaftsgebiet und der Nachbarschaft der Provinzen Cappadocia und Syria war es für Antiochos IV. schon aus wirtschaftlichen Gründen unumgänglich, das römische Modell für das eigene Fiskalsystem zu adaptieren. Neben dieser aus ökonomischem Zwang geborenen Konstante war die äußere Angleichung des Münzbildes in Form einer kreisrunden Legende, eines iulisch-claudisch beeinflussten Porträts und ausgewählter Elemente der Ikonographie ein Traditionsbruch innerhalb der Reihe orontidischer Königsmünzen. In Anbetracht der Unterbrechung durch die über 20-jährige Zirkulation provinzialrömischer Prägungen und der vergleichbaren Entwicklungen in anderen kleinasiatischen Königreichen ist dabei jedoch fraglich, inwieweit die Bevölkerung hier einen Kontinuitätsbruch empfunden haben mag.

Mit Ausnahme der optisch-stilistischen Nähe zum massenhaft zirkulierenden römischen Geld, um den eigenen Münzen habituelle Akzeptanz zu verschaffen, bleibt eine romfreundliche Bildsprache des Königs aber aus. Vielmehr bediente Antiochos sich dem motivischen Repertoire kaiserlicher Münztypen, um sie auf den eigenen Kontext anzuwenden. Dieser schloss in hohem Maße eine Inszenierung der amtierenden Herrscherfamilie ein, in der göttliche Parallelität und eine umfassend präsente, an Rang und Autorität gekoppelte Hierarchisierung der Königsfamilie entsprechend der Nominale vermittelt wurde. Insbesondere durch die Präsentation der Prinzen Epiphanes und Kallinikos wurde dabei ein Fortbestehen dynastischer Kontinuität antizipiert. Die Ansprache der Söhne in der Legende ΒΑΣΙΛΕΩΣ ΥΙΟΙ, die den *caesares* in Ermangelung eines griechischen Äquivalents am nächsten kommt, verweist dabei erneut auf die Vorlage römischer Caesarenprägungen.

Rückwärtig knüpfte Antiochos durch astrologische Motivik und die Verwendung der armenischen Tiara samt individueller Kammverzierung gleichzeitig an die ikonographische Tradition der Orontidendynastie an. Die Rezeption dieses Königskults durch den in Rom erzogenen Herrscher ist uns indirekt durch eine Episode aus dem Leben des Kaisers Caligula bei Sueton überliefert: Als Schlüsselmoment in der Herrschaft des Kaisers gilt Raban von Haehling der Besuch auswärtiger Könige in Rom, in dessen Folge der Kaiser *divinam ex eo maiestatem asserere sibi coepit.*[60] Namentlich werden bei Cassius Dio

60 Suet. Caligula 22, 1–2.

hierfür nur Herodes Agrippa von Iudaea und Antiochos IV. genannt sowie explizit als Tyrannen-Erzieher (τυραννοδιδάσκαλοι) herausgestellt.[61] Haehling nimmt an, dass insbesondere die Schilderungen des Letzteren vom einheimischen Königskult und dessen Monumenten Caligula inspiriert haben dürften.[62] In Anbetracht der vorangegangenen Untersuchung ist gleichfalls zu fragen, inwieweit der königliche Jugendfreund Caligulas nicht selbst gewissermaßen erst aus der Außenperspektive heraus diese Hinterlassenschaften wahrnahm. Nicht zufällig scheinen im Münzbild und in der Benennung des eigenen Nachwuchses mit Mithradates I. Kallinikos und Antiochos I. nicht nur die Herrscher rezipiert worden zu sein, die in der hellenistischen Glanzzeit kommagenischer Macht den Thron innehatten, sondern speziell jene, die Antiochos IV. durch ihre eindrucksvollen Inschriften, Skulpturen und Reliefs vor Ort präsent waren. Mit diesen Mitteln konstruierte der König eine Kontinuität, die er als Abkömmling der angestammten Herrscherdynastie gleichwohl tatsächlich verkörperte.

61 Cass. Dio LIX 24, 1.

62 Raban von Haehling: Das kommagenische Gottkönigtum des Antiochos I. – Ein Vorbild für Caligula? In: Jens-Frederik Eckholdt / Marcus Sigismund / Susanne Sigismund (Hrsg.): *Geschehen und Gedächtnis. Die hellenistische Welt und ihre Wirkung. Festschrift für Wolfgang Orth zum 65. Geburtstag.* Berlin: Lit 2009, S. 227–252, hier S. 241.

Der Kult des Iuppiter Dolichenus in Doliche und die Frage nach Kontinuität

Michael Blömer

Alter wirkte in den Religionen der antiken Mittelmeerwelt und des Nahen Ostens autoritätsstiftend. Entsprechend häufig findet man das hohe Alter von Kulten und Riten hervorgehoben. So versucht auch der Kirchenvater Tertullian in seiner Apologie des Christentums aus dem Jahr 197 n. Chr., durch den Altersbeweis die Überlegenheit jüdischer und christlicher Religion gegenüber paganen Göttern zu untermauern. „Apud vos quoque religionis est instar fidem de temporibus adserere", spricht er zu den Anhängern paganer Kulte: „Auch bei euch bedeutet es so viel wie eine religiöse Weihe, wenn man aufgrund hohen Alters Glaubwürdigkeit in Anspruch nehmen darf"[1].

In der religiösen Hierarchie galten die älteren Götter zumeist als überlegen. Das Alter eines Kultes erhöhte zudem das Prestige des Ortes, der ihn beherbergte. Die Bedeutung, die dem Alter zugeschrieben wurde, wird auch dann greifbar, wenn es absichtlich vorgetäuscht wurde. Ein besonders eindrückliches Beispiel ist hier das Bergheiligtum Gergakome in der kleinasiatischen Landschaft Karien, bei dem es sich um eine Neugründung des 2. Jh. n. Chr. handelt.[2] Gleichwohl gab man sich größte Mühe, dem Ort das Gepräge eines altehrwürdigen Heiligtums zu geben. Das zeigt sich in den Kultbildern, den verschiedenen Bauten, den Skulpturen und den Inschriften, die mit großer Akribie archaischen Mustern angeglichen wurden. Überhaupt ist das

1 Tert. *Apol.* 19, 1. Dazu auch Peter Pilhofer: *Presbyteron Kreiton. Der Altersbeweis der jüdischen und christlichen Apologeten und seine Vorgeschichte.* Tübingen: Mohr 1990.

2 Vgl. die ausführliche Publikation von Winfried Held: G*ergakome. Ein ‚altehrwürdiges' Heiligtum im kaiserzeitlichen Karien.* Tübingen: Wasmuth 2008.

Archaisieren von Kultbildern ein häufig zu beobachtendes Phänomen, in dem sich das Bestreben äußert, Alter und Autorität sichtbar zu machen.[3]

Für sehr viele Kultorte ist ein hohes Alter allerdings tatsächlich nachzuweisen, – vor allem archäologisch – durch eine lang währende, ununterbrochene Okkupation bei durchgehender Nutzung als heiliger Ort. Als ein Beispiel sei etwa das Heiligtum von Abai bei Kalapodi in Griechenland genannt, das von der Bronzezeit bis in die römische Epoche als heiliger Ort fungierte.[4] Auch die großen panhellenischen Heiligtümer sind bereits sehr früh als Kultorte bezeugt und waren zumeist länger als tausend Jahre in Betrieb.

In der Erforschung von Heiligtümern, die über sehr lange Zeiträume in Betrieb waren, spielt der Begriff Kontinuität zumeist eine zentrale Rolle. Dem liegt die Annahme zugrunde, dass die kontinuierliche Nutzung einer Ortslage bei prima facie gleichbleibender Funktion einen Transfer nichtmaterieller Werte, zu denen auch religiöse Vorstellungen gehören, über lange Zeiträume hinweg begünstigt.[5] Von Bedeutung ist dabei, dass im religiösen Feld das Einhalten tradierter Rituale und die Beachtung der durch ihr Alter geheiligten Vorschriften in besonderer Weise sanktioniert waren und damit eine gute Voraussetzung für Kontinuität darstellen konnten.[6] Auf der anderen Seite können in solchen Heiligtümern aber auch Brüche und Diskontinuitäten geradezu paradigmatisch sichtbar werden, wenn sich etwa mehr oder weniger abrupte Veränderungen in der Gestaltung des Heiligtums oder in der Kultpraxis nachweisen lassen.[7]

Besondere Relevanz kommt mit Blick auf die Kontinuitätsfrage solchen Kultorten zu, die über sogenannte Epochengrenzen hinweg eine religiöse Bedeutung bewahrten. Dies gilt umso mehr, wenn sie Epochen verknüpfen,

3 Das Götterbild mit Ependytes ist ein gutes Beispiel für die Wirkkraft eines Darstellungstyps, der die Aura von Alter und Wirkmacht besaß und entsprechend häufig genutzt wurde, um Alter vorzuspiegeln, vgl. Robert Fleischer: *Artemis von Ephesos und verwandte Kultstatuen aus Anatolien und Syrien*. Leiden: Brill 1973.

4 Siehe Wolf-Dietrich Niemeier: Kultkontinuität von der Bronzezeit bis zur römischen Kaiserzeit im Orakel-Heiligtum des Apollon von Abai (Kalapodi). In: Iris Gerlach / Dietrich Raue (Hrsg.): *Heiligtümer. Gestalt und Ritual, Kontinuität und Veränderung. Sanktuar und Ritual – Heilige Plätze im archäologischen Befund, Menschen – Kulturen – Traditionen*. Rahden: Leidorf 2013, S. 33–42 mit weiterer Literatur.

5 Zum Begriff der Kontinuität in der Archäologie Thomas Knopf: *Kontinuität und Diskontinuität in der Archäologie.*. Münster et al.: Waxmann 2002, S. 11–31.

6 Freilich zeigt sich sehr deutlich, dass die praktizierten Rituale in starkem Maße von der jeweiligen Gegenwart geprägt waren und ein stetiger Deutungsprozess stattfand, vgl. dazu mit zahlreichen Fallstudien Angelos Chaniotis (Hrsg.): *Ritual Dynamics in the Ancient Mediterranean. Agency, Emotion, Gender, Representation*. Stuttgart: Steiner 2011, S. 85–103.

7 Siehe z. B. Matthew McCarty: Representations and the 'Meaning' of Ritual Change: The Case of Hadrumetum. In: Chaniotis (Hrsg.): *Ritual Dynamics*, S. 203–232.

die durch Phasen getrennt sind, die einen erkennbaren Einschnitt bilden oder als ‚dark ages', als Zeiten also, über deren kulturelles Milieu wenig bekannt ist, wahrgenommen werden. Das erwähnte Heiligtum von Abai bei Kalapodi ist dafür ein gutes Beispiel, da es die Möglichkeit eröffnet zu untersuchen, ob und wie die materielle und nicht-materielle Kultur mykenischer Zeit in die geometrische und archaische Periode tradiert wurde.

In der Geschichte des Nahen Ostens beginnt eine solche ‚dunkle' Phase, aus der weder aussagekräftige Zeugnisse materieller Kultur noch eine nennenswerte schriftliche Überlieferung vorliegen, vielerorts in der ausgehenden Eisenzeit. Ein prägnantes Beispiel ist hier das nordsyrische Binnenland, wo erst im Laufe der hellenistischen Epoche, zumeist aber erst nach dem Beginn der römischen Herrschaft eine mehrere Jahrhunderte währende Phase endet, die vom Niedergang urbaner Zentren und einer weitgehenden Aufgabe des ‚epigraphic habit' und des ‚sculptural habit' geprägt war. Entsprechend wenig ist über Entwicklungen im religiösen Feld bekannt. Daher stellt sich die Frage, wie mögliche Anknüpfungspunkte an die ferne Vergangenheit zu beurteilen sind, die in römischer Zeit, vor allem im 2. Jh. n. Chr., unvermittelt sichtbar werden. Ob sie Zeichen formaler oder sogar inhaltlicher Kontinuität von der Eisenzeit bis in die römische Epoche sind oder lediglich zufällig tradierte, möglicherweise inhaltsleere Elemente, die vielleicht sogar nur nach altertümlichen Mustern neu gestaltet waren, ist dann oft kaum zu entscheiden.[8]

Ein Beispiel ist der Sturmgott von Aleppo (Halpa), der vor allem in der frühen Eisenzeit, aber auch bereits davor, zu den prominentesten Gottheiten der Bronze- und Eisenzeit in Syrien und darüber hinaus zählte.[9] Zeugnisse für seine Verehrung aus der Zeit nach dem 7. Jh. v. Chr. fehlen genauso wie Hinweise auf das Schicksal des Tempels.[10] In der römischen Kaiserzeit schließlich

8 Die Frage steht im Zusammenhang der kontrovers geführten Grundsatzdebatte um das Fortleben eisenzeitlicher Traditionen im hellenistischen und vor allem römischen Nahen Osten. Die Positionen oszillieren zwischen dem Konstatieren einer ‚historical amnesia', programmatisch vertreten in der grundlegenden Schrift von Fergus Millar: *The Roman Near East (31BC–AD 337).* Cambridge: Harvard UP 1993, und dem Erkennen eines Fortbestehens lokaler Kultur, die sich nur oberflächlich hellenisiert zeigt, vgl. David Kennedy: Greek, Roman and Native Culture in the Roman Near East. In: John Humphrey (Hrsg.): *The Roman and Byzantine Near East II. Some Recent Archaeological Research.* Portsmouth: Cambridge UP 1999, S. 76–106.

9 Daniel Schwemer: *Die Wettergottgestalten Mesopotamiens und Nordsyriens im Zeitalter der Keilschriftkulturen. Materialien und Studien nach den schriftlichen Quellen.* Wiesbaden: Harrassowitz 2001; Alberto R. W. Green: *The Storm-God in the Ancient Near East.* Winona Lake: Eisenbrauns 2003, insb. S. 170–173.

10 Zum früheisenzeitlichen Tempel vgl. Kay Kohlmeyer: *Der Tempel des Wettergottes von Aleppo.* Münster: Rhema 2000; Julia Gonella / Wahid Khayyata / Kay Kohlmeyer: *Die Zitadelle von Aleppo und der Tempel des Wettergottes.* Münster: Rhema 2005.

Abb. 1: Tetradrachme, Hierapolis, Caracalla, Av.: Caracalla / Rev.: Thronendes Götterpaar von Hierapolis mit Semeion in der Mitte auf den Schwingen eines Adlers, nach Michel Prieur / Karin Prieur: *A Type Corpus of the Syro-Phoenician Tetradrachms and Their Fractions from 57 BC to AD 253.*

erscheint Zeus als Hauptgott der Stadt, die dann unter dem makedonisch-griechischen Namen Beroia bekannt war. Dabei bleibt unklar, inwieweit es sich beim Zeus von Beroia um eine interpretatio graeca des eisenzeitlichen Hadad handelt.[11] Zwar liegt es nahe, ihn in dieser Tradition zu verorten, eindeutige Hinweise dafür liegen aber nicht vor. Der Haupttempel der Eisenzeit war bereits lange zuvor aufgelassen worden, ein Nachfolgebau am selben Ort konnte nicht nachgewiesen werden. Auch gibt es keine Bilder des römerzeitlichen Gottes, die ikonographisch eindeutig mit dem eisenzeitlichen Gott in Verbindung stehen.[12]

Umgekehrt stellt sich die Lage im nordsyrischen Hierapolis (Manbij) dar. Als überregional bedeutender Kultort ist die Stadt seit dem ausgehenden 4. Jh. v. Chr. bezeugt.[13] Im Zentrum der Verehrung stand ein Götterpaar, Hadad

11 Zur Stadt in hellenistisch-römischer Zeit vgl. John D. Grainger: *The Cities of Seleucid Syria.* Oxford: Oxford UP 1990, S. 79–80; Getzel M. Cohen: *The Hellenistic Settlements in Syria, the Red Sea Basin and North Africa.* Berkeley: University of California Press 2006, S. 153–155.

12 Dazu Michael Blömer: *Steindenkmäler römischer Zeit aus Nordsyrien. Identität und kulturelle Tradition in Kyrrhestike und Kommagene.* Bonn: Habelt 2014, S. 154.

13 Vgl. zum Kult Per Bilde: «Atargatis»/Dea Syria: Hellenization of her Cult in the Hellenistic-Roman Period? In: Per Bilde / Troels Engberg-Pedersen / Lise Hannestad / Jan Zahle (Hrsg.): *Religion and Religious Practice in the Seleucid Kingdom.* Aarhus: Aarhus UP 1990, S. 151–187; Hans Joachim Gehrke: Kulte und Akkulturation. Zur Rolle von religiösen Vorstellungen und Ritualen in kulturellen Austauschprozessen. In: Ders. / Attilio Mastrocinque (Hrsg.): *Rom und der Osten im 1. Jh. v. Chr. (Akkulturation oder Kampf der Kulturen?).* Cosenza: Giordano 2009, S. 65–122.

und Atargatis, wobei überraschenderweise die Göttin die wichtigere Rolle spielte. In römischer Zeit erreicht das Heiligtum seinen Zenit. Mit Lukians Schrift *De Dea Syria* liegt sogar eine literarische Würdigung des Heiligtums vor.[14]

Aufgrund des Charakters der Hauptgötter und der vielen ikonographischen Details ihrer Darstellung scheint es selbstverständlich zu vermuten, dass Hierapolis (Manbij) bereits in der Eisenzeit ein wichtiges religiöses Zentrum war und das Götterpaar Hadad und Atargatis dort bereits lange Zeit etabliert. Zeugnisse dafür fehlen jedoch. Zwar zeigen die in Hierapolis (Manbij) geprägten Münzen aus dem späten 4. Jh. v. Chr. zum einen, dass der Kult zu diesem Zeitpunkt bereits blühte, zum anderen, dass die Stadt in achämenidischer Zeit erhebliche Bedeutung besaß.[15] Es fehlen jedoch einschlägige Zeugnisse für eine substantielle Besiedlung, die weiter zurückreicht. Archäologische Feldforschungen sind trotz der Bedeutung des Ortes für die Religionsgeschichte nie durchgeführt worden und in der schriftlichen Überlieferung der Eisenzeit tritt der Ort offenbar nicht in Erscheinung.[16]

Weder in Beroia noch in Hierapolis (Manbij) lässt sich gegenwärtig entscheiden, in welchem Maße von (Kult)Kontinuität und einem Transfer altorientalischer Religion in die römische Zeit gesprochen werden darf. Sicherlich liegt es nahe, jeweils ein Fortleben lokaler Kulttraditionen von der Eisenzeit bis in die römische Epoche zu postulieren, doch lassen sich dafür lediglich Indizien geltend machen. Das gleiche gilt für eine Reihe von Kultdenkmälern aus Nordsyrien, die sehr starke Rückbezüge auf eisenzeitliche Ikonographie aufweisen.[17] Ihre Kontexte sind unbekannt und entsprechend schwer fällt es zu

14 Zu diesem Text und seiner Interpretation vor allem Jane Lightfoot: *Lucian on the Syrian Goddess*. Oxford: Oxford UP 2003.

15 Zur frühen Münzprägung aus Hierapolis (Manbij) vgl. Henri Seyrig: Monnaies hellénistiques IX. Le monnayage de Hiérapolis de Syrie a l'époque d'Alexandre. In: *Revue Numismatique* 13 (1971), S. 11–21; Leo Mildenberg: A Note on the Coinage of Hierapolis Bambyce. In: Michel Amandry / Silvia Hurter (Hrsg.): *Travaux de numismatique grecque offerts à Georges Le Rider*. London: Spink 1999, S. 277–284.

16 Ein spanischer Survey in Hierapolis hat für die Kenntnis der antiken Stadt und ihrer Kulte kaum nennenswerte Ergebnisse erbracht, vgl. Alejandro Egea Vivancos: *Eufratense et Osrhoene: Poblamiento Romano en el Alto Éufrates Sirio*. Murcia: Universidad de Murcia 2005.

17 Rolf A. Stucky: Prêtres Syriens III. Le relief votif du prêtre Gaios de Killiz et la continuité des motifs proche-orientaux aux époques hellénistique et romaine. In: Piotr Bielinski / Franciszek M. Stepniowski (Hrsg.): *Aux pays d'Allat mélanges offerts à Michał Gawlikowski*. Warschau: Instytut Archeologii Uniwersytet Warszawski 2005, S. 277–284; Guy Bunnens: The Re-emergence of Iron Age Religious Iconography in Roman Syria. In: Michael Blömer / Achim Lichtenberger / Rubina Raja (Hrsg.): *Religious Identities in the Levant from Alexander to Muhammed. Continuity and Change*. Contextualising the Sacred 4. Leuven: Brepols 2015, S. 107–128.

Abb. 2: Blick von Süden über Gaziantep auf den Dülük Baba Tepesi.

beurteilen, warum sie sich in einem Maße, das in ganz Syrien kaum Parallelen kennt, auf Kultdenkmäler der Eisenzeit beziehen.[18]

Einen möglichen Weg aus dieser Aporie vermag der Blick auf den neben Hierapolis bedeutendsten Kultort des nordsyrischen Binnenlands, das Heiligtum von Doliche, eröffnen. Es befindet sich auf dem Gipfel des Berges Dülük Baba Tepesi, der sich unmittelbar südlich der Stadt Doliche erhebt. Dort wurde ein Götterpaar, das unter ihren lateinischen Namen Iuppiter Dolichenus und Iuno Regina bekannt ist, verehrt. Seit etwa 100 n. Chr. verbreitete sich deren Kult in weiten Teilen des römischen Reiches.[19] Zeugnisse ihrer Verehrung sind dementsprechend in großer Zahl überliefert.[20] Zahlreiche

18 Zu diesem Problemfeld ebd., S. 122–125; Achim Lichtenberger: Continuity, Discontinuity and Change in Religious Life in Southern Syria during the Roman Period. In: Rubina Raja / Elizabeth Frood (Hrsg.): *Redefining the Sacred. Religious Architecture and Text in the Near East and Egypt, 1000 BC – AD 300*. Leuven: Brepols 2014, S. 209–229.

19 Zum translokalen Kult des Iuppiter Dolichenus Pierre Merlat: *Jupiter Dolichenus. Essai d'interprétation et de synthèse*. Paris: Presses Universitaires de France 1960; Michael P. Speidel: *The Religion of Iuppiter Dolichenus in the Roman Army*. Leiden: Brill 1978; Michael Blömer / Engelbert Winter (Hrsg.): *Iuppiter Dolichenus. Vom Lokalkult zur Reichsreligion*. Tübingen: Mohr Siebeck 2012.

20 Die Denkmäler bis 1987 sind zusammengestellt bei Monika Hörig / Elmar Schwertheim: *Corpus Cultus Iovis Dolicheni*. Leiden: Brill 1987.

Abb. 3: Blick von Westen über das Grabungsgelände auf dem Dülük Baba Tepesi.

Statuen und Reliefs zeigen Iuppiter Dolichenus als mächtigen Himmelsgott, der auf einem Stier steht und drohend eine Doppelaxt erhebt und ein Blitzbündel vorstreckt.

Schon früh war die Lage des Heiligtums von Doliche bekannt.[21] Obertägig waren jedoch keine nennenswerten Ruinen mehr erhalten, weshalb Grabungen zunächst wenig erfolgversprechend erschienen. Der Fokus der Forschungen zum Kult der Dolichener Götter richtete sich daher vor allem auf die stetig wachsende Zahl von Zeugnissen aus den westlichen Provinzen des römischen Reiches. Das brachte freilich mit sich, dass sichere Hinweise auf das Alter des Dolichener Heiligtums fehlten. Die frühesten Belege für den Kult des Iuppiter Dolichenus aus den westlichen Provinzen stammten aus der Zeit um 100 n. Chr.[22] Aus Doliche selbst war das älteste, sicher zu datierende Zeugnis ein Altar aus dem Jahr 57/58 n. Chr.[23] Einen indirekten Hinweis auf

21 Zur Forschungsgeschichte Michael Blömer: Iuppiter Dolichenus zwischen reichsweitem Kult und lokaler Verehrung. In: Ders. / Winter (Hrsg.): *Iuppiter Dolichenus*, S. 44–48.

22 Achim Lichtenberger: Continuity, Discontinuity and Change in Religious Life in Southern Syria during the Roman Period. In: Raja / Frood (Hrsg.): *Redefining the Sacred*, S. 209–229.

23 Jörg Wagner: Neue Denkmäler aus Doliche. Ergebnisse einer archäologischen Landesaufnahme im Ursprungsgebiet des Iupiter Dolichenus. In: *Bonner Jahrbücher* 182 (1982), S. 133–166, hier S. 162–164.

das Bestehen des Heiligtums bereits im 1. Jh. v. Chr. lieferte das dort entdeckte Fragment einer Inschrift aus dem Herrscherkult des Antiochos I. von Kommagene.[24]

Trotz des Fehlens archäologischer Zeugnisse, die einen hellenistischen oder vorhellenistischen Kult bezeugen, war auch bei Iuppiter Dolichenus das distinktive Erscheinungsbild des Gottes als Indikator für sein hohes Alter gewertet worden.[25] In der Tat ist offensichtlich, dass es auf altorientalische Vorläufer zurückgeht: Seit der Bronzezeit ist das ikonographische Schema des drohenden Gottes auf dem Stier mit Blitz und Doppelaxt eng mit den Sturmgöttern Hadad, Tarhunzas oder Baal verbunden.[26] Allerdings zeigen die römerzeitlichen Bildnisse des Iuppiter Dolichenus auch Unterschiede zu den eisenzeitlichen Darstellungen. Am augenfälligsten ist der Kostümwechsel: Der römerzeitliche Gott trägt in der Regel ein zeitgenössisches militärisches Kostüm, zumeist einen Muskelpanzer. Zudem sind mit der phrygischen Mütze und Hosen Trachtelemente typisch für Iuppiter Dolichenus, die zwar orientalisch wirken, im vorhellenistischen Syrien aber keine Tradition haben. Darstellungsmerkmale, die für den eisenzeitlichen Sturmgott verbindlich waren, etwa der lange eingerollte Zopf oder die Hörnerkrone, fehlen hingegen.

Somit blieb auch im Falle des Iuppiter Dolichenus zunächst offen, wie die Verwandtschaft mit eisenzeitlichen Sturmgottdarstellungen zu deuten ist. Der Verdacht lag nahe, dass es sich bei dem Kult und seiner Ikonographie ebenfalls um eine archaisierende Neuschöpfung handelte.[27] Inzwischen haben allerdings die seit 2001 laufenden archäologischen Untersuchungen im Dolichener Heiligtum Ergebnisse erbracht, die zu einer Neubewertung der Kontinuitätsfrage einladen.[28]

24 Wagner: Neue Denkmäler aus Doliche, S. 161–162.

25 Dazu ausführlich bereits Merlat: *Jupiter Dolichenus*, S. 52–98.

26 Zur eisenzeitlichen Ikonographie des Sturmgottes siehe Guy Bunnens: *Tell Ahmar II: A New Luwian Stele and the Cult of the Storm-god at Til Barsib- Masuwari*. Louvain: Publications de la Mission archéologique de l'Université de Liège en Syrie 2006.

27 Vgl. Fergus Miller: *The Roman Near East (31 BC–AD 337)*. Cambridge: Harvard UP 1993, S. 249; Kevin Butcher: *Roman Syria and the Near East*. London: British Museum Press 2003, S. 337.

28 Zu den Ergebnissen der Grabung Engelbert Winter (Hrsg.): *ΠΑΤΡΙΣ ΠΑΝΤΡΟΦΟΣ ΚΟΜΜΑΓΗΝΗ. Neue Funde und Forschungen zwischen Taurus und Euphrat*. Bonn: Habelt 2008; Engelbert Winter (Hrsg.): *Von Kummuh nach Telouch. Archäologische und historische Untersuchungen in Kommagene*. Bonn: Habelt 2011; ders. (Hrsg.): *Kult und Herrschaft am Euphrat*. Bonn: Habelt 2014. Vgl. auch Doliche & Kommagene. Forschungsstelle Asia Minor. http://www.doliche.de (Zugriff am 23.06.2015).

Abb. 4: Relief mit Darstellung des Dolichener Götterpaares, Rom, Marmor, 2. Jh. n. Chr., Kapitolinische Museen Inv. 9747, nach Monika Hörig / Elmar Schwertheim: *Corpus Cultus Iovis Dolicheni*.

Ursprüngliches Ziel der Grabung war die Erforschung des hellenistisch-römischen Heiligtums und seiner Verbindung zum reichsweiten Kult des Iuppiter Dolichenus. Allerdings zeichnete sich bereits zu Beginn der Arbeiten deutlich ab, dass die Nutzung des Heiligtums viel weiter zurückreichte, als erwartet. In seinem Zentrum sind mächtige Schichten mit Rückständen von Brandopfern entdeckt worden, die eine einzigartige Fülle eisenzeitlicher Kleinfunde hervorbrachten, darunter mehrere hundert Stempel- und Rollsiegel, tausende Perlen, aber auch Metallgegenstände, vor allem Fibeln, und Importkeramik.[29] Die meisten dieser Funde können als Votivgaben gedeutet werden. Die Ascheschichten enthielten zudem mehrere hunderttausend Knochenfragmente. Archäozoologische Untersuchungen haben nicht nur bestätigt, dass es sich um Reste von Brandopfern handelt, sondern konnten auch recht präzise Aufschluss über die Opferrituale geben.[30] So sind fast ausschließlich Schafe geopfert worden. Lediglich die rechten Hinterbeine wurden

29 Vor allem zu den Siegeln vgl. bislang Andreas Schachner: Babylonier und Achämeniden auf dem Dülük Baba Tepesi: Kulturelle Vielfalt in der späten Eisenzeit im Spiegel der vor-hellenistischen Funde. In: Winter (Hrsg.): *ΠΑΤΡΙΣ ΠΑΝΤΡΟΦΟΣ ΚΟΜΜΑΓΗΝΗ*, S. 69–96; Andreas Schachner: Die Welt des östlichen Mittelmeers in kleinen Bildern. Weitere Beobachtungen zu den Siegeln und Kleinfunden der späten Eisenzeit vom Dülük Baba Tepesi. In: Winter (Hrsg.): *Von Kummuh nach Telouch*, S. 19–47; ders. Beobachtungen zu den Siegeln und Kleinfunden der Eisenzeit vom Dülük Baba Tepesi (2010–2012). In: Winter (Hrsg.): *Kult und Herrschaft am Euphrat*, S. 33–47.

30 Nadja Pöllath / Joris Peters: Smoke on the Mountain – Animal Sacrifices for the Lord of Doliche. In: Winter (Hrsg.): *Von Kummuh nach Telouch*, S. 47–68.

Abb. 5: Sammelfund späteisenzeitlicher Siegel und Perlen im Heiligtum auf dem Dülük Baba Tepesi, Fundsituation.

für die Götter verbrannt. Die restlichen Teile der Tiere sind im Heiligtum verzehrt worden, wobei kein einziges Schädelfragment geborgen werden konnte. Offenbar wurden diese aus dem Heiligtum entfernt. Zudem zeigte sich, dass die große Mehrzahl der Tiere lediglich drei Monate alt war. Angesichts des üblichen Geburtszeitraums für Paarhufer deutet dies auf ein großes Fest im Frühsommer hin, bei dem tausende Jungtiere geopfert wurden.

Die eisenzeitlichen Schichten sind zudem mit substantiellen Resten von Architektur verbunden. Mächtige Mauerzüge sind in verschiedenen Bereichen des Gipfelplateaus zu Tage gekommen. Insgesamt präsentiert sich das eisenzeitliche Heiligtum als ein rechteckiger ummauerter Bezirk, dessen Zentrum ein Aschenaltar bildete. Hinsichtlich der Chronologie zeichnet sich ab, dass die Ursprünge des Heiligtums bis ins 9. Jh. v. Chr. zurückreichen. Insbesondere in der Zeit der persischen Herrschaft blühte es auf und entwickelte sich zu einem regionalen Zentrum. Dafür sprechen die Fibel- und Siegelfunde, die in ihrer Mehrheit in die späte Eisenzeit datieren, vor allem in das 6.–4. Jh. v. Chr.[31]

31 Schachner: Die Welt des östlichen Mittelmeers, S. 19–47; ders.: Beobachtungen zu den Siegeln, S. 42–44. Dort ist die Tendenz zu bemerken, einen Hiat für das 4. Jh. v. Chr. zu sehen, was sich im archäologischen Befund allerdings nicht abzeichnet.

Auf den ersten Blick überraschend ist, dass sich der Übergang in die hellenistische Zeit nicht als Zäsur nachvollziehen lässt. Die Eroberung durch Alexander schlägt sich in der materiellen Kultur zunächst kaum nieder. Vor allem das Keramikspektrum zeigt sich unverändert. Erst im 2. Jh. v. Chr. ist ein deutlicher Einschnitt zu fassen. Die eisenzeitlichen Bauten wurden niedergelegt und das Geländeniveau künstlich erhöht. Die Bruchsteinsockel der eisenzeitlichen Mauern nutzte man als Verstärkung für die Fundamente neuer Umfassungsmauern aus Kalksteinquadern. Eine umfassende Neugestaltung und vor allem Erweiterung des Heiligtums begann allerdings erst in nachchristlicher Zeit. Zu Zerstörungen führten die Kriegszüge Šapurs I. in der Mitte des 3. Jhs. n. Chr., die allerdings nicht das Ende des Heiligtums bedeuteten. Vielmehr scheint der Kultbetrieb bis ins 4. Jh. n. Chr. aufrechterhalten worden zu sein.[32]

Insgesamt lässt sich festhalten, dass der Dülük Baba Tepesi von der frühen Eisenzeit bis in die Spätantike kontinuierlich als Heiligtum genutzt wurde. Dieser Befund unterstützt die These, dass der Kult des römischen Iuppiter Dolichenus tatsächlich in einer eisenzeitlichen Tradition stand. Allerdings ist es methodisch fragwürdig, die kontinuierliche Nutzung eines Heiligtums per se als Indikator religiöser Kontinuität zu verstehen. Offen bleibt, in welchem Maße sich die Götter und ihr Kult im Laufe der Zeit wandelten. Vor allem existieren bislang keine eindeutigen Hinweise darauf, welche Gottheiten im eisenzeitlichen Heiligtum verehrt wurden.

Um besser zu verstehen, inwieweit eine Verbindung zwischen dem Kultgeschehen der Eisenzeit und der hellenistisch-römischen Epoche bestand, ist es daher notwendig, die diachrone Entwicklung etwa von Kultpraxis und Ikonographie zu untersuchen, soweit dies möglich ist. Eine Kontinuität von Opferritualen legt zum Beispiel die Analyse von Knochenfunden aus römerzeitlichen Schichten nahe. Sie zeigt, dass die oben kurz beschriebenen distinktiven Opfervorschriften der Eisenzeit auch Jahrhunderte später noch weitgehend beachtet wurden.[33] Die sich darin abzeichnende Tradierung

32 Auch nach dem Ende des paganen Kultes blieb der Ort ein religiöses Zentrum. Ein christliches Kloster entstand in den Ruinen des Heiligtums und blieb bis ins 12. Jh. n. Chr. in Betrieb, vgl. Margherita Facella / Matthias Stanke: Eine Inschriftenplatte für Theodoros Stratelates und weitere christliche Zeugnisse vom Dülük Baba Tepesi. In: Winter (Hrsg.): *Von Kummuh nach Telouch*, S. 157–186; Pier Giorgio Borbone / Werner Oenbrink: Das christianisierte Heiligtum auf dem Dülük Baba Tepesi. Eine syrische Inschrift, Architekturbefunde und Bauglieder. In: Ebd., S. 187–206; Pier Giorgio Borbone: Neue syrische Inschriftenfunde – Das Kloster des Mar Salomon auf dem Dülük Baba Tepesi. In: Winter (Hrsg.): *Kult und Herrschaft am Euphrat*, S. 127–139.

33 Pöllath / Peters: Smoke on the Mountain.

Abb. 6
Stele mit dem Dolichener Götterpaar aus dem Heiligtum auf dem Dülük Baba Tepesi, Basalt, Römische Kaiserzeit.

von Ritualpraxis kann als ein stärkerer Hinweis auf Kultkontinuität gewertet werden als die bloße Ortskontinuität. Dem gegenüber stehen freilich deutliche Hinweise auf sich ändernde Rituale. So scheint es etwa, dass die in der späten Eisenzeit gängige Praxis der Siegelweihungen in der hellenistischen Epoche endet. Als Grund für diesen Wandel kommt ein Wandel im Kult oder in der Trägerschaft des Kultes in Frage, er könnte aber auch lediglich im allgemeinen Bedeutungsverlust der Siegel in der Lebenswelt der Kultanhänger begründet liegen.[34]

Von besonderer Relevanz für die Frage nach Kontinuität ist schließlich die ikonographische Analyse der im Heiligtum entdeckten Götterbilder. Vor allem die bislang einzige im Heiligtum selbst entdeckte großformatige Darstellung des Iuppiter Dolichenus und seiner weiblichen ‚parhedros' ist von

34 Problematisch sind Überlegungen zur Votivpraxis und ihrem Wandel, da bislang keine ungestörten Befunde mit Deponierungen von Votivgaben aus römischer Zeit entdeckt werden konnten. Entsprechend ist nicht auszuschließen, dass z. B. vereinzelte Funde römischer Gemmen und Ringe Hinweis sind, dass Siegelweihungen weiterhin praktiziert wurden.

Abb. 7
Stele des Sturmgottes
von Tell Ahmar/
Til Barsip, Basalt,
9. Jh. v. Chr.,
nach Guy Bunnens:
Tell Ahmar II.

Abb. 8
Stele mit dem Bild einer weiblichen Gottheit (Kubaba?) aus Birecik (?), Basalt, 9. Jh. v. Chr.

Bedeutung.[35] Es ist eine Basaltstele, deren Vorderseite zwei Bildfelder zeigt. Im kleineren unteren Register stehen zwei Priester opfernd um einen Altar. Ihre Tracht, die spitzen Hüte und Zweigbündel in den Händen sind von späteisenzeitlichen Vorbildern abgeleitet. Verschiedene ähnliche Darstellungen sind aus dem Kontext indigener nordsyrischer Kulte bekannt.[36] Insgesamt ist die Opferszene allerdings von griechisch-römischer Bildsprache geprägt und zeigt eindeutig, dass die Stele in römischer Zeit entstanden ist.

Das Hauptfeld präsentiert die Götter. Ihre Darstellung steht eisenzeitlichen Vorbildern sowohl in der Ikonographie als auch im Stil so nah, wie dies ansonsten auch in Syrien nicht bekannt ist. Während die übrigen Bilder des Iuppiter Dolichenus stets bis zu einem gewissen Grad griechisch-römische Bildelemente aufweisen, fehlen solche auf der Dolichener Stele völlig. Der lange Zopf, die Hörnerkrone, und auch der lange gegürtete Wickelrock stimmen mit den eisenzeitlichen Darstellungen perfekt überein.[37]

Das gleiche gilt für die ihm gegenüber auf einem Hirsch stehende Göttin. Sie zeigt eine sehr enge Verwandtschaft zu Darstellungen weiblicher Hauptgottheiten der Eisenzeit, wie sie aus Zincirli und Karkamiš bekannt sind.[38] Diese enge Vertrautheit mit eisenzeitlicher Ikonographie kann vor dem Hintergrund der gesicherten Entstehung des Heiligtums in der Eisenzeit nicht mehr als Ergebnis einer bewussten Archaisierung verstanden werden. Sie legt vielmehr nahe, dass der Bildhauer ein eisenzeitliches Urbild des Götterpaares, das sich in römischer Zeit noch im Heiligtum befand, kopierte. Dass er dies sehr gewissenhaft tat, wird nicht nur durch ein ikonographische, sondern auch durch stilistische Beobachtungen gestützt: Während sich die Angabe der Gewänder der Götter, eisenzeitlichen Bildwerken entsprechend, durch große, unbewegte Flächen auszeichnet, ist die Tracht der Priester im unteren Register gemäß dem Stil der nordsyrischen Lokalkunst römischer Zeit zwar hölzern und schematisch gebildet, jedoch stark bewegt und gegliedert. Diese Stildivergenz in einem Bild kann kaum als Zufall abgetan werden. Sie legt vielmehr nahe, dass der Bildhauer im oberen Register eine eisenzeitliche Vorlage

35 Ausführlich zu dieser Stele Michael Blömer: Die Stele von Doliche. In: Winter (Hrsg.): *Von Kummuh nach Telouch*, S. 69–104.

36 Rolf A. Stucky: Prêtres Syriens II. Hierapolis. In: *Syria* 53 (1976), S. 127–140; Ralf Krumeich: Darstellungen syrischer Priester an den kaiserzeitlichen Tempeln von Niha und Chehim im Libanon. In: *Damaszener Mitteilungen* 10 (1998), S. 171–200; Blömer: *Steindenkmäler römischer Zeit aus Nordsyrien*.

37 Vgl. die zahlreichen Beispiele in Bunnens: *Tell Ahmar II*.

38 Winfried Orthmann: *Untersuchungen zur späthethitischen Kunst*. Bonn: Habelt 1971, S. 276–278.

kopierte, während er die untere Szene dem Zeitstil entsprechend gearbeitet hat.
Dass tatsächlich syro-hethitische Bildkunst auf dem Dülük Baba Tepesi existierte, zeigen verschiedene Skulpturenfragmente. Dazu zählen neben Basaltbecken lebensgroße Stierköpfe aus Basalt, deren Funktion noch unklar ist. Möglicherweise standen sie in einem architektonischen Zusammenhang, vielleicht sind sie aber auch mit rundplastischen Skulpturen zu verbinden.[39]
Daneben ist inzwischen auch ein Stelenfragment zu Tage gekommen, das einen Ausschnitt des Oberkörpers einer Göttin zeigt.[40] Die Rückseite trägt eine hieroglyphen-luwische Inschrift, deren fragmentarischer Zustand leider keine Aufschlüsse auf die dargestellte Gottheit gibt. Aus der Inschrift und dem Stil des Reliefs ergibt sich eine Datierung in das 9. Jh. v. Chr.[41]
Stellt man das Fragment der römerzeitlichen Stele mit dem Götterpaar gegenüber, sind die Übereinstimmungen frappierend und es ist gut vorstellbar, dass das neue Fragment zu einem identischen Doppelbildnis des Götterpaares gehört.
Insgesamt vermögen die Ergebnisse der Grabungen auf dem Dülük Baba Tepesi zu zeigen, dass die Vermutung, es handele sich beim Kult des Iuppiter Dolichenus um eine hybride Neuschöpfung des späten Hellenismus, nicht zutrifft. Das Heiligtum existierte bereits in der mittleren Eisenzeit. Es blühte in persischer Zeit auf. In dieser Periode wurden dort große Opferfeste veranstaltet und spätestens dann erfolgte eine erste Monumentalisierung der Anlage.

39 Als Teil eines perserzeitlichen Stierkopfkapitells ist der zuerst gefundene, fast vollständige Kopf gedeutet worden von Schachner: Babylonier und Achämeniden, S. 81–83. Ein zweiter, stärker fragmentierter Kopf wurde 2014 entdeckt. Bereits 1956 hatte Helmut Theodor Bossert einen weiteren Kopf gefunden, vgl. Helmut Th. Bossert: Bemerkungen zur kleinasiatischen Religionsgeschichte. In: *Studia Biblica et Orientalia* III. Rom: Pontifico Istituto Biblico 1959, S. 14–15.

40 Michael Blömer / Wolfgang Messerschmidt: Das Fragment einer syro-hethitischen Votivstele vom Dülük Baba Tepesi I: Ikonographie. In: Winter (Hrsg.): *Kult und Herrschaft am Euphrat*, S. 23–31.

41 Zsolt Simon: Das Fragment einer syro-hethitischen Votivstele vom Dülük Baba Tepesi II: Die Inschrift (DÜLÜK BABA TEPESI 1). In: Ebd., S. 17–21.

Abb. 9
Fragment einer Stele mit Darstellung einer weiblichen Gottheit, Basalt, 9. Jh. v. Chr., Dülük Baba Tepesi.

Eindeutig der früh- und mittelhellenistischen Epoche zuzuordnende Funde sind dagegen rar. Das liegt in erster Linie am geringen Einfluss hellenistischer Kultur in Nordsyrien nördlich der großen seleukidischen Stadtgründungen Seleukeia am Euphrat, Kyrrhos und Nikopolis. In den ländlichen Regionen der Kyrrhestike und Kommagene, zu denen auch Doliche gehörte, lebte stattdessen die materielle Kultur der späten Eisenzeit noch lange Zeit fort. Das darf freilich nicht als bewusstes Festhalten an alten Traditionen verstanden werden. Vielmehr schränkte die fehlende wirtschaftliche und strategische Bedeutung den Zufluss von Importen ein und verhinderte offenbar auch die Ausbildung von Eliten, die, anders als etwa in Hierapolis (Manbij), an einer Teilhabe des Heiligtums und seiner Götter an der Entwicklung im hellenistischen Syrien interessiert waren und diese aktiv betrieben. Somit begünstigte die relative Abgeschiedenheit des Ortes die Konservierung von Kult und Ritus. Dass die Adaption zeitgenössischer Trends ausblieb, ist zudem ganz erheblich durch das Ende des ‚sculptural habits' in der Region um Doliche bereits in der späten Eisenzeit und das weitgehende Fehlen jeder Art lokalen Kunsthandwerks in hellenistischer Zeit begünstigt worden. Die im Heiligtum bereits vorhandenen Medien kultischer Repräsentation konnten nicht ersetzt und hellenisiert werden. Daher prägten bis ins 1. Jh. n. Chr. eisenzeitliche Bilder die Glaubenswelt der Bevölkerung.

Vor diesem Hintergrund muss man die Kultkontinuität in Doliche wie auch in anderen ländlichen Regionen Nordsyriens als Resultat einer vorangegangenen Phase relativ ausgeprägter Isolation sehen. Kontinuität ist hier also nicht das Ergebnis eines gezielten Festhaltens an Traditionen, sondern einem Ausbleiben neuer Impulse von außen bzw. fehlenden Möglichkeiten, diese im lokalen Kontext zu adaptieren, geschuldet.

Erst als Doliche – wahrscheinlich nach der Schlacht von Aktium 31 v. Chr. – unter römische Herrschaft kam, änderte sich die Situation grundlegend. Innerhalb kurzer Zeit setzte ein nachhaltiger kultureller Wandel ein, der archäologisch sehr gut zu fassen ist. Ein starker Hellenisierungsschub lässt sich nachweisen, dessen Auslöser vor allem die offenbar von der römischen Verwaltung forcierte Urbanisierung der Region war. Im Zuge dieses Prozesses lebten um 100 n. Chr. auch der ‚sculptural' und ‚epigraphic habit' wieder auf.[42]

Diese Entwicklung wirkte sich auf das Heiligtum auf dem Dülük Baba Tepesi aus. Sie führte zu seiner völligen Neugestaltung und bald auch zu der eingangs angesprochenen Verbreitung des Gottes im gesamten römischen Reich. Seine Ikonographie passte sich dabei römischen Sehgewohnheiten an. Allerdings scheint es, dass diese Transformation des Gottesbildes nicht im Dolichener Heiligtum ihren Ausgang nahm, sondern in der Diaspora. Die lokale Bevölkerung Doliches, oder zumindest ein Teil davon, orientierte sich weiterhin an der aus der Eisenzeit überkommenen Form und achtete sie auch für die nun wieder neu entstehenden Bildnisse für verbindlich.

Festhalten lässt sich, dass die archäologisch nachweisbare kontinuierliche Nutzung des Dülük Baba Tepesi als heiliger Ort von der Eisenzeit bis in die römische Epoche der Debatte um das Fortleben eisenzeitlicher Kulttraditionen in Nordsyrien einen wichtigen Impuls geben kann. Der Befund in Doliche zeigt, wie es möglich war, dass eisenzeitliche Bilder, Riten und wohl auch Vorstellungen konserviert wurden, um dann erst in römischer Zeit, nach einem Hiat von mehreren Jahrhunderten, wieder in Erscheinung zu treten. Das Feststellen einer kontinuierlichen Nutzung als heiliger Ort ist dabei jedoch nur eine Seite der Medaille. Auf der anderen Seite zeigt sich, dass das Heiligtum von einem stetigen Wandel der Rahmenbedingungen geprägt wurde. Die auf

42 Blömer: *Steindenkmäler römischer Zeit aus Nordsyrien*, S. 72–76, 183–189.

mikro-regionaler Ebene im Heiligtum zu fassende Kontinuität stellt sich bei genauerem Hinsehen als Resultat dramatischer Umwälzungen des größeren Kontexts dar. Von einem bewussten Bewahren religiöser Traditionen durch lokale Eliten oder Priester kann nicht die Rede sein.

Abschließend ist allgemein zu fragen, ob das hohe Alter des Dolichener Kultes, seine tatsächlich in die Eisenzeit zurückreichende Wurzeln und die fortwährende Präsenz authentischer eisenzeitlicher Kultdenkmäler einen Vorteil darstellten, der dem Kult ein besonderes Prestige verlieh, ihn gegenüber Kulten anderer, stärker hellenisierter Städte wie Kyrrhos oder Zeugma auszeichnete und möglicherweise sogar zur weiten Verbreitung des Kultes beitrug. Das darf wohl verneint werden, da grundsätzlich zu bezweifeln ist, dass es den Zeitgenossen möglich war, zwischen behaupteter und echter Kontinuität zu unterscheiden.

Kontinuität vs. kontinuierlicher Wandel? Zur Beurteilung des hellenistischen Trinkgefäßspektrums

Laura Picht

> Die Wiederholungen gibt es also um der Variationen willen.
> (Gabriel Tarde: *Die Gesetze der Nachahmung*)

Es mag seltsam anmuten, in einem Beitrag zu Fragen der Kontinuität ausgerechnet über den Hellenismus[1] zu sprechen, gilt er doch im Allgemeinen als eine Phase großer Umbrüche. Hans-Joachim Gehrke spricht in seinem Handbuch zur Geschichte des Hellenismus gar von der Entstehung einer „neuen Welt, einer Oikumene mit sehr vielen Facetten."[2] Diese Veränderungen vollziehen sich nicht nur auf politischer Ebene, sondern auch im wirtschaftlichen, sozialen und kulturellen Bereich. Aber ist es nicht gerade deshalb reizvoll, nach möglichen Kontinuitäten zwischen dieser und der vorangegangenen Epoche zu fragen? Handelt es sich tatsächlich um Kontinuität oder nicht doch um einen kontinuierlichen Wandel?

In der geschichtsphilosophischen Auseinandersetzung mit ‚Kontinuität und Wandel' wurde mehrfach herausgestellt, dass sich das eine wie das andere Phänomen nie auf alle Aspekte eines historischen Zeitraums bezieht, sondern immer nur einzelne Zusammenhänge betrifft.[3] Aufgrund dieser Erkenntnis macht es Sinn, in diesem Beitrag nicht den Hellenismus als solchen zu

1 Zur Begriffsgeschichte siehe Reinhold Bichler: *„Hellenismus". Geschichte und Problematik eines Epochenbegriffs*. Darmstadt: WBG 1983.

2 Hans-Joachim Gehrke: *Geschichte des Hellenismus*. 3., überarb. Aufl. München: Oldenbourg 2003, S. 2.

3 Christian Meier: Kontinuität – Diskontinuität im Übergang von der Antike zum Mittelalter. In: Hans Trümpy (Hrsg.): *Kontinuität – Diskontinuität in den Geisteswissenschaften*. Darmstadt: WBG 1973, S. 53–94, hier S. 55–56, 94; Thomas Schwietring: *Kontinuität und Geschichtlichkeit. Über die Voraussetzungen und Grenzen von Geschichte*. Konstanz: UVK 2005, S. 32, 163; Hans Trümpy: Einleitung. In: Trümpy (Hrsg.): *Kontinuität – Diskontinuität*, S. 1–10, hier S. 7.

betrachten, sondern exemplarisch einen Bereich ins Auge zu fassen. Die Keramik scheint dafür besonders gut geeignet, da sie sehr empfindlich auf ‚Moden' reagiert und somit ein guter Indikator für Konstanz und Veränderung ist. Da eine Untersuchung der gesamten Masse erhaltener hellenistischer Keramik im Rahmen eines Aufsatzes weder leistbar noch zielführend wäre, wird hier eine Eingrenzung auf Trinkgefäße vorgenommen. Kriterien für diese Wahl sind die relativ hohe Publikationsdichte sowie das Vorhandensein antiker Bildquellen, welche für andere Gefäßformen seltener sind oder sogar ganz fehlen,[4] und nicht zuletzt die gesellschaftliche Bedeutung ihres Verwendungskontextes: Trinkgefäße ermöglichen die Untersuchung der Sitten beim Symposion, einem der wichtigsten Rituale in der griechischen Männergesellschaft, das bei der Frage nach den Auswirkungen möglicher mit dem Hellenismus einhergehender Veränderungen auf die damalige Lebenswelt auf jeden Fall in den Blick zu nehmen ist.[5] Eine gewisse plakative Vereinfachung hierbei ist nicht nur der Kürze des Artikels geschuldet, sondern auch arbeitsmethodisch zunächst sinnvoll, um sich nicht in Details zu verlieren und ‚den Wald vor lauter Bäumen' nicht zu sehen.[6]

I.

Um die hellenistischen Trinkgefäße nach Aspekten der Kontinuität oder Diskontinuität mit Vorangegangenem befragen zu können, muss man sich zunächst ein Bild der Gefäßformen und Trinksitten klassischer Zeit machen. Das Spektrum klassischer Trinkgefäße ist vor allem von der Kylix in ihren verschiedensten Varianten geprägt. Eine genaue Aufgliederung der Formentwicklung würde hier zu weit führen, es sei nur darauf hingewiesen, dass die

4 Zu verweisen ist hier unter anderem auf die Darstellungen auf Grab- und Heroenreliefs sowie an den Wänden makedonischer Kammergräber. Siehe dazu vor allem Johanna Fabricius: *Die hellenistischen Totenmahlreliefs. Grabrepräsentation und Wertvorstellungen in ostgriechischen Städten.* München: Pfeil 1999; Hariclia Brecoulaki: *La peinture funeraire de Macédonie. Emplois et fonctions de la couleur Ive – IIe av. J.-C.* Paris: de Boccard 2006.

5 Zur Rolle des Symposion in der griechischen Kultur siehe u. a. Pauline Schmitt-Pantel: Symposien. In: *Der Neue Pauly IV*, hrsg. v. Hubert Cancik / Helmuth Schneider. Stuttgart: Metzler 1998, S. 801–803; Klaus Vierneisel / Berthold Helmut Kaeser (Hrsg.): *Kunst der Schale. Kultur des Trinkens.* Ausstellungskatalog Staatliche Antikensammlung. München: Staatliche Antikensammlungen und Glyptothek 1990, S. 197.

6 Das erscheint umso mehr gerechtfertigt, da weniger typologische als eher kulturhistorische Fragestellungen im Vordergrund stehen. Eine zu akademische Beurteilung der Gefäßformen, die auch die kleinste formale Abweichung zu greifen versucht, würde hier an der Sache vorbeigehen. Eine Konzentration auf funktional und ästhetisch deutlich spürbare Strömungen ist deshalb angebracht.

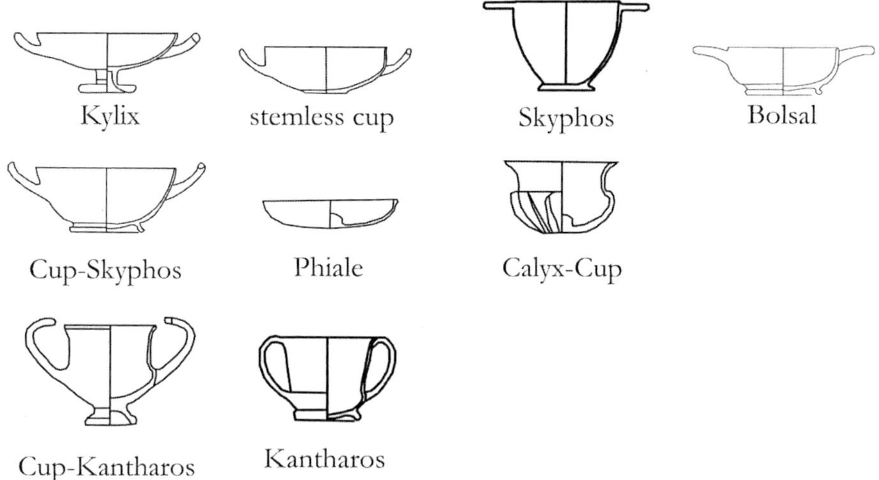

Abb. 1: Beispiele klassischer Trinkgefäßformen.

Variante ohne Stiel im 5. Jh. v. Chr. einen Aufschwung nimmt.[7] Eine ähnlich große Bedeutung wie der flachen Kylix kommt dem tiefen Skyphos zu, der zumindest in Athen bereits seit archaischer Zeit zu den beliebtesten Trinkgefäßen ohne Bemalung oder zumindest mit sehr einfachem Dekor gehört.[8] Im 5. Jh. v. Chr. wurde mit dem Bolsal eine weitere Trinkgefäßform eingeführt, die aufgrund der waagerechten Henkel mit dem Skyphos und aufgrund der flachen Proportionen mit der Trinkschale zu vergleichen ist.[9] Formal damit verwandt sind außerdem ‚Cup-Skyphoi', die aber schon im 6. Jh. v. Chr. in Athen vorkommen.[10] In die gleiche Zeit reicht auch die Verwendung von Kantharoi zurück, von denen ab dem 4. Jh. v. Chr. auch eine Form mit Schalenhenkeln nachgewiesen ist.[11] Neben diesen Trinkgefäßen mit meist

7 Einen guten Überblick hierzu bieten Thomas Mannack, *Griechische Vasenmalerei. Eine Einführung.* Mainz: von Zabern 2012, S. 107–110, 118–119; Brian Sparkes / Lucy Talcott: *Black and Plain Pottery of the 6th, 5th and 4th Century BC.* Princeton: American School of Classical Studies at Athens 1970, S. 88–105; Vierneisel / Kaeser: *Kunst der Schale*, S. 18–24, 41–49.

8 Lediglich kurz nach Übernahme der Form von Korinth wurde diese Variante noch mit schwarzfigurigem Dekor versehen (Sparkes / Talcott: *Black and Plain Pottery*, S. 81). Scheibler bezeichnet den Skyphos als „alltäglichstes Trinkgefäß" (Ingeborg Scheibler: *Griechische Töpferkunst. Herstellung, Handel und Gebrauch der antiken Tongefäße.* 2., erw. Aufl. München: Beck 1995, S. 20).

9 Sparkes / Talcott: *Black and Plain Pottery*, S. 107–108.

10 Ebd., S. 109–112

11 Ebd., S. 98. 113–124.

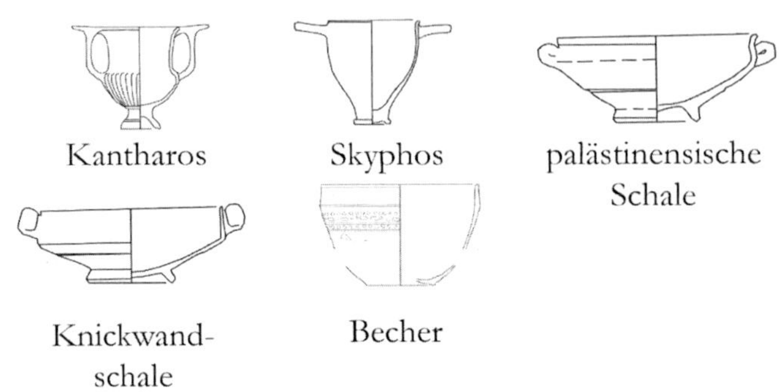

Abb. 2: Beispiele hellenistischer Trinkgefäßformen.

Horizontalhenkeln – einzige Ausnahme ist der Kantharos – finden sich auch vereinzelt Beispiele von Phialen, die aber in der Regel aus Metall hergestellt wurden. Ihre Funktion ist sicherlich vor allem im Bereich des Opfers verankert, sie konnten aber auch im Symposion Verwendung finden.[12] Ähnliches gilt abgesehen von den Opferhandlungen auch für den orientalisierenden ‚Calyx-Cup', der in Athen ab dem 4. Jh. v. Chr. belegt ist. In Volumen und Wandungsverlauf ist er den Kantharoi ähnlich, verfügt jedoch nie über Fuß und Henkel.[13]

Schon bei diesem eher kursorischen Überblick, der Fragen zur Entwicklung der einzelnen Formen vollständig außer Acht lässt, wird deutlich, dass in der klassischen Zeit Gefäße mit Henkeln und meistens sogar mit Horizontalhenkeln deutlich überwiegen. Henkellose Gefäße sind in der Keramik zwar durch die Phialen ab der späten Archaik nachgewiesen, fallen aber zahlenmäßig kaum ins Gewicht. Dieses Bild wird auch mit Einführung des ‚Calyx-Cup' nur mäßig verändert. Es fällt aber auf, dass die klassische Kylix ab dem späten 5. Jh. v. Chr. durch andere Formen verdrängt wurde.[14]

Während die meisten anderen klassischen Trinkgefäßformen – wenn auch zum Teil mit Variationen – zumindest bis in frühhellenistische Zeit überleben, verschwindet die unsere Vorstellung vom griechischen Symposion prägende Trinkschale fast vollständig.[15] Obwohl somit formal im frühen Hellenismus noch eine relative große Ähnlichkeit zum Spektrum klassischer Zeit besteht,

12 Sparkes / Talcott: *Black and Plain Pottery*, S. 105–106; Vierneisel / Kaeser: *Kunst der Schale*, S. 189.

13 Sparkes / Talcott: *Black and Plain Pottery*, S. 121–122.

14 Scheibler: *Griechische Töpferkunst*, S. 21; Sparkes / Talcott: *Black and Plain Pottery*, S. 88.

15 Susan Rotroff: *Hellenistic Pottery. Athenian and Imported Wheelmade Table Ware and Related Material.* Princeton: American School of Classical Studies at Athens 1997, S. 83–107.

gibt es doch einen erheblichen Unterschied, nämlich das vermehrte Auftreten von Vertikalhenkeln. Der Kantharos – an und für sich durchaus eine uralte Form – verfügt in dieser Zeit fast ausschließlich über vertikale Henkelvarianten, beim Skyphos sind sie neben den althergebrachten Horizontalhenkeln vertreten.[16] Daneben kommen aber mit den sogenannten palästinensischen Schalen und den hellenistischen Knickwandschalen im 3. Jh. v. Chr. auch zwei neue Formen auf, die auf die alte Tradition der Trinkschale zurückgreifen.[17] Außer dass es sich dabei um eher flach und weit proportionierte Gefäße handelt, die über horizontal angebrachte Henkel verfügen, haben sie aber formal nichts mit den klassischen Kylikes gemeinsam. Für ihre Eigenständigkeit spricht auch, dass sie nicht in Athen, sondern vermutlich im Osten (in Palästina bzw. in Knidos?) entwickelt wurden.

Neben diese neuen Variationen an Trinkgefäßen mit Henkeln, die Formelemente der traditionellen Typen kombinieren und neu proportionieren, tritt aber eine große Gruppe grundsätzlich henkel- und fußloser Gefäße, die hemisphärischen Becher. Sie werden im Laufe des 3. Jhs. eingeführt und bis in das 1. Jh. v. Chr. durchgängig hergestellt.[18] Die hemisphärische oder parabolische Form ohne Fuß mit einfachem Rand ist im Gegensatz zu den anderen Trinkgefäßen vergleichsweise einfach. Dafür trumpfen diese Formen – vor allem durch die sogenannten Megarischen Becher – mit einem größeren Reichtum an Dekor bzw. einem größeren Spektrum an Dekormöglichkeiten auf. Bemerkenswert ist dabei, dass die erzählerische Tiefe der schwarz- und rotfigurigen

16 Siehe u. a. Gioia De Luca / Wolfgang Radt: *Sondagen im Fundament des Großen Altars.* Berlin: de Gruyter 1999, S. 85–86; Patricia Kögler: *Feinkeramik aus Knidos vom mittleren Hellenismus bis in die mittlere Kaiserzeit (ca. 200 v. Chr. bis 150 n. Chr.).* Wiesbaden: Reichert 2010, S. 113–116, 122–123; Carsten Meyer-Schlichtmann: *Die Pergamenische Sigillata aus der Stadtgrabung von Pergamon. Mitte 2. Jh. v. Chr. – Mitte 2. Jh. n. Chr.* Berlin: de Gruyter 1988, S. 67–68; Veronika Mitsopoulos-Leon: *Die Basilika am Staatsmarkt in Ephesos. Kleinfunde. 1. Teil: Keramik hellenistischer und römischer Zeit.* Wien: Schindler 1991, S. 33–37, 80; Rotroff: *Hellenistic Pottery*, Kat. 1–47, 94–116, 142–149, 157–163, 170–310.

17 Kögler: *Feinkeramik aus Knidos*, S. 84–85, 95–105; Susanne Ladstätter: Keramik. In: Claudia Lang-Auinger (Hrsg.): *Hanghaus 1 in Ephesos. Funde und Ausstattung.* Wien: Österreichische Akademie der Wissenschaften 2003, S. 22–26, 30–40, hier S. 31; Recep Meriç: *Späthellenistisch-römische Keramik und Kleinfunde aus einem Schachtbrunnen am Staatsmarkt von Ephesos.* Wien: Österreichische Akademie der Wissenschaften 2002, S. 27; Meyer-Schlichtmann: *Pergamenische Sigillata*, S. 64–65.

18 De Luca / Radt: *Fundament des Großen Altars*, S. 84–85, 92–117; Kögler: *Feinkeramik aus Knidos*, S. 123–131, 254–255, 296–298; Ladstätter: Keramik Hanghaus 1, S. 30; Meriç: *Schachtbrunnen am Staatsmarkt*, S. 30; Meyer-Schlichtmann: *Pergamenische Sigillata*, S. 76–79; Mitsopoulos-Leon: *Basilika am Staatsmarkt*, S. 38, 55–57, 67–70; Christine Rogl: Hellenistische Reliefbecher aus der Form. In: Lang-Auinger (Hrsg.): *Hanghaus 1. Funde*, S. 26–28; Rotroff: *Hellenistic Pottery*, S. 107–117; Susan Rotroff: *Hellenistic Pottery. Athenian and Imported Moldmade Bowls.* Princeton: American School of Classical Studies at Athens 1982.

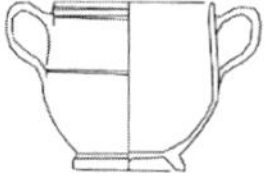

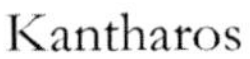

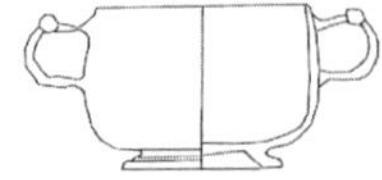

Abb. 3
Hellenistischer Kantharos
und pergamenischer Skyphos.

Vasen nicht mehr erreicht wird. Die ornamenthaften, häufig floralen Muster scheinen vor allem eine verzierende, keine erzählende Funktion mehr zu haben.[19]

Die im 3. Jh. v. Chr. verschwindenden klassischen Trinkgefäßformen scheinen also durch eine in Ästhetik und Funktionsweise vollkommen neue Gefäßart ersetzt zu werden.[20] Nichtsdestotrotz kommen neben den verschiedenen Bechern auch im Hellenismus neue gehenkelte Gefäße auf; genannt seien zum Beispiel der hellenistische Kantharos aus Athen, die pergamenischen Skyphoi und die beiden oben angeführten Schalentypen.[21] Die Becher überwiegen zwar im späten 3. und 2. Jh. v. Chr. meistens zahlenmäßig, verdrängen aber die Varianten der traditionellen Formen nie vollständig.

Die Becherform an sich wird im Allgemeinen auf achämenidische Traditionen zurückgeführt, die ihrerseits das assyrische Erbe aufgenommen haben. Ihr Aufkommen sowie ihre zunehmende Beliebtheit könnten also mit der durch Alexander ermöglichten Öffnung nach Osten zusammenhängen.

II.

Eine Betrachtung nur des Formenwandels der Trinkgefäße ohne Einbettung in ihren kulturhistorischen Kontext ist nicht nur unbefriedigend, sondern auch wenig sachdienlich, weshalb der nächste Abschnitt dieses Beitrags dem Symposion gewidmet werden soll. Für die klassische Zeit können wir dabei aus einem großen Fundus an Informationen schöpfen, sowohl ikonographischer als auch literarischer Art. Die Schriftquellen, wie z. B. Platons *Symposion*, informieren uns über den Ablauf, während die Darstellungen auf klassischen

19 Eine Ausnahme hiervon bilden sicherlich die sogenannten homerischen Becher. Siehe vor allem Ulrich Hausmann: *Hellenistische Reliefbecher aus attischen und böotischen Werkstätten. Untersuchungen zur Zeitstellung und Bildüberlieferung*. Stuttgart: Kohlhammer 1959.

20 Interessanterweise verschwindet mit Aufkommen der Becher auch der ‚Calyx-Cup', eine der wenigen klassischen Formen ohne Henkel. Vgl. Rotroff: *Hellenistic Pottery*, S. 91–92.

21 Kögler: *Feinkeramik aus Knidos*, S. 84–85, 95–105; Meriç: *Schachtbrunnen am Staatsmarkt*, S. 30–31; Meyer-Schlichtmann: *Pergamenische Sigillata*, S. 63–71; Rotroff: *Hellenistic Pottery*, S. 97–107.

Abb. 4: Attisch-rotfigurige Kylix des Duris aus Vulci, um 480 v. Chr.

Vasen Hinweise auf das Verhalten der Zecher geben.[22] Hier interessieren vor allem die dargestellten Trinkgefäße sowie deren Handhabung. Es fällt auf, dass die Kylikes eindeutig überwiegen, daneben sind lediglich Skyphoi verhältnismäßig häufig dargestellt.[23] Außerdem können die Symposiasten Phialen in der Hand halten. Das scheint aber die Ausnahme zu sein und spiegelt aufgrund der eigentlich religiösen Konnotation der Gefäße nicht unbedingt das alltägliche Geschehen der Zeit wider. Kathryn Topper deutet solche ‚fremden' Elemente in ihrer Untersuchung zu attischen Symposionsdarstellungen als Hinweis auf eine Darstellung vergangener Wirklichkeiten.[24] Unabhängig von der Form werden die Gefäße jedoch normalerweise von unten gegriffen.[25] Der Henkel scheint eine besondere Bedeutung für das beliebte

22 Aus dem Umkreis des Trinkgelages gewählte Motive treten ab ca. 500 v. Chr. vermehrt auf. Vierneisel / Kaeser: *Kunst der Schale*, S. 180.

23 Diese Beobachtung beruht auf der Erfahrung der Autorin. Für einen Überblick über die Entwicklung und Verbreitung der Gelagedarstellungen siehe Jean-Marie Dentzer: *Le motif du banquet couché dans le proche-orient et le monde Grec du VIIe au IVe siècle avant J.–C.* Rom: École français de Rome 1982.

24 Kathryn Topper: *The Imagery of the Athenian Symposium*. Cambridge / New York: Cambridge UP 2012, S. 98–101, 136–142. Gleiches gilt für die gelegentlich dargestellten Rhyta.

25 Auch hiervon gibt es Ausnahmen, so kann der Skyphos auch an der Wandung oder wie bei einer Schale des Triptolemos-Malers in Berlin (John D. Beazley: *Attic Red-figure Vase-painters*. Oxford: Clarendon 1942, Nr. 364,52) sogar am Henkel gegriffen werden. Für eine zahlenmäßige Einschätzung dieser Ausnahmen wäre eine systematische Sichtung aller Symposionsdarstellungen nötig, welche aber im Rahmen dieses Artikels nicht geleistet werden kann. Häufiger als bei den ‚normalen' Zechern scheinen sie sich aber im dionysischen und heroischen Kontext sowie bei Hetären-Gelagen zu finden.

Abb. 5: Totenmahlrelief aus Samos, 2. Jh. v. Chr.

Kottabos-Spiel gehabt zu haben, beim Trinken selbst findet er keine Verwendung. Hierbei werden die Vasen in der Regel unten am Fuß gegriffen. Neben den auf Vasenbildern in Gebrauch gezeigten Gefäßen gibt es auch Friese mit aufgereihtem Symposionszubehör unterhalb der Hauptdekorzone.[26] Das dargestellte Gefäßformenspektrum ist hier größer, neben Kylix und Skyphos finden sich auch Kantharoi und Figurengefäße.
Folgende Beobachtungen lassen sich also festhalten:

– Die in den klassischen Darstellungen wiedergegebenen Gefäße decken bei Weitem nicht das Spektrum der uns überlieferten Gefäße ab. Man hat sich im Wesentlichen auf zwei Formen (Schale und Skyphos) beschränkt, was zeigt, dass die Vasenbilder nicht als unverfälschtes Abbild der Wirklichkeit gedeutet werden können. Ob die Auswahl auf die Beliebtheit dieser Gefäßtypen hinweist, wie Ingeborg Scheibler vermutet, oder ob es jene aus ästhetischer Hinsicht für eine zweidimensionale Darstellung geeignetsten sind, wie von Klaus Vierneisel und Berthold Kaeser vorgeschlagen, lässt sich nicht mehr entscheiden.[27]

26 Siehe z. B. eine Schale des Triptolemos-Malers in Berlin (ARV 364,52) sowie eine weitere des Ashby-Malers in London (British Museum, Inv. Nr. E 64)

27 Scheibler: *Griechische Töpferkunst*, S. 20; Vierneisel / Kaeser: *Kunst der Schale*, S. 180.

- Nach Aussage der Vasenbilder fasste der ‚ideale' Trinker das Gefäß am Fuß, der Henkel wird lediglich für das Kottabos-Spiel und beim Weiterreichen der Gefäße an den Nebenmann genutzt. Zumindest ersteres erfordert tatsächlich Horizontalhenkel, da sonst ein Rotieren der Schale nicht möglich ist. Dazu passt, dass der überwiegende Teil klassischer Trinkgefäße tatsächlich mit solchen ausgestattet ist.
- Der Kantharos, das einzige klassische Trinkgefäß mit Vertikalhenkeln, scheint, wenn man den Darstellungen glauben darf, beim ‚normalen' Symposion keine Rolle gespielt zu haben. Er war in archaisch-klassischer Zeit auf den dionysisch-heroischen Bereich beschränkt.[28] So ist vermutlich seine Darstellung in den Friesen mit Symposionszubehör als ein Verweis auf das Dionysische zu verstehen.[29] Gegen eine solche rein kultische Konnotation spricht aber, dass Funde von Kantharoi nicht ausschließlich in sakralen, sondern auch in anderen Kontexten gemacht wurden. In welcher Relation sie allerdings zu den im dionysischen Bereich dargestellten stehen, ist schwer einzuschätzen, da sie in ihrer Formentwicklung von diesen unabhängig sind.[30]

So reich die Quellenlage in klassischer Zeit ist, so arm gestaltet sie sich im Hellenismus. Zeitgleiche schriftliche Überlieferungen gibt es kaum und vor allem fallen die Vasen als informative Bildträger weg. Es bleiben lediglich Darstellungen auf Grab- bzw. Weihreliefs und in der Wandmalerei, z. B. in makedonischen Kammergräbern. All diese Bildquellen stammen aber aus einem religiös überhöhten Bereich und können somit noch weniger als die klassischen Vasenbilder einfach als Abbild der Lebenswirklichkeit angesehen werden. So mag die mit dem Totenkult einhergehende Heroisierung eine Erklärung für das häufigere Vorkommen von Kantharoi bei Darstellungen von

28 Auf seine Funktion als Gefäß des Dionysos verweisen verschiedenste Darstellungen, die den Gott mit einem Kantharos zeigen. Dass er auch von Heroen genutzt wurde, beweist neben Weihungen in böotischen Gräbern bzw. der Darstellung auf Grabreliefs aus dieser Gegend auch seine Verwendung durch Herakles. Vgl. Simone Ruth Wolf: *Herakles beim Gelage. Eine motiv- und bedeutungsgeschichtliche Untersuchung des Bildes in der archaisch-frühklassischen Vasenmalerei.* Köln: Böhlau 1993, S. 88–91. Scheibler hält ihn wie das Rhyton und das Trinkhorn für ein altertümliches Trinkgefäß. Vgl. Scheibler: *Griechische Töpferkunst*, S. 20–21, 38.

29 Ähnlich deutet Lissarrague seine Darstellung auf einem Schild, das von einem auf einem Delphin reitenden Krieger getragen wird. Daneben befinden sich zwei weitere reitende Hopliten, die auch über Gefäße als Schildzeichen verfügen. Es handelt sich dabei um die Bemalung eines rotfigurigen Psykter des Oltos (New York, Schimmel Collection; ARV^2 1622.7). Vgl. François Lissarrague: *The Aesthetics of the Greek Banquet. Images of Wine and Ritual.* Princeton: Princeton UP 1990, S. 115.

30 Sparkes / Talcott: *Black and Plain Pottery*, S. 113–114.

Verstorbenen sein.[31] Daneben kommen aber ebenso alltäglichere Gefäße wie Skyphoi und vor allem auch hemisphärische Becher vor. Interessanterweise fehlen die hellenistischen Schalenformen ebenso wie die neu aufkommenden hybriden Skyphos- und Kantharosvarianten vollständig.[32] Die dargestellten Kantharoi entsprechen nicht einmal den überlieferten keramischen Formen, sondern ähneln in ihrer hoch aufragenden, fast amphoresk wirkenden Ausprägung eher Metallvorbildern.[33] Außer in diesen sepulkralen Gelagedarstellungen erscheinen Gefäße gelegentlich auch in anderen Zusammenhängen, dann fast immer auf den dionysisch-mythischen Bereich verweisend.[34]

Wie für die Klassik dargelegt, sind auch die hellenistischen Gelagedarstellungen in Verbindung mit den überlieferten keramischen bzw. metallenen Gefäßen zu deuten. Diesen kommt aufgrund der Bildarmut sogar eine noch größere Bedeutung zu als in klassischer Zeit. In welchem Verhältnis Kantharoi/Skyphoi, Schalen und Becher vorkommen, ist von Fundort zu Fundort unterschiedlich. So kann man z.B. in Athen in der 2. Hälfte des 3. Jhs. ein deutliches Ablösen der Kantharos- und Skyphosformen durch die Becher erkennen.[35] Ein ähnliches Bild zeigt sich im Trinkgefäßspektrum von Ephesos und Pergamon, wobei dort die Kantharoi und Skyphoi auch im 2. und 1. Jh. v. Chr. noch eine größere Relevanz zu haben scheinen als in Athen.[36] In Knidos bevorzugte man dagegen neben den Bechern vor allem Schalen, die anderen gehenkelten Formen sind hier nur in einer sehr geringen Anzahl erhalten.[37] Was lässt sich aber nun aus der bildlichen und materiellen Überlieferung in Bezug auf das Symposion schließen?

- Entsprechend der klassischen Zeit ist auch im Hellenismus das Spektrum an tatsächlich überlieferten Formen deutlich größer als dasjenige auf den Darstellungen. Während der Skyphos auch weiterhin abgebildet

31 Fabricius: *Hellenistische Totenmahlreliefs*, S. 90–91.

32 Für die entsprechenden Darstellungen siehe ebd.

33 Für die entsprechenden Metallgefäße siehe Michael Pfrommer: *Studien zu alexandrinischer und großgriechischer Toreutik frühhellenistischer Zeit*. Berlin: Gebr. Mann 1987, S. 3–24.

34 So z.B. die Darstellung von Kantharoi auf bemalten Klinen in einem makedonischen Grab in Potidaia. Brecoulaki: *Peinture funeraire*, S. 349–355, Taf. 118–123.

35 Rotroff: *Hellenistic Pottery*, S. 83–120.

36 Ladstätter: Keramik Hanghaus 1, S. 24–25, 30–32; Claudia Lang-Auinger: *Hanghaus 1 in Ephesos. Der Baubefund*. Wien: Österreichische Akademie der Wissenschaften 1996, S. 34–39, 42–44; Mitsopoulos-Leon: *Basilika am Staatsmarkt*, S. 33–38, 55–62, 67–74, 80; Camillo Praschniker / Max Theuer: *Das Mausoleum von Belevi*. Wien: Österreichisches Archäologisches Institut 1979, S. 105–108; Rogl: Hellenistische Reliefbecher, 26–28.

37 Kögler: *Feinkeramik aus Knidos*, S. 83–116, 123–132, 251–256, 280–298.

wird, scheint die Trinkschale gegen die Becher ausgetauscht worden zu sein. Diese erscheinen im Verhältnis zu den anderen Gefäßen tatsächlich ähnlich häufig wie vorher die Kylikes.

- Die Kantharoi scheinen gegenüber der klassischen Zeit an Bedeutung zu gewinnen. Hierbei ist die bildliche Überlieferung aber trügerisch, da bei den aus dem Grabbereich stammenden Reliefs mit heroisierender Ikonographie gerade auch beim Symposion gerechnet werden muss. Wie erwähnt hatten die Kantharoi im heroisch-dionysischen Bereich auch in klassischer Zeit schon ihren Ort. Fundkontexte aus dem profanen, privaten Bereich zeigen uns aber, dass die Kantharoi auch hier in Verwendung waren, wenn auch in geringerem Maße als Becher. Diese Beobachtung scheint darauf hinzuweisen, dass aus den Fundkontexten der einzelnen Gefäße weitere Informationen zu ihrem Verwendungskontext gewonnen werden können. Das gestaltet sich aber schwierig, da es sich bei den meisten Fundkomplexen um Verfüllungen handelt, bei denen nicht per se davon ausgegangen werden kann, dass die Keramik von dem Ort stammt, an dem sie verfüllt wurde. Darüber hinaus lassen sich in der Regel keine Unterschiede zwischen Funden aus sakralen oder profanen Kontexten feststellen.[38] Konstant bleiben jedoch im Vergleich zur klassischen Zeit die formalen Abweichungen der Darstellungen von den in der Keramik nachgewiesenen Gefäßtypen.
- Neben den auch in der Bildüberlieferung sehr präsenten Bechern mehren sich im Hellenismus Gefäße mit Vertikalhenkeln. Es werden zwar auch weiterhin solche mit Horizontalhenkeln produziert, diese unterscheiden sich aber ab dem 3. Jh. v. Chr. in der Regel funktional deutlich von ihren klassischen Vorgängern, da sich weder die angedrückten Henkel der sogenannten palästinensischen Schalen noch die π-Henkel der Knickwandschalen für das Kottabos-Spiel eignen.[39]

38 Siehe z.B. Kögler: *Feinkeramik aus Knidos*, S. 63–80; Ladstätter: Keramik Hanghaus 1, S. 22–25; Susanne Ladstätter: Keramik. In: Hilke Thür (Hrsg.): *Hanghaus 2 in Ephesos. Die Wohneinheit 4. Baubefund – Ausstattung – Funde*. Wien: Österreichische Akademie der Wissenschaften 2005, S. 230–300, hier S. 231–265; Susanne Ladstätter: Keramik. In: Martin Steskal (Hrsg.): *Das Prytaneion in Ephesos*. Wien: Österreichische Akademie der Wissenschaften 2010, S. 85–171, hier S. 85–102; Lang-Auinger: *Hanghaus 1 Baubefund*, S. 28–33; Mitsopoulos-Leon: *Basilika am Staatsmarkt*, S. 13–14.

39 Davon auszunehmen sind die auch im 3.–1. Jh. v. Chr. noch produzierten Schalen mit u-förmigen Henkeln, die zumindest Kögler jedoch nicht eindeutig als Trinkgefäß ansprechen will. Vgl. Kögler: *Feinkeramik aus Knidos*, S. 103–105.

Ohne näher auf einen möglichen, mit der Veränderung im Trinkgefäßspektrum einhergehenden Wandel der Werte einzugehen, lässt sich trotz der schlechteren Quellenlage konstatieren, dass zumindest das Kottabos-Spiel im Hellenismus in der uns überlieferten Form nicht mehr stattgefunden haben kann. Auch die Weitergabe des Trinkgefäßes unter den Zechern scheint zumindest mit den Bechern nicht mehr so leicht möglich gewesen zu sein. Diese konnte man zudem, im Gegensatz zu allen anderen Formen, nicht mehr vor sich auf dem Tisch abstellen, so dass man entweder von einem Symposion im Freien ausgehen muss, eine Art Ständer gebraucht oder der Becher in einem Zug geleert wurde.[40] Diese – der Natur eines Artikels folgend eher kurze – Analyse scheint also ganz dem für den Hellenismus angenommenen ‚Vorurteil' des umfassenden Wandels auf allen politischen und gesellschaftlichen Ebenen zu entsprechen.[41]

III.

Eine profunde Beurteilung des archäologischen Materials im Hinblick auf die Frage nach Beständigkeit und Wandel erfordert jedoch zunächst eine Auseinandersetzung mit den meist geschichtsphilosophischen Definitionen von und Theorien zu Kontinuität und Diskontinuität. Die vermutlich umfassendste Darlegung der von Vertretern dieser Disziplin bisher vorgebrachten Gedanken zu diesem Thema stammt von Thomas Schwietring.[42] Anhand seiner Arbeit lassen sich folgende, von den meisten Philosophen geteilte Eigenschaften von Kontinuität zusammenfassen:

1. Kontinuität und Diskontinuität können nicht gesondert voneinander existieren, sondern bedingen sich gegenseitig. Das eine wäre ohne das andere weder wahrnehmbar noch beschreibbar. Darüber hinaus setzt „jeder Begriff der Diskontinuität immer schon eine Kontinuität auf einer allgemeinen Ebene voraus"[43].

Diese Erkenntnis findet sich schon in dem vielleicht ursprünglichsten Kontinuitätsbegriff, nämlich dem der ionischen Naturphilosophie. Deren Vertreter gehen davon aus, dass man nur von Wandel reden kann, wenn ein Teil dessen, was sich verändert, identisch bleibt. Kontinuität wird hier als ‚umfassender Zusammenhang'[44] verstanden. Besonders bei Heraklit findet sich hierbei

40 Gegen die Verwendung von Ständern spricht, dass sie weder im archäologischen Kontext noch auf Darstellungen nachgewiesen sind.

41 Gehrke: *Geschichte des Hellenismus*, S. 2.

42 Schwietring: *Kontinuität und Geschichtlichkeit.*

43 Ebd., S. 26.

44 Ebd., S. 79.

eine Betonung der wechselseitigen Abhängigkeit.[45] Aristoteles setzt diesen Gedanken fort, indem er Veränderung als beständigen Wandel begreift und sie damit gewissermaßen mit einer Form der Kontinuität gleichsetzt.[46] Demnach müsste auch „radikaler Wandel als ein besonders dichtes Geflecht von Kontinuität aufgefasst werden"[47].

Später wird dieser Gedanke von Gottfried Wilhelm Leibniz wieder aufgegriffen, nach dem es nichts Gleiches gibt, sondern lediglich unendlich kleine Unterschiede. Somit begreift er Kontinuität als eine Aneinanderreihung solcher Unterschiede, also eine Form beständigen Wandels.[48] Ähnliches formuliert Immanuel Kant in seinem Gesetz der Kontinuität aller Veränderung.[49] Wie bereits die Naturphilosophen betont er, dass es ohne etwas Beständiges, an dem man den Wandel messen kann, keinen Wandel gibt. Andersherum wird diese Beziehung bei Alexander Gerschenkron dargestellt, der für Kontinuität in der Geschichtsschreibung die Beharrlichkeit bestimmter Merkmale im Rahmen eines allgemeinen Wandels postuliert.[50] Seiner Meinung nach kann man über Kontinuität eine Veränderung charakterisieren, nicht aber das Fehlen derselben konstatieren.

2. Kontinuität ist etwas, das im alltäglichen Erleben kaum wahrgenommen wird. Die Differenzierung von Kontinuität und Wandel ist deswegen in der Regel ein Konstrukt des Historikers, das nur in der rückblickenden Untersuchung entstehen kann. Damit geht einher, dass Kontinuität in der Geschichtsphilosophie in der Regel nicht als intrinsische Eigenschaft eines Geschehens verstanden wird, sondern immer als etwas, das diesem zugeschrieben wird.[51] Gerschenkron konstatiert in diesem Sinne, dass sich die Bedeutung des

45 U. a. Heraklit DK 22 B 12. Die Beschäftigung mit der Frage nach Kontinuität und Wandel ist kein neuzeitliches Phänomen, sondern hat ihre Wurzeln in der Antike. Vgl. Schwietring: *Kontinuität und Geschichtlichkeit*, S. 79–81.

46 Aristot. phys. IV, 10.

47 Schwietring: *Kontinuität und Geschichtlichkeit*, S. 488; Meier: Kontinuität – Diskontinuität, S. 54, 62. Meier beschreibt relativ langsame Veränderung als eine Möglichkeit von Kontinuität.

48 Gottfried Wilhelm Leibniz: Über das Kontinuitätsprinzip. In: Ders.: *Hauptschriften zur Grundlegung der Philosophie*, Teil 1, hrsg. v. Ernst Cassirer. Hamburg: Meiner 1996, S. 62–70, 327–330; Schwietring: *Kontinuität und Geschichtlichkeit*, S. 95.

49 Immanuel Kant: Die Analytik der Grundsätze. In: Ders.: *Kritik der reinen Vernunft*, hrsg. v. Jens Timmermann. Hamburg: Meiner 1998, S. 234–385, hier S. 254–255, 281–282; Schwietring: *Kontinuität und Geschichtlichkeit*, S. 108–121.

50 Alexander Gerschenkron: *Continuity in History and Other Essays*. Cambridge / London: Harvard UP 1968, S. 13; Schwietring: *Kontinuität und Geschichtlichkeit*, S. 32.

51 Hans Michael Baumgartner: *Kontinuität und Geschichte. Zur Kritik und Metakritik der historischen Vernunft*. Frankfurt am Main: Suhrkamp 1972, S. 196–197, 248–342; Schwietring: *Kontinuität und Geschichtlichkeit*, S. 27–28, 141, 151, 577.

Kontinuitätsbegriffs von Fall zu Fall unterscheiden kann.[52] Sie wird dabei jedoch nicht nur durch das untersuchte Phänomen geprägt, sondern auch ganz entscheidend durch denjenigen, der eben dieses untersucht.[53]
3. Eine Interpretation beliebiger historischer Zusammenhänge wäre ohne die Idee von Kontinuität nicht möglich.[54] Besonders deutlich wird dies am Beispiel der Stilgeschichte. Kontinuität ist aber auch nötig, um überhaupt von sozialen Phänomenen sprechen zu können.[55] So entstehen z. B. erst durch Erziehung konstante Normen und somit eine Kontinuität im Verhalten.[56] Dementsprechend ist nach Maurice Halbwachs Kontinuität das, was durch das kollektive Gedächtnis gespeichert wird.[57] Trotzdem sind keine Kultur und kein tradiertes Verhalten unveränderlich. Vor allem in Krisenzeiten kann es immer wieder zu Wandlungen kommen. Da jedoch jede Neuerung ebenfalls wieder zu einer Tradition werden kann, bildet sich auch hierbei eine Form von Kontinuität.[58]
4. Die Idee der Kontinuität ist zwingend nötig für jede Art von Periodisierung und Epochenbildung, da sie zunächst vorhanden sein muss, um eine Abgrenzung vornehmen zu können. Sie kann sich dabei jedoch, wie in der Einleitung schon dargelegt, immer nur auf eine ‚Abstraktionsebene' beziehen. Auch die Vorstellung von Geschichte kann nur durch die Erfahrung von Kontinuität und Diskontinuität entstehen.[59]
Diese kurze Darstellung kann und will natürlich nicht die Tiefe einer philosophischen Abhandlung erreichen. Sie kratzt lediglich an der Oberfläche der ideengeschichtlichen Entwicklung des Begriffs ‚Kontinuität', um der häufig unreflektierten Verwendung desselben entgegenzuwirken. Eine weitergehende philosophische Durchdringung der Thematik ist für die hier behandelte Fragestellung nicht zwingend erforderlich. Auch die beiden letzten

52 Gerschenkron: *Continuity in History*, S. 13, 38–39; Hermann Bausinger: Zur Algebra der Kontinuität. In: Ders. / Wolfgang Brückner (Hrsg.): *Kontinuität? Geschichtlichkeit und Dauer als volkskundliches Problem*. Berlin: Schmidt 1969, S. 9–30, hier S. 17.

53 Schwietring: *Kontinuität und Geschichtlichkeit*, S. 329.

54 Baumgartner: *Kontinuität und Geschichte*, S. 92; Johann Gustav Droysen: *Historik. Vorlesungen über Enzyklopädie und Methodologie der Geschichte*. Darmstadt: WBG 1958, S. 12, 14.

55 Schwietring: *Kontinuität und Geschichtlichkeit*, S. 37–42, 46.

56 Trümpy: Einleitung, S. 4, 8.

57 Maurice Halbwachs: *Das kollektive Gedächtnis*. Stuttgart: Enke 1967, S. 68–77.

58 Trümpy: Einleitung, S. 10.

59 Droysen: *Historik*, S. 29–30; Schwietring: *Kontinuität und Geschichtlichkeit*, S. 37, 163, 195. Genauso wichtig ist aber die Epochengliederung, um mit der Kontinuität umgehen zu können. Vgl. Bichler: *„Hellenismus"*, S. 145.

Punkte spielen hier eine eher untergeordnete Rolle und sind nur der Vollständigkeit halber aufgeführt. Eine intensivere Einbindung dieser beiden Thesen in die Thematik würde einen eigenen Artikel erforderlich machen.

IV.

Kontinuität oder kontinuierlicher Wandel? Mit dieser Frage ist dieser Aufsatz an das Phänomen hellenistischer Trinkgefäße herangetreten. Vor dem Hintergrund der klassischen Tradition scheint sich das hellenistische Keramikspektrum vor allem durch Veränderungen auszuzeichnen: Das Aufkommen komplett henkelloser Gefäße, die zumindest eine Zeit lang dominant sind, und das vermehrte Vorhandensein vertikaler Henkel hat nicht nur Einfluss auf die Ästhetik der Gefäße, sondern auch auf deren Funktion. Damit verändern sich implizit auch der traditionelle Ablauf des Symposions und das persönliche Verhalten dabei. Das Kottabos-Spiel wird unmöglich und auch die Weitergabe des Gefäßes unter den Symposiasten scheint zumindest bei den Bechern nur sehr schwer möglich.

Gerade letzteres ist aber als ultimative Form des gemeinsamen Trinkens, neben der Platzierung der Zecher zu gleichen Bedingungen, konstituierendes Element des Symposions als Ausdruck bürgerlicher Parität und Identität. Nach François Lissarrague wurden die Klinen in klassischer Zeit so angeordnet, dass in Bezug auf Sicht und Sprache für alle die gleichen Bedingungen galten. Man habe außerdem darauf geachtet, dass nichts im Rücken der Gelagerten stattfand, um die Reziprozität zu garantieren.[60]

Susan Rotroff beobachtete bei der Untersuchung des Materials der Athener Agora neben den Veränderungen an den Trinkgefäßen – Kleinerwerden von Skyphos und Kantharos bei gleichzeitigem Größerwerden der Becher – vor allem auch das ‚Verschwinden' des Kraters.[61] Dazu passe das Aufkommen großer öffentlicher Speisungen in hellenistischer Zeit. Hierbei haben ihrer Meinung nach große Kratere aus Metall eine größere Rolle gespielt als solche aus Keramik. Für das private Symposion geht sie davon aus, dass sich jeder Gast den Wein selbst mischte.[62] Wie haltbar diese Thesen sind, wäre noch zu überprüfen, man kann aber sicher von einer Veränderung der hellenistischen Gesellschaft ausgehen. Mit der Veränderung der Herrschaftsformen und der

60 Lissarrague: *Aesthetics*, S. 19.

61 Susan Rotroff: *The Missing Krater and the Hellenistic Symposium. Drinking in the Age of Alexander the Great.* Christchurch: University of Canterbury 1996, S. 18.

62 Ebd., S. 22–27.

Herausbildung einer reichen Elite veränderte sich sicher auch das Selbstverständnis. Hinzu kommen außerdem die größere Mobilität und damit die stärkere kulturelle Durchmischung in hellenistischer Zeit.[63]
Die Versuchung in Bezug auf das hellenistische Symposion von einem Wandel zu reden, ist also groß. Stellt man das Phänomen des Trinkgelages aber in einen größeren kulturgeschichtlichen Zusammenhang, so wird schnell deutlich, dass es sich bei der für uns so prominent erscheinenden Ausprägung klassischer Zeit nur um eine Variante handelt. Dabei sind zwei Ebenen zu beachten. Zunächst die ‚kleinere' auf den griechischen Kulturraum beschränkte. Schon in der Archaik haben die Eliten sich zu Symposien zusammengefunden. Dieses Privileg machten sich dann in klassischer Zeit die Bürger zu eigen. Schon hier hat also ein Wandel stattgefunden. Desweiteren ist das gemeinsame Trinken, mit Blick auf die ‚größere' Ebene, kein Spezifikum der griechischen Kultur, sondern eine Gemeinsamkeit aller mediterranen und vorderasiatischen Kulturen, wobei es immer wieder zu gegenseitigen Beeinflussungen kam.[64]
Das Phänomen des Symposions scheint also geradezu ein Paradebeispiel für die in Abschnitt III dargelegte geschichtsphilosophische Definition von Kontinuität als beständigem Wandel zu sein. Während sich einzelne Charakteristika ändern, ist das gemeinsame Trinken von Mitgliedern einer klar definierten Gruppe das Beständige, an dem der Wandel im Sinne der Naturphilosophen gemessen werden kann. Umgekehrt lässt sich aber auch Gerschenkrons allgemeiner Wandel bei Gleichbleiben bestimmter Elemente belegen.[65]
Die Einordnung in den weiteren kulturhistorischen Kontext macht außerdem die Rolle des Historikers deutlich, der im Sinne der Geschichtsphilosophie die Kontinuität oder die Diskontinuität erst als Bewertung konstruiert.[66] Je nach zeitlicher und räumlicher Ausweitung der Betrachtung scheinen Veränderungen aber auch Beständigkeiten mehr oder minder ins Gewicht zu fallen. Immer handelt es sich aber um eine erst im Rückblick mögliche Zuschreibung

63 Irin Svencickaya: Der Stadtmensch in der hellenistischen Zeit: Erscheinungsbild und Lebensweise. In: Bernd Funck (Hrsg.): *Hellenismus. Beiträge zur Erforschung von Akkulturation und politischer Ordnung in den Staaten des hellenistischen Zeitalters*. Tübingen: Mohr 1996, S. 611–627, hier S. 612–614.

64 Siehe dazu vor allem Topper: *Imagery*, 159–161.

65 Gerschenkron: *Continuity in History*, S. 13.

66 Siehe auch Baumgartner, der in seiner Zusammenfassung Kontinuität als „Schema des prozessualen Zusammenhangs von Gegenwart und Vergangenheit" als Konstante der Geschichtsphilosophie bezeichnet (Baumgartner: *Kontinuität und Geschichte*, S. 251).

einer Eigenschaft, nicht um eine dem Phänomen Trinkgelage inne wohnende Wahrheit.

Worin besteht nun aber der Erkenntnisgewinn einer Festlegung auf Kontinuität oder Wandel in Bezug auf das hellenistische Symposion? Folgt man Schwietrings Einschätzung, dass Kontinuität im alltäglichen Leben kaum wahrgenommen wird, so kommt man der antiken Lebenswelt wohl am nächsten, wenn man wie Meier von „Kontinuität als langsame Form der Veränderung“ spricht.[67] Die klare Trennung zwischen Kontinuität und Diskontinuität scheint vor allem ein akademisches Problem zu sein, von dem die im Hellenismus lebenden Menschen kaum betroffen gewesen sein dürften.

Es scheint also sinnvoll, es bei der Beobachtung der engen Verschränkung von konstanten und veränderbaren Elementen des Trinkgelages zu belassen, um dem Phänomen kein Konstrukt des Historikers aufzuzwingen, das der Wirklichkeit letzten Endes nicht gerecht werden kann, und somit auch der von Gabriel Tarde in seinen *Gesetzen der Nachahmung* formulierten Ansicht zu folgen, dass es „Wiederholungen nur um der Variation willen gebe“.[68]

67 Meier: Kontinuität – Diskontinuität, S. 62–63; Schwietring: *Kontinuität und Geschichtlichkeit*, S. 28.

68 Gabriel Tarde: *Die Gesetze der Nachahmung*. Frankfurt am Main: Suhrkamp 2009, S. 31.

Das Objekt Tontafelhülle. Eine Erfindung der Ur III-Zeit? Auf der Suche nach Kontinuität, wo keine zu sein scheint

Bonka Nedeltscheva

Kontinuität/-en in der Archäologie

Um Kontinuität in den Altertumswissenschaften zu begreifen, ist zunächst der Frage nachzugehen, was sie überhaupt ist und in welchen Formen sie sich präsentiert. Wird sie nur subjektiv wahrgenommen oder kann sie als ein objektiver und empirisch erforschbarer Gegenstand zur Untersuchung von Artefakten dienen? Grundsätzlich bedeutet Kontinuität eine Abfolge der Zeit, einen stetigen Ablauf, Fortgang, eine stetige Konstanz, in der aber auch Wandel und Änderungen möglich sind. Sie bezeichnet oft auch Tradition, eine Art Weitergeben von Kulturgut. Doch bei einer differenzierten Betrachtung wird die Problematik des Begriffs Kontinuität deutlich und es empfiehlt sich, eher von Kontinuitäten bzw. Diskontinuitäten in den Altertumswissenschaften zu sprechen.[1] Hermann Bausinger versucht in seiner „Algebra der Kontinuität" verschiedene Möglichkeiten und Relationen von Kontinuitäten aufzuzeigen. Dabei begrenzt er sich auf einige Beispiele, ohne die ganze Bandbreite erklären zu wollen, da die Möglichkeiten der Betrachtung noch weitaus zahlreicher sein können. Er bezieht die ‚Sache', den Raum, die ‚Aktoren' sowie die Funktion und die Bedeutung der ‚Sache' in seine ‚Kontinuitätstabelle'ein, vergisst jedoch einen wichtigen Faktor, nämlich die dabei auszuübende Handlung d. h. die Praxis zu erwähnen. An anderer Stelle spricht er von einer „bewussten, mehr oder weniger stolz gehabten ‚Durchführung' eines Brauches" bzw. von „einer völlig naiven, unreflektierten Ausübung."[2] Gemeint ist die Praxis,

1 Thomas Knopf: *Kontinuität und Diskontinuität in der Archäologie*. Münster: Waxmann 2000, S. 11.

2 Hermann Bausinger: *Kontinuität? Geschichtlichkeit und Dauer als volkskundiges Problem*. Berlin: Schmidt 1969, S. 29.

sei sie bewusst oder unbewusst, welche er hier bloß anders nennt, die mehr Beachtung in Kontinuitätsfragen verdient. Die jüngst oft behandelte Praxeologie[3] kann dabei eine Annäherung und ein Hilfsmittel sein, wie im Folgenden gezeigt werden soll.
Bei der Erforschung archäologischer Objekte wird zunächst dem Sein, der materiellen Beschaffenheit und dem Ursprung derselben nachgegangen. Erst im nachfolgenden Schritt zeigt man Analogien und Vergleiche zu anderen Objekten aus benachbarten Kulturkreisen auf. Die komparative Archäologie erlaubt es uns, chronologische Abfolgen zu bilden und Objekte besser zuzuordnen.[4] Dabei findet man verschiedene Formen von Kontinuitäten und Diskontinuitäten. Man sucht also nach Ursprüngen und Ursachen dieser Erscheinungen, um Objekte besser begreifen zu können. Doch was geschieht, wenn solche Kontinuitäten nicht erkennbar sind? Geben wir auf? Fragen wir nicht mehr nach oder bemühen wir uns viel zu sehr, Kontinuitäten und Entwicklungsprozesse zu erzwingen, obwohl sie nicht fassbar sind? Wie begründen wir diese Kontinuitäten? Müssen stets konkrete archäologische Zeugnisse als Beweise dafür dienen oder können auch indirekte Quellen und logische Schlussfolgerungen hinzugezogen werden? Um was für immateriellen Quellen geht es hier? Gemeint sind die verborgenen Praktiken, die Ideen, die Bedeutungszuschreibungen und Wertvorstellungen der Menschen in der Vergangenheit. Wenn man versucht, diese zu ermitteln, ist dann diese phänomenologische und praxeologische Herangehensweise und Rekonstruktion unwissenschaftlich und rein hypothetisch? Philologen dürfen zwischen den Zeilen lesen und die Gedanken der Schreiber erahnen. Und Archäologen? Dürfen nicht auch sie den ‚lebendigen' Kontext dahinter suchen? In diesem Artikel sollen nicht nur die sichtbaren materiellen Zeugnisse präsentiert, sondern auch die immateriellen Quellen, d. h. die verborgenen Ideen und Praktiken ermittelt werden, die alle zusammen ein umfassenderes Bild ergeben und weitere Möglichkeiten und Anregungen bieten werden, Objekte besser zu verstehen und hinterfragen zu können.

3 Andreas Reckwitz: *Die Transformation der Kulturtheorien. Zur Entwicklung eines Theorieprogramms.* Stuttgart: Weilerswist 2012, S. 47–48.

4 Peter N. Peregrine: *Outline of Archaeological Traditions.* California: HRAF 2001, S. i.

Ur III-zeitliche Tontafelhüllen aus Ĝirsu

Bei der Erforschung von altorientalischen Tontafelhüllen aus dem ausgehenden 3. Jahrtausend v. Chr. ergab sich die Frage nach einer Kontinuität, als versucht wurde, ihrem Ursprung nachzugehen. Die neusumerischen Tontafelhüllen administrativer Dokumente aus dem südirakischen Fundort Tellō (sumerisch: Ĝirsu) dienen hier beispielhaft für diese Art von Untersuchung.

Tontafelhüllen sind im Alten Orient erstmals aus der sogenannten Ur III-Zeit bekannt. Sie sind dünne ausgerollte, quadratische ‚Tonlappen', die um Tontafeln gewickelt und anschließend beschrieben und gesiegelt wurden. Sie haben verschiedene Funktionen, doch sie dienten vorwiegend zum Schutz und zur Archivierung der inneren Tontafel sowie zur Beglaubigung des Dokumentes. Diese Objekte schienen bislang keine Vorläufer zu haben. Sie tauchen angeblich urplötzlich in der Ur III-Zeit in ihrer vollendeten Form auf. Die Entwicklung einiger archäologischer Artefakte aus Stein und Ton ist im Alten Orient meist gut zu verfolgen. Als eines der besten Beispiele dafür ist die Schriftentwicklung zu nennen. Die Entstehung der Schrift ist auf verschiedenartigen Tonobjekten festgehalten. Angefangen mit der Archivierung von Information in dreidimensionaler Form, den frühen Tokens,[5] bis hin zur zweidimensionalen Abbildung auf Tonbullen und später zur ‚abstrakten' Keilschrift auf der flachen Tontafel.[6] Eine ähnliche Entwicklung würde man auch bei den Tontafelhüllen erwarten. Auf dem ersten Blick sind keine Vorstufen und Experimentierphasen erkennbar. Doch die Entstehung der Schrift geht mit der Siegelpraxis und der Praxis des Umhüllens einher. Bereits aus dem frühen 5. Jahrtausend v. Chr. tauchen in der Halaf-Zeit ähnliche Objekte, nämlich Tonbullen auf.[7] Mit dem Aufkommen der Uruk-zeitlichen Tonbullen und Tokens sowie der numerischen Tontafeln aus dem 4. Jahrtausend v. Chr. entwickeln sich diese Objekte weiter und es entstehen neue Formen.[8] Alle haben das Material Ton, ähnliche Entstehungsprozesse, Technologien und Praktiken des Archivierens von Wissen und Informationen gemein. Dieser Umstand impliziert eine Kontinuität, die archäologisch

5 Kleine geometrische Tonobjekte, die als Zählmarken (*calculi*) dienten und verschiedene Wirtschaftsgüter symbolisierten. Diese wurden sodann mit Tonkugeln, auch Tonbullen genannt, umhüllt.

6 Denise Schmandt-Besserat: *Before Writing. From Counting to Cuneiform.* Austin: University of Texas Press 1992.

7 Diana Stein: Siegelverwendung in Wirtschaft und Verwaltung. In: Evelyn Klengel-Brandt (Hrsg): *Mit sieben Siegeln versehen.* Mainz: von Zabern 1997, 104–123, hier S. 110.

8 Hans J. Nissen: Die Erfindung und frühe Nutzung des Mediums Schrift in Mesopotamien. In: Nicola Crüsemann / Margarete van Ess / Markus Hilgert / Beate Salje (Hrsg.): *Uruk 5000 Jahre Megacity.* Berlin: Imhof 2013, 169–173, hier S. 170.

jedoch noch nicht greifbar zu sein schien. Diese Objekte sagen zunächst noch nichts über die dahinterstehenden Gedanken aus, welche diese Entwicklung initiierten und vorwärts trieben. Wie kann also eine solche geistige Entwicklung, die aus materieller Sicht nicht vorhanden zu sein scheint, doch sichtbar gemacht werden? Da die Akteure nur namentlich aus den Texten bekannt sind, die Praktiken aber weitgehend verborgen bleiben, sind es die Objekte selbst, ihre materielle Beschaffenheit und ihre bearbeiteten Oberflächen, die weitere Untersuchungen und Vergleiche zu anderen, ähnlichen Objekten erlauben und die Praktiken, Technologien und Kontinuitäten aufdecken können.

Kurzer Historischer Abriss der Ur III-zeitliche Tafelhüllen aus Ĝirsu

Die Stadt Ĝirsu befand sich in der Region Lagaš im südlichen Babylonien und lag inmitten eines künstlich angelegten Kanalsystems der Alluvialebene zwischen den Flüssen Euphrat und Tigris.[9] Sie hatte daher sowohl eine West- als auch eine Ostanbindung zu Handelswegen und galt als die Kornkammer des Reiches. Zur Zeit der III. Dynastie von Ur, d.h. um 2112–2004 v. Chr., war Ĝirsu die bedeutendste Stadt der Provinz Lagaš. In der neusumerischen Zeit bildete sich das Ur III-Reich heraus, das aus insgesamt 23 Provinzen bestand. Jede Provinz hatte ihren eigenen ‚Stadtfürsten' (énsi), der direkt dem König von Ur unterstand. Um die Verwaltung dieses großen Reiches besser kontrollieren und bewältigen zu können, wurden die administrativen Vorgänge fest geregelt und standardisiert.[10] Die berühmten Reformen des Šulgi, des Königs von Ur, umfassten alle wichtigen Bereiche der Verwaltung. Ein Reichskalender wurde verfasst, Maße und Gewichte vereinheitlicht, Schreiberschulen entstanden sowie andere bürokratische Apparate, welche die Administration leiten und kontrollieren sollten. Aus dieser kurzen Zeitspanne von ca. 100 Jahren wurde daher eine ungeheure Menge an Keilschriftquellen geborgen, deren Aufarbeitung noch nicht abgeschlossen ist. Unter den zahlreichen Funden entdeckte man auch sehr viele Tontafelhüllen mit abgerollten Siegeldarstellungen. Diese wurden bislang von der Forschung vernachlässigt. Vor allem sind es die Texte und Siegel der neusumerischen Verwaltungsurkunden aus Ĝirsu, die vielerlei Auskünfte über Materialität, Objekt, Subjekt, Produzent,

9 Su Kyung Huh: *Studien zur Region Lagaš. Von der Ubaid- bis zur altbabylonischen Zeit.* Münster: Ugarit 2008, S. 5.

10 Aaage Westenholz / Walther Sallaberger: *Mesopotamien. Akkade-Zeit und Ur III-Zeit.* Freiburg: Universitätsverlag 1999, S. 18.

Rezipient, Ort, Zeit und Art der wirtschaftlichen Tätigkeitsbereiche liefern können.

Das Objekt Tontafelhülle ist ein schrift-, bild- und objekttragendes Artefakt, da sie sowohl beschrieben als auch gesiegelt wurden, gleichzeitig trägt sie im Inneren eine beschriebene Tontafel. Darin liegt die Besonderheit dieses Objektes. Daher soll die altorientalische Tontafelhülle hier aus mehreren objektbezogenen und praxisnahen Perspektiven betrachtet werden. Sie wird als ein eigenständiges Objekt gehandhabt, mitsamt aller ihrer materialen Eigenschaften, ihren in sich tragendenden Informationen und gespeicherten Wissens. Als solches erhält die Tontafelhülle eine ganz neue Wertigkeit und Bedeutung. Bestimmte Aspekte, besonders die Textinhalte und Siegelabrollungen auf ihren Oberflächen, wurden einzeln untersucht. Die Tontafelhülle ist daher ein Objekt mit vielen Bedeutungen. Sie ist ein Medium, ein Träger von Informationen, die in Schrift und Siegel festgehalten sind. Beteiligte Personen, Ort und genaue Zeit, Transaktion der Güter, Siegelabrollungen geben zahlreiche Informationen über die soziale Struktur und die administrativen Praktiken jener Zeit. Die Funktionen und Wahrnehmungen im Laufe ihrer Existenz verändern sich. Sie hat eine fortlaufende Geschichte, die quasi bis heute andauert. Sie entsteht, wird rezipiert, verwendet, archiviert, entdeckt, erforscht, neu archiviert usw. Daher ist die Untersuchung dieser Artefakte so interessant, da sie nicht nur den Zugang zu einem Objekt gibt, sondern zu mehreren.

Die Tontafelhülle ist nach heutigen Kenntnissen eine Innovation und Besonderheit der Ur III-Zeit. Sie ist bereits in den ersten Regierungsjahren des Ur-Namma und Šulgi vollkommen ausgebildet und perfektioniert. Nach heutigem Forschungsstand wurde sie aus administrativen, organisatorischen und hierarchischen Gründen heraus entwickelt und diente vorwiegend zur Beglaubigung der gegebenen Dokumente. Sie taucht, so wie wir sie bisher kannten, also lange nach der Erfindung der Schrift und als die Verwaltungsstrukturen bereits sehr komplex waren, auf. Doch in den vorgehenden Perioden der frühdynastischen und der Akkadzeit gab es nicht weniger anspruchsvolle und durchstrukturierte Verwaltungsvorgänge. Diese sind jedoch aufgrund der Befundsituation schlechter bezeugt.

Die Tontafelhülle. Eine Ur III-zeitliche Erfindung?

Es stellt sich daher die Frage, warum die Tontafelhülle eine Erfindung der Ur III-Zeit sein soll, wenn sie praktisch doch früher ebenfalls in Gebrauch hätte sein können? Aus Ĝirsu sind aus der frühdynastischen Zeit nicht wenige schriftliche Dokumente bekannt. Genauso sind aus der Akkad-Zeit administrative Zeugnisse gefunden und publiziert worden.[11] Um ein früheres Vorhandensein von Tontafelhüllen zu rekonstruieren oder zumindest Vorläufer für deren Entwicklung finden zu können, müssen daher alle möglichen Quellen herangezogen werden.

Die schriftlichen Quellen

Um nach Ursprüngen und Ursachen der Erfindung und Einführung der Tontafelhülle zu suchen, wurden zunächst literarische Quellen untersucht. Bei der Suche nach schriftlichen Zeugnissen aus früheren Perioden finden sich keine Erwähnungen von Tontafelhüllen. Doch ein aus jüngerer Zeit[12] stammender Text, belegt erstmals literarisch die Existenz und die Nutzung von Tontafelhüllen. Sargon von Akkade erscheint im Text höchstpersönlich als der Erfinder und rühmt sich, erstmals eine Tafel eingehüllt zu haben. In der berühmten Legende Sargons[13] wird die Erfindung der Tontafelhülle geschildert.[14]

> 53 u$_{4}$- ⸢bi-ta⸣ im-ma ⸢gub-bu ḫe$_{2}$-ĝal$_{2}$⸣ im ⸢si-si⸣-ge ba-⸢ra⸣-ĝal$_{2}$-la-am$_{3}$
>
> Früher wurden (zwar Dinge) auf Ton festgehalten, der Ton wurde (aber noch) nicht eingehüllt. (Wörtlich: „früher, das auf Ton Setzten gab es, das den Ton darin Eintiefen‘ gab es noch nicht.“)

Bisher scheint diese die einzige literarische Quelle zu sein, die uns die Präsenz der Tontafelhülle in einer früheren Periode bestätigt. Auch der Zweck ihrer Verwendung ist in Sargons Legende aufgeführt. Sie sollte ‚geheime‘ Botschaften beinhalten.[15] Das bedeutet demnach, dass die Tontafelhülle eingesetzt wurde, um den Inhalt der sich im Inneren befindenden Tontafel zu verbergen. In der Ur III-Zeit verhält es sich jedoch anders. Hier wird der Inhalt der inneren Tontafel auf der Tontafelhülle kopiert. Das bedeutet, dass die Praxis des Umhüllens zwar bestand, nicht jedoch die administrative Praxis

11 Gebhard. J. Selz: Altsumerische Verwaltungstexte aus Lagaš, Teil 1. Stuttgart: Steiner 1993; George A. Barton: *Sumerian Business and Administrative Documents from the Earliest Times of the Dynasty of Agade.* Philadelphia: University Museum 1915.

12 Der Text wird in die spätere altbabylonische Zeit datiert. Es scheint jedoch eine Kopie eines Ur III-zeitlichen Textes zu sein. Siehe Jerrold Cooper / Wolfgang Heimpel: The Sumerian Sargon Legend. In: *Journal of the American Oriental Society* 103,1(1983), S. 67–82, hier S. 68.

13 Cooper / Heimpel: The Sumerian Sargon Legend TRS 73.

14 Ebd., S. 76.

15 Catherine Mittermayer: *Enmerkara und der Herr von Aratta.* Fribourgh: Academic Press 2009, S. 64.

des Bewahrens eines ‚Textgeheimnisses'.[16] Die Schriftentwicklung und damit einhergehend die Verwendung des Materials Ton als Schriftträger wird bereits in dem sumerischen Epos über den legendären Herrscher von Uruk Enmerkar und seiner Auseinandersetzung mit dem Herrn von Aratta erklärt. Als Enmerkar eine Botschaft an seinen Gegenspieler übermitteln will, ist sein Bote mit der genauen Wiedergabe bzw. Wiederholung jener überfordert. Der König beschließt also die Botschaft auf eine Tontafel aufzuzeichnen, da sie ja so ‚bedeutend' war. Die Idee, Ton als Schriftträger zu verwenden, scheint aus seiner letzten Funktion heraus entstanden zu sein. Bevor er nämlich Schriftträger wurde, war er bereits ‚Siegelunterlage' gewesen. Die Textpassage gibt die Notwendigkeit zum Handeln, die Idee und den Handlungsprozess wieder:[17]

500 du$_{11}$-ga-ni-am$_3$ ša$_3$-bi su-su-a-am$_3$[18]
501 kiĝ$_2$-ge$_4$-a enim i$_3$-dugud šu nu-mu-un-da-an-ge$_4$-ge$_4$
502 bar kiĝ$_2$-ge-a enim i$_3$-dugud šu nu-mu-un-da-an-ge$_4$-ge$_4$-⸢da⸣ kam
503 en kul-aba$_4$^{ki}-a-ke$_4$ im-e šu-bi$_2$-in-ra enim kišeb-gen$_7$ ⸢bi$_2$-in⸣-gub[19]
504 u$_4$-bi-ta enim im-ma gub-bu nu-ub-ta-ĝal$_2$-la
505 i-ne-še$_3$ ^{d}utu u$_4$-ne-a ur$_5$ ḫe$_2$-en-na-nam-ma-am$_3$
506 en kul-aba$_4$^{ki}-a-ke$_4$ en[im im-ma b]i$_2$-in-gub ur$_5$ ḫ[e-en-na-]nam-ma

Das war seine Forderung, (doch) ihr Inhalt war vollkommen untergegangen. Der Bote konnte sie nicht wiederholen, (denn) die Angelegenheit war (zu) bedeutend. Weil der Bote nicht in der Lage war, sie zu wiederholen, die Angelegenheit war (wirklich zu) bedeutend!, schlug der Herr von Kulala (einen Klumpen) Ton (flach) und setzte seine Worte darauf wie ein Siegel. Früher hatte man nie Worte auf Ton festgehalten, heute aber, unter der Sonne dieses Tages, sollte es tatsächlich so sein! Der Herr von Kulaba hielt (seine) Worte auf [Ton] fest. So geschah es tatsächlich![20]

Auch wenn der vorliegende Textbeleg nicht den Schriftträger explizit nennt, so scheint hier die Bedeutungszuschreibung des Materials Ton enorm wichtig zu sein. Nicht die Schriftentwicklung, sondern die Schriftniederlegung auf Ton wird hier beschrieben. Ton war, wie der Text hergibt, zunächst ein Siegelträger. Aus dieser Siegelpraxis heraus, bildete sich die ‚Schriftpraxis':„Seine Worte setzte er wie ein Siegel". Mit Sicherheit wurde die Tontafel mit der Botschaft des Enmerkar auch gesiegelt. Wird hier eventuell bereits eine Tontafelhülle als Schriftträger beschrieben? Auch wenn wir keinen konkreten Beleg

16 Dies könnte auf eine andere akkadzeitliche Praxis schließen lassen.
17 Mittermayer: *Enmerkara und der Herr von Aratta*, S. 64.
18 Join N 7457 enthält die Zeile 500.
19 Wörtlich: „Die Hand auf den Lehm schlagen"
20 Mittermayer: *Enmerkara und der Herr von Aratta*, S. 65.

für diese Annahme haben, doch ausschließen sollte man es auch nicht. Die Schrift ist nach heutigem Kenntnisstand nicht aus Gründen der Korrespondenz und Übermittlung von Botschaften, sondern in direkter Fortsetzung von Siegeln, Zählmarken und Zahlentafeln entstanden, um die Verwaltung einer immer komplexer werdenden Wirtschaft der Städte Mesopotamiens bewältigen zu können.[21] Herman Vanstiphout rekonstruiert die Abfolge folgendermaßen: Tafel→Schrifttum→Briefe→Hüllen.[22] Er versteht die Zeile 503 im übertragenen literarischen Sinn und erklärt sie folgendermaßen: Die Tontafeln existierten zwar für administrative Vorgänge, in Form von ‚Notizen', Kalkulationen, Abrechnungen und Auflistungen, doch hier wurden sie erstmals zur Wiedergabe von gesprochener Sprache verwendet. Auch Wolfgang Heimpel und Jerrold Cooper sehen die Verbindung dieser Textpassage zu Enmerkar und der Herr von Aratta: „Line 53 parodies the famous passage in Enmerkar and the Lord of Aratta 503ff."[23]

Jennifer Ross untersucht die Entwicklung der Schrift und der Siegelpraxis aus einer anderen Perspektive, welche m. E. sehr hilfreich ist. Sie stellt fest, dass das Siegeln frühester Tonobjekte, der Tonbullen und der ersten numerischen Tontafeln (Uruk V), verbreiteter war, als in der darauffolgenden Uruk IV-Periode. Ab da tauchen erstmals piktografische Tafeln und Lexikalische Listen auf, die das Siegelbild weitgehend durch differenzierte Schriftzeichen ersetzen. Sie beobachtet richtig, dass es sich beim Siegeln und beim Schreiben um die gleiche Praxis des Eindrückens eines Siegels oder eines Griffels in Ton handelt.[24]

Die Praxis des Umhüllens

Die Idee und damit verbunden auch die Praxis, Objekte in eine Hülle zu legen und diese abzubilden, ist im Alten Orient nicht neu, sondern war schon sehr viel früher existent. Im ausgehenden 4. Jahrtausend vor Chr., d. h. etwa ein Jahrtausend vor der Ur III-Zeit, entstand zum ersten Mal die Notwendigkeit, administrative Vorgänge festzuhalten und zu speichern. Als in der

21 Manfred Krebernik: Von Zählsymbolen zur Keilschrift. In: Erika Greber / Konrad Ehlich / Jan-Dirk Müller (Hrsg.): *Materialität und Medialität von Schrift*. Bielefeld: Aisthesis 2002, S. 56.

22 Herman L. J. Vanstiphout: Enmerkar and the Lord of Aratta Line 503. In: *Nouvelles assyriologiques brèves et utilitaires* 3 (1993), S. 9–10.

23 Cooper/ Heimpel: The Sumerian Sargon Legend, S. 82: „Line 53 parodies the famous passage in Enmerkar and the Lord of Aratta 503ff."

24 Jennifer Ross: Art's Role in the Origin of Writing. In: *Critical Approaches to Ancient Near Eastern Art* (2014), S. 295–318, hier S. 307.

Uruk-Zeit, d.h. um 3300 v. Chr., die wirtschaftlichen Prozesse immer komplexer wurden und eine bessere Organisation und Verwaltungsstruktur erforderten, wurde nach Mitteln gesucht, die den Anforderungen der Wirtschaft entsprachen. Die großen Mengen von Lebensmitteln und Rohstoffen mussten sicher gelagert, inventarisiert und transportiert werden. Dafür wurden neue administrative Tools und Träger gesucht und eingeführt.[25] So kam man auf die Idee, die wirtschaftlichen Objekte, die es festzuhalten galt, durch eine nachvollziehbare Form wiederzugeben. Dafür wurde ein Material gewählt, mit dem alle gewünschten Formen abgebildet werden konnten: der Ton. Überall auffindbar, überall einsetzbar, leicht zu verarbeiten, dauerhaft nutzbar und formbar noch dazu. Zunächst wurden kleine Objekte mit einfachen geometrischen Formen, Tokens, auch Zählsteine genannt, geformt, welche die einzelnen Wirtschaftsgüter darstellten.[26] Diese wurden sodann in runde Tonklumpen gehüllt, die auch Tonbullen genannt werden. Hier haben wir es zum ersten Mal mit einer Praxis des Umhüllens zu tun, die auch die Funktion des Schutzes, der Archivierung und der Beglaubigung hatte. Auf der Oberfläche dieser Tonbullen wurden später dieselben Tokens durch Abdrücke abgebildet, sodass der Rezipient erkennen konnte, dass es sich im Inneren der Tonbullen um eine bestimmte Anzahl und Art von Objekten handelte. In diesem entscheidenden Schritt ist die administrativen Praxis durch ‚eingedrückte', aber flache Abbildung und nicht durch Schriftzeichen festgehalten.[27] Sehr bald schon wurden die runden Tonbullen durch eckige Tafeln ersetzt, da die flache Oberfläche mehr Raum für Abbildungen von Zähleinheiten und Objekten bot, aber auch Ordnung und Struktur besser wiedergab. Die Tafeln wurden immer größer und flacher, und die inneren Tokens verschwanden nach und nach. Sie erschienen nur noch als piktografische Zeichen und später in Form von Keilschrift. Bereits in dieser frühen Zeitperiode wurden auch die Rollsiegel erfunden, was mit den administrativen Vorgängen in den Tempeln einherging und zum Schutz des Eigentums gedacht war. Diese werden nicht nur auf Gefäßen, Türen und tönernen Verschlüssen, sondern auch auf Tontafeln abgerollt.[28] Bereits Nicholas Postgate erkannte, dass die Praxis des Umhüllens in beiden Zeitperioden ähnlich war, ging aber nicht weiter auf diese Sachlage

25 Nicholas Postgate: *Early Mesopotamia, Society and Economy at the Dawn of History*. London: Routledge 1994, S. 53–54.

26 Schmandt-Besserat: *Before Writing*.

27 Hans J. Nissen / Peter.Camerow / Robert. K. Englund: *Informationsbearbeitung vor 5000 Jahren*. Berlin: Franzbecker 1990, S. 48–50.

28 Rainer M. Boehmer: *Früheste Abrollungen*. Mainz: von Zabern 1999, 144, a–h.

ein.[29] Zwischen beiden Zeitperioden liegen ca. 1.000 Jahre, doch wichtig ist hier, dass die in diesen Objekten liegende Idee und der Verwendungszweck gleich sind. Die hier greifbaren Parallelen zwischen den Tonbullen der Uruk-Zeit und den Tontafelhüllen der Ur III-Zeit sind erstaunlich. Sowohl in der Uruk-Zeit als auch in der Ur III-Zeit werden administrative Vorgänge auf Tonobjekten festgehalten. Sie werden sowohl auf der inneren Tafel als auch auf der äußeren Hülle abgedrückt und beschrieben, d. h. es geht nicht um den Schutz des Inhaltes, sondern um ihre Reproduktion, um die Kopie und Beglaubigung des Dokumentes. Auch die Siegelungen verifizieren das Dokument und verleihen ihm Handlungsmacht. Daher ist ganz klar: Die Idee der Umhüllung von Objekten in einer Tonbulle und später in einer Tontafelhülle war offensichtlich dieselbe. David I. Owen hat ein erstaunliches Projekt in die Wege geleitet, in dem er der Praxis des Umhüllens nachgegangen ist. Noch sind die Ergebnisse nicht publiziert, doch erste eindrucksvolle Fotografien und Scans finden sich in CUSAS 21.[30] Mit einem 3D-Scanner hat er diverse umhüllte Objekte der Sammlung untersucht. Dabei wurden nicht nur die umhüllten Objekte im Inneren sichtbar, sondern auch die Hüllen von innen.[31] Er konnte den genauen Umhüllungsprozess rekonstruieren und bisher ungeahnte Parallelen bei der Technik, d. h. der Machart, und Praxis des Umhüllens zwischen Tonbullen der Uruk-Zeit und der späteren Ur III-zeitlichen Hüllen feststellen.[32] Nachdem nun die Idee des Umhüllens offensichtlich präsent war und aufgrund des oben genannten Textbeleges aus der Legende Sargons angenommen werden kann, dass es Tontafelhüllen auch in früheren Zeitperioden gab, müssen nun auch die archäologischen Zeugnisse herangezogen werden. Tonobjekte, Tonbullen, Tontafeln sowie Siegel und Siegelabrollungen sind aus der frühdynastischen Periode aus den großen Zentren wie Uruk, Ur, Adab, Nippur, Fara und Mari sehr wohl bekannt und dienten oft zur Untersuchung altsumerischer administrativer Praktiken.[33] Doch Tontafelhüllen scheinen in dieser frühen Zeitperiode nicht in Gebrauch gewesen zu sein.

29 Nicholas Postgate: *Early Mesopotamia, Society and Economy at the Dawn of History*: London: Routledge 1994, S. 53–54.

30 Salvatore Monaco: *Archaic Bullae and Tablets in the Cornell University Collections*. Bethesda: CDL 2007, S. 3.

31 David I. Owen Photo Archive. http://cuneiform.library.cornell.edu/collections/owen (Zugriff am 14.06.2015).

32 Auch Prof. David Owen danke ich hiermit herzlich für die vielen Ratschläge und seine Unterstützung bei meiner Recherche.

33 Roger J. Matthews: Fragments of Officialdom from Fara. In: *Iraq* 53 (1991), S. 1–15, hier S. 11.

Der frühdynastische Text aus Lagaš

Bislang ist eine einzige Tontafelhülle aus der frühdynastischen Periode FD III aus Lagaš publiziert. Diese ist besonders interessant, da sie impliziert, dass im Lagaš der altsumerischen Zeit, vielleicht auch im gesamten südlichen Mesopotamien die Praxis des Umhüllens existiert haben muss. Die Publikation aus dem Jahre 1915 gibt keine Zeichnung von der Hülle an, dafür ist aber eine genaue Beschreibung derselben zu finden. Hierbei handelt es sich ebenfalls um ein administratives Dokument. Auf der Rückseite finden sich Spuren einer kürzeren Kopie des Textes in der oberen rechten Ecke, die leider zerstört ist. In der oberen linken Ecke steht der Name der rezipierenden Göttin Nina als der Empfängerin der Opfer sowie die votierende Person, der Fischer.[34] Diese Tafel mit Hülle ist bislang einzigartig. Theophilus Pinches vermutet, dass es noch weitere solcher Dokumente mit Tafelhüllen im Louvre und in Brüssel gibt. Zwar fehlten die Tontafelhüllen, doch der Typologie nach seien diese demselben Typus zuzuordnen. Er nimmt an, dass die Tontafelhülle als eine Art „protective covering" diente.[35] Doch ob diese die einzige Erklärung für die Verwendung einer Hülle ist, bleibt ungewiss, da sie bislang ein *hapax* ist. Ob Tontafelhüllen bereits in dieser frühen Zeit Teil einer administrativen Praxis waren, ist aufgrund einer einzigen Quelle schwer nachzuweisen. Doch ihr Vorhandensein ist eine Aufforderung, nach weiteren zu suchen und nicht von vornherein Möglichkeiten auszuschließen. Denn bei genauerer Betrachtung der materiellen Beschaffenheit von Tontafeln entdeckt man Indizien, die tatsächlich auf die Anbringung von Tafelhüllen schließen lassen.

Akkad-Zeit

Tontafelhüllen schienen aus dieser früheren Zeitperiode, um 2350 v. Chr., nicht vorhanden gewesen zu sein. Dies liegt sicherlich auch daran, dass viele Forscher ihre Existenz bislang verneinten und keine eigenständigen systematischen Untersuchungen angestrebt haben. Doch Altorientalisten beobachten schon länger, dass es viele Ähnlichkeiten und Analogien zwischen den altakkadischen und den Ur III-zeitlichen Dokumenten gibt. Laut der ersten oben genannten Textquelle aus der Sargon-Legende, gab es damals bereits

34 Über die ganze Fläche der Hülle wurde gesiegelt. Das Siegel gehörte En-gal-gala, der Vorsteherin des Frauenhauses und scheinbar eine wichtige Figur in der Zeit des Lugal-anda und Uru-ka-gina. Das Layout der inneren Tafel ist in vier Kolumnen gegliedert. Die einzelnen Sinn- bzw. Zähleinheiten werden durch Trennlinien voneinander abgesetzt. Viele leer stehende Flächen sind in den einzelnen Kolumnen zu sehen.

35 Theophilus Pinches: *The Amherst Tablets*. London: Quarich 1908, S. 1.

Abb. 1
Tontafel mit Hülle, Louvre.

eingehüllte Tontafeln. Die Akkad-Zeit ist außerdem im Vergleich zur Ur III-Zeit arm an archäologischen und literarischen Zeugnissen. Die Unkenntnis über die Stadt Akkad sowie das Fehlen der großen akkadzeitlichen Palastarchive dürfte die magere Quellenlage dieser Urkundengattung erklären. Ein weiteres Argument für das scheinbare Nicht-Vorhandensein von Tafelhüllen, das angeführt werden kann, ist die scheinbar fehlende Vorstufe des Produktionsprozesses.

Bislang sind etwa 4.000 akkadzeitliche Verwaltungsurkunden aus den großen Zentren wie Nippur, Ešnunna, Tell Brak und Ĝirsu gefunden worden.[36] Akkadzeitliche Siegel und Siegelabrollungen gibt es dagegen viele. Im Vergleich

36 Westenholz / Sallaberger: *Mesopotamien*, S. 19.

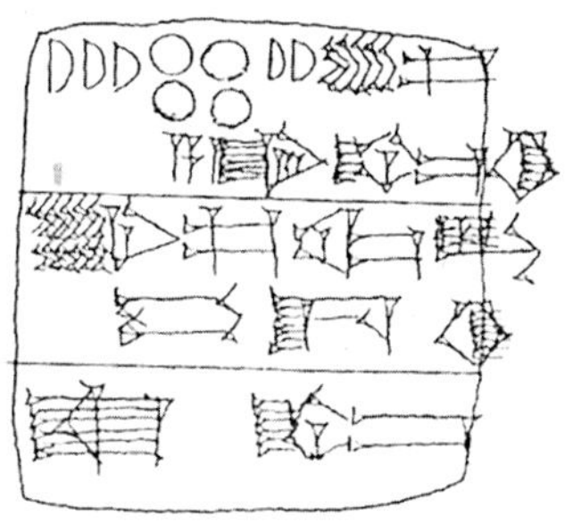
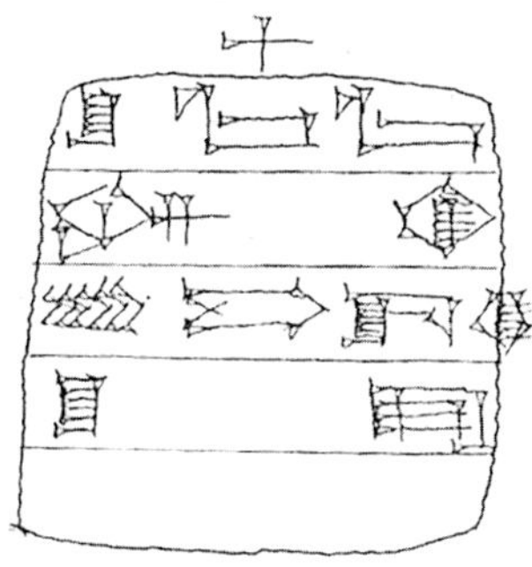

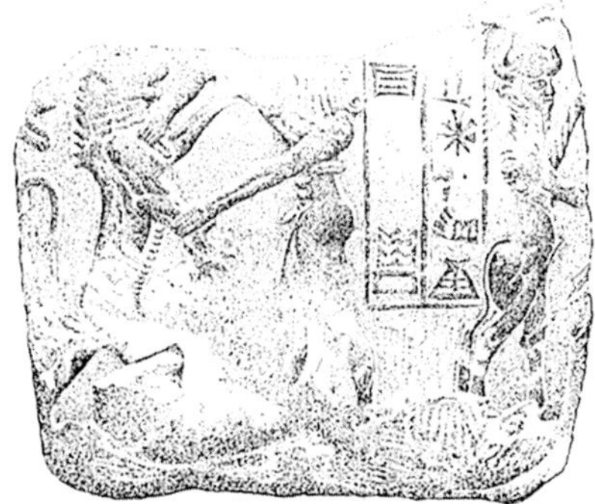

Abb. 2: Tontafel mit Hülle, Pennsylvania.

dazu sind es etwa 2.000 an der Zahl. Über die Siegelpraxis auf Tafeln dieser Zeit weiß man nicht viel, da es nur wenige Tafeln gibt, auf denen gesiegelt wurde.[37] Doch die vielen hochwertigen Siegel und ausführlichen Siegellegenden deuten auf eine ausgeklügelte und komplexe administrative Praxis hin, die möglicherweise der Ur III-zeitlichen ähnelte. Dass Tontafelhüllen fehlen, kann aber auch mit anderen administrativen Praktiken und Schriftträgern verbunden sein. Interessant ist, dass es bereits in der Akkad-Zeit mehrere Schrift- und Bildträger gab. Yelena Rakic nennt insgesamt vier dieser Träger bei ihrer

37 Karin Rohn: *Beschriftete mesopotamische Siegel der frühdynastischen und Akkad-Zeit.* Fribourg: Academic Press 2011.

Abb. 3
Tontafel mit Hülle, Schøyen Collection.

Untersuchung der akkadzeitlichen Siegelpraxis.[38] Dazu gehören die geschlossenen Tonbullen, gesiegelte und beschriebene Tontafeln, Tontafeln ohne Textinhalte und zuletzt die ‚bulla labels', die scheibenförmige Tonbullen[39] darstellen. Die geschlossenen Tonbullen sind in Mesopotamien durchgehend in Gebrauch geblieben. Die drei anderen hier genannten Tonobjekte könnten eine Zwischenstufe oder eine Experimentierphase des Entwicklungsprozesses der Tontafelhülle erklären. Der fünfte, bei Rakic nicht explizit genannte, aber abgebildete Schrift- und Bildträger, der in der Akkad-Zeit im Gebrauch war, ist die Tontafelhülle[40]. Bislang findet sich eine publizierte Tontafelhülle

38 Yelena Rakic: Impressions of the Contest Scene. In: *Critical Approaches to Ancient Near Eastern Art* (2014), S. 185–204, hier S. 194.

39 Rohn: *Beschriftete Siegel*, Nr. 314, 316, 357, 340, 445.

40 Rakic: Contest Scene, S. 194, Abb. 6.

Uruk-Zeit	3300–3100	Tonbullen/Tokens
FD I–FD III	3100–2500	1 Hülle aus Lagaš
Akkad-Zeit	2350–2100	Text (Sargons Legende) Mindestens 2–3 Tontafelhüllen (weitere werden vermutet)
Ur III-Zeit	2111–2003	Tausende Tontafelhüllen im gesamten Ur III-Reich

Tab. 1. Zeittafel und Evidenz.

aus der Akkad-Zeit, die in PBS IX[41] und in Karin Rohns Publikation über beschriftete frühdynastische Siegel aufgenommen wurde.[42] Diese sieht den späteren Ur III-zeitlichen Tafelhüllen sehr ähnlich, doch der Text und die Siegelabrollung verraten, dass es sich um eine aus der Akkad-Zeit stammende Hülle handeln muss. Weitere Tafelhüllen, die Tontafeln enthielten, werden aus Nippur vermutet.[43] Die Tontafeln sind alle an den oberen rechten Ecken beschädigt, daher nimmt Piotr Steinkeller an, dass es sich hierbei um Beschädigungen handeln könnte, die durch die Entfernung der Tontafelhülle entstanden seien.[44] Jedoch ist dies schwer nachzuweisen und kann hier nicht als Beweis dienen. Diese wenigen Beispiele müssten genauer untersucht und ihre Materialität besser überprüft werden. Bei genauerer Betrachtung der materiellen Beschaffenheit von Tontafeln jedoch gibt es Indizien für das Vorhandensein von Tontafelhüllen. Diese ähneln in ihrer Größe, ihrer quadratischen Form, ihres strukturierten und gegliederten Layouts sowie ihrer Paläographie schon sehr den späteren neusumerischen Hüllen. Die innere Tafel verrät, dass es sich hierbei um Gerste-Transaktionen handelt. In der anschließenden Ur III-Zeit befasst sich die Mehrheit der administrativen Dokumente aus Ĝirsu ebenfalls mit dem Eintreiben und Verteilen von Gerste.[45] Eine weitere unpublizierte akkadzeitliche Tontafelhülle aus der Shøyen Collection[46] könnte ein weiteres Beispiel für die Existenz früherer Tontafelhüllen sein. Da auch hier

41 PBS IX, Nr. 122.

42 Rohn: *Beschriftete Siegel*, Nr. 448a.

43 BIN 8 274; 283-85. Auf allen drei findet sich dieselbe Siegelabrollung.

44 Piotr Steinkeller: Seal Practice in the Ur III Period. In: McGuire Gibson / Robert D. Biggs (Hrsg.): *In Seals and Sealings in the Ancient Near East.* Malibu: Undena, S. 41–53, hier S. 41.

45 Ein Großteil der Verwaltungsdokumente sowohl in der Uruk-Zeit als auch später handelt von der Lagerung und diversen Transaktionen mit Gerste. Interessant ist die Tatsache, dass die Getreidegöttin Nisaba bis ins 2. Jahrtausend. v. Chr. hinein als Patronin der Schrift galt. Der Zusammenhang zwischen Gerste und Verwaltung ist unübersehbar.

46 MS 3550; im Juli 2015 soll diese in CUSAS (Cornell University Studies in Assyriology and Sumerology) publiziert werden.

der archäologische Kontext nicht rekonstruierbar ist, bleibt dies weiterhin offen. Auch hier sind die Tafel sowie die Tontafelhülle den Ur III-zeitlichen formal und inhaltlich zum Verwechseln ähnlich.[47]
Auch wenn die Kontinuität der archäologischen Zeugnisse nur an wenigen Beispielen aufgezeigt werden kann, so ist dennoch klar, dass die Praxis des Umhüllens älter sein muss, als bisher behauptet wurde. Bislang findet sich aus den früheren Perioden ein einziger Textbeleg, der den Prozess des Umhüllens erwähnt, eine Hülle aus der frühdynastischen Zeit und noch zwei weitere aus der Akkad-Zeit. Das ist zugegeben eine sehr spärliche Quellenlage, dennoch genug, um die Praxis früher als bisher vermutet anzusetzen und in Zukunft nach weiteren Hüllen aus diesen Perioden zu suchen. Wenn wir nun die immateriellen ‚Zeugnisse' hinzunehmen und bei der Idee des Umhüllens ansetzen, können wir noch weiter zurück in die Vergangenheit gehen. Wenn wir von den Typologien, äußeren Merkmalen, Form und Größe sowie den inneren Gliederungsmerkmalen, Design und Layout, abstrahieren wollen, stoßen wir auf ähnliche Objekte, die auch potentielle Vorläufer der Tafelhüllen sein könnten. Denn das Umhüllen eines oder mehrerer Objekte ist keine neue Praxis im Alten Orient.

Kontinuität/-en in der Archäologie

Doch kann die Idee und die Praxis des Umhüllens eine Kontinuität bilden? Nachdem hier nun alle materiell greifbaren und immateriell zu erschließenden Zeugnisse zusammengeführt worden sind, kann man eine Bilanz ziehen und die Kontinuitätsfragen erneut aufgreifen. Das Artefakt Tontafelhülle erscheint in der Ur III-Zeit in seiner vollendeten Form und Funktion. Die Frage nach Vorläufern wurde in der Forschung nicht gestellt, da archäologische und literarische Zeugnisse nicht bekannt waren, als zu unsicher galten und als zahlenmäßig zu gering ausfielen. An dieser Stelle sind neben der komparativen Archäologie und der Textanalyse andere Vorgehensweisen erforderlich. Neue kulturwissenschaftliche Methoden eignen sich sehr gut für die Erforschung nicht sichtbarer Phänomene wie der Kontinuität. Die Ausgangssituation bzw. die erste Fragestellung bei der Erforschung dieser Objekte war es, Vorläufer und Ursprünge dieser Objekte zu suchen. Doch bei erster Betrachtung schien eine solche Untersuchung unmöglich und irrelevant, da am Anfang noch keine archäologischen Quellen bekannt waren.

47 Auf diese Tafelhülle machte mich Prof. Aage Westenholz kürzlich aufmerksam, wofür ich ihm herzlich danke.

Idee/Praxis	Praxis des Umhüllens von Tonbullen und Tafelhüllen
Zeit/Raum	Südbabylonien/Lagaš (FD I, Akkad-Zeit, Ur III-Zeit)
Materille und immaterielle Zeugnisse	Objekte (Hüllen/Bullen), Schriftzeugnisse, Praxis, lebendiger Kontext
Schriftliche Zeugnisse	Sargons Legende
Soziale und administrative Strukturen und Praktiken	Komplexes Wirtschaftssystem, Transaktionen mit Gerste

Tab. 2. Kontinuitätsmodell mit allen bislang greifbaren materiellen und immateriellen Faktoren.

Zunächst wurde die Verbindung zwischen den Ur III-zeitlichen Hüllen und den Tonbullen hergestellt. Die Idee sowie die Praxis, Objekte zu schützen, zu bewahren, zu archivieren und zu beglaubigen, haben beide Zeitperioden, die Objekte und die Akteure gemeinsam. Diese Parallelen können nicht ignoriert werden. Zwar ist der Zeitabstand von ca. 1.000 Jahren zwischen beiden Zeitperioden unübersehbar, doch die wenigen gefundenen Beispiele von Tontafelhüllen beweisen, dass andere oder ähnliche Praktiken existiert haben müssen, bei denen die Tontafelhülle ebenfalls eine wichtige Rolle spielte. Die Form der Objekte änderte sich zwar mit dem Aufkommen der Tontafel, doch die Praxis des Umhüllens blieb bestehen. Diese gemeinsame Praxis macht die Untersuchung von früheren Tontafelhüllen durchaus sinnvoll. Denn wenn man sich sicher ist, dass die Suche erfolgreich sein muss, darf man sich nicht auf frühere Behauptungen verlassen. So geschah es mit den Tontafelhüllen. Archäologen haben sie kaum beachtet, und daher wurde die Frage nach ihren Ursprüngen nie gestellt. Durch zahlreiche Recherchen in alten Publikationen und Befragungen von Kuratoren und Altphilologen war es möglich, die wenigen Tontafelhüllen aus der Akkad-Zeit zu finden. Aus der Uruk-Zeit haben wir Tonbullen, die Objekte umhüllten und gleichzeitig beschrieben und gesiegelt wurden. Für die frühdynastische Periode können wir mit Sicherheit sagen, dass es bereits Tontafelhüllen gab, auch wenn das Beispiel aus Lagaš ein *hapax* ist und seine Funktion noch nicht geklärt werden konnte. Aus der folgenden Akkad-Zeit gibt es zwei Beispiele mit unsicherem Kontext, die bezeugt sind. Weitere Tontafelhüllen werden vermutet, können aber nicht mit Sicherheit bestimmt werden. Ab der Ur III-Zeit haben wir eine Vielzahl an Tontafelhüllen im gesamten Ur III-Reich. Da ist die Hülle bereits in ihrer vollendeten Form archäologisch sicher nachweisbar.

Die Frage, ob diese wenigen Beispiele ausreichen, um eine Kontinuität der Tontafelhüllen oder zumindest der Praxis des Umhüllens rekonstruieren zu können, kann man m.E. bejahen, wobei man sich natürlich bewusst sein muss, dass es riskant ist, mit solch einer schlechten, aber signifikanten Quellensituation zu argumentieren. Hier muss erneut die Frage nach der Definition von Kontinuität gestellt werden. Ist es sinnvoll, überhaupt von einer Kontinuität zu sprechen, wenn doch die Beleglage so schlecht ist? Muss Kontinuität stets an Zeit, Raum und Materie gebunden sein? Inwieweit können immaterielle Quellen wie Ideen und Praktiken rekonstruiert werden? Neue Kontinuitäts- und Diskontinuitätstheorien sind wegweisend und eröffnen neue Sichtweisen. Auch bei der Suche nach Kontinuität, wo keine zu sein schien, finden sich Analogien und Parallelen, die nicht zu ignorieren sind. Durch diese Recherche und Überlegungen konnte zumindest eine dünne materielle Kontinuitätslinie aufgezeigt werden. Die Diskontinuitäten in den Biographien der Hüllen entstehen durch die Veränderung der Form der Objekte. Erst durch das Aufkommen der flachen Tafel verändert sich auch die Form der Hülle, nicht aber ihre Grundfunktion der Bewahrung, der Archivierung und der Beglaubigung. Die Kontinuität der immateriellen Idee und Praxis jedoch ist die fortwährende und entscheidende. Auch in den nachfolgenden Jahrtausenden spielt die Tafelhülle eine wichtige Rolle im alltäglichen und administrativen Bereich. Sie ist bis in die heutige Zeit hinein in Gebrauch. Kontinuitäten und Diskontinuitäten können auch aufgrund von Handlungs- und Verhaltensweisen rekonstruiert werden. Diese erschließen sich, wenn wir nach den Praktiken und den Techniken jener Zeit suchen. Auffindbar sind diese, wenn wir die Objekte und ihre materiale Beschaffenheit und den Umgang mit ihnen genauer untersuchen. Durch neu formulierte Fragestellungen der Kontinuitäten und der Praxeologie können diese sichtbar gemacht und neu rekonstruiert werden. Vor allem war mein Anliegen aufzuzeigen, wie sich die Suche nach möglichen Kontinuitäten in der Geschichtsforschung gestalten kann. Der ‚lebendige' Kontext von archäologischen Artefakten darf und muss unbedingt berücksichtigt werden.

Urbane Diskontinuität, Siedlungskontinuität und Landschaftswandel

Die Gültigkeit der Kontinuitätsfrage in Siedlungs- und Landschaftsarchäologie[1]

Elnaz Rashidian

> Kontinuität? Der Begriff ist eher eine Herausforderung als eine Antwort.
>
> (Hermann Bausinger: Zur Algebra der Kontinuität)

Einleitung

Das Konzept der Kontinuität stellt in den zwei jungen Teildisziplinen der Archäologie, nämlich der Siedlungs- und Landschaftsarchäologie, ein definitionsbedingtes Problem dar. Denn aufgrund ihrer Entstehungsgeschichte erweist sich die Kontinuitätsfrage in diesen Bereichen teilweise als ungültig. Die Problematik der Kontinuitätsfrage hat dabei ihre Wurzeln in der nebulösen Definition ihres Begriffs, der vagen Grenzen ihrer Wandelbarkeit sowie dessen Geschichte in den Nachbarwissenschaften der Archäologie.

Die beiden Teildisziplinen werden im Folgenden zusammen behandelt, da sie sich beide mit dem vom Menschen besiedelten Raum beschäftigen und somit die Konzepte von Siedlung und Landschaft ohne einander nicht vorstellbar sind. Ferner weisen sie gerade wegen der Überlappung ihrer Untersuchungsrahmen dieselben Probleme im Hinblick auf die Kontinuitätsfrage auf. Anhand ausgewählter Beispiele soll das Konzept von Kontinuität im Hinblick

1 Den Organisatoren des Workshops „Limits of Change; Was ist der Wert der beständigen Dinge?“ danke ich für die Möglichkeit, diesen Beitrag in einer kürzeren Form am 19. Juli 2014 in Frankfurt am Main vorzutragen. Von der anschließenden Diskussion sowie weiteren Kommentaren im Laufe der Entstehung dieses Bandes habe ich profitiert. Ich bedanke mich auch herzlich bei zwei anonymen Lesern für die kritischen Kommentare.

auf Landschafts- und Siedlungsarchäologie erörtert und Alternativkonzepte vorgestellt werden.

Definition der Kontinuität

Um die Gültigkeitsfrage dieses Kontinuitätskonzepts zu diskutieren, ist vor allem auf die Frage seiner Definition einzugehen. Unter dem Begriff ‚Kontinuität' wird gemeinhin folgendes verstanden: „Unterbrechungslosigkeit oder Stetigkeit, die Eigenschaft, dass da, wo ein Teil eines Ganzen aufhört, ein anderer anfängt."[2] In den Naturwissenschaften wird dies mit ähnlichen Worten formuliert: „A continuous entity – a continuum – has no ‚gaps'."[3] Als Gegenbegriff zu Kontinuität wird im deutschsprachigen Raum ‚Diskontinuität' verwendet, die im Gegensatz dazu die Unbeständigkeit eines Ablaufs beschreibt.[4]

Schon seit der Antike ist Kontinuität ein viel diskutiertes und gleichzeitig umstrittenes Konzept in philosophischen Überlegungen.[5] Dabei ist das Kontinuitätskonzept von Zeit und Raum für diese Diskussion von Interesse. In der Kant'schen Sichtweise werden zwar Raum und Zeit, nicht jedoch Zahlen (im Sinne von mathematischen abstrakten Objekten) als Kontinuum verstanden.[6] Dagegen argumentiert G.W.F. Hegel, dass alle Phänomene einschließlich Zahlen sowohl kontinuierlich als auch diskret sein können.[7] Leibniz behauptet, Kontinuität sei ideal (nicht real), und alles andere, also das Materielle (und reale), sei dagegen diskontinuierlich.[8] Die Komplexität dieser Überlegungen überschreitet zwar den Rahmen dieses Beitrags, dennoch wird aus diesen wenigen Beispielen die allgemeine Problematik des Kontinuitätsbegriffs deutlich: Obwohl das Konzept in den Wissenschaften häufig vorkommt, wird im Zuge unterschiedlicher Diskussionen lediglich ein

2 Kontinuität. In: *Meyers Großes Konversations-Lexikon*, Bd. 11, hrsg. v. Hermann J. Meyer. Leipzig 1907, S. 441.

3 John L. Bell: *The Continuous and the Infinitesimal in Mathematics and Philosophy*. Milan: Polimetrica S.A. 2005, S. 3.

4 Diskontinuität. In: *Meyers Großes Konversations-Lexikon*, Bd. 11, hrsg. v. Hermann J. Meyer. Leipzig 1907, S. 46.

5 Für eine ausführliche Geschichte des Kontinuitätskonzepts in der Philosophie siehe Bell: *The Continuous and the Infinitesimal*, S. 10–53.

6 Ebd., S. 121–122.

7 G.W.F. Hegel: *Wissenschaft der Logik*, 1. Teil: Die objektive Logik. Berlin: Duncker und Humblot 1833, S. 213–215, 229–230.

8 Bell: *The Continuous and the Infinitesimal*, S. 88 mit Verweis auf Leibniz' Zitat „natura non facit saltus" (*nature makes no jump*), S. 14.

bestimmter Aspekt dieser Definition herausgegriffen. Einer dieser Aspekte ist der Begriff „limit"; dies ist die angebliche Grenze der Wandelbarkeit eines Kontinuums.[9] Diese Grenze spiegelt sich jeweils in Zeit und Raum wider. In diesem Zusammenhang wird unten die Problematik anhand von Beispielen angedeutet. Zunächst soll der geschichtliche Hintergrund dieser Problematik erläutert werden.

Forschungsgeschichtlicher Diskurs

Dieser Beitrag befasst sich zwar nur mit dem Kontinuitätskonzept in den erwähnten Teildisziplinen, dennoch muss dessen theoretischer Diskurs in den gesamten archäologischen Wissenschaften betrachtet werden. Dieses Thema war bereits ab Mitte der 1930er Jahre Gegenstand des archäologischen Theoriediskurses, dennoch wird beim genaueren Betrachten der Mangel an einer expliziten Kontinuitätstheorie in dieser Wissenschaft deutlich.[10] Die möglichen Gründe dafür sind in ihrer Forschungsgeschichte zu finden.

Kontinuität ist kein junges Konzept, auch nicht ausschließlich eine Frage der Geisteswissenschaften. Dieser Begriff findet ebenso in mehreren naturwissenschaftlichen Disziplinen Verwendung.[11] Wohl am berühmtesten ist die Darwinsche Idee von der kontinuierlichen Entwicklung des Menschen aus Tieren im biologischen Sinne.[12]

Häufig findet sich der Begriff des Kontinuums in den Geowissenschaften. Ein Beispiel dafür bietet das Phänomen Fluss, dessen Kontinuitätskonzept aber umstritten ist. Während der Fluss von den meisten Geowissenschaftlern und Landschaftsforschern als ein Kontinuum mit beständigen Charakteristika von der Flussquelle zur Mündung[13] betrachtet wird,[14] stellen manche andere

9 Ebd., S. 87.

10 Für eine ausführliche Forschungsgeschichte vom Kontinuitätskonzept in der Archäologie siehe Thomas Knopf: *Kontinuität und Diskontinuität in der Archäologie. Quellenkritisch-vergleichende Studien.* Münster: Waxmann 2002, S. 16ff.

11 In der Mathematik vor allem als Konzept der Stetigkeit (stetige Funktion), siehe Kontinuität. In: *Brockhaus Kleines Konversations-Lexikon*, Bd. 1. 5. Aufl. Leipzig 1911, S. 1003.

12 Gustav Jahoda: *Crossroads between Culture and Mind: Continuities and Change in Theories of Human Nature.* Cambridge: Harvard UP 1992, S. 94.

13 Also in Form einer lang gestreckten zweidimensionalen Achse.

14 Robin L. Vannote / G. Wayne Minshall / Kenneth W. Cummins / James R. Sedell / Colbert E. Cushing: The River Continuum Concept. In: *Canadian Journal of Fisheries and Aquatic Sciences* 37 (1980), S. 130–137; James v. Ward / Klement Tockner / Dave B. Arscott / Cécile Claret: Riverine Landscape Diversity. In: *Freshwater Biology* 47 (2002), S. 517–539.

dieses Konzept in Frage.[15] Sie belegen durch empirische Beobachtungen,[16] wie die scheinbar beständigen Flusscharakteristika sich wandeln (lassen) und somit eine Diskontinuität innerhalb des angeblichen Kontinuums verursachen. Da Flüsse in der Landschaft sowie der Landschaftsarchäologie und Siedlungsarchäologie eine entscheidende Rolle spielen, bedarf es, genauer darauf einzugehen. Dies wird unten anhand vom Beispiel Howeizeh erläutert.

Das Kontinuitätskonzept in der Ideen- und Wissenschaftsgeschichte bildet seit Giambattista Vico eine theoretische Basis, nach der die Kontinuität der Wissenschaft sowie eine Kulturkontinuität voraussetzt wird.[17] So wird die Geschichte des Menschen als eine stetige Aufeinanderfolge von Ereignissen, also als ein Kontinuum betrachtet.[18]

Das Konzept der Kontinuität wurde am weitaus häufigsten von Kulturwissenschaftler_innen behandelt. Jacob Christoph Burckhardt, einer der bedeutendsten Kulturhistoriker des 19. Jahrhunderts, verwendet den Kontinuitätsbegriff im Zusammenhang mit dem universalen, von Griechen geschaffenen Weltbild. Burckhardts Bewunderung für das „Griechenvolk" findet ihre Wurzel in der These, es wäre die Brücke zwischen dem alten Wissen aus dem Orient und dem neuen aus dem Okzident. Es verschaffe somit eine Kontinuität in der Weltkulturentwicklung. Er behauptet, das „Griechenvolk" habe sich bewusst so orientiert, um

> seine Kultur zu einer Weltkultur zu machen, in welcher Asien und Rom zusammentrafen, durch den Hellenismus der große Sauerteig der alten Welt zu werden; zugleich aber durch das Weiterleben dieser Kultur die Kontinuität der Weltentwickelung für uns zu sichern; denn nur durch die Griechen hängen die Zeiten und das Interesse für diese Zeiten aneinander; ohne sie hätten wir kein Wissen von der Vorzeit, und was wir ohne sie wissen könnten, würden wir zu wissen nicht begehren.[19]

In dieser Passage wird deutlich, dass er Kontinuität als die selbstverständliche sowie positive Art und Weise jener Kulturevolution betrachtet. So

15 James H. Thorp / Martin C. Thoms / Michael D. Delong: The Riverine Ecosystem Synthesis: Biocomplexity in River Networks across Space and Time. In: *River Research and Application* 22,2 (2006), S. 123–147.

16 Siehe z. B. Tsuyoshi Kobayashi / Darren S. Ryder / Timothy J. Ralph / Debashish Mazumder / Neil Saintilan / Jordan Iles / Lisa Knowles / Rachael Thomas /Simon Hunter: Longitudinal Spatial Variation in Ecological Conditions in an In-Channel Floodplain River System during Flow Pulses. In: *River Research and Application* 27,4 (2011), S. 461–472.

17 Jeffrey Barnouw: Vico and the Continuity of Science: The Relation of His Epistemology to Bacon and Hobbes. In: *Isis* 71,4 (1980), S. 609–620, hier S. 610.

18 Jahoda: *Crossroads between Culture and Mind*, S. 69.

19 Jacob Burckhardt: *Griechische Culturgeschichte. Werke*, Bd. 22, hrsg. v. Leonhard Burckhardt. München: Beck 2012, S. 48–49.

sind Kulturhistoriker seiner Generation davon überzeugt, dass sich die Geschichte der Menschheit stetig hin zu einem bestimmten Ziel weiterentwickelt. Von daher kann das Kontinuitätskonzept im Rahmen dieser These gar nicht in Frage gestellt werden. Für diese Generation der Wissenschaftler war „Kontinuität häufig weniger ein Problem, das Untersuchungen provozierte, als vielmehr eine scheinbare Antwort, die Untersuchungen überflüssig machte“[20].

Diese Auffassung von Kontinuität spielte in den darauffolgenden Jahrzehnten eine wesentliche Rolle zur Rechtfertigung von Nationalismus und Rassismus.[21] Ende des 19. sowie Anfangs des 20. Jahrhunderts erlebte die Welt diverse politische Veränderungen; einige Länder mussten sich neu definieren,[22] andere Völker wollten ihr neu gegründetes Land eine historische Identität verschaffen.[23] Viele dieser theoretischen Diskurse wurden dabei auch in der Archäologie weitergeführt.[24] So ist davon auszugehen, dass die Etablierung der archäologischen Kontinuitätsfrage auch von dieser Überzeugung der nationalen Kulturevolution geprägt wurde. Die Folgen dieser Strömung, deren Spuren noch heute aufzufinden sind, begleiten seitdem den Kontinuitätsbegriff: Dessen kulturhistorische Belastung löst in den meisten akademischen Diskursen eine Abneigung aus, da bei keiner Diskussion um diesen Begriff die dazugehörige kulturhistorische Debatte sowie dessen theoretische völkische Basis vermieden werden kann.

Bis zu den ersten Jahrzenten des 20. Jahrhunderts war bei der Untersuchung von materieller Kultur eine kontinuierliche Anordnung von Objekten in vorbestimmten Gruppen die gängige Vorgehensweise.[25] Artefakte wurden dabei möglichst detailliert beschrieben und durch ihren ästhetischen Stil in

20 Bausinger: Zur Algebra der Kontinuität, S. 11.

21 Besonders in Italien und Deutschland. Siehe Philip L. Kohl: Nationalism and Archaeology; on the Constructions of Nations and the Reconstructions of the Remote Past. In: *Annual Review of Anthropology* 27 (1998), S. 223–246; Bernard Wailes / Amy L. Zoll: Civilization, Barbarism, and Nationalism in European Archaeology. In: Philip L. Kohl / Clare Fawcett (Hrsg.): *Nationalism, politics, and the Practice of Archaeology*. Cambridge: Cambridge UP 1995, S. 21–38; Margarita Diaz-Andreu: *A World History of Nineteenth-Century Archaeology. Nationalism, Colonialism, and the Past.* Oxford: Oxford UP 2007, S. 338–405.

22 Kamyar Abdi: Nationalism, Politics, and the Development of Archaeology in Iran. In: *American Journal of Archaeology* 105,1 (2003), S. 51–76.

23 Kamyar Abdi: From Pan-Arabism to Saddam Husayn's Cult of Personality: Ancient Mesopotamia and Iraqi Nationalism. In: *Journal of Social Archaeology* 8,1 (2008), S. 3–34.

24 Für eine Zusammenfassung der nationalistischen Archäologie siehe Bruce G. Trigger: *A History of Archaeological Thought*. Cambridge: Cambridge UP 1981, S. 163–167.

25 Für weiteres siehe ebd., S. 73–79.

Typen und Kategorien gegliedert.[26] Um diese Zeit wurden auch naturwissenschaftliche Methoden der Datierung in der Archäologie eingeführt und erfolgreich unter Beweis gestellt.[27] Naturwissenschaften haben in der zweiten Hälfte des 20. Jahrhunderts vor allem in drei Punkten zu einer Bereicherung der archäologischen Beweislage beigetragen: a) geophysikalische Methoden bzw. geomagnetische Prospektion, b) Datierung[28]und Altersbestimmung[29]; c) Untersuchung der physischen und chemischen Charakteristika von Artefakten. Diese neuen Perspektiven machten die rein optische Chronologie der materiellen Kultur teilweise überflüssig.

Auf der anderen Seite stand das naturwissenschaftliche Kontinuitätskonzept durch neue Erkenntnisse im Bereich der Anthropologie und Biologie auch in der Archäologie im Mittelpunkt. Dieses darwinsche Kontinuitätskonzept war in dem Begriff ‚Evolution' behaftet und wurde in der Archäologie aufgenommen. Obwohl sich manche Archäologen schon damals der Idee verweigerten, dass sich eine im Sinne der darwinistischen Evolutionsbiologie aufeinanderfolgende Entwicklung der Natur auch in der Kultur widerspiegeln könnte[30], ist dieser Gedanke als eine eigenständige Teildisziplin der Archäologie weiterhin erhalten.[31]

Während der blühenden Phase des archäologischen Theoriediskurses in den 1960er Jahren[32] wurden gravierende Unterschiede innerhalb der Teildisziplinen bezüglich der Definition von Konzepten wie Kontinuität deutlich.[33] Seitdem gingen Landschafts- wie Siedlungsarchäologie mit dem Konzept der Kontinuität unterschiedlich um. Während Sozialarchäologen dieses vermieden,[34] blieb es den vorgeschichtlichen Teildisziplinen der Archäolo-

26 Dies ist immer noch eine unverzichtbare Methode in der Archäologie, siehe William Y. Adams / Ernest W. Adams: *Archaeological Typology and Practical Reality; A Dialectical Approach to Artifact Classification and Sorting*. Cambridge: Cambridge UP 2008.

27 Michael. S. Tite: The Impact of the Natural Sciences on Archaeology. In: *Contemporary Physics* 11,6 (1970), S. 523–539, hier S. 524.

28 Zu einer kurzen Zusammenfassung der Radiokarbonmethode siehe Michael. S. Tite: *The Impact of the Natural Sciences on Archaeology*, S. 528.

29 U. a. C_{14} und OSL.

30 Trigger: *A History of Archaeological Thought*, S. 102–103.

31 Für eine Zusammenfassung der Evolutionsarchäologie siehe Michael J. O'Brien / R. Lee Lyman: Evolutionary Archeology: Current Status and Future Prospects. In: *Evolutionary Anthropology* 11 (2002), S. 26–36.

32 Für eine Zusammenfassung dieser Debatten siehe Matthew Johnson: *Archaeological Theory. An Introduction*. Chichester: Wiley-Blackwell 2010, S. 15–17, 23–27.

33 Für Beispiele dazu siehe Trigger: *A History of Archaeological Thought*, S. 165, 267, 353, 391.

34 Für eine ausführliche Debatte dazu siehe Ian Hodder: The "Social" in Archaeological Theory: An Historical and Contemporary Perspective. In: Lynn Meskell / Robert W. Preucel (Hrsg.): *A Companion to Social Archaeology*. Malden: Blackwell 2004, S. 23–42.

gie erhalten. Nach Thomas Knopf kommt Kontinuität in der europäischen Vor- und Frühgeschichte bei dem Versuch vor, Geschichte und Vorgeschichte miteinander zu verbinden, während ähnliche Abläufe in anderen Untersuchungsräumen mithilfe anderer Begriffe wie ‚Kulturwandel'[35], ‚Tradition' und ‚Innovation' interpretiert werden.[36]
Aus der Forschungsgeschichte des Kontinuitätskonzepts in der Archäologie wird erkennbar, wie weitreichend dieser Begriff aufgrund seiner Definition sowie dessen kulturhistorischer Belastung geprägt wurde. Dieses Schicksal teilt die Kontinuität mit anderen Begriffen dieser Art. Ein sehr gutes Beispiel dafür liefert das Migrationskonzept,[37] das definitionsbedingt in vieler Hinsicht ebenso mit Kulturkontinuität zusammenhängt. In den 1920er Jahren war der archäologische Diskurs stark von Gordon Childe geprägt und somit wurde Migration als ein Auslöser fast aller damals bekannten Fälle von Kulturwandel angesehen.[38] Die bereits erwähnten nationalgeprägten Ereignisse[39] in den 1930er und 1940er Jahren führten dazu, dass auch dieser Begriff im späteren Theoriediskurs der Sozialarchäologen bewusst vermieden wurde[40] – ähnlich wie beim Kontinuitätskonzept in manchen Teildisziplinen. Es wurde sogar empfohlen, den Begriff Migration in der Vorderasiatischen Archäologie durch den Begriff ‚Bewegung' zu ersetzen, um damit die Problematik der Besiedlungskontinuität eines Raumes in der Vorgeschichte zu umgehen.[41] Dabei wird argumentiert, dass eine Änderung in der materiellen Kultur einer Siedlung zwar meistens feststellbar ist, dennoch kann dies nicht als Beweis für oder wider einer neuen Bevölkerung beziehungsweise einer neuen Kultur gelten.[42] So weist das Konzept der Kontinuität auch in dieser Hinsicht ernsthafte Probleme auf und solle besser vermieden werden. Im Folgenden wird auf die Problematik von Kontinuität in der Siedlungs- und Landschaftsarchäologie eingegangen.

35 ‚Culture Change'.

36 Knopf: *Kontinuität und Diskontinuität in der Archäologie*, S. 26.

37 Für weiteres über das Migrationskonzept binnen des archäologischen Diskurses siehe Stefan Burmeister: Archaeology and Migration. Approaches to an Archaeological Proof of Migration. In: *Current Anthropology* 41,4 (2000), S. 539–567, hier S. 539–541.

38 Für weiteres siehe Trigger: *A History of Archaeological Thought*, S. 172.

39 Besonders in Nazi-Deutschland und nach dem Zweiten Weltkrieg in Europa.

40 Burmeister: Archaeology and Migration, S. 539.

41 Reinhard Dittmann: Kontinuitäten und Diskontinuitäten im archäologischen Befund. Reflexion von Migration? In: Ricardo Eichmann / Hermann Parzinger (Hrsg.): *Migration und Kulturtransfer, der Wandel vorder- und zentralasiatischer Kulturen im Umbruch vom 2. zum 1. vorchristlichen Jahrhundert*. Bonn: Habelt 2001, S. 291–300, hier S. 291.

42 Ebd., S. 292.

Problematik

Im Grunde entsteht die Problematik der Kontinuität in Siedlungs- und Landschaftsarchäologie durch die vage Definition dieses Begriffs. Der Kontinuitätsbegriff gilt aber nicht nur in den hier erwähnten Disziplinen als problematisch. Georg Simmel zum Beispiel beschäftigte sich mit der Kontinuität in der Wirtschaft und dem Wert des Geldes als Äquivalenz zum Gut. Auch er greift diese Problematik auf, indem er die Grenzen der beiden Begriffe für vage und undefinierbar erklärt.[43] Dies stellt er durch folgendes Beispiel dar:

> […] wie die Stufen einer Treppe sich scharf gegeneinander absetzen und damit doch das Mittel zu der kontinuierlichen Bewegung des Körpers über sie bieten […].[44]

Genau derselbe Problempunkt des Begriffs findet sich in der Siedlungs- und Landschaftsarchäologie. Die beiden Disziplinen befassen sich mit großen Räumlichkeiten und langen Zeitspannen, die aber anhand von punktuellen Ereignissen untersucht und verstanden werden. So bezeugen die verschiedenen Mauerläufe eines ausgegrabenen öffentlichen Gebäudes in einer Siedlung zwar eine mehrphasige und kontinuierliche Nutzung der Räume im Verlauf der Zeit; die Bauphasen selbst erscheinen dennoch an sich diskontinuierlich: Sie überschneiden sich häufig, verlaufen in unterschiedlichen Richtungen und sind teilweise auch aus unterschiedlichen Baumaterialien. Um an das Beispiel Simmels anzuknüpfen, sind die einzelnen Phasen jeweils eine Treppenstufe, während das öffentliche Gebäude an sich eine Treppe darstellt. So ist es problematisch, die einzelnen Bauphasen zu betrachten und über ihre Kontinuität zu diskutieren.

Ähnlich verhält es sich in der Landschaftsarchäologie, die sich mit der Umgebung von Siedlungen beschäftigt. Oftmals ist ein einzelnes Element[45] der Landschaft Gegenstand der landschaftsarchäologischen Untersuchung, mit dessen Hilfe aber die Kulturlandschaftsgenese erforscht wird.[46] Wie bei dem Beispiel in der Siedlungsarchäologie wird auch hier ein Ablauf mithilfe punktueller Ergebnisse untersucht und rekonstruiert.

43 Georg Simmel: *Philosophie des Geldes*. München / Leipzig: Duncker & Humblot 1920, S. 62–110.

44 Ebd., S. 80.

45 Sogenannte „Marker“, siehe Peter Haupt: *Landschaftsarchäologie. Eine Einführung*. Stuttgart: Theiss 2012, S. 16.

46 Siehe ebd., S. 15.

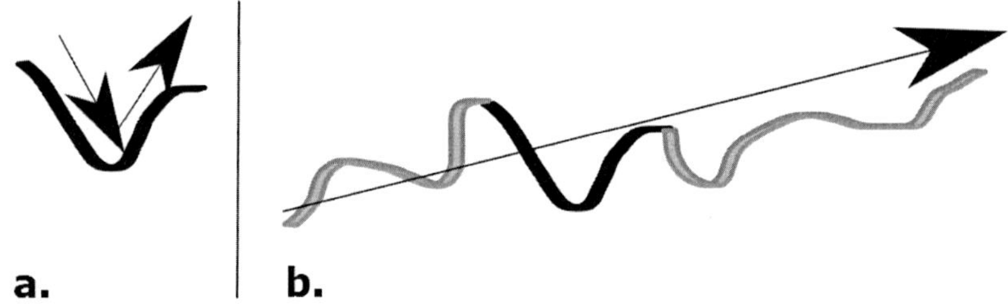

Abb. 1: Bei der Erweiterung der Betrachtungsebene kann ein diskontinuierlich erschienenes Phänomen (a.) als ein Teil einer kontinuierlichen Wandlung (b.) nachgewiesen werden.

Die Problematik besteht zusammenfassend also darin, dass sich die Antwort auf die Kontinuitätsfrage mit der Veränderung des Blickwinkels ebenfalls ändern kann, womit sich die Frage nach Kontinuität als nicht zu beantworten erweist. Diese Problematik wird in Abbildung 1 schematisch dargestellt.
Die Annahme, dass das Kontinuitätskonzept ein Problem darstellt, wurde bereits von einigen Archäolog_innen diskutiert. Laut Knopf zum Beispiel stellt die Definition des Kontinuitätsbegriffs an sich kein Problem dar; er scheint ihm eher im Zusammenhang mit anderen Konzepten wie Bevölkerung, Kultur oder auch Keramik problematisch.[47] Daraus schließt er, dass der Kontinuitätsbegriff im Prinzip nur im Zusammenhang mit weiteren Begriffen sinnvoll verwendet werden kann, da „damit der Modus eines Ablaufs charakterisiert wird“[48].

Siedlungsarchäologie

Die definitionsbedingte Problematik des Kontinuitätskonzepts in der Siedlungsarchäologie wurde bereits früh während der Entstehung der Disziplin von einigen Forscher_innen erkannt.[49] Denn Siedlungsarchäologie ist als eine problemorientierte Teildisziplin entstanden, um der ortsbezogenen Untersuchung einer Siedlung nachzugehen, ohne sich auf Besiedlungsphasen und Kulturhorizonten beschränken zu müssen. So bleibt das Objekt der Untersuchung ein Ort in seiner Zeitlosigkeit. Das Kontinuitätskonzept scheint daher in seinem zeitgebundenen Aspekt hier gegenstandslos zu sein. Dennoch ist

47 Knopf: *Kontinuität und Diskontinuität in der Archäologie*, S. 271.

48 Ebd., S. 272.

49 Bruce G. Trigger: Settlement Archaeology. Its Goals and Promise. In: *American Antiquity* 32,2 (1967), S. 149–160, hier S. 152.

dabei zu beachten, dass der Begriff Siedlung an sich eine gewisse Kontinuität im Kern seiner Definition beinhaltet.[50]
In der Siedlungsarchäologie wird Kontinuität gemeinhin mittels Stratigraphie und Chronologie zu behaupten versucht. In den letzten Jahren gingen einige theorieinteressierte Archäologen der Kontinuitätsfrage nach, indem sie dieses Konzept auf die stratigrafische Schichtabfolge einer langbesiedelten Siedlung[51] reflektierten. Ziel war dabei, eine empirische Basis für die Kontinuität als eine Siedlungstheorie zu schaffen.[52] Diese Vorgehensweise ist aber offensichtlich nicht immer erfolgreich. Denn eine kontinuierliche Schichtabfolge weist nicht unbedingt auf eine Kontinuität der Siedlung hin. Im Gegenteil: Eine längere Besiedlung hinterlässt Spuren in der Schichtabfolge, die eher diskontinuierlich erscheinen. Mit anderen Worten: „Depositing and cutting may occur as a result of continuity of inhabitation or use through time"[53]. Dies ist in Abbildung 2 schematisch dargestellt. Hier sind zwei hypothetische Schichtabfolgen abgebildet, von denen *a* eine Schichtkontinuität aufweist, während *b* durch überschneidende Schichten einen diskontinuierlichen Eindruck erweckt. Im Gegensatz zu diesem Eindruck zeichnet *a* die Schichtabfolge einer verlassenen Siedlung ab, und *b* weist auf einen Raum mit einer kontinuierlichen Besiedlung hin.
Ferner kommen bei einer mehrphasigen Baustruktur andere Konzepte zum Tragen, die zwar von ihrer räumlichen Beständigkeit geprägt werden, dennoch keine zeitliche Kontinuität aufweisen.[54] Diese werden unter „continuity of space"[55] zusammengefasst, wobei dieser Begriff die Problematik der Zeit außer Acht lässt. Solche Versuche, Kontinuität von Raum und Zeit getrennt zu behandeln, sind zumindest in der Siedlungsarchäologie nicht anzuwenden, da eine Siedlung nur innerhalb eines bestimmten Zeitraums kontinuierlich sein kann.
Interessant ist dabei die Tatsache, dass der Gegenbegriff, also Diskontinuität, seit den ersten Diskursen in der Siedlungsarchäologie in den 1960er Jahren

50 Trigger: Settlement Archaeology, S. 153.

51 Und zwar die chalkolitische große Siedlung ‚Çatalhöyük' in der heutigen Türkei.

52 Patricia A. McAnany / Ian Hodder: Thinking about Stratigraphic Sequence in Social Terms. In: *Archaeological Dialogues* 16 (2009), S. 1–22, hier S. 16.

53 Ebd., S. 11.

54 Ein gutes Beispiel dafür ist eine kontinuierliche Baunutzung, während die Baufunktion sich verändert hat.

55 Barbara Helwing: What's the News? Thinking about McAnany and Hodder's 'Thinking about Stratigraphic Sequence in Social Terms'. In: *Archaeological Dialogues* 16 (2009), S. 25–31, hier S. 29.

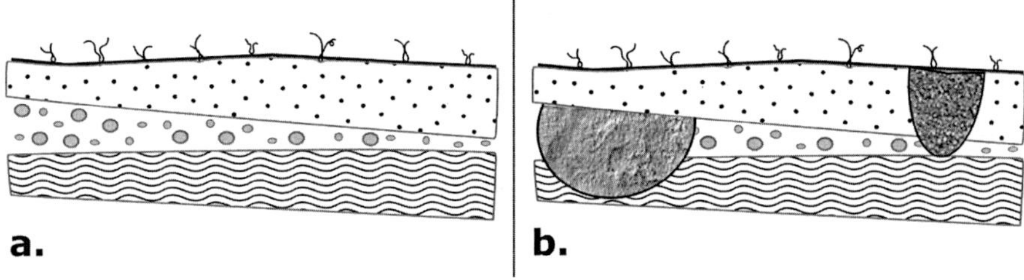

Abb. 2: Schematische Darstellung einer natürlichen kontinuierlichen (a.) und einer diskontinuierlichen (b.) Schichtabfolge, wobei b trotz der Diskontinuität von Schichten eine Siedlungskontinuität aufweist.

im Mittelpunkt steht.[56] Es liegt wohl daran, dass sich ein Umbruch oder eine Wende in der materiellen Kultur archäologisch viel deutlicher festlegen lässt. In den 1960er Jahren fand in diesem Zusammenhang eine Debatte zu den möglichen Auswirkungen einer hypothetischen Naturkatastrophe auf eine Siedlung und deren archäologischen Beweislage statt.[57] Dabei wurde eine naturwissenschaftliche Vorgehensweise angestrebt, um mithilfe einer mathematischen Gleichung der Katastrophentheorie aus der Physik und die Veränderungen eines Siedlungssystems vorherzusagen.[58] Offensichtlich ergibt eine Untersuchung der Diskontinuität einer Siedlung ohne die Frage nach ihrer Kontinuität keinen Sinn.

Beispiel Elam

Ein ausgewähltes Beispiel kann die diskutierte Problematik verdeutlichen. In diesem Fallbeispiel geht es um die scheinbare Kontinuität einer urbanen Gesellschaft im Südwesten Irans im Laufe der Jahrtausende. Die Siedlungsgeschichte von Elam ist seit 150 Jahren Gegenstand der Vorderasiatischen Archäologie. An sich scheint es ein typisches Forschungsthema der Siedlungsarchäologie zu sein. Das Problem entsteht aber, sobald eine Definition dieses Begriffs in seiner räumlichen wie zeitlichen Kontinuität angestrebt wird.
Nach der Definition der Archäolog_innen ist ‚Elam' der Name eines antiken Landes, das vor fünftausend Jahren einen Großteil des iranischen Plateaus

56 Trigger: Settlement Archaeology, S. 149.

57 Colin Renfrew / Tim Poston: Settlement Discontinuity. In: Ders. / Kenneth Cooke (Hrsg.): *Transformations: Mathematical Approaches to Culture Change*. New York: Academic Press 1979, S. 438–440, hier S. 439.

58 Colin Renfrew: Archaeology, Trajectory, Discontinuity, and Morphogenesis. The Implications of Catastrophe Theory for Archaeology. In: *American Antiquity* 43,2 (1978), S. 203–222.

ausmachte. Der Begriff bezeichnet aber auch eine politische Einheit, die zwischen 3400 bis 525 v. Chr. der Nachbarstaat der mesopotamischen Länder wie Sumer, Akkad, Babylon und Assyrien war.[59] Die Bewohner dieses Landes nannten es ‚Haltamti', das in der akkadischen Sprache zu ‚Elamtu' und später zu ‚Elam' wurde. Dieser Begriff taucht zuerst auf den sumerischen Tontafeln um ca. 3400 v. Chr auf.[60] Von 2300 bis 650 v. Chr. ist diese politische Einheit in den schriftlichen Quellen des Vorderen Orients stets anwesend.[61] Bis in die Antike bleibt Elam als Land und Kultur erhalten. Danach bilden die Elimayieden eine politische Einheit, die sich als Nachfahren der Elamiten betrachteten. Die Spuren dieser Gruppe sind bis ins Mittelalter schriftlich und durch materielle Kultur belegt.[62] Noch heute ist eine Provinz im heutigen Iran nördlich des Persischen Golfs nach Elam benannt. Das Phänomen Elam scheint also noch heute seine Kontinuität fortzusetzen.

Daniel Potts[63] ist der Auffassung, dass wir als Betrachter der Geschichte im Sinne von ‚historie totale'[64] mit einer Vielzahl an Phänomenen zu tun haben, die den Namen ‚Elam' tragen: „It was not merely the boundaries of Elam which changed through time, but its very nature. We have in fact, found evidence of many Elams"[65]. In der Archäologie ist die Idee der ‚longue durée' bekannt; ein Begriff, der mit dem Konzept von Kontinuität eng zusammenhängt. Potts verfolgt in seiner Synthese einen Gegenbegriff, nämlich den der ‚courte durée', um auf die Diskontinuität Elams als Phänomen aufmerksam zu machen.[66]

Die Frage ist, wie konnte der Begriff Elam binnen sechstausend Jahren kontinuierlich Verwendung finden, ohne dass es *ein* Elam mit einer klaren Definition

59 François Vallat: The History of Elam. In: *Encyclopedia Iranica*, Bd. VIII. London / Boston: Routledge & Kegan Paul 1998, S. 301–313.

60 Elizabeth Carter: The Archeology of Elam. In: Ebd., S. 313–325, hier S. 313.

61 Ebd., S. 317–318.

62 Abbas Alizadeh: Elymaean Occupation of Lower Khuzestan during the Seleucid and Parthian Periods: a Proposal. In: *Iranica Antiqua* 20 (1985), S. 175–195.

63 Daniel Potts: *The Archaeology of Elam. Formation and Transformation of an Ancient Iranian State.* Cambridge / New York: Cambridge UP 1999.

64 Das ursprüngliche Konzept der *histoire totale* (Dt.: Universalgeschichte) wurde in der bedeutenden Annales-Schule von den französischen Sozialhistorikern Lucien Febvre und Marc Bloch entwickelt. Für Potts Definition der *histoire totale* siehe ebd., S. xx.

65 Ebd., S. 435.

66 Für eine alternative Auffassung vom Kontinuitätskonzept des Elam siehe Marie-Joseph Steve: Élam. Histoire continue ou discontinue?. In Leon De Meyer / Hermann Gasche (Hrsg.): *Mésopotamie et Elam, Actes de la XXXVIème Rencontre Assyriologique Internationale.* Ghent: University of Ghent Press 1991, S. 1–9.

festgelegt wurde: „The history of Elam as I read it, is the very opposite of the ‚longue durée'"[67]. Potts umgeht dieses Paradox, indem er die elamische Tradition zweiteilt, in eine Klein- und Großtradition. Demnach beinhaltet die Kleintradition Personennamen, ungefähre geographische Einheiten, materielle Kultur usw. Die Großtradition hingegen stellt eine Umwandlung in ihrer Natur dar. Er bezeichnet dies als eine Formation, sodass „[...] many Elams were constructed over time, no two of which were probably coterminous culturally, politically and geographically with each other [...]"[68]. Er verwendet dabei den Begriff Elam im Plural. Denn er behauptet, dass Indizien auf die Tradition Elams zwar innerhalb dieser sehr langen Zeit immer wieder vorkommen, aber in anderen Kontexten eingebettet sind, wodurch sie eine ständige Umstellung und Neuordnung erdulden, und genau deswegen durch diese lange Zeit erhalten bleiben. Zusammenfassend lässt sich in Bezug auf das Konzept von Elam bei Potts festhalten: Das Geheimnis der langen Kontinuität von Elam liegt in dessen erstaunlich vagen Grenzen der Wandelbarkeit. Das Phänomen Elam ist in diesem Sinne zwar zeitlich und räumlich kontinuierlich; dennoch kann von einer Kontinuität nicht ausgegangen werden, da sich die Beständigkeit dessen stets transformiert. Im Grunde ist das einzig kontinuierliche an Elam seine ständige Wandlung.

Landschaftsarchäologie

Landschaftsarchäologie beschäftigt sich mit der Geschichte der Umgebung einer Siedlung in einem langen Zeitraum. Hierbei steht das Kontinuitätskonzept stets im Mittelpunkt der Untersuchung. Gerade dies bringt das Problem der Definition hervor, sodass bei jeder Untersuchung einer Landschaft die Grenzen ihrer Kontinuität vage und subjektiv erscheinen. Was bezeichnet die Kontinuität einer Landschaft, in der sich alles wandelt? Wie ist eine Diskontinuität der Landschaft zu definieren, wenn jeder Umbruch nur als ein weiterer Schritt als Anpassung zu betrachten ist? Solche Fragen beschäftigen die Landschaftsarchäologie seit ihrer Entstehung.[69]

In seinem Werk zu Landschaftsarchäologie des Vorderen Orients geht Tony Wilkinson auf die wechselseitige Auswirkung der Landschaft und Siedlung

67 Ebd., S. 436.

68 Potts: *The Archaeology of Elam*, S. xix.

69 Für eine Zusammenfassung der landschaftsarchäologischen Debatte in Deutschland siehe Haupt: *Landschaftsarchäologie*, S. 11–13.

ein.[70] Er verwendet ‚Kontinuität' als Begleitbegriff für andere Konzepte wie Religion und Kultur.[71] Außerdem definiert er Kontinuität als nur einen der vielen möglichen Zustände in der Geschichte einer Siedlung.[72] Wilkinson verzichtet auf Begriffe wie ‚Landschaftskontinuität' oder ähnliche. Durch Vermeiden des Begriffs wird sich dessen Problematik auflösen. So bleiben die Begleitbegriffe wie Landschaft und Siedlung klar definiert und werden nicht durch das Konzept der Kontinuität belastet. Dies wird nun anhand eines Beispiels erläutert.

Beispiel Landwirtschaft

Landwirtschaft ist ein gutes Beispiel für die Erörterung der Kontinuitätsfrage in der Landschaftsarchäologie, da durch diese Aktivität Menschen am engsten mit der sie umgebenden Landschaft verbunden sind und diese am stärksten verändern. Diese Spuren können anhand naturwissenschaftlicher Methoden untersucht werden. Florareste sind bereits seit einiger Zeit Bestandteil archäologischer Untersuchungen. Archäobotaniker_innen erforschen unter anderem die organischen Reste der vergangenen Landwirtschaftsaktivitäten, um den Wandel der Landschaft zu verfolgen. Außerdem rekonstruieren sie dadurch die Einflüsse von Pflanzenanbau auf die jeweiligen Kulturpflanzen. Ferner sind die Erkenntnisse, die durch archäobotanische Untersuchungen über die Essgewohnheiten und Kulturpflanzen gewonnen werden, ein wichtiger Bestandteil archäologischer Forschungen.[73]

In einem Fallbeispiel dieser Art wurde eine archäobotanische Untersuchung bezüglich der angebauten Kulturpflanzen in der Ägäis und Kleinasien an der Wende von der Spätbronze- zur Früheisenzeit durchgeführt.[74] Dabei wurden Kulturpflanzen von ausgewählten Fundorten verglichen, um auf die Landwirtschaftstradition des jeweiligen Zeitraums zu schließen. Zentrale Frage war, ob es um diese kulturelle Zeitwende einen Landwirtschaftswandel

70 Tony J. Wilkinson: *Archaeological Landscapes of the Ancient Near East.* Tucson: University of Arizona Press 2003.

71 Wilkinson: *Archaeological Landscapes,* S. 108, 127, 206.

72 Ebd., S. 216.

73 Für Weiteres siehe Stefanie Jacomet / Angela Kreuz: Archäobotanik. *Aufgaben, Methoden und Ergebnisse vegetations- und agrargeschichtlicher Forschung.* Stuttgart: UTB 1999, S. 11–21.

74 Simone Riehl / Mark Nesbitt: Crops and Cultivation in the Iron Age Near East: Change or Continuity? In: Bettina Fischer (Hrsg.): *Identifying Changes. The Transition from Bronze to Iron Ages in Anatolia and its Neighboring Regions. Proceedings of the International Workshop Istanbul, Nov. 8–9, 2002.* Istanbul: Türk Eskiçağ Bilimleri Enstitüsü 2003, S. 301–312.

gegeben hat oder diese Aktivität trotz des kulturellen Wandels doch kontinuierlich blieb.[75]

Obwohl die Forscher_innen „significant changes“[76] in der Landwirtschaftstradition feststellten, wurde aus den Untersuchungen deutlich, dass eine klare Aussage bezüglich einer Kontinuität oder Diskontinuität nicht getroffen werden kann, da die Untersuchungsmethoden an sich bereits hoch problematisch sind: Zum einen entspricht die Quantität sowie Qualität der Daten für diese archäobotanische Analyse in den Regionen Ägäis und Kleinasien nicht demselben Niveau. Somit muss jedes Resultat solcher Vergleichsanalysen kritisch hinterfragt werden. Zum anderen gilt eine Änderung bei der Wahl der angebauten Kulturpflanzen innerhalb dieses Zeitraums nicht als Beweis für einen Wandel der Landwirtschaftstradition und somit einer Diskontinuität, falls sogar ausreichende archäologische Beweise für diese Änderung vorliegen sollten. Solch ein Wandel stellt de facto weniger einen Bruch in der Landwirtschaft dar, sondern bezeichnet tatsächlich eine Anpassungsmaßnahme innerhalb eines Kontinuums, das wir als Landwirtschaftstradition betrachten und über längere Zeit erfassen können. Aus diesem einfachen Grund besteht bei solchen Analysen in der Landschaftsarchäologie die Gefahr einer Belastung der Grunddefinition von Kontinuität. Das Konzept der Kontinuität einer Landwirtschaftstradition entpuppt sich trotz solcher solider archäologischer Untersuchungen als problematisch, da die sogenannte Diskontinuität nur ein Wandel innerhalb der kontinuierlichen Tradition ist. Da die Grenzen dieses Wandels nicht definierbar sind, scheint die Frage nach der Kontinuität dieses Ablaufs überflüssig.

Zusammenfassend lässt sich die Hauptproblematik der Kontinuität als ein Konzept in Siedlungs- und Landschaftsarchäologie in den vagen und fast undefinierbaren Grenzen ihrer Wandelbarkeit erklären. Bei jedem Diskurs um dieses Konzept stellt sich die Frage, inwieweit ein beobachteter Wandel einer Diskontinuität entsprechen kann und bis zu welchem Grad er innerhalb einer Kontinuität einzuschließen ist? Denn Kontinuität und Diskontinuität sind oft so eng miteinander verknüpft, dass ein Ereignis aus Sicht verschiedener Beobachter sowohl der Kontinuität als auch dem Wandel zugeschrieben werden kann. Es ist also davon auszugehen, dass es schließlich nur eine Frage der Betrachtungsebene ist, ob ein archäologisches Phänomen als kontinuierlich oder diskontinuierlich interpretiert werden kann.

75 Riehl / Nesbitt: Crops and Cultivation, S. 303.

76 Ebd., S. 309.

Ein anderes Fallbeispiel kann den Punkt der Betrachtungsebenen erläutern. In diesem Beispiel sind sowohl Landschaft- als auch Siedlungsarchäologie vertreten, da es um einen verlagerten Flusslauf und das Schicksal der dazugehörigen Siedlungen geht. Er wird gezeigt, wie eine Änderung der Betrachtungsebene die Interpretation der Siedlungsgeschichte eines bestimmten Raums und dessen Landschaftsgeschichte maßgeblich prägt.

Beispiel Howeizeh

Die heutige Kleinstadt Howeizeh[77] ist laut historischen Schriften seit Anfang des 2. Jh. v. Chr. besiedelt. Sie war im 10. Jh. n. Chr. bereits als eine mittelgroße Stadt bekannt.[78] Einer der drei Hauptflüsse Südwestirans floss durch diese Stadt und gewährleistete eine dauerhafte Wasserzufuhr. Dadurch entwickelte sich Howeizeh bis zum 19. Jahrhundert ununterbrochen weiter. Die Stadt hat stets an Fläche gewonnen, es wurden Handel und Landwirtschaft betrieben. Der urbane Raum blühte auf.

Ein historisch überliefertes Ereignis um 1837 prägte nachträglich die Siedlungsgeschichte dieser Stadt, wie an den Notizen des britischen Geographen Sir Austin Layard deutlich wird:

> The town of Hawizah […] owes its almost total destruction to a very remarkable event. The river Kerkhah formerly ran through the town, a few miles above which a massive band or dyke had been constructed to retain the waters necessary for irrigation. About seven years ago the river had risen to an unusual height in the spring, and the dam, which was an ancient work, suddenly gave way. This occurred in the night, and the town, which in the previous evening had been traversed by a broad and noble stream, in the morning stood in the midst of a waterless desert. The greater part of the inhabitant immediately deserted the place, and constructed temporary huts near the new channel of the river, while others dug wells in the bed of the stream, now dry, and thus obtained a small supply of water. As no steps have been taken to repair the band, the river has not resumed its ancient course, and the town has consequently fallen into ruin. The lands also in the neighborhood owing to the destruction of the canals and watercourses have been thrown out of cultivation. Little water and that of bad quality, is obtained from the wells.[79]

Nachdem der anthropogen angelegte Kanal zum neuen Flussbett des Karkheh wurde, löste sich die Infrastruktur der urbanen Siedlung allmählich auf. Es konnten keine Boote mehr auf den Fluss fahren, wo früher Schiffe

77 Auch ‚Hoveizeh' und ‚Howiza' (Geographische Koordinaten: 31°27'43"N, 48°04'26"E)

78 Guy Le Strange: *The Lands of the Eastern Caliphate. Mesopotamia, Persia, and Central Asia, from the Moslem Conquest to the Time of Timur.* New York: Barnes & Noble 1905, S. 241.

79 Austin H. Layard: A Description of the Province of Khúzistán. In: *Journal of the Royal Geographical Society of London* 16 (1846), S. 1–105, hier S. 35.

geankert hatten.[80] Es kamen keine Nomaden mehr in die Umgebung und kein Handel fand statt. Dadurch nahm aber die weiter nördlich bereits bestehende kleine Siedlung namens Susangerd die Rolle des Handelszentrums ein, da der Fluss nun unmittelbar an dieser kleinen Siedlung vorbeifloss. Allmählich entwickelte sich diese zu einer großen Stadt, während Howeizeh in Ruinen verfiel. Howeizeh zählte 1966 nur noch etwa dreitausend Einwohner. Seine ehemalige Bedeutung als Handelszentrum hatte es zu diesem Zeitpunkt endgültig an Susangerd verloren.

Betrachtet man dieses Ereignis, scheint der Bruch in der Siedlungsgeschichte eine urbane Diskontinuität zu sein, die durch einen Umbruch in der Landschaft verursacht wurde. Sogar die Landschaft scheint eine Diskontinuität erlebt zu haben. Aber der erste Eindruck kann auch täuschen. Betrachten wir den Raum und die Zeit beim gleichen Beispiel in anderen Dimensionen, kommt ein anderer Aspekt dieses Ereignisses ans Licht: Geoarchäologische Untersuchung in diesem Gebiet ermöglichten unter anderem eine Rekonstruktion des Karkheh-Flussverlaufs über die Jahrtausende.[81] Dabei wurden zwei weitere ähnliche Avulsionen (Flussausrisse) außer dem erwähnten rezenten Ereignis erkannt.[82] Eine vereinfachte Darstellung dieser Ergebnisse ist in Abbildung 3 zu sehen.

Nun vervollständigt sich das Bild des Ganzen. Auf einmal weist der Flusslauf einschließlich seiner drei abrupten Ausrisse eine klare Tendenz auf, nämlich eine allmähliche nördlich gerichtete Verlagerung im Laufe der Jahrtausende. Dies harmoniert ebenso mit der allgemeinen Sedimentation des Gebietes, die eine graduale Anlandung Richtung Zagrosgebirge und gegen den Persischen Golf bezeugt.[83] Nun ist die Frage, ob dieses Ereignis von 1837 als ein Indiz der Diskontinuität gelte oder, wie bereits angedeutet, in einem größeren Rahmen und einer längeren Zeitspanne doch nur ein Schritt in der Kontinuität der Landschaft sei. Dies und andere Beispiele werfen ein anderes Licht auf die Kontinuitätsfrage. Ein Ablauf in der Landschaft lässt sich tatsächlich nicht als absolut kontinuierlich oder diskontinuierlich definieren, solange der

80 Layard: A Description of the Province of Khúzistán, S. 35.

81 Vanessa M. A. Heyvaerta / Jan Walstrab / Peter Verkinderenb / Henk J. T. Weertsd / Bart Oogheb: The Role of Human Interference on the Channel Shifting of the Karkheh River in the Lower Khuzestan Plain (Mesopotamia, SW Iran). In: *Quaternary International* 251 (2012), S. 52–63.

82 Heyvaert et al.: The Role of Human Interference on the Channel Shifting of the Karkheh River, S. 61, Abb. 9.

83 Hermann Gasche: The Persian Gulf Shorelines and the Karkheh, Karun and Jarrahi Rivers. A Geoarchaeological Approach. In: *Akkadica* 126 (2005), S. 1–43, hier S. 19.

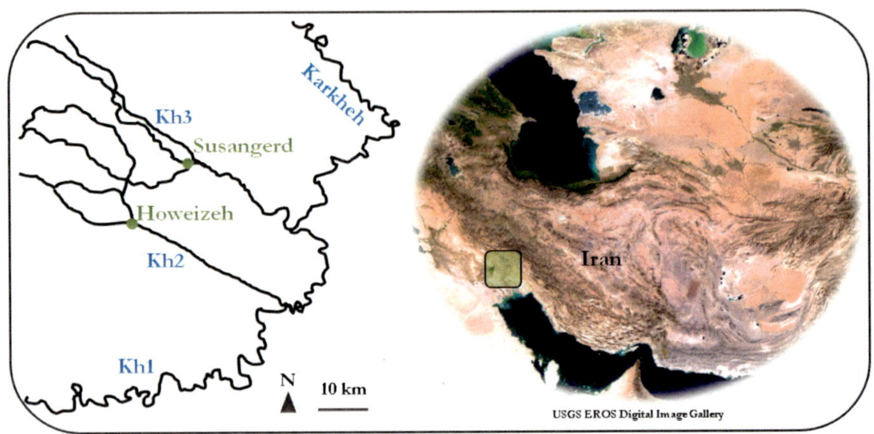

Abb. 3: Schematische Darstellung des Karkheh-Flusses im Südwesten Irans und seiner drei rekonstruierten Ausrisse, geändert u. basierend auf geoarchäologischen Ergebnissen von Vanessa M. A. Heyvaerta / Jan Walstrab / Peter Verkinderenb / Henk J. T. Weertsd / Bart Oogheb: The Role of Human Interference on the Channel Shifting of the Karkheh River in the Lower Khuzestan Plain (Mesopotamia, SW Iran).

Zeitraum nicht definiert wurde. In diesem Fall ist die Kontinuitätsfrage auf diesen vorbestimmten Zeitraum beschränkt und wird damit keine Aussage über den Ablauf an sich treffen können.

Schlussbemerkung

Aufgrund ihrer Entstehungsgeschichten als problemorientierte und relativ junge Teildisziplinen verwenden die Siedlungs- und Landschaftsarchäologie zahlreiche Begriffe, die aus den Nachbardisziplinen und gar anderen Wissenschaften entlehnt wurden. Mit diesen ‚Leihbegriffen' werden aber auch die in den ursprünglichen Bereichen verankerten Probleme dieser Begrifflichkeiten übernommen. Der gegenwärtige Theoriediskurs in der Archäologie leidet immer noch unter den Folgen.[84] Kontinuität mit ihrer historischen Belastung in den Kulturwissenschaften und ihrer vagen Definition ist ein prominentes Beispiel dafür.

Moderne Archäologie strebt nach Klarheit in ihrem Theoriediskurs. Zugunsten dieser Klarheit werden Begriffe wie Kontinuität vermieden. Solche Versuche wurden in den letzten Jahren von denjenigen beobachtet, die den

84 Für die weitere Diskussion siehe Sandra Wallace: *Contradictions of Theoretical Archaeology*. London / New York: Routledge 2011, S. 16.

archäologischen Theoriediskurs mitprägen. Ian Hodder zum Beispiel benutzt den alternativen Begriff „persistence" im Zuge seiner Diskussion der evolutionären Archäologie.[85] Es gibt in der Tat alternative Begriffe, die im Vergleich zu Kontinuität neutraler und doch deutlicher die Abläufe in der Siedlung sowie der Landschaft erklären können. Nun stellt sich die Frage, warum wir einen Begriff verwenden, der eher verwirrt als aufklärt, während andere Begriffe wie Beständigkeit, Persistenz, Tradition, Innovation und Wandel Grundkonzepte dieses Begriffs völlig ausreichend und zweckbestimmt erklären können.

Der Begriff Tradition kann den Werdegang der Architektur als materieller Kultur einwandfrei erklären, ohne sich auf deren zeitliche und räumliche Einheitlichkeit zu beschränken. Der Begriff Innovation erläutert das Aufkommen neuer Methoden nach einem Abbruch technischer Art, ohne das Paradox der Diskontinuität innerhalb eines kontinuierlichen Ablaufs aufzubringen. Der Begriff Wandel dient der Interpretation anthropogener Einflüsse in der Landschaft, ohne von den vagen Grenzen der Landschaftskontinuität belastet zu sein. Zumindest in der Landschafts- und Siedlungsarchäologie scheint demzufolge für das Kontinuitätskonzept kein Platz zu sein. Dieses Konzept kann jedoch als Ausgangsfrage bezüglich der erwähnten Teildisziplinen stets neue Perspektiven eröffnen.

Siedlungs- und Landschaftsarchäologie befassen sich mit in bestimmten Zeit-Raum-Verhältnissen eingebetteten Ereignissen. Letztendlich liegt es an uns, ob wir ein Ereignis an einem Zeitpunkt oder in einer Zeitspanne betrachten. Denn die Grenzen der Wandelbarkeit eines Ereignisses werden von dem Rahmen definiert, in dem dieses untersucht wird. Und dieser Rahmen wird wiederum von uns Archäolog_innen festgelegt.

Die hier eingeführten Beispiele dienen der Erläuterung dieses Argumentes. Das Beispiel Elam geht auf die Kontinuitätsfrage der Siedlungsgeschichte dieses Gebiets ein. Dabei wird deutlich, wie stark die Interpretation einer Siedlungskontinuität von der Definition seines Kulturrahmens abhängig ist. Das Beispiel Landwirtschaft veranschaulicht die Gefahr der Interpretation von naturwissenschaftlichen Analysen, die als Indikator für Kontinuität oder Diskontinuität gelten sollen. Diese Analysen ermöglichen meistens klare Antworten im Rahmen vorbestimmter Hypothesen. Sie unterliegen aber trotzdem der Problematik der Kontinuitätsfrage, nämlich der ausschlaggebenden

85 Ian Hodder: *Entangled. An Archaeology of the Relationships between Humans and Things.* Wiley-Blackwell 2012, S. 140, S. 142–144.

Betrachtungsebene bei der Interpretation eines Landschaftswandels. In Howeizeh scheinen sich zugleich Siedlung sowie Landschaft diskontinuierlich entwickelt zu haben. Diese Interpretation erweist sich jedoch als ungültig, sobald der Untersuchungs- und der Zeitrahmen erweitert werden. So findet sich tatsächlich ein kontinuierlicher Ablauf in der Landschaft und deren Siedlungen.

Um zu der Anfangsfrage zurückzukehren: Die Gültigkeit der Kontinuitätsfrage hängt von der Definition der Grenzen des Zeitraums ab, innerhalb dessen sich der Ablauf vollzieht. Da aber diese Grenzen fast undefinierbar sind,[86] bleibt die Kontinuität einer Siedlung sowie einer Landschaft immer noch eine unbeantwortete Frage, mit der wir stets konfrontiert werden. Es mag zwar unangenehm sein, sich mit einer unbeantworteten Frage zufrieden zu geben. Dennoch sind es genau solche Fragen, die uns auf unseren Weg weiter bringen – wie Patrick Rothfuss zusammenfasst:

> It's the questions we can't answer that teach us the most. They teach us how to think. If you give a man an answer, all he gains is a little fact. But give him a question and he'll look for his own answers.[87]

86 Wie bei den oben genannten Beispielen gezeigt.

87 Patrick Rothfuss: *The Wise Man's Fear*. New York: Daw 2011, S. 538.

Kontinuitätsbruch? Umgang der Römer mit dem Baubestand griechischer Städte

Elwira Marta Janus

Kontinuität? Diskontinuität? Wandel?

„Kontinuität und Diskontinuität sind keine gegensätzlichen Begriffe, sondern Bereiche mit vielen Abstufungen“[1], die sich gegenseitig bedingen.[2] Kontinuität wird dabei mit Stetigkeit, Beständigkeit und Permanenz in Verbindung gebracht, Diskontinuität mit Unterbrechung und Zusammenhanglosigkeit. Das zweite Element dieses Begriffspaars ist etwas Definitives und Statisches, das zeitlich und räumlich gut greifbar sein kann. Unter dem Oberbegriff der Kontinuität hingegen werden sowohl die statische Konstanz als auch die „evolutive“[3] Kontinuität also „ein Gleichbleiben oder ein nur relativ langsames Sich-Wandeln“[4] vereint. Um der Schwammigkeit und Unschärfe des Begriffs entgegenzuwirken, ist eine detaillierte Untersuchung der (Be-)Funde mit einer eindeutigen Bestimmung und Benennung des Untersuchten notwendig. Dies setzt eine quellenkritische Analyse voraus, da bei einem Negativbefund nicht zwingend von einem Bruch, einer Diskontinuität, ausgegangen

1 Claudia Theune: Wandel und Kontinuität in der frühgeschichtlichen Archäologie. In: *Archaeologia Austriaca* 90 (2009), S. 205–222, hier S. 207.

2 Darauf hatte bereits Jürgen Kunow in Bezug auf das Siedlungswesen hingewiesen, siehe Jürgen Kunow: Zur Theorie von kontinuierlichen und diskontinuierlichen Entwicklungen im Siedlungswesen. In: Claus Dobiat (Hrsg.): *Festschrift für Otto-Herman Frey zum 65. Geburtstag.* Marburg: Hitzeroth 1994, S. 339–352, hier S. 341–343.

3 Wolfgang Brestrich: *Die mittel- und spätbronzezeitlichen Grabfunde auf der Nordstadtterrasse von Singen am Hohentwiel.* Stuttgart: Theiss 1998, S. 183, 300.

4 Christian Meier: Kontinuität – Diskontinuität im Übergang von der Antike zum Mittelalter. In: Hans Trümpy (Hrsg.): *Kontinuität – Diskontinuität in den Geisteswissenschaften.* Darmstadt: WBG 1973, S. 53–94, hier S. 54.

werden darf.[5] Herrmann Bausinger folgend sind hierbei folgende Faktoren zu berücksichtigen: Sache (Phänomen, Objekt), Raum (jeweiliger Ort), Aktoren (Träger), Funktion (Bedeutung).[6] Kerstin Hofmann unterstreicht zudem die emische und etische Sichtweise der Zeitgenossen und die interpretatorische Leistung des Untersuchenden, die erst eine Kontinuität oder Diskontinuität erkennen lassen.[7] Die Zwiespältigkeit der Begriffe ruft zur Sorgfalt und Vorsicht im Umgang mit ihnen auf. Sie bieten aber auch zahlreiche Möglichkeiten, vorausgesetzt man differenziert die groben Definitionen der beiden Termini.[8]

Kontinuitäten bei Bauwerken

Bauwerke, besonders die öffentlichen, speichern in großer Form die Ideen und Intentionen der Erbauer. Ihrem Entwurf, der Ausgestaltung und der Wahl des Standorts gehen bewusste Entscheidungen voraus. Sie haben neben ihrer baulichen Substanz und Funktion auch eine Bedeutung. Durch ihre Ortsgebundenheit und die permanente Präsenz haben sie zudem einen langfristig prägenden Charakter, sowohl auf ihre Umgebung als auch auf das gegenseitige Verhältnis zwischen Bauherren und Benutzer beziehungsweise Betrachter. Sie sind Teil des urbanistischen Gefüges, in dem sich diese Interaktion abspielt.

> Durch die teilweise monumentale Präsenz dieser Elemente [Tempel, Bauwerke etc.] und ihre Verbindung mit den politischen, sozialen, wirtschaftlichen oder religiösen Grundstrukturen einer Gesellschaft werden sie zu Trägern des kulturellen Gedächtnisses und stellen dadurch wichtige Erinnerungsräume dar, die zur Identitätsbildung der Bewohner beitragen.[9]

5 Philipp Stockhammer: *Kontinuität und Wandel. Die Keramik der Nachpalastzeit aus der Unterstadt von Tiryns.* Heidelberg: Univ. Diss. 2008. http://archiv.ub.uni-heidelberg.de/volltextserver/8612/ (Zugriff am 15.07.2014), S. 2.

6 Hermann Bausinger: Algebra der Kontinuität. In: Ders. / Wolfgang Brückner (Hrsg.): *Kontinuität? Geschichtlichkeit und Dauer als volkskundliches Problem.* Berlin: Schmidt 1969, S. 9–30, hier S. 17.

7 Kerstin Hofmann: Kontinuität trotz Diskontinuität? Der Wechsel von der Körper- zur Brandbestattung im Elbe–Weser–Dreieck und die semiotische Bedeutung der Ebene „Raum". In: Daniel Bérenger / Jean Bourgeios / Marc Talon (Hrsg.): *Gräberlandschaften der Bronzezeit. Internationales Kolloquium zur Bronzezeit Herne, 15.–18. Oktober 2008.* Darmstadt: von Zabern 2012, S. 355–373, hier S. 356–357, Abb. 1–2.

8 Eine Zusammenfassung aus archäologischer Sicht zum Thema Kontinuität zu finden bei Thomas Knopf: *Kontinuität und Diskontinuität in der Archäologie. Quellenkritisch–vergleichende Studien.* Münster / New York / München et al.: Waxmann 2002.

9 Elena Mango: Tanta vis admonitionis inest in locis. Zur Veränderung von Erinnerungsorten im Athen des 1. Jahrhunderts v. Chr. In: Ralf Krumeich / Christian Witschel (Hrsg.):

Doch was passiert, wenn sich die politische Situation ändert? Wie wirkt sich dies auf das Bauwerk und seine Bedeutung aus? Verliert es sie? Wird es umfunktioniert oder gar zerstört? Die Eingriffsmöglichkeiten in die Gestalt einer Stadt reichen von punktuellen Interventionen zu einer totalen Neuformung.[10] Dabei entstehen auch die unterschiedlichsten Kontinuitätsformen.
Für die Betrachtung der Kontinuität in der Architektur von öffentlichen Bauwerken ist es wichtig klarzustellen, welchen Aspekt eines Bauwerks man untersucht: die bauliche Substanz,[11] die Funktion oder seine formale Ausprägung. Dies ist umso wichtiger zu unterscheiden, da nicht immer ein Funktionswandel mit einer Veränderung im Baubestand einhergeht. Umgekehrt zeugen Um- und Anbauten nicht zwingend von einem funktionalen Bruch. Somit kann ein Bauwerk Konstanz aufweisen und zeitgleich einem Wandel unterzogen sein, je nach Perspektive. Aus diesem Grund spricht man von unterschiedlichen Kontinuitäten, die immer an den zuvor festgesetzten Betrachtungspunkt und eine definierte Zeitspanne gekoppelt sind. Im Folgenden wird an ausgewählten römerzeitlichen Bauwerken in Griechenland diese Ambivalenz aufgezeigt. Ausgehend von der Architektur werden mehrere Kontinuitätsformen entwickelt.

Griechenlands neue Bauherren

Die Einflussnahme Roms auf Griechenland verlief mehrphasig. Während der Republik (im Laufe des 2. Jhs. v. Chr.) ist vorrangig eine militärische und politische Intervention zu verzeichnen. Die ehemals unabhängig agierenden Bundesstaaten (Poleis) wurden zu römischen Provinzen. Im Verlauf des 1. Jhs. v. Chr. wurden entscheidende Kämpfe des römischen Bürgerkriegs auf griechischem Boden ausgefochten. So auch die Seeschlacht bei Actium im Jahre 31 v. Chr., in der Octavian die Flotte des Marcus Antonius und der Kleopatra vernichtend schlug und ab da alleine über die römische Welt herrschte. Das griechische Festland ging kurze Zeit später in das neu entstandene politische Gebilde des Imperium Romanum über.[12] Zeitgleich mit den politischen Maßnahmen der Römer wurden griechische Städte nicht nur mit

Die Akropolis von Athen im Hellenismus und in der römischen Kaiserzeit. Wiesbaden: Reichert 2010, S. 117–155, hier S. 117.

10 Ebd., S. 117–118.

11 Prüfung des Baubestandes unter Berücksichtigung der Konstruktion, Material, Dekor, Größe etc.

12 John M. Camp: *The Archaeology of Athens.* New Haven et al.: Yale UP 2001, S. 183.

der neuen Macht konfrontiert, sondern zum Teil auch mit neuen Bauherren.[13] Doch wie gingen die Römer mit dem angetroffenen Baubestand um?
Die nachfolgende Betrachtung der ausgewählten Städte zielt nicht auf einen stadtplanerischen Vergleich. Der Fokus liegt vielmehr auf der Frage, inwieweit Auftraggeber und Bauherren bewusst auf vorhandene Strukturen, genauer gesagt auf die Architektur öffentlicher Bauwerke, zurückgriffen und ob es sich hierbei um Kontinuitäten handelt.
Athen,[14] das ehemals politische und kulturelle Zentrum Griechenlands, wurde 86 v. Chr. von der Armee des Lucius Cornelius Sulla eingenommen und verwüstet. Erst ab der 2. Hälfte des 1. Jhs. v. Chr. prägten wieder neue Großprojekte wie die durch Caesar und Augustus finanzierte Römische Agora[15] oder das Odeion des Agrippa[16] auf der alten Agora das Stadtbild. Der Ort wurde allmählich umgestaltet, die großen Bauten der Vergangenheit blieben indes erhalten.[17] Deutlich wird dies mit Blick auf die alte Agora, in der viele klassische und hellenistische Bauwerke in Benutzung blieben, nun aber um zahlreiche Neubauten ergänzt wurden, wodurch sich der Platz in seiner Funktion und vor allem Erscheinung deutlich wandelte.[18]
Korinth[19] wurde 146 v. Chr. durch die Römer unter Lucius Mummius partiell zerstört. Die daraus entstandenen Freiflächen ermöglichten es, die Stadt

13 Caroline Rödel: Von Lucius Aemilius Paullus zu Augustus. Stiftungen von Römern in Athen. In: Krumeich / Witschel (Hrsg.): *Die Akropolis von Athen*, S. 95–115. Jedoch wurden Stiftungen in Form von Bauprojekten auch weiterhin von den Städten oder privaten (griechischen) Euergeten durchgeführt. Siehe dazu Theodasia Stephanidou-Tiveriou: Tradition and Romanisation in the Monumental Landscape of Athens. In: Stavros Vlizos (Hrsg.): *Η ΑΘΗΝΑ ΚΑΤΑ ΤΗ ΡΩΜΑΪΚΗ ΕΠΟΧΗ Προσφατες ανακαλύψεις νέες έρευνες*. Athen: Benaki Museum 2008, S. 11–39, hier S. 27.

14 Historische Darstellung der römischen Zeit in Athen bei Daniel J. Geagan: Roman Athenes. Some Aspects of Life and Culture I. 86 B. C.–A. D. 267. In: Hildegard Temporini / Wolfgang Haase (Hrsg.): *Aufstieg und Niedergang der römischen Welt*, Bd. II, 7.1: Politische Geschichte. Provinzen und Randvölker; Griechischer Balkanraum; Kleinasien. Berlin / New York: de Gruyter 1979, S. 371–437.

15 Michael C. Hoff: The Early History of the Roman Agora at Athens. In: Susan Walker / Averil Cameron (Hrsg.): *The Greek Renaissance in the Roman Empire. Papers from the Tenth British Museum Classical Colloquium*. London: Institute of Classical Studies 1989, S. 1–8.

16 Homer A. Thompson: The Odeion in the Athenian Agora. In: *Hesperia* 19,2 (1950), S. 31–141.

17 Die römischen Bauprogramme in der Zeit zwischen Sullas Plünderung und Augustus zusammengefasst bei Stephanidou-Tiveriou: Tradition and Romanisation, S. 11–39; Mango: Erinnerungsorte, S. 119–155.

18 Eine Zusammenfassung der römischen Bauvorhaben in Athen bei Camp: *Archaeology*, S. 183–222.

19 Historische Darstellung der römischen Zeit Korinths bei James Wiseman: Corinth and

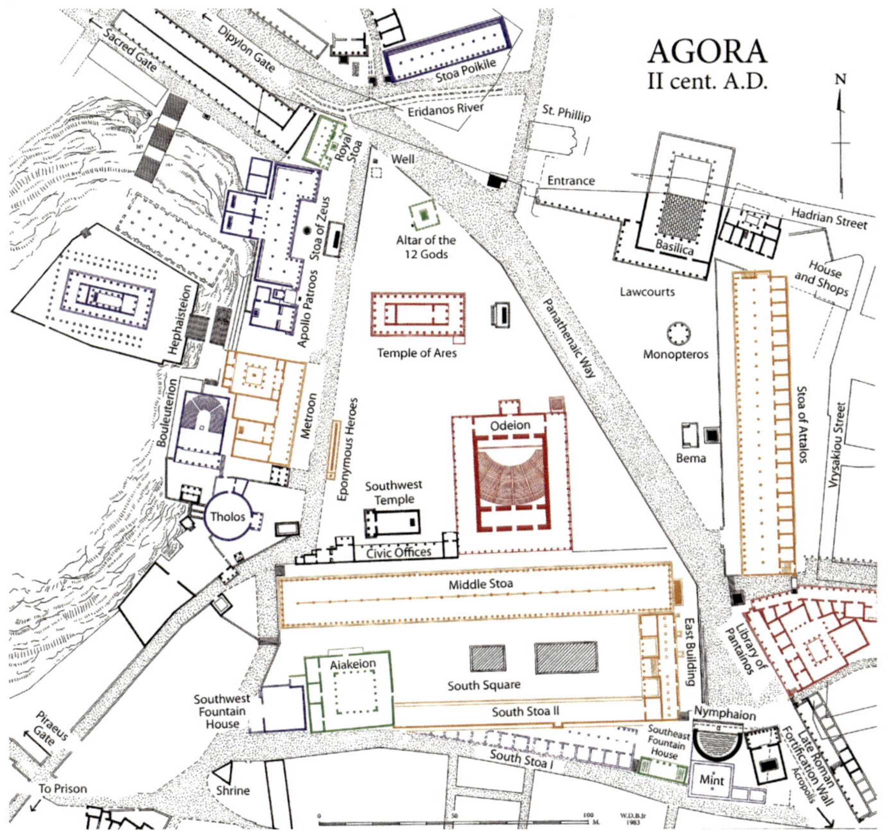

Abb. 1: Plan der Agora von Athen ca. 150 n. Chr. (römische Bauten: rot und schwarz)

nun nach den Vorstellungen der neuen Stadtverwaltung zu gestalten. Dies ist jedoch erst nach der Neugründung als Kolonie 44 v. Chr. zu verzeichnen. Erhalten gebliebene Strukturen (u. a. das Theater) wurden wiederaufgebaut und mehrmals renoviert.[20] Zahlreiche Neubauten (z. B. Basilika Julia,[21]

Rome I: 228 B. C.–267 A. D. In: Temporini / Haase (Hrsg.): *Aufstieg und Niedergang der römischen Welt*, Bd. II, 7.1, S. 438–548.

20 Richard Stillwell: *Corinth*, Bd. 2: The Theatre. Princeton: American School of Classical Studies at Athens 1952.

21 Gerichtsbau; womöglich auch Ort für den Kaiserkult. Saul S. Weinberg: *Corinth*, Bd. 1.5: The Southeast Building, the Twin Basilicas, the Mosaic House. Princeton: American School of Classical Studies at Athens 1960, S. 35–57.

Tempel der Westterrasse und Bema mit Zentralläden[22]) wurden im Laufe der Zeit um den erhalten gebliebenen Tempel des Apollo erbaut.

Bauliche Kontinuität: Parthenon, Erechtheion, Hephaisteion

Der Parthenon ist ein Bau für die Stadtgöttin Pallas Athena Parthenos auf der Athener Akropolis.[23] Der dorische Ringhallentempel mit 8 x 17 Säulen wurde 447–432 v. Chr. erbaut und gilt noch heute als eines der berühmtesten Bauwerke der Antike. Neben dem Entwurf mit seinem Proportionssystem (4:9 bezogen auf z. B. die Längen der Stylobatseiten und das Verhältnis der Säulendurchmesser zu Ringhallenjochen) und weiteren Feinheiten wie der Kurvatur, die sich deutlich vom Stufenbau über die Säulen bis hin zum Dach durchzieht, bestach der Bau durch die Fülle und Qualität des architektonischen Schmucks.[24] Die Metopen zeigten Szenen aus dem Trojanischen Krieg und der Gigantomachie sowie die Kämpfe der Griechen gegen die Amazonen und die Kentauren. Die Cellawand bekrönte hingegen ein insgesamt 160 m langes Reliefband, das den Festzug der Panathenäen darstellte. In den Giebeln standen riesige Figuren, die die Geburt der Athena und den Kampf zwischen Poseidon und Athena um Attika zeigten. Die Kulmination des bildlichen Schmucks befand sich jedoch in der Cella: die berühmte kolossale Gold- und Elfenbeinstatue der Athena, ein Werk des Bildhauers Phidias. Infolge seiner programmatischen Bildfülle, Ausmaße und prominenten Lage wird der Tempel noch heute als ein Symbol der damaligen Großmacht Athens angesehen. Als Teil eines durch Perikles forcierten Programms unterstrich der Bau durch seine architektonische Gestaltung und gewaltige Wirkung die wirtschaftlichen und politischen Ambitionen der Polis.[25]

Die nachfolgenden baulichen Veränderungen sind nicht fest datiert. Mit dem Angriff der Heruler im Jahr 267 n. Chr. ist möglicherweise, aber nicht sicher,

22 Westterrasse und Bema mit Zentralläden: Robert L. Scranton: *Corinth*, Bd. 1.3: Monuments in the Lower Agora and North of the Archaic Temple. Princeton: American School of Classical Studies at Athens 1951, S. 3–132.

23 Da ein Kult für Athena Parthenos weder durch einen Eintrag im Festkalender Athens noch durch einen Altar vor dem Parthenon oder eine Priesterin bezeugt ist, wird der Bau nicht als Kultgebäude und die Statue der Athena nicht als Kultbild angesehen. Vielmehr handelte es sich hierbei um ein Prestigeobjekt, das den Reichtum und die Macht der Stadt repräsentierte. Siehe dazu Camp: *Archaeology*, S. 80–81.

24 Zur Zusammenfassung der Architektur des Parthenon siehe Barbara A. Barletta: The Architecture and Architects of the Classical Parthenon. In: Jenifer Neils (Hrsg.): *The Parthenon. From Antiquity to the Present.* Cambridge: Cambridge UP 2005, S. 67–99, hier S. 72–88.

25 Lisa Kallet: Wealth, Power, and Prestige: Athens at Home and Abroad. In: Ebd., S. 35–65, hier S. 51–59.

eine starke Zerstörung zu verbinden. Genauso unsicher bleibt der Zeitpunkt der nachstehenden Reparatur. Sie wird jedoch von einigen Forscher_innen Kaiser Julian (361–363 n. Chr.) zugeschrieben, der zahlreiche Tempel instandsetzen ließ.[26] Die erste gravierende bauliche Veränderung erfuhr der Tempel, als er in eine Kirche umgewandelt wurde. Wann genau dies geschah und auf wessen Geheiß, ist nicht bekannt. Einen Anhaltspunkt geben lediglich skulptierte Marmorelemente (z. B. Fries der Apsis)[27], die der ersten Umbauphase angehören und ins 5. oder 6. Jh. n. Chr. datieren. Mit dem Einbau einer Apsis in das Ostende der Cella wurde der gesamte Bau neu ausgerichtet. Nun betrat man den Innenraum von Westen her, über den früheren Opisthodom-Zugang, wodurch die Westkammer zum Narthex der Kirche wurde. Des Weiteren wurde die Cella, also der eigentliche Kirchenraum, neu überdacht, wobei der äußere Säulenring des klassischen Baus nicht mit einbezogen wurde. Die Säulenhalle fungierte nunmehr als ein offener Umgang.[28]

Doch nicht nur am Parthenon vollzog sich eine solch gravierende Veränderung in dieser Zeit. Die erste neu errichtete Kirche Athens ist wohl in dem tetrakonchen Bau aus dem 5. Jh. n. Chr. im Säulenhof der Hadriansbibliothek zu identifizieren. Weitere Tempel und auch die Propyläen der Akropolis waren in Kirchen umgewandelt worden. Spätestens im 7. Jh. n. Chr. war der Übergang zu einer christlichen Stadt abgeschlossen.[29]

Auch der eigentliche Kulttempel der Akropolis, das Erechtheion, wurde zu einem christlichen Gotteshaus. Dieser Vielzweckbau für die attischen Kulte (u. a. Athena, Poseidon und Erechtheus) wurde zwischen den 430ern und 406 v. Chr. im nördlichen Bereich der Akropolis erbaut.[30] Das Bauwerk bestach durch seine unkanonische Form und den reichen Bauschmuck. Auch wegen seiner ionischen Ordnung und der deutlich geringeren Maße bildet es zudem einen extremen Gegensatz zum direkt benachbarten Parthenon. Der Cella, in der das Kultbild der Athena Polias aufgestellt war, sind im Osten sechs hohe ionische Säulen vorangestellt. Der Kernbau wird zudem jeweils im Norden und Süden von einer Halle flankiert. Die nördliche war

26 Robert Outerhout: „Bestride the very Peak of Heaven“: The Parthenon after Antiquity. In: Ebd., S. 293–330, hier S. 298–300.

27 Anthony Kaldellis: *The Christian Parthenon. Classicism and Pilgrimage in Byzantine Athens*. Cambridge: Cambridge UP 2009, S. 29, Abb. 7.

28 Ebd. S. 23–31, Abb. 4, 6.

29 Alexandra L. Lesk: A *Diachronic Examination of the Erechtheion and its Reception*. University of Cincinnati 2005. https://etd.ohiolink.edu/!etd.send_file?accession=ucin1108170608&disposition=inline (Zugriff am 08.02.2014), S. 309–311.

30 Zum Problem der genauen Datierung siehe Lesk: *Diachronic Examination*, S. 64–71.

besonders reich geschmückt mit zahlreichen Anthemienfriesen, ionischen und lesbischen Kymatien und Flechtbändern, die alle als Relief herausgearbeitet waren. Das Dach der Südhalle stützten hingegen weibliche Figuren, die Karyatiden.[31]

Die erste große bauliche Veränderung erfolgte im 4. Jh. n. Chr., als der östliche Raum durch den Einbau von Pfeilern an der Nord- und Südwand in eine tonnenüberwölbte Halle umgewandelt wurde.[32] Im späten 6. oder 7. Jh. n. Chr. ist dann der Umbau zu einer dreischiffigen Basilika zu verzeichnen. Dafür wurden zwischen den Säulen der Ostfassade und der Nordhalle Wände eingezogen und die Apsis in den ursprünglichen Eingang im Osten eingesetzt. Zugänglich war der Bau nun durch die westlichen Bereiche mit einem vermuteten Haupteingang in der Nordhalle.[33]

Eine ‚Christianisierung' der Tempel erfolgte nicht nur auf der Akropolis. Der Tempel des Hephaistos befindet sich auf dem Kolonos-Hügel im Westen der Agora und wurde als ein marmorner Peripteros in dorischer Ordnung ca. 450–415 v. Chr. erbaut. Die Peristasis besteht aus 6 x 13 Säulen, die sich nach oben hin verjüngen und eine Entasis aufweisen. Sie stehen noch alle aufrecht. Die Cella weist einen tieferen Pronaos und einen flacheren Opisthodom auf. Ihre Wände stehen noch fast in voller Höhe. Der reiche Schmuck des Baus verblieb mit Ausnahme der Giebelgruppen und der Akrotere am ursprünglichen Versatzort. Die Metopen zeigen die Taten der beiden Helden Herakles und Theseus. Über den Epistylien der Cella-Schmalseiten befinden sich Friese. Diese zeigen im Osten einen Kampf in Anwesenheit der Götter, im Westen den Kampf zwischen den Lapithen und Kentauren.[34]

Dieses marmorne Gebäude ist der am besten erhaltene griechische Tempel der Welt und gleichzeitig der am prächtigsten ausgestattete Bau der klassischen Agora. Trotzdem steht er im Schatten des Parthenon, nicht nur bezüglich seiner Größe, sondern auch seines Ruhms in der Antike und heute. Viele Stadien ihrer Geschichte haben die beiden Bauwerke jedoch gemein. So auch die Umwandlung in eine christliche Kirche. Spätestens im 7. Jh. n. Chr. war

31 Detaillierte Beschreibung des Tempels im 5. Jh. v. Chr. bei Gorham P. Stevens / Lacey D. Caskey / James M. Paton (Hrsg.): *The Erechtheum*. Cambridge: Harvard UP 1927, S. 3–180; Lesk: *Diachronic Examination*, S. 26–164, 999, 1027, 1190, 1225, Abb. 142, 219, 334, 368.

32 Die hellenistische Reparatur (vormals in frührömische Zeit datiert) wird nicht berücksichtigt, da keine grundlegende bauliche Veränderung vorgenommen wurde, sondern der ursprüngliche Bau restauriert wurde. Siehe dazu Lesk: *Diachronic Examination*, S. 195–242.

33 Ebd. S. 303–364, 1403.

34 Für eine detaillierte Baubeschreibung siehe Herbert Koch: *Studien zum Theseustempel in Athen*. Berlin: Akademie 1955, S. 44–81, 109–148.

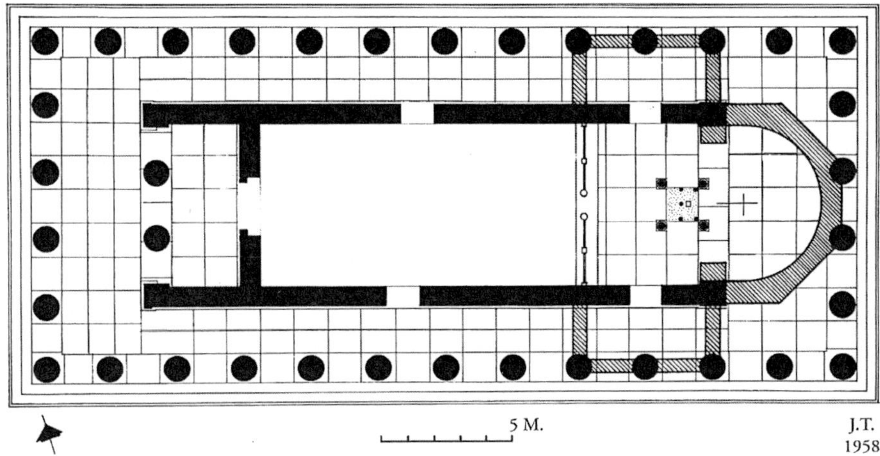

Abb. 2: Grundriss des Hephaisteions mit Einbauten der Kirche des Hl. Georgs, 7. Jh. n. Chr.

der Umbau vollzogen. Die wichtigsten Merkmale sind auch hier die Umorientierung des Gebäudes, die Apsis mit dem Altar im Osten und der Eingang im Westen.[35] Offensichtlich sind auch die intendierten Schäden am skulpturalen Schmuck der Metopen, beispielsweise am Kopf des Theseus, mit diesem Ereignis in Verbindung zu bringen.[36] Die noch heute existierende tonnengewölbte Decke stammt aus einer späteren Umbauphase. Die Kassettendecken der Säulenhalle boten hier, anders als beim Parthenon, weiterhin Schutz vor Sonne und Regen.[37] Die Kirche des Heiligen Georg blieb bis ins Jahr 1834 in Benutzung.

Alle diese Tempel überdauerten die Jahrhunderte seit ihrer Erbauung bis heute. Sie zeigen innerhalb des herausgegriffenen zeitlichen Abschnitts der römischen Kaiserzeit bis in die Spätantike bzw. frühbyzantinische Zeit deutlich eine bauliche Kontinuität, die mit der Machtübernahme Roms nicht abbrach. Einen Einschnitt in die Bausubstanz erkennt man erst ab dem 4. Jh. n. Chr., als alle drei Tempel eine Apsis bekamen und sie in christliche Kirchen umgewandelt wurden. Der Umgang der Römer mit den Bauten, der mit der Erhaltung und Pflege der Tempel einherging, ist durch kultisch-rituelle und durch politische Gründe motiviert. Wie auch immer sich die religiöse Struktur unter den Römern änderte, wurde die bauliche Struktur kaum berührt. Der Bruch

35 Zu den Umbaumaßnahmen siehe William B. Dinsmoor: *Observations on the Hephaisteion*. Amsterdam: Swets & Zeitlinger B. V. 1975, S. 11–15.

36 Camp: *Archaeology*, S. 103.

37 Ebd. S. 94, Abb. 61.

in der Spätantike fußt auf einem Religionswechsel. Für die antiken Götter und ihre Tempel bestand kein Bedarf mehr. Wenn die Kultstätten nicht zerstört wurden, mussten sie, den neuen Geboten des christlichen Ritus gemäß, angepasst und umgebaut werden.

Funktionale Kontinuität: Peirene-Quelle

Die Peirene-Quelle in Korinth spielte als natürliche Wasserquelle seit den Anfängen der Ansiedlung in diesem Gebiet eine enorme Rolle. Erste bauliche Anzeichen datieren ins 1. Jt. v. Chr., literarische Referenzen womöglich bereits ins 8. Jh. v. Chr. Hier an der bevorzugten Tränke des Pegasus soll Bellerophon das heilige Pferd gezähmt haben. Die neuen Einwohner der Koloniegründung 44 v. Chr. fanden die architektonische Ausgestaltung der Quelle in ihrer hellenistischen Form vor, mit sechs Vorkammern, hinter denen man das Wasser aus tiefen Becken schöpfte. Nach umfangreichen Aufräumarbeiten und der Wiederherstellung des unterirdischen Kanalsystems wurden in der frührömischen Phase die Vorkammern in Becken umgewandelt, denen eine zweistöckige Fassade vorgestellt war. Innerhalb der nächsten Jahrhunderte wurde die Architektur des eigentlichen Brunnens und seines Hofs immer wieder verändert. Es sind insgesamt sechs oder sieben römische Phasen fassbar. Die Fassade selbst erfuhr mehrmals eine Auskleidung mit Marmor, bis ihr im 5.–6. Jh. n. Chr. die noch heute teilweise aufrecht stehenden, ein verkröpftes Gebälk tragenden korinthischen Säulen vorgelagert wurden. Im Hof wurde unter anderem ein großes, nicht überdachtes Becken mit Wasserspeiern installiert, das auch mehrmals umgebaut wurde. In der Spätantike hat man dann den rechteckigen Hof an drei Seiten mit großen halbkreisförmigen Nischen versehen, in denen zeitweise weitere Becken untergebracht waren.[38]

Die Funktion dieses Bauwerks als Brunnen blieb unverändert über Jahrhunderte und unabhängig von den politischen Verhältnissen in der Stadt. Die Diskontinuität in der Architektur mit teilweise starken Brüchen unterstreicht die funktionale Kontinuität, da alle Veränderungen immer der Funktion des Baus als Quellfassung untergeordnet waren. Quellen sind als Wasserspender essentiell für eine funktionierende Siedlung. Solange sie nicht versiegen, haben sie eine kontinuierliche Nutzungsdauer, bei der bauliche Veränderungen oft unumgänglich sind.

38 Detaillierte Beschreibung bei Betsey A. Robinson: *Histories of Peirene. A Corinthian Fountain in Three Millennia.* Princeton: American School of Classical Studies at Athens 2011, S. 124–284.

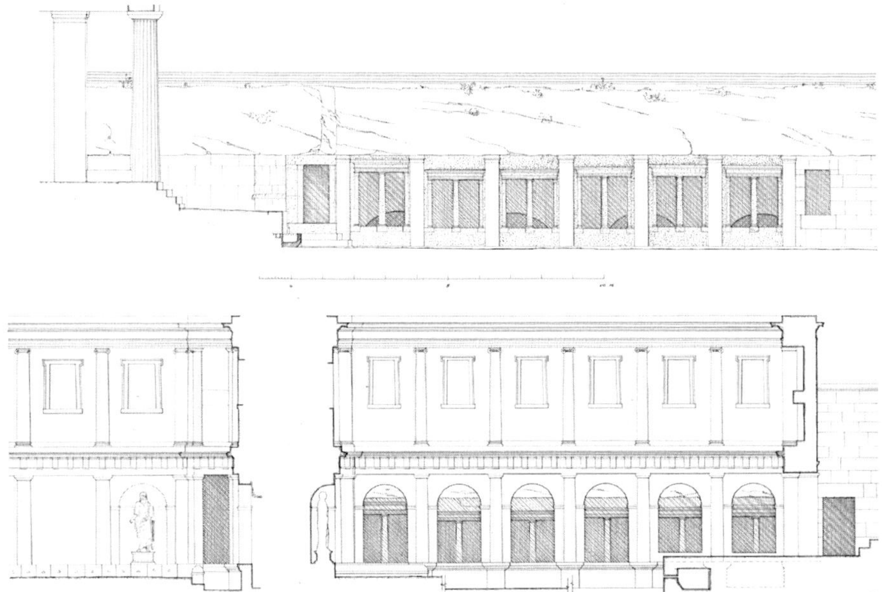

Abb. 3: Peirene-Quelle in Korinth: Rekonstruktion der Fassade (oben: hellenistisch, unten: römisch)

Formale Kontinuität: Roma-Augustus-Monopteros

Das einzige in römischer Zeit neu errichtete Bauwerk auf dem heiligen Felsen Athens ist der Roma-Augustus Monopteros.[39] Entstanden ist der Rundtempel zu Ehren der römischen Stadtgöttin und des Kaisers Augustus im letzten Viertel des 1. Jhs. v. Chr.[40] Die Stifter, laut Inschrift der Demos der Stadt Athen,[41] übernahmen architektonische Merkmale und Bauornamentik des Erechtheions, also eines direkten Nachbars.

Neun ionische Säulen standen hier auf einer runden, dreistufigen Krepis und trugen das reich verzierte Gebälk und ein Dach, dessen Gestalt bisher nicht

39 Bestandsaufnahme mit ausführlichem Steinkatalog bei Wolfgang Binder: *Der Roma-Augustus Monopteros auf der Akropolis von Athen und sein typologischer Ort.* Karlsruhe: Selbstverlag 1969, S. 49–126.

40 Zur genauen Datierung siehe Johannes Fouquet: Der Roma–Augustus–Monopteros auf der Athener Akropolis – Herrscherkult und Memoria „ad Palladis templi vestibulum"? In: *Thetis. Mannheimer Beiträge zur Klassischen Archäologie und Geschichte Griechenlands und Zyperns* 19 (2012), S. 35–83, hier S. 67–72.

41 Johannes Kirchner (Hrsg.): *Inscriptiones Graecae. Vol. II et III (ed. minor) Inscriptiones Atticae Euclidis anno posteriores. Pars III. Dedicationes, titulos honorarios, titulos sacros, titulos sepulcrales continens. Fasc. 1. Dedicationes. Tituli honorarii. Tituli sacri.* Berolini: Reimer 1935, S. 73–74, Nr. 3173.

eindeutig rekonstruiert werden konnte. Interdependenzen sind sowohl im angewendeten Maß- und Proportionssystem als auch in der Bauornamentik zu beobachten. Es finden sich beispielsweise bei der Krepis vergleichbare Höhen der Stufen (24,5 cm beim Monopteros und 24,4 cm bei der Ost- und Korenhalle). Die Säulenbasen beruhen auf den Basen der Osthalle des Erechtheions (Profil, annähernd gleiche Höhen) und die Durchmesser der Säulenschäfte am An- und Ablauf der Kanneluren haben ebenfalls eine Entsprechung an den Säulen der Osthalle. Andere Elemente wie das Gebälk in seiner Höhe weisen hingegen Maßdifferenzen auf.[42] Deutlicher sind die Ähnlichkeiten beim Bauschmuck. Die Ornamente an den Säulenhälsen[43] (ein Anthemion gesäumt von zwei Astragalen), die Kapitelle und die Kymatien (ionisch und lesbisch) der Architrave und Geisa bezeugen eine Anlehnung an das klassische Vorbild.[44] Trotz einiger Differenzen in der Ausführung (z. B. flacheres und weicheres Relief am Rundtempel) ist eine kompositorische Übereinstimmung des Formenrepertoirs gegeben.[45]

Die augenscheinlich formale Nähe des römischen Neubaus zum benachbarten Erechtheion, einem Tempel aus dem 5. Jh. v. Chr., wurde immer mit einer frührömischen Reparatur dieses klassischen Baus in Verbindung gebracht. Daraus ergab sich, dass sie vorrangig als Beispiel klassizistischer Tendenzen interpretiert wurde.[46] Eine augusteische Datierung der Ausbesserungsarbeiten ist allerdings aus historischen Gründen und der stilistischen Einordnung der Bauornamentik der dabei ausgewechselten Bauglieder als obsolet zu betrachten.[47] Die räumliche Nähe des frühkaiserzeitlichen Rundbaus zum klassischen Tempel wie die visuelle Bezugnahme legen durchaus eine ideelle Beziehung nahe.[48] Die Rezeption der klassisch-attischen Formensprache ist nicht von

42 Fouquet: Roma–Augustus–Monopteros, S. 49–51.

43 Erechtheion: Lesk: *Diachronic Examination*, S. 1036–1038, Abb. 182–185. Monopteros: Fouquet: Roma–Augustus–Monopteros, S. 39, Abb. 5.

44 Bei den Säulen vor allem die Osthalle, bei Kymatien auch Nordhalle.

45 Fouquet: Roma–Augustus–Monopteros, S. 51–53 mit ausführlicher Beschreibung der Übereinstimmungen und Differenzen.

46 Johannes Bergemann: Klassizismus im kaiserzeitlichen Griechenland: Klassische Kunst zwischen Romanisierung, Resistenz und vorbildhaftem Geschmack. In: Peter Noelke / Friederike Naumann-Steckner / Beate Schneider (Hrsg.): *Romanisation und Resistenz in Plastik, Architektur und Inschriften der Provinzen des Imperium Romanum. Neue Funde und Forschungen, Akten des VII. Internationalen Colloquiums über Probleme des provinzialrömischen Kunstschaffens, Köln 2. bis 6. Mai 2001*. Mainz: von Zabern 2003, S. 559–562, hier S. 562.

47 Eine augusteische Datierung der Reparaturmaßnahmen wird bei Lesk: *Diachronic Examination*, S. 201–207 wie auch bei Fouquet: Roma–Augustus–Monopteros, S. 65–67 verworfen.

48 Stefanidou-Tiveriou: Tradition and Romanization, S. 22; Fouquet: Roma–Augustus–Monopteros, S. 54; Lesk: *Diachronic Examination*, S. 296–297.

der Hand zu weisen, aber vielleicht nahm man einfach bekannte Ornamentik auf, was somit zu einer Kontinuität führte, die womöglich rein formal war. Ungeachtet der Gründe für das Errichten des Rundtempels, steht dieser in einer kontinuierlichen Linie der Tempelbauten auf der Akropolis und durch die Übernahme des Formenspektrums wurde dieser Bezug zum alten Athen nochmals verstärkt.

Scheinbare Kontinuität: Südstoa in Korinth

Die Südstoa in Korinth zeigt deutlich die Ambivalenz und Vieldeutigkeit des Begriffes der Kontinuität. Die hellenistische Säulenhalle wurde wohl um 300 v. Chr. erbaut.[49] Mit den Maßen von etwa 164 x 25 m war sie das größte öffentliche Gebäude ihrer Zeit in Griechenland. Die ursprüngliche Struktur hatte 72 dorische Säulen an der Front und 34 ionische im Inneren. Hinter der Säulenhalle befanden sich 33 zweistöckige Räume, die zumindest im Erdgeschoß nochmal in einen vorderen und einen hinteren Bereich unterteilt waren.[50] Die genaue Funktion des Gebäudes in hellenistischer Zeit konnte bislang nicht eindeutig geklärt werden. Die Deutung, es handle sich um den Sitz des von Philipp II. von Makedonien gegründeten Korinthischen Bundes, konnte durch die Neudatierung um 300 v. Chr. von David Scahill widerlegt werden.[51] Weitere Möglichkeiten der Nutzung wie etwa als öffentliches Banketthaus, Unterkunft für Athleten der Isthmischen Spiele oder Ladenlokale können weder bestätigt noch eindeutig negiert werden.[52] Aus diesen Gründen wird hier eine Multifunktionalität des Gebäudes angenommen, wie sie für griechische Stoen üblich war.

Alle Indizien deuten darauf, dass der Bau die Stadteinnahme durch Mummius im Jahr 146 v. Chr. intakt überstand. Nach der Koloniegründung 44 v. Chr. wurde die Stoa zuerst renoviert, was durch eine dicke Stuckschicht und neue Bemalung vorrangig an den dorischen Baugliedern belegt ist. Der Innenraum wurde dann sukzessive bis ins 3. Jh. n. Chr. massiv umgebaut. In die ehemaligen Ladenlokale wurden Amtsstuben, ein Nymphäum und sogar die monumentale Eingangsfassade und der Vorhof der angefügten Südbasilika eingebaut. Die inneren Stützen wurden zudem gegen höhere ausgetauscht.

49 David Scahill: *The South Stoa at Corinth. Design, Construction and Function of the Greek Phase.* Bath: Univ. Diss. 2012. http://opus.bath.ac.uk/32294/ (Zugriff am 29.01.2015), S. 286–289.

50 Eine detaillierte Beschreibung des Baubestandes der griechischen Zeit zu finden bei Oscar Broneer: *The South Stoa and Its Roman Successors.* Princeton: American School of Classical Studies at Athens 1954, S. 18–99; Scahill: *South Stoa*, S. 50–286.

51 Ebd., S. 289.

52 Ebd. S. 289–303.

Die dorische Kolonnade der Nordfront verblieb jedoch über all die Jahrhunderte in ihrer ursprünglichen Erscheinungsform erhalten. Weitere Wiederaufbauten und Reparaturen zeugen von dem Willen, die Fassade zu erhalten – und dies unabhängig von der Gestalt und Funktion der dahinter liegenden Bereiche.[53]
Die Stoa war der dominierende Bau auf der Agora von Korinth. Dank ihrer erhöhten Lage schien sie den Platz wie ein riesiger Vorhang vor der privaten Bebauung, die sich weiter im Süden ausdehnte, abzuschirmen.[54] Gleichzeitig erhob sie sich über dem Platz wie eine Kulisse, vor der das tägliche Leben der Bewohner stattfand. Ob diese Monumentalität letztendlich für das Festhalten an der Säulenfront verantwortlich war oder ob noch andere Gründe dazu führten, kann nur vermutet werden. Die Fassade der Halle wurde intentionell erhalten und damit eine Kontinuität geschaffen. Sie ist jedoch nur scheinbar, da sich hinter der hellenistischen Front typisch römische Räume und Bauten (u. a. Basilika und Therme) befanden. Die ursprüngliche griechische Stoa existierte nicht mehr.

Intendierte Kontinuität: Translozierung des Ares-Tempels

Ein Beispiel, bei dem besonders deutlich wird, dass eine genaue Definition der Kontinuitätsform für die Verständlichkeit des verwendeten Begriffes wichtig ist, findet sich im sogenannten Tempel des Ares auf der Athener Agora.[55] Der Bau wurde ursprünglich in der 2. Hälfte des 5. Jhs. v. Chr. im Athena Pallenis-Heiligtum in Attika (im modernen Stravo) erbaut.[56] Im Zuge der Neugestaltung der Agora von Athen unter Kaiser Augustus (27 v. Chr.–14 n. Chr.) wurde der Bau aus seinem Ursprungsort nach Athen transferiert.[57] Das

53 Broneer: *South Stoa*, S. 10–155.

54 Ebd. S. 157. Hier als „gigantic curtain" bezeichnet.

55 Eine detaillierte Beschreibung des Baubefundes zu finden bei William B. Dinsmoor: The Temple of Ares at Athens. In: *Hesperia* 9,1 (1940), S.1–55; Marian Holland McAllister, The Temple of Ares at Athens: A Review of the Evidence. In: *Hesperia* 28,1 (1959), S. 1–64. Eine Zusammenfassung mit einer Diskussion der Translozierungsproblematik zu finden bei Mango: Erinnerungsorte, S. 132–136.

56 Vormals wurde Acharnai als Ursprungsort gehandelt, siehe Homer A. Thompson / Richard E. Wycherley, *The Agora of Athens: The History, Shape, and Uses of an Ancient City Center*. Princeton: American School of Classical Studies at Athens 1972, S. 165. Gegenwärtig wird es mit dem antiken Pallene in Verbindung gebracht, siehe Camp: *Archaeology*, S. 116–117. Die Sima (große Ähnlichkeit mit der des Hephaisteions) stammt vom Tempel des Poseidon in Sounion. Dazu Dinsmoor: Temple of Ares, S. 32–37; Mango: Erinnerungsorte, S. 133.

57 Die Translozierung wird vorrangig durch das System der Versatzmarken (Buchstabenform des ausgehenden 1. Jh. v. Chr.) auf den Baugliedern des 5. Jh. v. Chr. (datiert v. a. durch Vergleiche mit dem Hephaisteion in Athen) nachgewiesen. Der Zeitpunkt der Umsetzung wird

Abb. 4
Triglyphe des Ares-Tempels mit Versatzmarken-

Gebäude wurde vollständig demontiert, um es mithilfe von Versatzmarken auf einem neuen Fundament auf der Agora wiederaufzubauen. Hier diente es offenbar dem Kult des Mars Ultor, des Kriegsgottes des Augustus und dem Kaiserkult selbst.[58] Dieser dorische Peripteros aus pentelischem Marmor wird mit 6 x 13 Säulen auf einem Fundament von ca. 37 x 17 m rekonstruiert und weist zahlreiche Ähnlichkeiten in Dimension und allgemeinem Aufbau mit dem unweit stehenden Hephaisteion auf. Vor seiner Ostfront in einer Entfernung von ca. 10 m stand der gleichfalls versetzte Altar.[59] Dieser liegt zudem in der Achse des Nordeingangs des weiter im Süden gelegenen Odeions des Agrippa, wodurch die etwa gleichzeitig angelegten Bauwerke direkt Bezug aufeinander nehmen. Der Tempel, griechisch in Erscheinung, und der römische Theaterbau waren von da an die dominierenden Strukturen der Agora, die die vormals freie Platzmitte beherrschten und die Laufwege und Blickachsen

auch durch keramisches Material aus der Umgebung der Fundamente bestätigt. Siehe dazu McAllister: Temple of Ares, S. 2.

58 Die Zuschreibung des Mars- und des Kaiserkultes fußt u. a. auf einer mit dem Bau in Verbindung zu setzende Inschrift I. G., II^2, 3250 aus dem Jahr 2 n. Chr., in der Gaius Caesar (Sohn des Agrippa und Adoptivsohn des Augustus) als „Neuer Ares“ geehrt wird. Siehe dazu Dinsmoor: Temple of Ares, S. 49–50;

59 McAllister: Temple of Ares, S. 3–8.

der Bewohner und Besucher lenkten. Somit setzte sich die kaiserliche Familie (Agrippa, Schwiegersohn des Augustus und Erbauer des Odeions; die Julier im Kaiserkult des Ares-Tempels) deutlich sichtbar in Szene.[60]

Der Tempel des Ares als ein „wandernder Tempel“[61] blieb im Material, der Konstruktion und Erscheinung erhalten, wurde jedoch aus seinem topographischen und historischen Kontext herausgerissen. Bei diesem Beispiel ist neben der rein materiellen Kontinuität auch das Beibehalten von Konstruktion, Größe und der Funktion des Tempels beabsichtigt. Die Ortsgebundenheit der Architektur wurde jedoch aufgehoben. Der direkte Rückgriff in die griechische Vergangenheit, im Speziellen in ihrer materiellen Hinterlassenschaft, mit der Wiederverwendung der Bausubstanz unterstreicht die retrospektive Kontinuität des Tempels. Auf der anderen Seite wurde durch die Translozierung eine prospektive Kontinuität eines nun römischen Bauwerks mit der zusätzlichen Funktion als Kaiserkultort geschaffen.[62] Die Translozierung eines griechischen Bauwerks auf die Athener Agora durch die Römer ist eine Form der explizit intendierten Kontinuität, hier im Sinne eines „instrumentalisierten Rückgriffs“[63], der erst durch das Zusammenspiel der Kontinuität im Material und Baubestand des griechischen Tempels und der gleichzeitigen Diskontinuität des räumlichen Zusammenhangs gebildet wird.

Die intendierte Kontinuität als explizierte Wiederverwendung des materiellen Bestands von älteren Bauwerken und ihr Einbetten in eine neue Umgebung ist hierbei nicht zu verstehen als eine Neuverwendung von älteren Gebäudeteilen als billiges Baumaterial, vorrangig für Fundamente und nicht sichtbare Strukturen. Ein „wandernder Tempel“ ist für diese Kontinuitätsform der aussagekräftigste Sonderfall. Ein solcher Rückgriff, jedoch deutlich geringer in der Dimension, ist auch im Phänomen der Spolienverwendung zu finden. Es ist das ästhetisch wirksame Einsetzen von Spolien als Ornament- und Profilträger, die hier in Erscheinung tritt. Beispiele dafür sind sowohl im Südost- als auch im Südwest-Podiumstempel auf der Athener Agora zu finden. In diesen römischen Kultstätten wurden Säulen von Tempeln des 5. Jh. v. Chr. an den

60 McAllister: Temple of Ares, S. 51; T. Leslie Shear Jr.: Athens: From City-State to Provincial Town. In: *Hesperia* 50,4 (1981), S. 356–377, hier S. 360–363.

61 Camp: *Archaeology*, S. 191–192.

62 Retrospektive und prospektive Kontinuität hier in Anlehnung an die retrospektive und prospektive Erinnerung bei Wolfram Martini: Prospektive und Retrospektive Erinnerung. Das Pantheon Hadrians in Rom. In: Ders. (Hrsg.): *Architektur und Erinnerung*. Göttingen: Vandenhoek & Ruprecht 2000, S. 19–44, hier S. 19.

63 Hofmann: Kontinuität trotz Diskontinuität?, S. 357.

Hauptfronten verbaut.[64] Einen wahren Boom erfährt die Spolienverwendung allerdings erst in der Spätantike, als zahlreiche Bauten mit Baugliedern der aufgegebenen römischen Bauwerke geschmückt werden.[65]

Kontinuitätsbruch?

Die besprochenen Beispiele zeigen, dass in der Architektur der griechischen Städte unter römischem Einfluss eine gewisse Kontinuität zwischen dem griechischen Baubestand und den Bauvorhaben der neuen Machthaber bestand. Den unterschiedlichen Formen von baulichen Eingriffen in den beiden Städten (Erhaltung: Parthenon, Erechtheion, Hephaisteion; Weiterführung und Umwandlung: Peirene-Quelle; Übernahme: Roma-Augustus-Monopteros; selektive Erhaltung: Südstoa; Aneignung: Ares-Tempel) stehen die unterschiedlichen Kontinuitätsformen (baulich, funktional, formal, scheinbar, intendiert) gegenüber. Der Eindruck einer oftmals gewollten Kontinuität ist hierbei nicht abzusprechen.

Die Beispiele zeigen jedoch auch, dass Kontinuität ein sehr variabler Begriff ist. Gebäude unterliegen innerhalb ihrer Historie oftmals Veränderungen, sei es funktionaler oder konstruktionstechnischer Art. Dabei finden sich eben auch Kontinuitäten. Wolfgang Brestrich spricht hierbei von Relativität und Nuancenreichtum je nach Untersuchungskomponente.[66] Denn: „was Kontinuität sein kann, ist [...] nur relativ zu bestimmen in Hinsicht auf den Gegenstand, von dem die Rede ist.“[67] Von der Architektur ausgehend kann, je nachdem welchen Aspekt man auswählt, von Kontinuität oder Diskontinuität oder beiden gleichzeitig in einem Bauwerk gesprochen werden. Kontinuität ist, im Gegensatz zur statischen und punktuellen Diskontinuität, ein zeitgebundener Prozess. Nicht zu vergessen ist jedoch, dass sie von uns, den zeitlich weit entfernten Betrachtern, erst (re-)konstruiert werden muss. Somit hilft sie auch als eine deskriptive Kategorie, diese Prozesse zu erfassen und zu definieren.

64 SO-Tempel: ionische Säulen aus dem Athena Heiligtum in Sounion, SW-Tempel: dorische Säulen aus der sog. Stoa (Tempel der Demeter) in Thorikos. Siehe dazu William Bell Dinsmoor Jr.: Anchoring Two Floating Temples. In: *Hesperia* 51,4 (1982), S. 410–452.

65 Zur Frage der Verwendung von Spolien in der Spätantike siehe Hugo Brandenburg: Die Verwendung von Spolien und originalen Werkstücken in der Spätantiken Architektur. In: Joachim Poeschke (Hrsg.): *Antike Spolien in der Architektur des Mittelalters und der Renaissance.* München: Hirmer 1996, S. 11–39; Stefan Altekamp / Carmen Marcks-Jacobs / Peter Seiler (Hrsg.): *Perspektiven der Spolienforschung 1*. Berlin / Boston: de Gruyter 2013.

66 Brestrich: *Grabfunde*, S. 300.

67 Meier: Kontinuität – Diskontinuität, S. 55.

Beständiger Wandel

Japanische Architektur als interpretatorische Verfügungsmasse (1850–2015)

Beate Löffler

Die Zuweisung von Wertigkeiten ist eine jener kulturellen Praktiken, die soziale Ordnung abbilden und gesellschaftliche Stabilität schaffen. Während grundlegende Nahrungsmittel, Währungsäquivalente, Gesundheit und soziale Tugenden vergleichsweise kontinuierlich als wertig verstanden werden, ist die Mehrheit der Wertzuweisungen diskursabhängig.

Bei der Beschäftigung mit kunst- und kulturwissenschaftlichen Diskursen der Moderne lässt sich beobachten, dass einigen stark an Zeit und Umstände gebundenen, eigentlich modeabhängigen Phänomenen nachträglich spezifischer Wert oder gar universelle Gültigkeit und Zeitlosigkeit zugeschrieben wurde und wird. Dies geschieht im Sinne einer Kontingenzreduzierung innerhalb des wissenschaftlichen Ordnungssystems oder vor dem Hintergrund letztlich ökonomischer Interessen. Ein beispielhafter Fall für eine solche nachträgliche Zuschreibung kontinuierlicher Wertigkeit ist die westliche Rezeption japanischer Architektur.

Japanische Architektur ist seit Mitte des 19. Jahrhunderts Gegenstand westlicher Diskurse und wird heute, nach mehr als 150 Jahren, aus Sicht der Architekturwelt weitgehend positiv bewertet. Das Erbe des traditionellen Holzbaus gilt als kulturhistorisch enorm wertvoll und die konsequent moderne Stahlbeton-Architektur zeitgenössischer Entwerfer wird spätestens seit Mitte der 1960er-Jahre als inspirierend und zukunftsweisend rezipiert. Trotz der unbestrittenen Qualitäten japanischer Architektur ist diese Wertschätzung jedoch weniger das Ergebnis einer gesicherten Faktenlage als vielmehr eines langen Prozesses kultureller Zuschreibungen.

Der Aufsatz speist sich aus einem laufenden Forschungsprojekt zur westlichen Rezeption und Interpretation japanischer Architektur seit der zweiten Hälfte des 19. Jahrhunderts, das die bekannten Quellen erstmals umfassend architekturhistorisch analysiert. Er geht von der These aus, dass das Nebeneinander von materiellen und narrativen Kontinuitäten und Diskontinuitäten kultureller Überlieferung grundsätzlich einen interpretatorischen Spielraum bietet, in dem eine permanente Anpassung des Narrativs und somit sein Fortbestand ermöglicht wird. Er skizziert aus dezidiert architekturhistorischer Perspektive die maßgeblichen westlichen Diskurse zur japanischen Architektur als Abfolge heterogener Einzelereignisse, die sich erst in der Rückschau und innerhalb eines bestimmten Moderne-Konzepts zu einem einheitlichen Bild zusammenfügen.

Einleitung

Japan sah sich in der zweiten Hälfte des 19. Jahrhunderts unter dem Druck der westlichen Hegemonialmächte gezwungen, seine Isolationspolitik aufzugeben und aktiv am politischen Kräftemessen in Ostasien teilzunehmen. Das Beispiel Chinas vor Augen, bemühte sich die Regierung, eine Kolonisierung zu vermeiden und initiierte einen komplexen Modernisierungsprozess. Sie importierte zielgerichtet administratives, technologisches, militärisches und kulturelles Wissen aus den westlichen Hegemonial-staaten, entsandte Studenten an renommierte Bildungseinrichtungen im Ausland und verpflichtete Experten aus Europa und Nordamerika als Berater und Lehrer. Binnen kurzem wurde der Austausch von Wissen und Artefakten, der in den zurückliegenden Jahrhunderten nur in begrenztem Umfang bestanden hatte, durch eine umfangreiche Kommunikation und intensiven Handel ersetzt.

Neben Diplomaten und Geschäftsleuten kamen auch Ärzte, Architekten, Zoologen und Maschinenbauingenieure nach Japan, aber auch Durchreisende wie Journalisten, Künstler oder Weltreisende. Viele von ihnen fassten ihre Erfahrungen vor Ort in Briefen und Tagebüchern zusammen oder erstatteten ihren Auftraggebern Bericht. So erschienen innerhalb weniger Jahre Landeskunden und Reiseberichte, Fachbücher und Aufsätze in europäischen Sprachen, die sich mit unterschiedlichster Intention der japanischen Kultur widmeten und zum Teil intensive Diskurse auslösten. Sie thematisierten Landschaft und Klima, Sprache und Kleidung, Sitten und Rituale oder auch die Kunst und Architektur Japans.

Während jedoch Kunstwerke und kunsthandwerkliche Objekte in bisher ungesehener Anzahl binnen weniger Jahre ihren Weg in europäische und

nordamerikanische Sammlungen fanden und somit der Betrachtung und Erforschung vergleichsweise leicht zugänglich wurden, war die Erörterung japanischer Architektur praktisch vollständig auf Medialisierung angewiesen: Die Bauten befanden sich in Japan, die Mehrheit der Diskutanten verblieb dauerhaft im Westen. So waren es neben den japanischen Pavillons auf den internationalen Ausstellungen und einigen dort gezeigten Architekturmodellen vor allem Beschreibungen, Zeichnungen und Souvenirfotografien, die japanische Architektur an Interessierte im Westen vermittelten.
Dieser aus heutiger Sicht stark limitierte Informationstransfer beeinflusste den Diskurs maßgeblich: Wo schon die generelle Japan-Berichterstattung weniger umfassend als vielmehr eklektisch von institutionellen oder individuellen Interessenlagen beeinflusst war, entstand ein so stark vereinfachtes Bild von japanischer Architektur, dass der sich während des späten 19. Jahrhunderts entwickelnde Diskurs eher auf Zuschreibungen und Imaginationen als auf Fakten beruhte.
Das heute in Bildbänden und dem Internet verfügbare Bildmaterial zu traditioneller und moderner japanischer Architektur stellt eine reiche Inspirationsquelle für die Architekturproduktion im Westen dar, während das in westlichen Sprachen verfügbare reflektierte Fachwissen zu japanischer Architektur verglichen mit anderen architektonischen Referenzkulturen wie Italien oder den USA gering ist. Was für den entwerfenden Architekten als Inspirationsquelle förderlich ist, erweist sich aus Sicht der architekturhistorischen Forschung als problematisch: Neben der hermeneutischen Analyse eines sehr heterogen europäischen Fachdiskurses zu den verschiedensten Facetten von Architektur und Stadt in Japan müssen grundlegende Fragestellungen des Wissenstransfers zwischen Kulturräumen mitgelesen werden, in denen Konzepte wie Identität und Authentizität aber auch Medialisierungs- und Narrationspraktiken eine wichtige Rolle spielen.
Während die architekturhistorische Forschung – zu Recht – Anspruch auf eine globale Gültigkeit ihrer Forschungsfragen und -methodik erhebt, ist sie doch fachhistorisch weitgehend an die europäischen Traditionslinien gebunden. Der hier untersuchte Transfer zwischen dem Westen[1] und Japan ist daher nur vor dem Hintergrund der kulturwissenschaftlichen Theoriebildung zu verstehen. Vor allem Homi K. Bhabhas Vorstellungen von ‚Hybridiät' und ‚Other', Clifford Geertz' ‚Dichte Beschreibung' und Erik Hobsbawns Konzept

1 Der Begriff „Westen" fasst die Hegemonialstaaten jener Zeit zusammen, die sich um politische und wirtschaftliche Beziehungen mit Japan bemühten, vor allem die USA, Großbritannien, Frankreich, Russland, die Niederlande und Preußen bzw. das deutsche Kaiserreich.

der ‚Invention of Tradition' beeinflussten den grundlegenden Zugang zum Thema.[2]

1853–1900, Westen: Zur Nützlichkeit der japanischen Bauweise

Für Japan-Besucher und Daheimgebliebene während der zweiten Hälfte des 19. Jahrhunderts stellten Reiseberichte und Landesbeschreibungen die grundlegende Informationsquelle zur japanischen Kultur dar. Orientierung boten zunächst vor allem die Texte jener, die das Land bereits während der Zeit der Isolationspolitik hatten besuchen können,[3] nicht selten im Dienst der Niederländischen Ostindien-Kompanie (VOC).

Der amerikanische Journalist Richard Hildreth fasste diese älteren Publikationen und einige aktuelle Berichte 1855 in seinem Buch *Japan. As It Was and Is* zusammen und machte damit den vorhandenen Wissenstand einem breiten Publikum zugänglich. Seine Publikation steht stellvertretend für vergleichbare Veröffentlichungen[4] und gibt einen Einblick in das zu jener Zeit verfügbare architektonische Wissen über Japan.

Hildreth stützte sich besonders auf die *History of Japan* des deutschen Arztes Engelbert Kaempfer (1651–1716), aus der er ganze Textabschnitte übernahm und mit anderen Quellen kommentierte und ergänzte.[5]

> From Kaempfer, whose name has become so identified with Japan, but into whose folios few have the opportunity or courage to look, I have made very liberal extracts.

2 Homi K. Bhabha: *Die Verortung der Kultur*. Tübingen: Stauffenburg 2000, v.a. S.97–124, 255–294; Clifford Geertz: *Dichte Beschreibung. Beiträge zum Verstehen kultureller Systeme*. Frankfurt am Main: Suhrkamp 1983; Erik Hobsbawn: Introduction: Inventing Traditions. In: Ders. / Terence O. Ranger (Hrsg.): *The Invention of Tradition*. Cambridge: Cambridge UP 2003, S.1–14.

3 Dazu zählten z.B. Engelbert Kaempfer (1651–1716), Carl Peter Thunberg (1743–1828), Isaac Titsingh (1745–1812), Hendrik Doeff (1764–1837), Wassili Michailowitsch Golownin (1776–1831), Germain Felix Meijlan (1785–1831), Heinrich Julius Klaproth (1783–1835), Johannes Frederick van Overmeer Fischer (gest. 1848), Adolphe Philibert Dubois de Jancigny (1795–1860), Philipp Franz von Siebold (1796–1866) und Samuel Wells Williams (1812–1884).

4 Z.B. *Manners and Customs of the Japanese, in the Nineteenth Century; from the Accounts of Dutch Residents in Japan and from the German Work of Dr. Philipp Franz von Siebold*. London: Murray 1841; Wilhelm Heine: *Japan und seine Bewohner. Geschichtliche Rückblicke und ethnographische Schilderungen von Land und Leuten*. Leipzig: Purfürst 1860.

5 Engelbert Kaempfer: *The History of Japan, Giving an Account of the Ancient and Present State and Government of that Empire: of Its Temples, Palaces, Castles and Other Buildings, of Its Metals, Minerals, Trees, Plants, Animals, Birds and Fishes, of the Chronology and Succession of the Emperors, Ecclesiastical and Secular, of the Original Descent, Religions, Customs, and Manufactures of the Natives, and of Their Trade and Commerce with the Dutch and Chinese: Together with a Description of the Kingdom of Siam*, 2 Bde. London: Impensis Editoris 1727.

> Few travellers have equalled him in picturesque power. His descriptions have indeed the completeness, and finish, and, at the same time, the naturalness and absence of all affectation, with much of the same quiet humor, characteristic of the best Dutch pictures.[6]

So stammen auch die grundsätzlichen Beschreibungen der Architektur aus zwei kurzen Kapiteln die mit „A general description of the several edifices and buildings, public and private, we met with along the road“ und „Of the Post-houses, Inns, Eating-houses and Tea-booths“ überschrieben waren.[7] Darin werden Großbauten wie Burgen und Sakralbauten nur äußerst kurz abgehandelt, wobei der Schwerpunkt auf der landschaftlichen Einbettung der Bauten und ihrer malerischen Erscheinung liegt:

> Of all the religious buildings to be seen in this country, […] the Buddhist temples, with the adjoining convents, are, doubtless, the most remarkable, as being far superior to all others, by their stately height, curious roofs, and numberless other beautiful ornaments. […] All these temples are built of the best cedars and firs, and adorned within with many carved images. In the middle of the temple stands a fine altar, with one or more gilt idols upon it, and a beautiful candlestick, with sweet-scented candles burning before it. The whole temple is so neatly and curiously adorned, that one would fancy himself transported into a Roman Catholic church, did not the monstrous shape of the idols, which are therein worshipped, evince the contrary.[8]

Im Kontrast zur Gebäudemasse und dekorativen Fülle der Tempel empfand Kaempfer die Schreine des Shintō als enttäuschend, denn „instead of a pompous, magnificent building, you find nothing but a low, mean structure of wood, often all hid amidst trees and bushes“.[9]
Neben diesen knappen Beobachtungen erscheint die Beschreibung des japanischen Wohnhauses insgesamt recht ausführlich:

> It may be observed, in general, that the buildings of this country, ecclesiastical or civil, public or private, being commonly low and of wood, are by no means to be compared to ours in Europe, neither in largeness nor magnificence. […] Even the palaces of the Dairi, the secular monarch, and of the princes and lords, are not above one story high. And although there be many common houses, chiefly in towns, of two stories, yet the upper story, if it deserves that name, is generally very low, unfit to be inhabited, and good for little else but to lay up some of the least necessary household goods, it being often without a ceiling or any other cover but the bare roof.[10]

6 Richard Hildreth: *Japan. As It Was and Is*. Boston: Phillips, Sampson & Co./New York: Derby 1855, S. III.

7 Kaempfer: *History*, S. 409–428.

8 Hildreth: *Japan*, S. 301.

9 Ebd.

10 Ebd., S. 295–296.

Der aus diesen Sätzen resultierende Eindruck von materieller Armut der Bauten wird durch die anschließende Erläuterung relativiert, dass die niedrigen Holzbauten erdbebenbeständiger als „lofty and massy buildings of stone" seien.[11] An späterer Stelle wird zudem auf die Rolle der schweren, ausladenden Dächer für die Stabilität der Gebäude verwiesen.[12]
Auch die daran anschließenden Abschnitte skizzieren Vorzüge des japanischen Hauses:

> But if the houses of the Japanese be not so large, lofty, or so substantially built as ours, they are on the other hand greatly to be admired for their uncommon neatness and cleanliness, and curious furniture. [...] They have none, or but few, partition walls to divide their rooms from each other, but instead of them make use of folding screens, made of colored or gilt paper, and laid into wooden frames, which they can put up or remove whenever they please, and by this means enlarge their rooms or make them narrower, as it best suits their fancy or convenience. The floors are somewhat raised above the level of the street, and are all made of boards, neatly covered with fine mats [...] the borders whereof are curiously fringed, embroidered, or otherwise neatly adorned. All mats are of the same size in all parts of the empire, to wit, a kin, or six feet long, [...] and half a kin broad. All the lower part of the house, the staircase leading up to the second story, if there be any, the doors, windows, [...] posts and passages, are curiously painted and varnished. The ceilings are neatly covered with gilt or silver colored paper, embellished with flowers, and the screens in several rooms curiously painted. In short, there is not one corner in the whole house but looks handsome and pretty, and this the rather since all their furniture may be bought at an easy rate.[13]

Neben der ästhetischen Qualität der Innenausstattung war für Kaempfer noch ein weiterer Faktor von Interesse:

> I must not forget to mention, that it is very healthful to live in these houses, and that in this particular they are far beyond ours in Europe, because of their being built all of cedar wood, or fir; and because the windows are generally contrived so that upon opening them, and removing the screens which separate the rooms, a free passage is left for the air through the whole house.[14]

Kaempfers Berichte basieren auf Beobachtungen aus den 1690er-Jahren. Sie setzten jedoch einen Referenzrahmen, den die Architekten des 19. Jahrhunderts kaum überschritten: die Armut der Bauweise, die Frage der Erdbebensicherheit, die Sauberkeit der Häuser und die gestalterische Schlichtheit der Innenräume.[15] Inwieweit hierfür die Quellenrezeption oder ein vergleichbares

11 Hildreth: *Japan*, S. 296.

12 Ebd., S. 297.

13 Ebd., S. 296.

14 Ebd., S. 296–297.

15 Ein Thema, das Kaempfer nicht anspricht, das aber im 19. Jahrhundert häufiger als Argument gegen den japanischen Holzbau angeführt wurde, war der Brandschutz.

kulturelles Verständnis verantwortlich sind, lässt sich nicht klären, da die Referenzierung in den meisten Publikationen zu wünschen übrig lässt. Unter den Autoren zu kunst- und architekturhistorischen Themen bezieht sich jedoch kein einziger auf Hildreth, während einige wenige Kaempfer erwähnen. Der Erscheinungsverlauf der Bücher spricht allerdings dafür, dass Hildreths Buch weitere Kreise erreichte als Kaempfers Original: Kaempfer wurde nach 1727 (und dt. 1777) erst 1906 wieder aufgelegt, während Hildreths Buch bereits 1860 und 1861 in überarbeiteten Neuauflagen erschien.
Der gravierende Unterschied zwischen Kaempfer und den meisten späteren Autoren liegt im Umgang mit dem Thema. Wo Kaempfer in seiner *History* ethnologisch beschrieb, fand der amerikanische Kunsthistoriker James Jackson Jarves harsche, wertende Worte, als er 1876 in seiner Studie *A Glimpse at the Art of Japan* urteilte:

> Architecture, in its noblest condition, is [...] unknown in Japan. There is shown no elaborate attempt to develop it, either in intellectual or spiritual shapes. Instead they erect temporary homes or shrines, tent-like in principle, *bizarre* in construction, mostly of wood or frailer material, and in nowise responding to that fine instinct of immortality which materializes itself in our finest religious edifices, or even those aspirations which find vent in our ambitious palaces and public buildings.[16]

Jarves' Expertise kann zumindest angezweifelt werden, da er weder Fachmann für Architektur noch jemals in Japan war. Doch auch Josiah Conder (1852–1920), Architekturprofessor der kaiserlichen Hochschule Tōkyō, meinte in einem Vortrag vor seinen Studenten:

> Without a certain necessary amount of substantial material we can produce only sheds and bungalows which cannot be dignified by the name of Architecture.[17]

Dieser westliche Blick auf den japanischen Holzbau ist nur vor einem spezifischen diskursiven Hintergrund zu verstehen, auf den der englische Architekt Edward William Godwin (1833–1886) hindeutete, als er schrieb:

> [...] Japanese architecture is not to be judged downwards from the tea houses and the inferior temples any more than we should judge the domestic architecture of the Greeks upwards from the Parthenon or even the Propyleim.[18]

Godwin verwies damit auf das Referenzsystem europäischer Architektur im späten 19. Jahrhundert, dessen Normen und Ordnungen die Wahrnehmung

16 James Jackson Jarves: *A Glimpse at the Art of Japan.* New York: Hurd & Houghton 1876, S. 21.

17 Josiah Conder: *A Few Remarks on Architecture.* o. O. 1878, S. 3.

18 Edward William Godwin: Japanese Building. In: *The British Architect and Northern Engineer*, 30.08.1878, S. 85.

und Bewertung der japanischen Architektur bestimmten. Das kanonische System verstand die griechischen Tempel als Krone architektonischer Gestaltung, gefolgt von den Bauten der Renaissance und allen anderen europäischen Stilen, vor allem dann, wenn sie ihren Ausdruck in Kirchen und Palästen fanden. Und diese wurden selbstverständlich als massive, steinerne Bauten gedacht. Weder die auch in Europa weit verbreiteten traditionellen Holzkonstruktionen noch die dem japanischen Haus strukturell ähnelnden Ingenieurbauten aus Gusseisen und Glas – wie beispielsweise der Londoner Kristallpalast – wurden als Architektur verstanden.
Während Kunst und Kunsthandwerk jener Jahrzehnte nach ästhetischer Neuorientierung suchten und die Inspirationen aus Japan begierig aufnahmen, wurde die asiatische Bautradition von den einschlägigen Fachkreisen als weitgehend wertlos wahrgenommen. Diskurse entwickelten sich nur um Fragen von Erdbebensicherheit und Hygiene, ersteres als Teil der akademischen Formierung der Bauingenieurwissenschaft und der Seismologie,[19] letzteres im Rahmen der Suche nach sozialreformerischen Lösungen für Probleme der rasanten Urbanisierung.

1853–1900, Japan: Zwischen Erneuerung und Tradition

Auf japanischer Seite stellte sich die Interessenlage etwas anders dar. Das Ziel der Meiji-Regierung, Japan zu einem modernen, wettbewerbsfähigen Nationalstaat zu formen, führte zu einem vorrangigen Interesse an westlichen Baumaterialien und -technologien, der Verpflichtung ausländischer Experten als Berater und Lehrer und der Etablierung entsprechender Ausbildungsgänge. Dies wirkte sich zunächst vor allem auf öffentliche Einrichtungen und Industriebauten aus, während Wohnhaus- und Sakralbau kaum betroffen waren. Es bedeutete jedoch, dass die Auseinandersetzung mit Architektur im Rahmen der westlichen Diskurse stattfand und die Bewahrung und Vermittlung des architektonischen Erbes zunächst im Schatten stand. Dabei gab es bereits seit den 1870er-Jahren Maßnahmen zum Schutz der kulturellen Überlieferung. Eine Regierungsverordnung wies 1871 an, die in religiösen Institutionen oder Privathaushalten bewahrten Kulturschätze zu erfassen. In Folge dessen wurden beispielsweise 1872 die Kultgeräte des Tōdai-ji in Nara dokumentiert (Jinshin-Erhebung), wobei auch eine Fotoserie der wichtigsten Sakralbauten

19 Gregory Clancey: *Earthquake Nation. The Cultural Politics of Japanese Seismicity, 1868–1930.* Berkeley / Los Angeles / London: University of California Press 2006.

des Ortes entstand.[20] Auf der Weltausstellung in Wien 1873 waren Architekturmodelle verschiedener japanischer Haustypen zu sehen[21] und Yamamoto Kakuma (1828–1892) veröffentlichte im gleichen Jahr einen Reiseführer zu Sehenswürdigkeiten in Kyoto in englischer Sprache.[22] Auch die Gründung des japanischen Nationalmuseums fällt in diese Jahre. Doch während sich im Bereich der Kunst und des Kunstgewerbes eine rege Publikations- und Ausstellungstätigkeit etablierte und Japan ein fester Anlaufpunkt für Weltreisende wurde, wirkte sich dies kaum auf die Beschäftigung mit japanischer Architektur aus.[23] Dies änderte sich erst, nachdem Kingo Tatsuno (1854–1919), einer der ersten Absolventen des Architekturstudiengangs an der Kaiserlichen Hochschule Tōkyō und seit 1884 selbst Leiter des Studienganges, in den späten 1880er-Jahren japanische Baugeschichte in das Curriculum eingefügt hatte. Das neue Fach und die damit verbundenen Exkursionen beeinflussten eine Reihe von Studierenden, die sich in den folgenden Jahrzehnten nicht nur der Erforschung der japanischen bzw. ostasiatischen Architekturgeschichte zuwandten, sondern auch denkmalpflegerisch tätig wurden.[24] Im Jahr 1897 wurde ein Kulturerbe- und Denkmalpflegegesetz verabschiedet, das Architektur einschloss.[25]

Gegen Ende des Jahrhunderts liefen mehrere dieser Entwicklungsstränge im Umfeld des Kunstwissenschaftlers Okakura Kakuzō (1862–1913) zusammen und schufen die Grundlagen für eine Veränderung der westlichen Wahrnehmung. Okakura war eng mit einer Reihe von westlichen Liebhabern und Sammlern japanischer Kunst wie Ernest Francisco Fenollosa (1853–1908), William Sturgis Bigelow (1850–1926) und Frank Brinkley (1841–1912)

20 Tōkyō National Museum: The Jinshin Survey. Research of Cultural Properties. http://www.tnm.jp/modules/r_free_page/index.php?id=147 (Zugriff am 12.01.2015), digitalisierte Materialien sind unter http://www.emuseum.jp/top?d_lang=en (Zugriff am 12.01.2015) recherchierbar.

21 Gergely Barna: The Background and the Characteristics of Japanese Architectural Displays at the 1867 Paris, 1873 Vienna and 1876 Philadelphia World Exhibitions, und Shigeatsu Shimizu: History and Meaning of House Models in Japan from the Beginning to 1910, Vorträge, gehalten während der „International Conference about the Daimyō Residence-Model", 05.–06.05.2014, Weltmuseum Wien.

22 Kakuma Yamamoto: *Guide to the Celebrated Places in Kiyoto and the Surrounding Places for the Foreign Visitors.* Kyōto: Niwa 1873.

23 Zu den Weltreisen siehe Allan Hockley: Globetrotter's Japan. People. Foreigner on the Tourist Circuit in Meiji Japan. http://ocw.mit.edu/ans7870/21f/21f.027/gt_japan_people/index.html (Zugriff am 08.09.2014).

24 Dallas Finn: *Meiji Revisited. The Sites of Victorian Japan.* New York: Weatherhill 1995, S. 167.

25 William H. Coaldrake: *Architecture and Authority in Japan.* London / New York: Routledge 1996, S. 248.

vernetzt. Daraus gingen einige Publikationen hervor, die die japanische Kulturgeschichte reich illustriert für ein breiteres westliches Publikum aufbereiteten.[26] Okakura selbst zeichnete verantwortlich für den japanischen Pavillon, den Hō-ō-den, auf der Weltausstellung in Chicago 1893. Hier wurden zum ersten Mal Ansätze einer japanischen Kunstgeschichte sichtbar, indem der (vereinfachte) Nachbau eines historisch wertvollen japanischen Gebäudes mit epochenspezifisch geordneten kunsthistorischen Exponaten versehen wurde.[27] In seiner begleitenden Broschüre erläuterte Okakura die Hintergründe und setzte Gebäude und Artefakte in Beziehung zueinander.[28] Eine gekürzte Version des Textes erschien kurz darauf in *The Decorator and Furnisher.*[29] Unter dem Schirm der Kunstgeschichte wurde japanische Architektur sukzessive mehr als nur eine exotische Kuriosität.

Der nächste Schritt war dann die Präsentation des Prachtbandes *Histoire de l'art du Japon* auf der Weltausstellung in Paris 1900.[30] Die Publikation, deren grundlegende Konzeption ebenfalls von Okakura stammte, gibt einen chronologischen Überblick über die Hauptwerke der japanischen Kunst. Signifikant ist dabei neben der gleichberechtigten Betrachtung von Malerei, Skulptur, Kunstgewerbe und Architektur die hohe Qualität der Illustrationen. Bis zu diesem Zeitpunkt waren praktisch alle architekturbezogenen Veröffentlichungen mit Skizzen von dekorativen Details illustriert worden, während beigefügte Tafeln malerische Ansichten der Bauten oder Siedlungen zeigten, die in der Regel zudem mit Staffagefiguren belebt wurden. Die *Histoire* stellt jedoch den kurzen Texten staffagelose Gesamtansichten der Gebäude zur Seite. Ab der englischen Auflage von 1908, die die Architektur in einem Extraband

26 Ernest F. Fenollosa: Contemporary Japanese Art. In: *The Century Magazine* 8 (1893), S. 577–581; Frank Brinkley / Kakuzō Okakura: *Japan, Described and Illustrated by the Japanese, Written By Eminent Japanese Authorities and Scholars*, 10 Bde. Boston: Millet 1897; Kazumasa Ogawa: *Japanese Life*. Yokohama: Kelly & Walsh 1892.

27 Dass diese japanische Kunstgeschichte dem kanonischen Muster der europäischen Tradition folgte, ist ein fachhistorisch äußerst interessantes Phänomen, das jedoch gesondert betrachtet werden muss. Siehe darüber hinaus zur Entwicklung der japanischen Kunstgeschichte beispielsweise Dōshin Satō: *Modern Japanese Art and the Meiji State. The Politics of Beauty*. Los Angeles: Getty Research Institute 2011.

28 Kakudzo [Kakuzō] Okakura: *The Hō-ō-den (Phoenix Hall). An Illustrated Description of the Building Erected by the Japanese Government at the Worlds Columban Exhibition, Jackson Park, Chicago*. Tokyo: Ogawa 1893.

29 Kakudzo [Kakuzō] Okakura: The Decoration of the Ho-O-Den. In: *The Decorator and Furnisher* 23,5 (1894), S. 181–182.

30 Commission Impériale du Japon à l'Exposition universelle de Paris: *Histoire de l'art du Japon*, Paris: de Brijnoff 1900.

zusammenfasst, werden die Schlüsselwerke der japanischen Bautradition nach den Regeln einer wissenschaftlichen Bauaufnahme abgebildet. Die Holzbauten wurden damit architektonisch ‚lesbar' und diskursfähig.[31]
Zugleich hatten die Jahrzehnte, in denen die westlichen Kulturdiskurse Japan vor allem wegen seiner als kurios empfundenen Andersartigkeit thematisierten, einen nachhaltigen Eindruck hinterlassen. Die Reiseberichte beziehen sich darauf, wenn beispielsweise der französische Maler Felix Regamey (1844–1907) kommentiert:

> Contrary to the disappointment that usually follows high expectations respecting a masterpiece of art or of nature, I found on arriving at Japan only the fulfilment of my hopes. I exactly recognized the landscapes and the people the first albums reaching France had brought before my mind in 1863.[32]

Die Alben mit Souvenirfotografien, die heue in verschiedenen Bibliotheken und Archiven aufbewahrt werden, zeigen, welche Bilder Regamey vor Augen hatte: malerische Landschaften, farbenfrohe Tempelbauten mit mächtigen Dächern und Frauen im Kimono in den verschiedensten Alltagszenen. Vor diesem Hintergrund ist auch Eliza Scidmores (1856–1928) Enttäuschung zu verstehen, wenn die Journalistin schreibt:

> The first view of Tokio, like the first view of Yokohama, disappoints the traveller. [...] Most of the roadway is lined with conventional houses of foreign pattern, with their curbstones and shade-trees, while the tooting tram-car and the rattling basha, or light omnibus, emphasize the incongruities of the scene. This is not the Yeddo of one's dreams, nor yet is it an Occidental city. Its stucco walls, wooden columns, glaring shopwindows, and general air of tawdry imitation fairly depress one. In so large a city there are many corners, however, which the march of improvement has not reached, odd, unexpected, and Japanese enough to atone for the rest.[33]

Das moderne ‚verwestliche' Japan mit seinen Fabrikbauten und Eisenbahntrassen wurde im westlichen Architekturdiskurs weiterhin nur dann thematisiert, wenn es um Fragen der Erdbebensicherheit ging[34] oder der eine oder andere Liebhaber der japanischen Kultur den Verlust des ‚alten Japan'

31 Tōkyō Teishitsu Hakubutsukan: A History of the Japanese Arts. Tokyo: Ryubun-Kwan [1908].

32 Felix Regamey: *Japan in Art and Industry with a Glance at Japanese Manners and Customs.* New York: Stokes 1892, S. 8.

33 Eliza R. Scidmore: *Jinrikisha Days in Japan.* New York: Harper & Brothers 1891, S. 43.

34 Siehe dazu beispielsweise Richard Henry Brunton: Constructive Art in Japan 1. In: *Transactions of the Asiatic Society of Japan* 2 (1874), S. 57–77 (Reprint 1888); Mary Jane Bickersteth: *Japan as We Saw It.* London: Low, Marston, and Company / New York: Charles Scribner's Sons 1893, S. 166–229.

bedauerte, wie Edward Morse, der hoffte seine Studie über das japanische Haus möge

> result in preserving many details of the Japanese house, some of them trivial, perhaps, which in a few decades of years may be difficult, if not impossible, to obtain. Whether this has been accomplished or not, [...] nothing can be of greater importance than the study of those nations and peoples who are passing through profound changes and readjustments as a result of their compulsory contact with the vigorous, selfish, and mercantile nations of the West, accompanied on their part by a propagandism in some respects equally mercenary and selfish.[35]

1900–1960: Vom ‚wertlosen' Anderen zur exotischen Referenzgröße

Zu Beginn des 20. Jahrhunderts blieb der generelle Diskurs unverändert. Auch in den intensiven Diskussionen der Reformarchitekten über die Konsequenzen der Industrialisierung für das Bauen und Wohnen spielte Japan keine Rolle.[36]

Allerdings verschob sich die Informationslage in der Fachliteratur. So erschien Bannister Fletchers *History of Architecture*, ein absolutes Standardwerk des Fachs, ab der Auflage von 1901 mit einem zweiten Teil. Unter der Überschrift „The Non-Historical Styles" wurden die Architekturen Indiens, Chinas, Japans, der islamischen Kulturen (‚Sarazenen') und Altamerikas zusammengefasst.[37] China und Japan wurden gemeinsam behandelt, wobei nicht immer genau nachvollziehbar war, auf welche Region sich die gegebene Information bezog. Die Tafeln zeigten Fotografien von Einzelbauten und skizzierte Ansichten und Grundrisse von Gebäudetypen.

Auch James Fergussons (1808–1886) *History of Indian and Eastern Architecture* erschien ab 1910 mit einer Erweiterung zu Japan.[38] Der von Richard

35 Edward Sylvester Morse: *Japanese Homes and Their Surroundings.* Boston: Ticknor 1886, S. vii–viii.

36 Hermann Muthesius, eine der führenden Stimmen des Deutschen Werkbundes, hatte Ende der 1880er Jahre längere Zeit in Japan gearbeitet und kommentierte in seinen Briefen den Mangel an architekturhistorischen Informationen. Er fühlte sich jedoch nicht berufen, dem abzuhelfen. Siehe dazu ausführlich Inga Ganzer: *Hermann Muthesius und Japan. Die Rezeption und Verarbeitung japanischer Vorbilder in der deutschen Raumkunst nach 1900*, unveröffentl. Diss., Martin-Luther-Universität Halle-Wittenberg o. J., S. 89–90. Siehe auch Joan Campbell: The German Werkbund. The Politics of Reform in the Applied Arts. Princeton: Princeton UP 1978.

37 Banister Fletcher / Banister F. Fletcher: *A History of Architecture for the Sudent, Craftsman, and Amateur: Bing a Comparative View of Historical Styles from the Earliest Period.* 4., überarb. u. erw. Aufl. London: Batsford / New York: Charles Scribener's Sons 1901.

38 James Fergusson: *History of Indian and Eastern Architecture.* 2. überarb. u. erw. Aufl. London: Murray 1910.

Phené Spiers bearbeitete neue Abschnitt war deutlich ausführlicher und systematischer als jener bei Fletcher, aber weit weniger wertneutral formuliert. Interessant ist die der Auflistung von Referenzliteratur vorangestellte Aussage, dass „[t]he principal source of information on Japanese architecture is that which is derived from photographs […].“[39] Sie schließt an die Aussagen von Japan-Reisenden wie Felix Regamey an und unterstreicht noch einmal den extrem hohen Stellenwert von Abbildungen für die Wahrnehmung Japans und seiner Architektur im Westen.[40]

Es waren dann wohl auch wieder Abbildungen, die dazu führten, dass sich der Blick der Architekturmoderne auf Japan richtete und das traditionelle japanischen Wohnhaus letztlich eine Neubewertung erfuhr: die Illustrationen aus dem sogenannten *Wasmuth-Portfolio* von 1910.[41] Der Band zeigte Entwürfe und Bauten des US-amerikanischen Architekten Frank Lloyd Wright (1867–1959) in Grafiken, die an japanische Holzschnitte erinnern. Der tschechisch-amerikanische Architekt Antonin Raymond schrieb dazu 1973 in seiner Autobiographie:

> I remember the enthusiasm with which we students in Prague greeted a small book on Frank Lloyd Wright's work (about 1908), which was edited by Wasmuth in Berlin. Later Wright's large portfolios came out around 1909 and became a veritable fountain of wisdom and the subject of endless discussions. Wright had restated the principles of building; he had overcome the cell, liberated the plan, made space flow, given buildings a human scale and blended them with nature, all in a romantic, sensual and original way which left us breathless.[42]

In diesem Buch überlagern sich die als innovativ und modern rezipierten Projekte Wrights und die als japanisch wahrgenommene Ästhetik der Zeichnungen. Das ‚japanische‘ der Zeichnungen wurde Teil der Modernität der Bauten. Es spielt in diesem Zusammenhang keine Rolle, wie die Publikation und die Zeichnungen zustande kamen,[43] wichtig ist jedoch die Aufmerksamkeit,

39 Ebd., S. 487.

40 Noch 1938 findet sich diese Fokussierung auf Bildmaterial in einer Veröffentlichung des Schweizer Werkbundes: „Der Schweizer Pavillon Paris 1937 ist nach den Abbildungen unserer Sondernummer publiziert in der japanischen Architekturzeitschrift ‚Kentiku Sekai‘ Nr. 9, 1937, und zwar wird er auf 8 Seiten dargestellt – ausführlicher als jeder andere. Hieraus darf man folgern, dass der Pavillon den Beifall der japanischen Kollegen findet, wenn wir auch den Text nicht lesen können.“ (Schliessung der Ausstellung Paris 1937. In: *Das Werk* 25,2 (1938), S. XXVI.)

41 Frank Lloyd Wright: *Ausgeführte Bauten und Entwürfe von Frank Lloyd Wright*. Berlin: Wasmuth 1910.

42 Antonin Raymond: *An Autobiography*. Rutland / Tokyo: Tuttle 1973, S. 24.

43 Siehe dazu ausführlich Kevin Nute: *Frank Lloyd Wright and Japan: The Role of Traditional*

die durch das Buch und Wrights weiteres Schaffen entstand. Die im damals führenden Verlag für Kunst, Archäologie und Architektur erschienene Publikation hatte eine enorme Reichweite und beeinflusste die gesamte Architekturavantgarde Europas: Wrights Architektur wurde ein wichtiger Referenzwert für das Neue Bauen. Seine Entwürfe blieben zudem in Fachkreisen mit Japan assoziiert, da Wright weiterhin japanische Farbholzschnitte sammelte und 1912 ein Buch zu diesem Thema publizierte.[44] Spätestens seit er 1916 offiziell den Auftrag für das Imperial Hotel in Tōkyō übernahm, wurde seine Arbeit in einer Beziehung zur japanischen Kultur gesehen. Obwohl Wright selbst immer wieder das Gegenteil betonte, wurde angenommen, dass sich die spezifische Qualität seiner Räume und Bauten auf japanische Einflüsse zurückführen lasse.[45] So betrachtete man japanische Kunst und Architektur in Teilen der Architektenszene mit neuem Interesse: Japanische Architektur wurde für die westlichen Entwerfer in dem Moment interessant, als sich deren Referenzsystem zu wandeln begann.

Anhand der Kommentare in *Das Werk*, der Zeitschrift des Schweizer Werkbundes, kann sowohl die Parallelisierung moderner Bauten mit einigen Charakteristika japanischer Architektur als auch deren zunehmende Wertschätzung in den Fachdiskursen nachvollzogen werden. Während Japan in den ersten gut zehn Jahren des Erscheinens der Zeitung keine Rolle spielte, häufen sich ab den späten 1920er Jahren die Verweise darauf.

So notierte beispielsweise Max Hottinger 1927, dass in der Werkbundausstellung in Stuttgart „einzelne der Gebäude an japanische Bauweisen“[46] erinnerten. 1929 wurde Ludwig Mies van der Rohes deutscher Pavillon auf der Weltausstellung in Barcelona als „[e]ine Art japanisches Haus: gegeneinander gesetzte Wände, offene Winkel bildend, zum Teil frei im Raum stehend, in gewählten Materialien“ beschrieben.[47] Und auch bei einem anderen Projekt Mies van der Rohes, einem Haus auf der Berliner Bauausstellung 1931, wurden diese Parallelen zwischen den Raumcharakteristika gezogen:

Japanese Art and Architecture in the Work of Frank Lloyd Wright. London: Chapman & Hall 1993, S. 96; Anthony Alofsin: *Frank Lloyd Wright. The Lost Years, 1910–1922: A Study of Influence.* Chicago: University of Chicago Press 1993.

44 Frank Lloyd Wright: *Japanese Print, an Interpretation.* Chicago: Fletcher Seymour 1912.

45 Ausführlich dazu Nute: *Wright*, S. 2–4.

46 M. [Max] Hottinger: Die Heizungsanlagen in den Siedlungsbauten der Werkbund-Ausstellung „Die Wohnung“ in Stuttgart, in: *Das Werk* 14,10 (1927), S. XV–XXI, hier S. XV.

47 Der Pavillon des Deutschen Reiches an der internationalen Ausstellung Barcelona 1929. In: *Das Werk* 16,11 (1929), S. 350–351, hier S. 350.

> Es ist ein Raumgebilde in der Art der deutschen Repräsentationshalle an der Ausstellung Barcelona, ein nach allen Seiten offenes oder durch enorme, versenkbare Spiegelscheiben nur praktisch, nicht optisch abschliessbares Gebilde aus einzelnen Stellwänden. Japanisch leicht die Räume, gleichsam nur skizziert, nur durch einen Winkel von zwei Flächen angedeutet und nach den andern Seiten offen; als spielend unbeschwerte Idee charmant, nur wird die Idee zu ernst genommen, durch zu häufige Wiederholung ihrer Pointen totgehetzt.[48]

So war das Feld bereitet, als Bruno Taut (1880–1938) 1933 in Japan strandete und in seinen Berichten nach Deutschland den traditionelle Holzbau in Japan, besonders den des Katsura-Rikyū in Kyoto, als historisch gewachsene und kulturell etablierte Parallele zu den Idealen des Neuen Bauens beschrieb. Seine zügig auf Englisch publizierten Beobachtungen markierten einen Wendepunkt der westlichen Architekturrezeption. In den Folgejahren wurde das traditionelle japanische Wohnhaus zu einer der wichtigsten Referenzen für innovative Architektur, für die Erfüllung der ökonomischen, konstruktiven wie ästhetischen Ansprüche der Zeit. Als 1935 Yoshida Tetsurōs Buch *Das japanische Wohnhaus* erschien, hieß es:

> Eines der interessantesten Architekturbücher seit Jahren; strengste Standardisierung des Wohnhauses bei höchst entwickeltem ästhetischem Raffinement. Wir werden ausführlich darauf zurückkommen.[49]

Mit welchen Themen sich die europäischen Architekten in dieser Zeit beschäftigten und welche Lösungsansätze und Legitimierung sie nutzten, wurde schließlich 1937 in der Kurzrezension des Buches *Ein japanisches Haus der Gegenwart* von Sutemi Horiguchi angedeutet, als Peter Meyer schrieb:

> Die Publikationen über japanische Wohnhäuser mehren sich, denn sie entsprechen einem Bedürfnis. Das vorliegende Buch ist einem einzigen Haus gewidmet, das den sehr beachtenswerten Versuch macht, die neuen europäischen Baumaterialien in den altjapanischen Typus des Wohnhauses zu übernehmen und zwei Zimmer für europäische Gäste mit Sitzmöbeln auszustatten, die dem altjapanischen Haus bekanntlich fehlen. Wie sich ein solcher Versuch aus japanischer Perspektive ausnimmt, können wir nicht beurteilen, für uns ist vor allem von Interesse, wie es dem Japaner gelingt, die maßstäbliche Feinheit seiner Architektur in die modernen Baumaterialien zu transponieren, die durch ihre technischen Möglichkeiten den Architekten so leicht dazu verführen, ins unmenschlich Maßstablose zu entgleisen. Von solchen Maßstabfragen und hinsichtlich der raffinierten Konfrontierung der verschiedenen Baumaterialien und Materialstrukturen ist aus dem Buch viel zu lernen.[50]

48 P.M. [Peter Meyer]: Berliner Bauausstellung. In: *Das Werk* 18,7 (1931), S. 210–217, hier S. 216.

49 Bücher. In: *Das Werk* 22,12 (1935), S. 428.

50 P.M. [Peter Meyer]: Ein japanisches Haus der Gegenwart. In: *Das Werk* 24,9 (1937), S. 24 (Anhang).

Auch die Beschreibung des japanischen Pavillons auf der Weltausstellung in Paris im gleichen Jahr sprach dies an:

> Japan (Arch. Sakakura) Das Gebäude sieht sehr verlockend aus: Braun gestrichene, weitgestellte Stahlstützen mit weissen Zwischendecken, lockere Holzgitter, leichte Wände, konsequente Verwendung von Rampen an Stelle von Treppen. Hier ist es geglückt, die typische Leichtigkeit des national-japanischen Hauses mit den modernen Mitteln des Eisenskelettbaues auszusprechen – eine Ausstellung ganz in diesem Geist gebaut müsste entzückend wirken – die Zürcher „Züga“ war eine Andeutung davon. Der Inhalt ist eine Enttäuschung: „Japansachen“ für den Export nach Europa und Amerika, verkitscht und verindustrialisiert, geben den Ton an. Vom japanischen Feingefühl für Materialwirkungen und funktionelle Formen keine Spur, und ebensowenig von der modernen Industrie-Entwicklung, die die Politik und Zukunft des Landes bestimmt.[51]

So konnte Hans Baumann 1940 in seinem Aufsatz zur Rolle des Raumes in der zeitgenössischen Architektur zusammenfassen:

> Das japanische Haus, das ein System von Schiebewänden darstellt, ist für uns sozusagen zum Ideal geworden, weil sich für jeden Zweck, für jede Stunde, sogar jede Stimmung die Räume variieren lassen.[52]

Der Diskurs um die richtige, zeitgemäße Architektur und die Balance zwischen effizient-standardisiertem Bauprozess und ästhetisch-räumlicher Qualität der Bauten wurde durch den Zweiten Weltkrieg und den folgenden Wiederaufbau hindurch weitergeführt. Und auch in den 1950 Jahren blieb es weiterhin nötig, die Entwurfsentscheidungen der Architekturmoderne gegenüber Auftraggebern und Gesellschaft zu legitimieren. So drückte 1954 auch Walter Gropius (1883–1969) seine Wertschätzung für die traditionelle japanische Architektur auf einer Postkarte an seinen Kollegen Le Corbusier (1887–1965) aus:

> Lieber Corbu, alles wofür wir gekämpft haben, hat seine Parallelen in der altjapanischen Kultur […] Das japanische Haus ist das beste und modernste, das ich kenne und wirklich vorfabriziert.[53]

51 [Ernst F. Burckhardt / Peter Meyer]: Pavillons der fremden Staaten. In: *Das Werk* 24,11 (1937), S. 322–334, hier S. 329.

52 Hans H. Baumann: Das moderne Raumproblem. In: *Das Werk* 27,1 (1940), S. 26–29, hier S. 27.

53 Ralf Wollheim: Muster der Moderne, 11.02.2012. http://www.stylepark.com/de/news/muster-der-moderne/329939 (Zugriff am 04.12.2014); Francesco Dal Co: La princesse est modeste. In: Virginia Ponciroli / Arata Isozaki (Hrsg.): *Katsura Imperial Villa.* Mailand: Electa Architecture 2005, S. 387–391, hier S. 388.

Das ewige Andere

In den folgenden Jahrzehnten veränderte sich die Rolle der Stadtplaner und Architekten in den westlichen Gesellschaften. Mit den wachsenden Zweifeln an den Fortschrittsversprechen der Industriemoderne verschoben sich die architektonischen Diskursthemen einerseits in Richtung Urbanismus und andererseits in Richtung Denkmalpflege und Nachhaltigkeit. Die Ideale der Architekturmoderne wie menschliches Maß, Materialgerechtigkeit, Ornamentlosigkeit und Typisierung hatten jedoch bis zu diesem Zeitpunkt längst Eingang in das kanonische Wissen der Architekturausbildung gefunden und in ihrem Schatten auch die Idealvorstellung von traditionellem japanischen Bauen.

So suchten auch die jüngeren Architektengenerationen in Ostasien nach Inspirationen. Sie fanden in den traditionellen Wohnhäusern eine vorbildliche Verwendung nachhaltiger Materialien, im Metabolismus ein scheinbar völlig neues Verständnis von Stadt und im modernen japanischen Stadthaus aus Stahlbeton eine essentielle Klarheit des Entwurfs. So fügten sie dem Mythos von der Andersartigkeit der japanischen Kultur und Architektur immer weitere Teile hinzu, bis der tatsächliche Wissenstand unter Zuschreibungen verschwand. Auf diese Weise konnte Henrike Thomsen 2000 in einem Artikel in der *Welt* schreiben: „Die japanische Kunst ist für ihre Formstrenge berühmt. Funktionalität und Schlichtheit prägen von jeher das Design von Häusern und Mobiliar“[54], ohne damit Widerspruch zu ernten. Die Fülle gestalterischer Lösungen der traditionellen und modernen japanischen Architektur mit ihren Ornamenten und Vergoldungen, mit Prunk und Einfachheit, Historismen und Modernismen ist unter den Narrativen der Architekturmoderne verschüttet worden. So scheint die Wahrnehmung japanischer Architektur einschließlich ihrer Wertzuschreibung heute auf Dauer gestellt und einer Re-Interpretation weitgehend unverfügbar zu sein.

54 Henrike Thomsen: Wie Japan das Bauhaus für sich entdeckte. Eine Ausstellung zur asiatischen Avantgarde. In: *Die Welt*, 04.08.2000. http://www.welt.de/print-welt/article526459/Wie-Japan-das-Bauhaus-fuer-sich-entdeckte.html (Zugriff am 19.01.2015).

Untersuchungen zum Konsum einer archäologischen Objektgruppe über die Grenzen von Zeit, Raum und Kontext[1]

Martin Hensler

Die Basis der heutigen archäologischen Forschung ist die Einordnung von Objekten, Befunden sowie deren Ensembles in verschiedene Kategorien. Der Typ ist der Ausgangspunkt zur Bestimmung der Objekte sowie ihrer funktionalen, zeitlichen und kulturellen Einordnung. Ergänzend kann noch die Verortung im sozialen Raum als weiteres mögliches Ergebnis erreicht werden. Ausgehend von der Basiseinheit ‚Typ' kann eine Unterteilung in feinere Schemata erfolgen. Ein Beispiel hierfür sind ‚Varianten'.[2] Auf einer eher beschreibenden Ebene ist es möglich, die Auflösung zu verringern und von der Grundeinheit aus in größere Maßstäbe zu wechseln. Dies entspricht den Objektgruppen. Oft werden diese nach (angenommenen) Funktionen und Verwendungszwecken oder nach formalen Aspekten benannt und unterschieden. Einige Beispiele hierfür sind die Kategorien der Beile, Zierscheiben, Knöpfe oder der Grobkeramik.

Diese kurze Beschreibung bildet die unterschiedlich ausgeprägten Klassifikationssysteme der archäologischen Wissenschaften sicher nur sehr schematisch

1 Dieser Aufsatz basiert auf der Dissertation „Frühbronzezeitliche Kupferdistributionssysteme in Alpen und Westkarpaten" des Autors. Der zugrunde liegende Datensatz ist für eine Veröffentlichung an dieser Stelle zu umfangreich. Aus diesem Grund wird um Verständnis gebeten und auf die in Vorbereitung befindliche Dissertation verwiesen. Mein Dank gilt Prof. Rüdiger Krause und Prof. Marin Trenk sowie allen Mitgliedern und Gästen des Graduiertenkollegs „Wert und Äquivalent", besonders den Organisatoren des Workshops „Limits of Change", und des Instituts für Archäologische Wissenschaften der Goethe-Universität Frankfurt.

2 Ein übliches Muster beispielsweise in der Reihe „Prähistorische Bronzefunde".

ab, sie zeigt aber das grundlegende Muster. Ist diese materialbezogene Einteilung erfolgt, wird meist eine Einordnung in Kategorien der zeitlichen und kulturellen Unterscheidung vorgenommen. Auch bei diesen Differenzierungen können unterschiedliche Auflösungen gewählt werden. Was als Grundeinheit angesehen werden sollte, ist zu diskutieren. Möglicherweise sind dies die Zeitstufe, z. B. ‚Bz A', oder die archäologische Kultur, z. B. ‚Aunjetitzer Kultur'. In beiden Fällen handelt es sich nicht um ehemals als real wahrgenommene Zustände. Es sind in jüngster Vergangenheit definierte Kategorien, die weiter diskutiert und angepasst werden. Eine klare Abgrenzung erfolgt oft mehr über die Definition der einzelnen Zustände und weniger über zweifelsfrei erkennbare Brüche. Für die Einordnung in die jeweiligen Kategorien sind Kontinuitäten notwendig. Diese Kontinuitäten beziehen sich auf die Beibehaltung von Eigenschaften der Objekte oder dem fortgesetzten Bestehen von Phänomenen in Raum und Zeit – zumindest beziehen sich die meisten archäologischen Typologien auf Wiederholungen innerhalb dieser beiden Dimensionen. Nur selten werden bei Gegenständen Kriterien für die zur Typologisierung und Kategorisierung notwendigen Kontinuitäten berücksichtigt, die über die formalen Eigenschaften hinausgehen. Am Beispiel der Ösenringe wird im Folgenden gezeigt, dass es sinnvoll und teils notwendig ist, weitere Aspekte einzubeziehen. In diesem konkreten Fall ist es der Konsum der frühbronzezeitlichen Ösenringe Mitteleuropas, der sich in den unterschiedlichen Befunden widerspiegelt.

Zur Typologie in der Archäologie

Wie einleitend bereits beschrieben wurde, spielt die archäologische Typologie in diesem Beitrag eine wichtige Rolle. Aus diesem Grund sind einige Erläuterungen zu diesem Thema angebracht. In diesem Zusammenhang kann auf eine kurze Beschreibung des Typologiebegriffs durch Katja Rösler verwiesen werden.[3]

Als Wegbereiter der regelhaften Anwendung von Typologien in der Archäologie gilt Oscar Montelius mit seiner Schrift über die *Typologische Methode*[4]. Diese wurde bereits früh umfassend im Hinblick auf ihre Eignung und ihren

3 Katja Rösler: Typologie. In: Doreen Mölders / Sabine Wolfram (Hrsg.): *Schlüsselbegriffe der Prähistorischen Archäologie.* Münster / New York: Waxmann 2014, 291–296. Ebenso hat Philipp Stockhammer dieses Thema während der Jubiläumstagung der „Prähistorischen Bronzefunde" 2014 in Mainz aufgegriffen.

4 Oscar Montelius: *Die Typologische Methode*, Separatdruck aus *Die älteren Kulturperioden im Orient und in Europa.* Stockholm: Selbstverlag 1903.

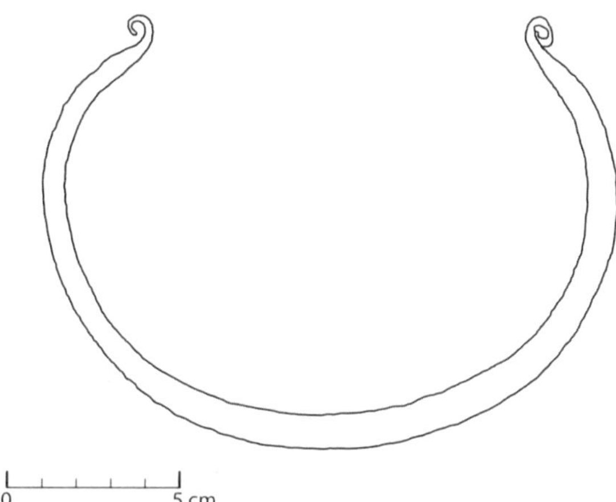

Abb. 1
Skizze eines idealtypischen Ösenrings.

Aussagewert diskutiert.[5] Aus diesem Diskurs resultiert die Erkenntnis, dass eine typologische Reihe nie für sich selbst stehen sollte und immer über die Befunde und deren Umfeld abzusichern ist.[6] Was aber genau ist nun ein Typ? Manfred K. H. Eggert versteht „[u]nter einem Typ […] eine Kombination von Merkmalen, die eine Gruppe von spezifischen Erscheinungen kennzeichnet“[7]. Als Merkmale bezeichnet er Eigenschaften, mit deren Hilfe man eine Klassifizierung durchführen kann.[8] Abhängig von den jeweiligen Fragen, die man an die Objekte stellt, und den daraus resultierenden Kriterien, die man zur Unterteilung anwendet, sind viele unterschiedliche Ergebnisse möglich. Wichtig ist, dass man möglichst nah am Material bleibt. Zum Beispiel ist es äußerst problematisch, Deutungen und Interpretationen in die Typenbildung einzubeziehen. Idealerweise erhält man einen Typ, dessen Vertreter nicht nur eine formale Übereinstimmung aufweisen, sondern bei einer weiteren Untersuchung auch in der Hinsicht auf ihre Funktion und Nutzung Parallelen offenbaren. Im idealen Fall erkennt man sogar eine Kontinuität in der Verbindung der Elemente und der Konsummuster. Beinahe als Bestätigung der Arbeit ist es anzusehen, wenn dies sowohl zeitlich als auch

5 Der Schwerpunkt liegt hier nicht auf der Diskussion der Forschungsgeschichte. Einen Überblick und weiterführende Literatur bei Sebastian Brather: Typologie. In: *Reallexikon der germanischen Altertumskunde*, hrsg. v. Johannes Hoops / Heinrich Beck. Überarb. u. erw. Aufl. Berlin / New York: de Gruyter 2006, S. 346–353; Rösler: Typologie.

6 So auch ebd., S. 292.

7 Manfred Eggert: *Prähistorische Archäologie. Konzepte und Methoden.* Tübingen / Basel: Francke 2001, S. 133–134.

8 Eggert: *Prähistorische Archäologie*, S. 127.

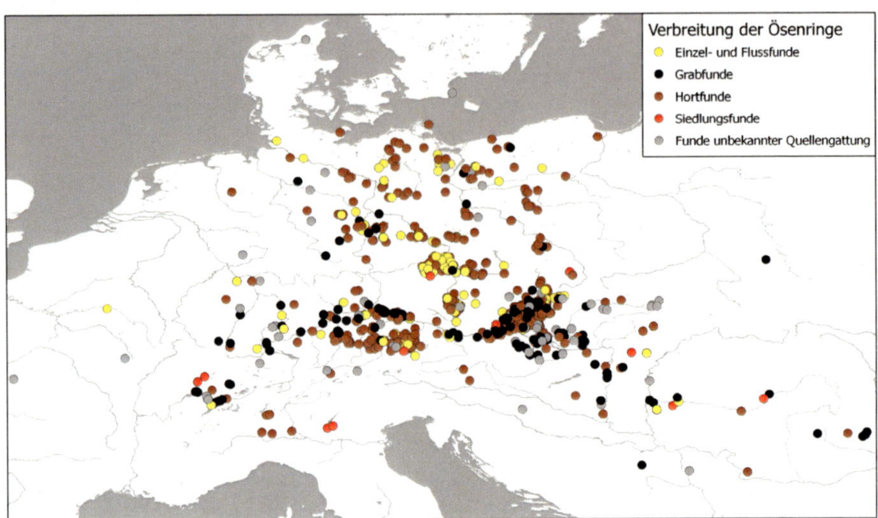

Abb. 2: Verbreitungskarte der Befunde mit Ösenringen nach Quellengattungen.

räumlich festzustellen ist. Typen, die weder eine Ausbreitung durch die Zeit noch durch den Raum aufweisen, sind interessante Erscheinungen, doch für die archäologische Arbeit insgesamt nicht zielführend.

Es können allerdings verschiedene Probleme auftreten. Diese resultieren häufig aus unserer Sicht von außen auf archäologische Kulturen. Beispielsweise kann man über formale Eigenschaften Typen erzeugen, die weder einen Ursprung in einem räumlich noch in einem zeitlich begrenzten Verbreitungsbild haben und nur durch die aufgezwungene Definition entstehen. Genauso kann ein heute geschaffener Typ an der vorgeschichtlichen Realität vollkommen vorbeilaufen. Nur zwei Beispiele dafür sind, dass man eine damals empfundene Einheit von Gegenständen nicht erfasst oder aber, dass man eine Verbindung zwischen Gegenständen zieht, die so niemals bestanden hat. Im Fall der Ösenringe ist dies die Verbindung von Objekten aus dem Neolithikum bis in die Eisenzeit, die formale Ähnlichkeiten aufweisen, deren sinnhafter Zusammenhang aber fragwürdig ist. Hier sollten die von Rösler genannten Regulative eine Anwendung finden.[9] Dass dies oft nicht der Fall war und ist, wird bei der Betrachtung der frühbronzezeitlichen ‚Ösenringe' deutlich.

9 Rösler: Typologie, S. 292.

Über die Ösenringe

Häufig wird der Begriff ‚Ösenringe' als eine Kategoriebezeichnung für bestimmte Funde aus mutmaßlich frühbronzezeitlichen Fundkontexten Mitteleuropas verwendet.[10] Eine nähere Bestimmung unterbleibt dabei meist weitgehend. So entsteht oft der Eindruck, es handle sich um einen einzelnen Typ archäologischer Funde.[11] Bei anderen Autoren wird der Begriff als Name einer Objektkategorie verwendet, die mehrere Typen zusammenschließt.[12] Dies führte in der Vergangenheit zu verschiedenen Problemen bei der Identifizierung und Interpretation der Funde.

Es bedarf also einer Charakterisierung der Objekte, um sie erkennen zu können. Das übliche Vorgehen umfasst und beinhaltet auch heute noch die Definition nach äußeren Merkmalen. Eine besondere Bedeutung haben dabei die namensgebenden Ösenenden. Diese treten in sehr unterschiedlichen Ausformungen und Überarbeitungsgraden auf.[13] Aus der Forderung nach der Form der Enden ergibt sich die offene Gestalt der Ringkörper. Der Abstand zwischen den Enden ist nur bedingt relevant. Die ungefähre Größe spielt eher eine Rolle. Der Durchmesser beträgt im Schnitt etwa 16 cm, was aber eine recht beachtliche Spannweite von 4 bis über 20 cm nicht ausschließt.[14] Für das Gewicht wurden in den 1990er-Jahren verschiedene Konzentrationsbereiche identifiziert, die je nach Region schwanken.[15] Umschreibungen mit dem Zweck der Charakterisierung sprechen meist von etwa 200 g. Der Stabkörper sollte entweder rundstabig sein, D-förmig, halbkreisförmig, dreieckig, viereckig, vieleckig oder amorph.[16] Die Dicke ist beinahe überraschend scharf

10 Etwa um 2000 v. Chr. im Gebiet zwischen Rhein und Karpaten, Alpen und Ostsee. Einzelne Funde wurden auch außerhalb dieser Kernverbreitung entdeckt.

11 Typ R1 bei Martin Bartelheim: *Studien zur böhmischen Aunjetitzer Kultur. Chronologische und chorologische Untersuchungen.* Bonn: Habelt 1998, S. 56–57, 307–311; Jay Butler: Ingots and Insights: Reflections on the Rings and Ribs. In: Martin Bartelheim / Ernst Pernicka / Rüdiger Krause (Hrsg.): *Die Anfänge der Metallurgie in der Alten Welt.* Rahden: Leidorf 2003, S. 229–243.

12 Václav Moucha: *Hortfunde der frühen Bronzezeit in Böhmen.* Praha: Archäologisches Institut der Akademie der Wissenschaften der Tschechischen Republik 2005.

13 Einen optischen Eindruck hierzu vermitteln die Abbildungen ebd., Abb. 6; Johannes-Wolfgang Neugebauer: Zu Metall- und Keramikdepots der Bronzezeit aus dem Zentralraum Niederösterreichs. In: Ders. / Alexandra Krenn-Leeb (Hrsg.): *Depotfunde der Bronzezeit im mittleren Donauraum.* Wien: Hartleben 1998/99, S. 5–45, hier bes. Tab. 2.

14 Martin Hensler: Über die Entstehung und den Wandel von Wert vor 4000 Jahren. In: Clare Rowan / Annabel Bokern (Hrsg.): *Embodying Value? The Transformation of Objects in and from the Ancient World.* Oxford: Archaeopress 2014, S. 53–64, hier S. 60.

15 Majolie Lenerz-de Wilde: Prämonetäre Zahlungsmittel in der Kupfer- und Bronzezeit Mitteleuropas. In: *Fundberichte Baden-Württemberg* 20 (1995), S. 229–329, hier S. 238, 247, 256, 266.

16 Für einen optischen Eindruck kann auch hier auf die Abb. 6 sowie die Tafeln bei Moucha: *Hortfunde der frühen Bronzezeit in Böhmen* verwiesen werden.

auf ungefähr 1 cm begrenzt. Schwankungen treten aber im Bereich zwischen ca. 0,2 cm und 2,5 cm auf. Die Oberfläche kann grob sein, sie kann fein sein. Die Materialzusammensetzung kann typisch sein, also dem sogenannten Ösenringkupfer entsprechen, oder andere Verhältnisse der unterschiedlichen Elemente aufweisen. Abhängig von der Kombination der verschiedenen Legierungsbestandteile, beispielsweise Nickel, Silber, Antimon oder Arsen, kann das Ausgangsmaterial in der Literatur definierten Materialsorten zugewiesen werden. Die wichtigsten dieser Sorten sind das Ösenringkupfer, das Ostalpine Kupfer und das Singener Kupfer.[17]

Unter dem Begriff der Ösenringe ist somit eine Vielzahl an unterschiedlichen formalen Ausprägungen zusammengefasst. Diese Verknüpfung der Objekte über die ähnliche Gestalt führte gerade in den Anfangsjahren der Vorgeschichtsforschung zu einer verallgemeinernden Interpretation aller Ösenringe.[18] Daraus resultieren Publikationen, die auch noch in jüngerer Zeit die Unterschiede zwischen den einzelnen Befunden verkennen.[19] Eine Annäherung an die Funde über ihre Fundkontexte war und ist mit gewissen Schwierigkeiten verbunden. Der größte Teil der Artefakte stammt aus Deponierungen, die damals wie heute negativ definiert werden. Es handelt sich um alle Materialansammlungen, die nicht einem Grab- oder Siedlungszusammenhang entstammen und sich dadurch einer klaren Deutung entziehen.[20] Man konzentrierte sich daher auf die offensichtlichen und klaren Hinweise. Relevant für ihre Deutung wurden somit die Fundumstände vergleichsweise weniger Ösenringe, die man in Gräbern fand. Einige Ringe entdeckte man in frühbronzezeitlichen Bestattungen des Donauraums.[21] Aufgrund der Lage

17 Vgl. hierzu Rüdiger Krause: *Studien zur kupfer- und frühbronzezeitlichen Metallurgie zwischen Karpatenbecken und Ostsee.* Rahden: Leidorf 2003, S. 114–119, bes. Abb. 77. Die grundlegende Arbeit zu den hier erwähnten Kupfersorten sind die „Studien zu den Anfängen der Metallurgie", vgl. dazu Siegfried Junghans / Edward Sangmeister / Manfred Schröder, *Kupfer und Bronze in der frühen Metallzeit Europas*, Bd. 1: Die Materialgruppen beim Stand von 12000 Analysen. Studien zu den Anfängen der Metallurgie. Berlin: Gebr. Mann 1968.

18 Ein Beispiel ist Paul Reinecke: Die Bedeutung der Kupferbergwerke der Ostalpen für die Bronzezeit Mitteleuropas. In: *Schumacher-Festschrift. Zum 70. Geburtstag Karl Schumachers. 14. Oktober 1930.* Mainz: Wilckens 1930, S. 107–115, hier S. 110, der die rohen ‚Barrenringe' als Halbfertigprodukte und nicht als eigene Form ansieht. Vgl. J. O. von der Hagen: Der Depotfund von Falkenwalde in der Uckermark. In: *Mannus Zeitschrift für Vorgeschichte* 18 (1926), S. 358–364, hier S. 364.

19 Butler: Ingots and Insights.

20 Vgl. Christoph Huth: Horte als Geschichtsquelle. In: Karl Schmotz (Hrsg.): *Vorträge des 26. Niederbayerischen Archäologentages.* Rahden: Leidorf 2008, S. 131–162, hier S. 131.

21 Z. B. Herbert Mitscha-Märheim: Zur älteren Bronzezeit Niederösterreichs. In: *Mitteilungen der Anthropologischen Gesellschaft in Wien* 59 (1929), S. 181–194.

verschiedener Exemplare am Hals der bestatteten Personen konnten keine Zweifel bestehen, um was es sich bei diesen Ringen handelte.[22] Die Interpretation als Halsring wurde daher oft verallgemeinernd übernommen. Man erkannte allerdings später, dass diese Trachtbestandteile alle eher rundstabig – der Querschnitt der Stabkörper wurde in eine runde Form gebracht – sind und eine glatte Oberfläche aufweisen. Den Gegensatz bilden viele der Ösenringe aus den Deponierungen. Sie sind wesentlich zahlreicher und aus einem größeren Gebiet bekannt. Ihre Gestalt wirkt eher grob und weist kaum Spuren einer Überarbeitung auf. Teilweise wurden die Horte daher noch bis in jüngere Zeit mit den Halsringen aus Gräbern dahingehend verbunden, dass es Warenlager oder Lager von Halbfertigprodukten wären.[23] Letztere Interpretation fußte auf der Beobachtung, dass in den Horten überwiegend Objekte lagerten, die einen unfertigen Eindruck erwecken, sie aber mit einigen fertigen Ringen vergesellschaftet sind. Gerade im Voralpenland und in großen Teilen des südlichen Verbreitungsgebiets fand man Deponierungen, die in großer Zahl ausschließlich Ösenringe enthielten. Neben der Deutung als Verstecke von Werkstücken kamen Überlegungen auf, es könne sich auch um Rohmaterialbarren handeln.[24] Durch chemische Analysen ist diese Theorie inzwischen weitgehend entkräftet.[25] Eine weitere Perspektive wurde bereits früh eingenommen und zieht sich bis heute durch die Diskussion zu den Ösenringen. Man betrachtet sie als prämonetäre Zahlungsmittel.[26] Inzwischen wird meist diese Position vertreten, wobei man sich unter anderem auf

22 Zur Veranschaulichung z. B. Christina Neugebauer / Johannes-Wolfgang Neugebauer: *Franzhausen. Das frühbronzezeitliche Gräberfeld I*, Bd. 2: Materialvorlage, Tafelteil. Horn: Berger 1997, Taf. 565.

23 Butler: Ingots and Insights, S. 239–242.

24 Diese Überlegungen wurden bereits in frühen Phasen der Diskussion über die Nutzung der Ösenringe publiziert. Vgl. Reinecke: Die Bedeutung der Kupferbergwerke der Ostalpen, S. 110. Reinecke sieht die Barren jedoch auch als Halbfertigprodukte der Ösenringe an.

25 Krause: *Studien zur kupfer- und frühbronzezeitlichen Metallurgie,* S. 115–119 bes. Abb. 76; Rüdiger Krause / Ernst Pernicka: The Function of Ingot Torques and their Relation with Early Bronze Age Copper Trade. In: Claude Mordant (Hrsg.): *L'atelier du bronzier en Europe du XXe au VIIIe siècle avant nôtre ère*, Bd. 2: Du minerai au métal, du métal à l'objet. Paris: CTHS 1998, S. 219–226, hier S. 222.

26 Vgl. Majolie Lenerz-de Wilde: Neue Ringbarrenhorte - Bronzen als Wertträger (Prämonetäre Zahlungsmittel). In: Ute Luise Dietz / Albrecht Jockenhövel (Hrsg.): *Bronzen im Spannungsfeld zwischen praktischer Nutzung und symbolischer Bedeutung. Beiträge zum internat. Koll. am 9. und 10. Oktober 2008 in Münster.* Stuttgart: Steiner 2011, S. 177–198, hier S. 177 mit weiterer Literatur. Interessant ist das Aufgreifen in den Wirtschaftswissenschaften, siehe Wilhelm Gerloff: *Die Entstehung des Geldes und die Anfänge des Geldwesens.* 2., überarb. Aufl. Frankfurt: Klostermann 1943, hier S. 22.

die einheitliche Verteilung der Gewichtswerte beruft.[27] Im Norden des Verbreitungsgebiets dominieren die Hortfunde. Allerdings handelt es sich nicht um die reinen Ösenringdeponierungen, wie man sie aus dem Süden kennt, sondern um gemischte Zusammenstellungen. Diese wurden aufgrund ihrer Zusammensetzung teils mit persönlichen Ausstattungen verglichen, wie sie aus Gräbern vorliegen.[28] Die Verbindung dieser Befunde – der reinen Horte – und der Überlegung hinsichtlich der Funktion als prämonetäre Zahlungsmittel führte zur allgemeinen Interpretation der Horte als Gaben an die Götter.[29] Eine Zusammenschau der Befunde und Funde legt allerdings nahe, dass eine einseitige Deutung falsch ist.

Die grobe und vereinfachte Beschreibung der Funde und Befunde macht die Komplexität dieses Phänomens der Ösenringnutzung deutlich.[30] Als Ausgangspunkt der Verbreitung der Ösenringe werden meist die donauländischen Gräber angesehen. Von hier habe sich die Form ausgebreitet.[31] Für diesen Beitrag stellt sich weniger die Frage, wie die räumliche und zeitliche Verbreitung sowie der Sprung über die Grenzen der Quellengattungen hinweg stattgefunden hat, als vielmehr die Frage, inwieweit man dabei von Kontinuität oder Kontinuitäten ausgehen kann.

27 Vgl. Lenerz-de Wilde: Prämonetäre Zahlungsmittel; dies.: Neue Ringbarrenhorte.

28 Vgl. Svend Hansen: „Überausstattungen" in Gräbern und Horten der Frühbronzezeit. In: Johannes Müller (Hrsg.): *Vom Endneolithikum zur Frühbronzezeit: Muster sozialen Wandels?* Bonn: Habelt 2002, S. 151–173.

29 Alix Hänsel / Bernhard Hänsel (Hrsg.): *Gaben an die Götter. Schätze der Bronzezeit Europas. Ausstellung der Freien Universität Berlin in Verbindung mit dem Museum für Vor- und Frühgeschichte, Staatliche Museen zu Berlin - Preußischer Kulturbesitz.* Bestandskatalog Freie Universität Berlin und Museum für Vor- und Frühgeschichte, Staatliche Museen zu Berlin. Berlin: Staatliche Museen zu Berlin – Preußischer Kulturbesitz / Freie Universität Berlin und Museum für Vor- und Frühgeschichte 1997; Florian Innerhofer: Frühbronzezeitliche Barrenhortfunde. Die Schätze aus dem Boden kehren zurück. In: Ebd. S. 53–60.

30 Der Grad der Komplexität könnte noch erhöht werden, bezöge man Artefakte in die Untersuchung ein, die ebenfalls die meist als charakteristisch angesehenen Merkmale aufweisen, allerdings aus der Levante und dem heutigen Ägypten stammen. Hierzu Kurt Bittel: Ösenhalsringe in Ägypten. In: *Germania* 17 (1933), S. 91–94; Ingrid Schlor: Kulturbeziehungen während der Frühbronzezeit zwischen Mitteleuropa und Syrien. Ein Kulturvergleich anhand von Ösenhalsringen. In: *Klio. Beiträge zur Alten Geschichte* 76 (1994), S. 7–66. Ein Zusammenhang mit den mittel- und südosteuropäischen Funden ist unsicher und wird wohl ungeklärt bleiben, vgl. Eckehart Schubert: Studien zur frühen Bronzezeit an der mittleren Donau. In: *Bericht der Römisch-Germanischen Kommission* 54 (1973), S. 1–105.

31 Lenerz-de Wilde: Neue Ringbarrenhorte, S. 178.

Konsummuster der Ösenringe

Um diese Frage beantworten zu können, werden die Konsummuster vorgestellt und beleuchtet. Ein Fokus liegt dabei auf den Wertkonzepten hinter den Objekten. Mit Konsum ist in diesem Ansatz nicht nur der aufzehrende Verbrauch gemeint. Konsum wird dabei als ein Prozess verstanden, der die Entstehung des Bedürfnisses, die Feststellung des Bedarfs, die Auseinandersetzung hinsichtlich der notwendigen Kriterien, die Konsumentscheidung, den Erwerb beziehungsweise die Aneignung, den eigentlichen Konsum – das Zeigen, Präsentieren, Verbrauchen und viele weitere Tätigkeiten – bis hin zur Zerstörung, der Entsorgung etc. umfasst. Dieser Prozess wird durch die Sozialisation der handelnden Personen gesteuert und prägt gleichzeitig erneut die Handlungsmuster dieser Personen und den Partizipienten sowie den Beobachtern. Aus dem Konsumprozess resultieren bestimmte Ergebnisse, die wir heute teilweise als archäologische Spuren entdecken.[32]

Konsum ist ein Konzept, das meist mit der Gegenwart verbunden wird. Eine Übertragung auf die Vorgeschichte ist deshalb nicht gänzlich unproblematisch. Mit diesem Wissen kann man aber versuchen, durch das Konsumkonzept einen Perspektivwechsel in der Vorgeschichtsforschung vorzunehmen. Das gängige Bild suggeriert die Dominanz der Hersteller und der Verteiler bei der Deutung und Sinngebung von Objekten. Sieht man den Umgang mit Objekten in der Vorgeschichte als Konsum an, so erhalten die Nutzer einen größeren Anteil bei der Deutung der Objekte und der Nutzungsentscheidung. Materialströme gehen nicht nur von einem Punkt aus und werden von den Produzenten gesteuert. Die Nachfrage und die nachfragenden Personenkreise nehmen ebenso Einfluss auf die Netzwerke und formen sie mit ihren Entscheidungen. Produzenten, Gesellschaft, Objekte und Konsumenten befinden sich also in einem komplexen und sich gegenseitig beeinflussenden System. Darin fallen ständig Entscheidungen über die Befriedigung von Bedürfnissen. Diese Entscheidungen orientieren sich an der Gesellschaft und den erlernten Mustern.

Die Konsummuster entsprechen typischen und sich wiederholenden Konsumprozessen. Diese können nur rekonstruiert werden, und dabei ist man als

32 Zu Konsum vgl. Hensler: Über die Entstehung und den Wandel von Wert vor 4000 Jahren. Vgl. zudem z.B. Günter Wiswede: Konsumsoziologie – Eine vergessene Disziplin. In: Doris Rosenkranz / Norbert Schneider (Hrsg.): *Konsum. Soziologische, ökonomische und psychologische Perspektiven*. Opladen: Leske & Budrich 2000, S. 23–72; Paul Mullins: The Archaeology of Consumption. In: *Annual Review of Anthropology* 40 (2011), S. 133–144. Kritisch dazu David Graeber: Consumption. In: *Current Anthropology* 52 (2011), S. 489–511.

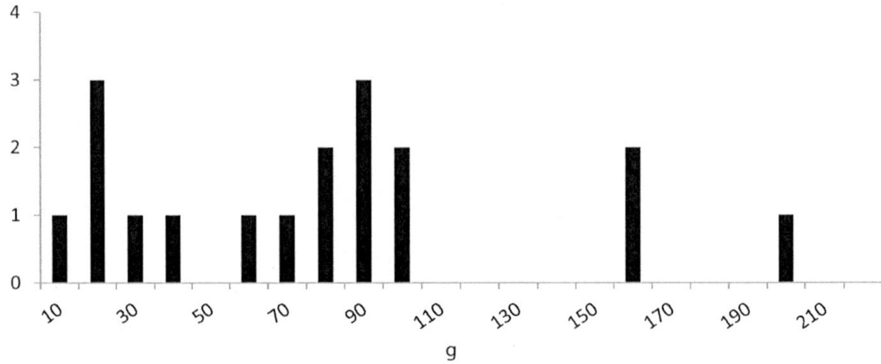

Abb. 3: Verteilung der Gewichte von ganzen Ösenringen aus Gräbern in Schritten zu 10 g.

Archäologe zudem stark von der Quellenlage abhängig. Das Bild wird also sicherlich bruchstückhaft bleiben. Rückschlüsse auf die Motivation sowie die Geisteswelt der damals aktiven Menschen werden dadurch erschwert. Ohne Schriftquellen lässt sich ein konkreter Wert oder eine Wertrelation nur schwer oder überhaupt nicht bestimmen. Die Idee ist nun, die Merkmale der Artefakte zu untersuchen und möglichst jene zu identifizieren, die in der Bronzezeit ausschlaggebend für die Konsumentscheidung waren. Anhand dieser Merkmale kann man zumindest Überlegungen zur Wertgrundlage der Objekte treffen. Führt man diesen Gedanken fort, würde Kontinuität bedeuten, dass sich die Merkmalsausprägungen über Zeit, Raum und Kontext hinweg ähneln.

Die Grabfunde

Gerade im mutmaßlichen Ursprungsgebiet der Ösenringe dominieren die Körperbestattungen. Dies ist hinsichtlich der Identifizierung der Artefakte als Halsringe sehr hilfreich. Betrachtet man die überlieferten Ösenringe, so können einige Beobachtungen getätigt werden, die teilweise erst im Vergleich mit den Merkmalsausprägungen der Funde aus den Horten Relevanz gewinnen.

Der erste Eindruck zeigt, dass die meisten Ösenringe aus Gräbern einen fertigen Eindruck erwecken. Die Oberfläche ist glatt, die Enden, soweit sie die Zeit überdauert haben, sind weitgehend vollständig zu Ösen geformt und der Stabkörper ist rundstabig. Die anderen formalen Eigenschaften variieren innerhalb recht weiter Grenzen. Verdeutlicht wird dies an den Beispielen des Gewichts und des Ringdurchmessers. Wirkliche Konzentrationen sind

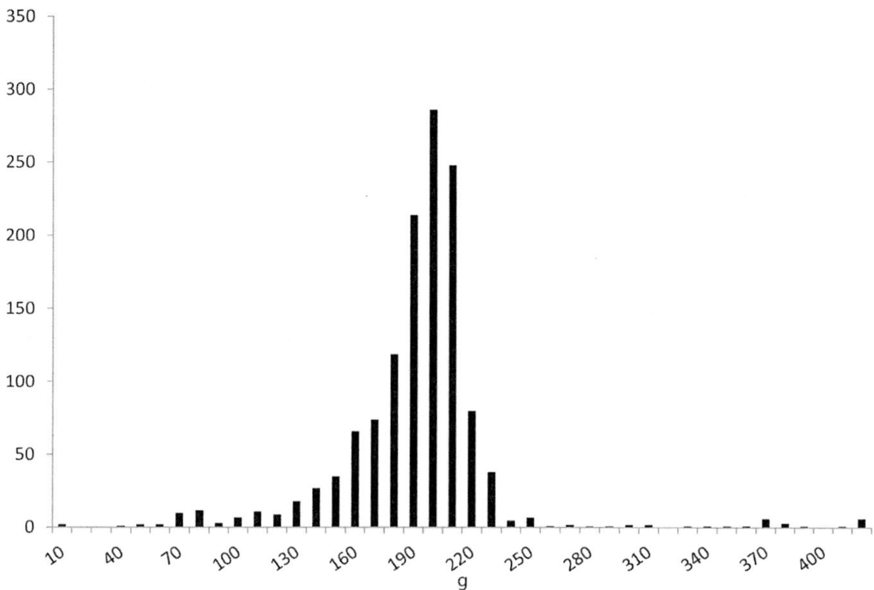

Abb. 4: Gegenüberstellung der Häufigkeit der unterschiedlichen Materialsorten der Ösenringe nach der Unterscheidung von Rüdiger Krause: *Studien zur kupfer- und frühbronzezeitlichen Metallurgie zwischen Karpatenbecken und Ostsee.*

nicht zu erkennen. Bei beiden Eigenschaften streuen die Messwerte über weite Bereiche. Das Gewicht der Ringe aus Gräbern verteilt sich über eine Spanne von unter 10 g bis zu beinahe 200 g. Eine Konzentration ist um 90 g ersichtlich. Leider werden die Gewichtswerte in der Literatur bei den Grabfunden selten angegeben. Daher steht nur eine kleine Anzahl an Funden für die Auswertung zur Verfügung. Regional sind keine wirklichen Unterschiede zu erkennen. Allerdings ist das Verbreitungsgebiet deutlich begrenzt. Bei den Durchmessern ist es ähnlich. Wieder wurden nur wenige Funde mit aussagekräftigen und belastbaren Werten publiziert. Dennoch ist erneut eine weite Spannbreite zu erkennen. Sie erstreckt sich bei den wohl am Hals getragenen Exemplaren von 9 bis 21 cm. Eine Konzentration ist im Bereich von 13 bis 14 cm vorhanden. Diese Häufung von Messwerten gehört allerdings zu einem sehr breiten Konzentrationsbereich. Wahrscheinlich ist die Darstellung durch das Runden der Messwerte auf ganze Zahlen leicht verfälscht.

Ein weiteres wichtiges Merkmal der Ösenringe ist das Material, aus dem die Ringe bestehen. Generell sind die Anteile der Materialsorten in den einzelnen Quellengattungen unterschiedlich. Diese variieren zudem im Fall der Ösenringe aus Gräbern regional. In Niederösterreich und Mähren sind 47 % aus dem nach den Ösenringen benannten Ösenringkupfer hergestellt worden, 36 % bestehen aus einer Variante dieses Materials. 10 % werden dem ostalpinen Kupfer zugeordnet. In Süddeutschland bestehen 52 % aus dem Ösenringkupfer und 47 % aus dem Singener Kupfer. In Nordböhmen gibt es einen Ösenring aus einem Grab, den man aus einem sehr reinen Kupfer mit etwas Arsen hergestellt hat. Die Funde aus dem Burgenland, der Slowakei und aus Ungarn werden durch Ringe aus Ösenringkupfer dominiert (74 %). Reinstkupfer und Singener Kupfer treten jeweils zu 9 % auf. In Südosteuropa wurden 24 % aus Ösenringkupfer und 38 % aus Ostalpinem Kupfer hergestellt. Verschiedene weitere Sorten ergänzen diese Materialsorten. Singener Kupfer ist mit einem Anteil von 91 % bei den Ösenringen für Westdeutschland vorherrschend.

Die Zahl der Ringe ist vergleichsweise klein. Dies und die häufig schlechten Auffindungsbedingungen erschweren eine Verbindung der Merkmale mit den Charakteristika der Bestattungen und der Toten. Bestattet wurden Männer und Frauen in den unterschiedlichen Altersstufen von *infans* bis *senil*. Die Eigenschaften der Ringe scheinen keine Verbindung mit den Altersstufen aufzuweisen. Auch zum Aufwand, der bei der Bestattung betrieben wurde, lassen sich keine Verbindungen ziehen. In den meisten Fällen ist es nicht abzustreiten, dass es sich bei den Ösenringen aus Gräbern um Schmuck oder Trachtbestandteile handelt. Sie weisen Merkmalsausprägungen auf, die man als individuell bezeichnen kann. Innerhalb der Werte zeigen sich keine Konzentrationen auf bestimmte Wertebereiche. Dies betrifft auch die Gewichte und Durchmesser, die beispielsweise bei den Hortfunden stark standardisiert sind. Für diese Annahme spricht auch, dass Ringe aus verschiedenen Befunden eines Fundplatzes unterschiedliche Ausprägungen haben.[33] Die zahlreichen und nach Region variierenden Materialsorten zeigen ebenfalls, dass die Produktion der Ösenhalsringe aus den Grabkontexten wahrscheinlich nicht einheitlich und zentralisiert stattfand. Neben der Zugehörigkeit zu unterschiedlichen Distributionssystemen können hier aber auch zeitliche Aspekte oder persönliche Vorlieben relevant gewesen sein.

Regionale Einflüsse zeigen sich bei den Bestattungsriten. Überwiegend sind gehockte Skelette dokumentiert, die nach bipolar geschlechtsdifferenzierter Niederlegungsart unterschiedlich begraben wurden. Dies ist entsprechend der Zeitstufe und Kulturzugehörigkeit der Bestattungen typisch und

33 Vgl. beispielsweise die Ösenringe aus Singen (Rüdiger Krause: *Die endneolithischen und frühbronzezeitlichen Grabfunde auf der Nordstadtterrasse von Singen am Hohentwiel, 1*. Stuttgart: Theiss 1988) und Franzhausen (Neugebauer / Neugebauer: *Franzhausen*).

die Umsetzung bei den Toten mit Ösenringen entspricht weitgehend dem gängigen Schema.[34] Zwei Regionen zeigen hinsichtlich der Totenbehandlung und Niederlegung deutliche Abweichungen. Hierzu gehören zum einen der Schweizer Raum mit Körperbestattung auf dem Rücken und zum anderen das Gebiet um Budapest mit mehreren Brandbestattungen. Letztere gehen einher mit dem Problem der Identifikation der Ösenringe als Trachtbestandteile. Die Ringe fügen sich formal aber in die Menge der anderen Grabfunde dahingehend ein, dass sie als solche behandelt werden können. Alle Formen der Bestattungen entsprechen den lokal typischen Spektren in ihrem Umfeld. Ebenso verhält es sich mit den Grabbeigaben. Diese folgen einerseits den allgemein frühbronzezeitlichen Mustern und andererseits den regionalen Gepflogenheiten. Erkennbar ist dies beispielsweise am Fehlen oder Vorkommen von Keramik, der Beigabe von Dolchen, Armmanschetten, Schneckenhäusern und weiteren Objekten. Weder räumlich noch zeitlich gibt es Unterschiede in der Verwendung.

Mit Blick auf die Kontinuität wäre das Wissen über Konnotationen zu den Ösenringen sehr interessant. Leider sind solche Zuschreibungen schwer zu rekonstruieren. Generell werden die entsprechenden Bestattungen als überdurchschnittlich aufwendig bezeichnet. Dies ergibt sich meist allein schon aus der Beigabe des Ösenrings, der bei einem Gewicht von 100 g schon ein Vielfaches der geschätzten durchschnittlichen Metallbeigabe bindet.[35] Allerdings enthalten nicht alle reichen Gräber Ösenringe. Scheinbar war die Nutzung auf einen gewissen Personenkreis beschränkt. Dabei war die Möglichkeit zum Tragen nicht vom eigenen Prestige abhängig, da Kinder kaum die Möglichkeit hatten, Prestige anzuhäufen. Es kann aber angenommen werden, dass es eine klar definierte Gruppe an Personen war, die solche Ringe tragen durfte. Inwieweit es eine Kontinuität innerhalb einer Familie gab, gemeint ist damit

34 Vgl. Kerstin Lutterop: Untersuchungen zu weiblichen und männlichen Bestattungen der Frühen Bronzezeit: Bestattungsgemeinschaften mit bipolar geschlechtsdifferenzierten Bestattungssitten und ihre Sozialstrukturen im Raum Niederösterreich. Diss. 2009. http://nbn-resolving.de/urn/resolver.pl?urn=urn:nbn:de:hbz:5-18856 (Zugriff am 15.01.15), S. 348–349, S. 355–358.

35 Knut Rassmann: Metallverbrauch in der frühen Bronzezeit Mitteleuropas. Produktion, Zirkulation und Konsumption frühbronzezeitlicher Metallobjekte als Untersuchungsgegenstände einer archäologischen Wirtschaftsgeschichte. In: Johannes Müller / Svend Hansen (Hrsg.): *Sozialarchäologische Perspektiven: Gesellschaftlicher Wandel 5000–1500 v. Chr. zwischen Atlantik und Kaukasus.* Darmstadt: von Zabern 2011, S. 341–363, hier S. 350, errechnet einen Wert von 67 g pro Person.

die Übertragung des Status beziehungsweise des Rechts zum Tragen eines Ösenringes an den Nachwuchs, bleibt offen.[36]
In einigen Gräbern befinden sich mehrere Ösenringe, die teilweise nicht als Halsring getragen wurden. Für eines der Schweizer Gräber wurde angenommen, man habe mit der Beigabe der Ringe das Ansehen des Toten steigern wollen – basierend auf der Vergrößerung der Materialmenge.[37] Wenn dem so wäre, könnte man an diesem Befund den Nutzungswechsel zwischen Trachtbestandteil und einer sonstigen Verwendung festmachen. Ehemals war es nur ein Trachtelement mit einer auf der Verbindung zur Person und deren Rolle basierenden kommunikativen Funktion. Diese Funktion blieb auch weiterhin bestehen. Ergänzt wurde sie um die Betonung des (zugeschriebenen) Materialwerts, losgelöst von der Person, der eine zusätzliche Grundlage des Werts und der Wertschätzung bildete.

Die Hortfunde

Diese Überlegung zur Deutung der zusätzlichen Ösenringe dürfte durch die Funde aus den Deponierungen inspiriert worden sein. Für diese ist die publizierte Quellenbasis wesentlich umfangreicher. Dies resultiert einerseits aus der wesentlich höheren Zahl der Artefakte, die in den Deponierungen entdeckt wurde, und andererseits aus der abweichenden Wahrnehmung der Gegenstände. Durch den Verdacht, es könne sich um Barren oder Zahlungsmittel handeln, war die Veröffentlichung der Maße und Gewichte für viele Autoren naheliegend. Auf den ersten Blick scheinen diese Werte jenen der Artefakte aus den Gräbern ähnlich zu sein. Zwar sind die Ösenringe aus Horten häufig schwerer, doch gibt es auch zahlreiche Exemplare, die ein den Halsringen vergleichbares Gewicht haben. Eine genauere Betrachtung zeigt allerdings, dass die Anforderungen an die Objekte andere sind.
Gerade was die Befunde und die Zusammenstellung der Objekte angeht, bilden die reinen Ösenringhorte einen starken Gegensatz zu den Bestattungen. Daher werden erst die reinen Horte betrachtet. Die Ösenringe zeigen beim Gewicht eine recht einheitliche Struktur. Majolie Lenerz-de Wilde konnte 1995 bereits hervorheben, dass es mehrere, regional unterschiedliche

36 Mitscha-Märheim: Zur älteren Bronzezeit Niederösterreichs, S. 188; Mechthild Bösel: Wandel durch Bronze? Vergleichende Untersuchung sozialer Strukturen auf früh- und mittelbronzezeitlichen Gräberfeldern im Theißgebiet. In: *Prähistorische Zeitschrift* 83 (2008), S. 45–108, hier S. 104.

37 Alfred Hafner: "Vollgriffdolch und Löffelbeil". Statussymbole der Frühbronzezeit. In: *Archäologie in der Schweiz* 18 (1995), S. 134–141, hier S. 138.

		Gesamt		Hortfunde		Grabfunde		Einzelfunde/ Unbekannt	
CL.34	Kupfersorten	Häufigkeit	%	Häufigkeit	%	Häufigkeit	%	Häufigkeit	%
1	Klassisches Ösenringkupfer	105	25,30	75	32,05	23	17,16	4	15,38
2	Reinstkupfer	26	6,27	7	2,99	8	5,97	1	3,85
3	Arsenkupfer mit seltenem Silberanteil	3	0,72	0	0,00	3	2,24	0	0,00
4	Ostalpines Kupfer	32	7,71	17	7,26	10	7,46	0	0,00
5	Reinkupfer mit etwas Arsen und Nickel	4	0,96	3	1,28	0	0,00	0	0,00
6	Arsenkupfer mit seltenem Silberanteil, häufig mit Antimon	11	2,65	3	1,28	7	5,22	1	3,85
7	Kupfer mit viel Antimon und Silber	16	3,86	9	3,85	7	5,22	0	0,00
8	Singener Kupfer	100	24,10	44	18,80	44	32,84	12	46,15
9	Kupfer mit hohen Antimon-, Silber- und Nickelgehalten	1	0,24	1	0,43	0	0,00	0	0,00
10	Ähnlich Ösenringmetall, aber mit Nickel, ohne Wismut	101	24,34	71	30,34	22	16,42	7	26,92
11	Kupfer mit viel Antimon sowie Silber und mit Nickel	6	1,45	1	0,43	4	2,99	1	3,85
23	Kupfer mit geringen Gehalten an Antimon und Nickel	1	0,24	1	0,43	0	0,00	0	0,00
934		9	2,17	2	0,85	6	4,48	0	0,00
	Summe	415		234		134		26	

Abb. 5: Verteilung der Gewichte von ganzen Ösenringen aus Hortfunden in Schritten zu 10 g.

Konzentrationen der Messwerte gibt. Auch in dem erneut gesammelten Material spiegelt sich dies wider, wenn auch nicht so deutlich wie bei der älteren Studie. Lenerz-de Wilde geht von einer Normierung des Gewichts aus.[38] Nach ihr wäre ein Wert von meist etwa 200 g angestrebt worden. Trägt man nun die Durchmesser in einer vergleichbaren Art und Weise auf, so zeigt sich ein ähnliches Bild. Deutlich zeichnet sich ein Konzentrationsbereich bei 16 cm ab, der scheinbar angestrebt wurde. Interessant ist, dass sich bei beiden Eigenschaften, dem Gewicht und dem Durchmesser, bei einer weiteren Auflösung nach Regionen oder gar Fundplätzen diese Konzentration leicht verschiebt oder sogar auflöst.

Die chemische Zusammensetzung des Materials der Hortkomposita ist über weite Strecken praktisch identisch. Es treten zwar auch andere Metallsorten auf, dominant ist aber das klassische Ösenringkupfer. Auch regional gibt es keine vergleichbaren Konzentrationen an Ösenringen aus anderen Materialien,

38 Lenerz-de Wilde: Prämonetäre Zahlungsmittel, S. 320–321.

wie sie bei den Grabfunden zu beobachten sind. Insgesamt wirkt es, als wären die Ösenringe von Personen losgelöst. Ihre Funktion war eine andere als jene der Grabbeigaben. Eine Kontinuität von den Funden aus Gräbern bestand zwar in der groben Form – obwohl sich die Ringe teils deutlich unterscheiden, kann eine Trennung der Funde nach den Quellengattungen nicht aufgrund der Eigenschaften durchgeführt werden, da teils große Überschneidungsbereiche existieren – doch änderten sich die Konnotationen. Die Verbindung zur Person des Ösenringträgers wurde aufgelöst. Stattdessen hatte man eine ideale Form im Bewusstsein, der die Ringe entsprechen mussten. Dabei waren bestimmte Schlüsselreize notwendig. Zu diesen zählten die grobe Form, der Ansatz der Enden oder das Material. Teilweise könnten es typologische Rudimente gewesen sein. Ob die Form oder die Masse reguliert waren, ist unklar. Vielleicht war es auch eine Regulierung oder Ritualisierung der Herstellung, die zu ähnlichen und sich wiederholenden Resultaten geführt hat. Jedenfalls hat sich parallel zur Kontinuität der Form ein Bruch in der Ausführung, der Bedeutung und beim eigentlichen Konsum beziehungsweise der materiellen Aufgabe des Objekts vollzogen. Eine Verbindung scheint durch das zeitgleiche und sich räumlich überschneidende Vorkommen logisch. Ansätze, dies zu erklären, bestehen darin, die Ösenringe als Schmuck/Trachtbestandteil und vor allem als Statussymbol anzusehen, die von den Betrachtern mit den Trägern verbunden und dadurch mit Bedeutung aufgeladen wurden. Colin Renfrew greift für solche Entwicklungen das Konzept der „institutional facts" und „constititive rules/symbols" auf.[39] Um Vorstellungen von Wert zu entwickeln, benötige man etwas, das man wertschätzt. Er nennt für diesen Prozess explizit die Entstehung von Geld als Beispiel.[40]

Wahrscheinlich um die gefühlte Kluft zwischen den Gräbern und Horten zu überwinden, hat man in der Archäologie die gemischten Deponierungen in den nördlichen Verbreitungsgebieten mit den Bestattungen des Südens parallelisiert. Dies liegt teils auch an der Zusammensetzung der Horte, da diese durchaus an persönliche Ausstattungen erinnern. Daher zog man eine direkte Verbindung zwischen den beiden Quellengattungen und den enthaltenen Ösenringen. Allerdings ähneln die Ösenringe aus den gemischten Horten weniger jenen aus den Gräbern in den südlichen Gebieten als vielmehr den

39 Colin Renfrew: Commodification and Institution in Group-oriented and Individualizing Societies. In: Walter Runciman (Hrsg.): *The Origin of Human Social Institutions.* Oxford: Oxford UP 2001, S. 93–117, hier S. 97–99. Vgl. John Searle: *The Construction of Social Reality.* London: Penguin 1996.

40 Renfrew: Commodification and Institution, S. 98.

Ringen aus den anderen Hortniederlegungen. Sowohl bei den Gewichten als auch bei den Durchmessern zeigen sie nicht die eher individuellen Werte wie bei den Grabfunden, sondern eher die Ergebnisse einer Standardisierung beziehungsweise einer standardisierten Herstellung.[41]
Auch bei den chemischen Analysen der Artefakte offenbaren sich die Ähnlichkeiten zwischen den Hortfunden. In diesem Fall hat sich der Kontext verändert. Die Bedeutung der Objekte in den Niederlegungen und den Deponierungen selbst könnte jedoch vergleichbar gewesen sein. Gerade die Überschneidung der Verteilungsgebiete der reinen und der gemischten Horte legt nahe, dass es auch bezüglich der Bedeutung Verbindungen gab. Die Konsummuster weichen aber voneinander ab. Leider ist die zeitliche Auflösung für eine genaue Analyse möglicher Abfolgen nicht ausreichend. Für die nur durch eine kleine Fundlücke getrennten Regionen Süddeutschland und Niederösterreich wird teils sogar von entgegengesetzten Entwicklungen ausgegangen.[42] Wahrscheinlich haben sich beide Phänomene auch zeitlich überschnitten. Vielleicht handelte es sich um Events mit ähnlichen zugrunde liegenden Ursachen, die auf unterschiedliche Weise abgehalten wurden.

Zeitliches und räumliches Vorkommen

Hinsichtlich der Kontinuität nimmt die Komplexität der Sachlage zu, wenn man den zeitlichen oder den räumlichen Rahmen ausweitet. Räumlich können vergleichbare Objekte bis in die Levante und bis nach Ägypten herangezogen werden. Der Zusammenhang zwischen den dort getätigten Funden und den mitteleuropäischen Exemplaren ist aber nicht geklärt. Dennoch werden sie teilweise in den Typ oder die Objektgruppe der Ösenringe einbezogen.[43]

41 In eine vergleichbare Richtung auch Helle Vandkilde: A Biographical Perspective on Ösenringe from the Early Bronze Age. In: Tobias Kienlin (Hrsg.): *Die Dinge als Zeichen: Kulturelles Wissen und materielle Kultur. Internat. Fachtagung Johann Wolfgang Goethe-Universität Frankfurt a.M. 3.–5. April 2003.* Bonn: Habelt 2005, S.263–280, hier S.265.

42 Stefan Möslein: Frühbronzezeitliche Depotfunde im Alpenvorland. Neue Befunde. In: Karl Schmotz (Hrsg.): *Vorträge des 26. Niederbayerischen Archäologentages.* Rahden: Leidorf 2008, S.109–130, hier S.110–111; Alexandra Krenn-Leeb: Strategie und Strategem. Überlegungen zu Tradition, Innovation und Legitimation anhand der frühbronzezeitlichen Depotfunde in Österreich. In: Ebd. S 163–196, hier S.176; dies.: Ressource versus Ritual. Deponierungsstrategien der Frühbronzezeit in Österreich. In: Harald Meller (Hrsg.): *Der Griff nach den Sternen. Wie Europas Eliten zu Macht und Reichtum kamen. Internationales Symposium in Halle (Saale), 16.–21. Februar 2005.* Halle/Saale: Landesamt für Denkmalpflege und Archäologie Sachsen-Anhalt 2010, S.281–315, hier S.292–293.

43 Bittel: Ösenhalsringe in Ägypten; Schlor: Kulturbeziehungen.

Diese Ringe wurden für die hier vorgestellte Studie nicht berücksichtigt. Ein Zusammenhang konnte bisher nicht belegt werden.[44]
Verbindungen wurden durch die Zeit zu den wesentlich älteren Objekten aus dem Wiener Raum gezogen. Auf Fundplätzen der sogenannten Badener Kultur – diese sind bis zu 1.000 Jahren älter als die frühbronzezeitlichen Niederlegungen – barg man mehrere Ringe mit Ösenenden. Die Ansprache der Befunde ist nicht gesichert, wahrscheinlich handelt es sich um Grab- und Hortkontexte.[45] Eine Kontinuität über eine solche Zeitspanne ist bei fehlenden Funden schwerlich anzunehmen. Möglich ist ein temporärer Verzicht auf die Niederlegung oder eine tatsächliche zeitliche Trennung der beiden Fundaufkommen. Jüngere Ösenringe, Ringe aus der Mittel- und Spätbronzezeit, unterscheiden sich oft bereits durch die Torsion der Enden.[46] Aufgrund dieses Bruchs und in Verbindung mit dem Wechsel des kulturellen Umfelds wurden diese Objekte nicht berücksichtigt. Die zeitlichen Achsen kann man noch wesentlich weiter folgen.
Die heutige Wahrnehmung und der Umgang mit Ösenringen unterscheiden sich vollkommen von dem damaligen Konsum in seinen unterschiedlichen Ausprägungen. Die ersten Spuren ihrer Wiederentdeckung in der wissenschaftlichen Literatur muten inzwischen merkwürdig an. Angesprochen wurden die Ringe als „Henkel"[47]. Teilweise wird auch heute noch die offensichtliche Trennung der Ringe aus den unterschiedlichen Quellengattungen übergangen. Obwohl Archäologen versuchen zu erkennen, was damals ein Ösenring gewesen sein könnte, können wir nie eine Kontinuität herstellen. Zwar werden die meisten Ösenringe und die vergesellschafteten Funde weiterhin gemeinsam in ‚Depots', gemeint sind die Sammelstellen in Museen und Denkmalämtern, aufbewahrt, doch sind die Hintergründe heute andere als in der Bronzezeit.
Eine Kontinuität wurde in der Literatur bereits über die Grenzen der Form hinweg beschrieben. Man sieht die sogenannten Spangenbarren als Nachfolger der Ösenringe.[48] Anhand verschiedener Funde ist es möglich, eine

44 Moucha: *Hortfunde der frühen Bronzezeit in Böhmen*, S. 35.

45 Kurt Willvonseder: Zwei Grabfunde der Badener Kultur mit Metallbeigaben aus Niederösterreich. In: *Wiener Prähistorische Zeitschrift* 24 (1937), S. 15–28, hier S. 21; Maria Novotná: *Halsringe und Diademe in der Slowakei*. München: Beck 1984, S. 9.

46 Marek Gedl: *Die Halsringe und Halsringkragen in Polen I (Frühe bis jüngere Bronzezeit)*. Stuttgart: Steiner 2002, S. 9; Rastko Vasić: *Die Halsringe im Zentralbalkan*. Stuttgart: Steiner 2010, S. 14.

47 Otto Menghin: Vorgeschichtliche Sammlungen in Niederösterreich III. In: *Wiener Prähistorische Zeitschrift* 7/8 (1921), S. 53–55, hier S. 53.

48 Lenerz-de Wilde: Neue Ringbarrenhorte, S. 178.

typologische Reihe zu erstellen, die eine solche Entwicklung nahelegt. Die Kontinuität besteht bei dem Kontext, der Nutzung, dem Raum und teils wohl auch der Zeit. Der Endpunkt der formalen Entwicklung erscheint allerdings sehr weit von den ursprünglichen Ringen entfernt zu sein. Die Verbindung der Zuschreibungen der Ösenringe und der Spangenbarren bedingt bereits die Annahme der Kontinuität.

Überlegungen zur Kontinuität

Bei den „Ösenringen" zeigen sich somit verschiedene Erscheinungen, die mit ‚Kontinuität' in Verbindung gebracht werden können:

- Kontinuität der Form über Raum, Zeit, Kulturgruppe, soziale Subsysteme – wobei eine Trennung in verschiedene Subsysteme während der Vorgeschichte wohl nicht im heutigen Maß existent war – und Kontext.
- Kontinuität der Nutzungsweise über Raum, Zeit, Form und Kulturgruppen, bedingt auch zwischen dem Kontext.
- Kontinuität der Zuschreibung über Raum, Zeit, Kulturgruppe, Form, eventuell über Kontext.

Bei solchen Wechseln, wie hier im Fall zwischen den Ösenhalsringen aus den Gräbern und den Ringen aus den Deponierungen, kann sich auch die Grundlage der Wertbestimmung ändern. Während bei den Halsringen scheinbar der immaterielle Wert dominant war, ist es bei den Ringen aus den Horten der Materialwert, repräsentiert durch die einheitliche Masse, der an Bedeutung gewonnen hat. Dennoch konnte auch er die Zuschreibungen, symbolisiert durch die Form, nicht verdrängen.

Dies kann zu unterschiedlichen Verknüpfungen zwischen den verschiedenen Objekten und Befunden führen. Offensichtlich ist, dass man in der Archäologie Typen formt und in der Verbindung mit rekonstruierten Praktiken Gruppen definiert, die tatsächlich nur Konstrukte sind. Dabei wird die Frage nach der Wahrnehmung der Objekte, der Praktiken und Gruppenzugehörigkeit in der Vorgeschichte übergangen. Scheinbare Kontinuität in einzelnen Bereichen bedeutet nicht zwingend Kontinuität auf anderen Ebenen.

Die Betrachtung der ‚Ösenringe' zeigt dies deutlich. Für archäologisches Arbeiten ist die Annahme von Kontinuität bei der regelhaften Wiederholung von Merkmalen notwendig. Fällt diese Annahme weg, wären umfangreiche Materialstudien lediglich die Schilderung von zahlreichen Einzelfällen. Gerade weil die Annahme von Kontinuität so wichtig ist, besonders Kontinuität bei der Verbindung zwischen Form und (aufgeladenem) Inhalt, muss aber mit Vorsicht vorgegangen werden. Die Forderung nach einem Abgleich der Typologie mit dem archäologischen Umfeld, wie sie Rösler beschreibt, sichert die Ergebnisse der archäologischen Forschungen ab. Der darauffolgende Schritt wäre eine verstärkte Einbeziehung der Befunde und der Fundvergesellschaftungen, der damaligen Performanz und Praktiken in die archäologische Typbildung.

Der informelle Handel als Bedingung wirtschaftlicher Kontinuität in Ghana

Geraldine Schmitz

Einleitung

Während des Workshops „The Limits of Change – Was ist der Wert der beständigen Dinge?“, der Grundlage für den vorliegenden Band ist, kam es vermehrt zu Diskussionen darüber, wie Kontinuität in den Archäologien und der Ethnologie zu definieren ist – es wurde sehr deutlich, dass der Begriff in beiden Fächern nicht gerade als unproblematisch erscheint und eine für alle Thematiken passende Definition unmöglich ist. Wenn es im folgenden Fallbeispiel jedoch darum gehen soll zu untersuchen, wie die informellen Wirtschaftsbereiche in Ghana die gesamte ghanaische Wirtschaft stabilisieren, wird auf einen sehr klaren Begriff von Kontinuität zurückgegriffen – nämlich eine spezifisch ökonomische Form der Kontinuität. Kontinuität bedeutet hier entsprechend ökonomische Stabilität und ökonomisches Fortbestehen, auch während wirtschaftlicher Krisen.

Die Kontinuität der ghanaischen Wirtschaft und des in ihr zirkulierenden Geldes hängt untrennbar mit dem informellen Wirtschaftsbereich zusammen, dessen Herz die lokalen Märkte bilden. Dieser Umstand ist aus verschiedener Hinsicht verblüffend: Die ghanaischen Medien sind voll von Berichten über die Schädlichkeit der Informalität. Händler dieser vermeintlichen ‚Kategorie‘ sind der Regierung seit ihrer Gründung 1957 ein Dorn im Auge,[1] weil sie zum einen wenig bis gar keine Steuern zahlen und u. a. durch diese ‚Nichterfassung‘ im System nicht kontrollierbar sind.[2] Außerdem betreiben sie keine

1 Gracia Clark: *Onions are my Husband: Survival and Accumulation by West African Women.* Chicago / London: University of Chicago Press 1994, S. 50–51.

2 James C. Scott: *Seeing Like a State. How Certain Schemes to Improve the Human Condition Have Failed.* New Haven / London: Yale UP 1998, S. 2, 4–5.

Abb. 1: Tamale Central Market, 2014.

besonders profitablen Gewerbe und passen nicht in die gern propagierte Ideologie der Moderne. Überspitzt formuliert könnte man sagen, dass informelle Wirtschaftsweisen in Ghana eher für einen ökonomischen Rückstand stehen und nicht für einen positiven wirtschaftlichen Effekt, der über das Individuum hinausgeht.[3] Man verbindet den informellen Handel im Allgemeinen nicht mit Profit, Innovation und ökonomischer Stabilität, sondern mit Armut, fehlender Bildung und einem nicht funktionierendem Wirtschaftssystem. Informelle Märkte und die entsprechende Form des Handels evozieren romantisierende Bilder von Wildheit, Lebendigkeit und Rückständigkeit – sie gelten als Überbleibsel einer vergangenen Zeit.

In diesem Beitrag soll am Beispiel des Central Market in Tamale verdeutlicht werden, wieso es sich andersherum verhalten kann. In diesem Zusammenhang sollte man aber im Hinterkopf behalten, dass es einen Grund für die Notwendigkeit eines informellen Systems gibt – nämlich einen versagenden

3 Keith Hart: Informal Economy. http://thememorybank.co.uk/papers/informal-economy/ (Zugriff am 20.01.2015).

Staat.[4] Dieses Fallbeispiel wird zeigen, dass ökonomische Informalität die ghanaische Wirtschaft durch den Habitus der Händler stabilisiert und deshalb einen totalen wirtschaftlichen Zusammenbruch in Krisenzeiten verhindern kann.

Forschungsmethode

Sowohl die Forschung selbst als auch ihre Auswertung basieren auf einem phänomenologischen Zugang. Das bedeutet, dass der Markt als Lebenswelt verstanden wird: Alle Komponenten sind über das Individuum miteinander verbunden und lassen sich nicht abgekapselt voneinander betrachten. Vielmehr nimmt man eine intersubjektive Position ein und versteht die Dinge aus dem Handeln, Denken und Fühlen der Akteure heraus.

Es geht dabei nicht um bloße teilnehmende Beobachtung, sondern um eine volle Partizipation im Alltag der Menschen. So war und ist es zum Beispiel von zentraler Bedeutung für diese Art und Weise der Forschung, auf dem Markt in den Läden zu arbeiten. Anstelle eines Zuschauers wurde ich zu einer Arbeitskraft. Abgesehen davon, dass man so eine ganz andere Perspektive erlangen kann, bekommt man einen besseren Zugang zu den Händlern, weil man sich als nützlich für sie erweist. Die Händler lehren einem gerne ihr Handwerk und durch diese Methode kann man viel lernen, ohne ihnen dabei bei ihren täglichen Geschäften im Weg zu stehen.

Das Durchführen einer Forschung auf afrikanischen Märkten ist ein schwieriges Unterfangen, weil sich alle möglichen sozialen Faktoren in ihnen vermischen. Zudem herrscht fast immer Gedränge, es ist niemals ruhig, man wird mit den verschiedensten Geräuschen, Gerüchen und Gefühlen konfrontiert. Die Forschung auf dem Markt ist also nicht nur eine geistige Herausforderung, die darin besteht, die Vielfalt sozialer Beziehungen, Hierarchien, Allianzen und kulturellen Werte zu erfassen, sondern auch eine körperliche.

Aus diesen Gründen ist eine bloße teilnehmende Beobachtung nicht die Methode der Wahl, was auch schon anderen Marktethnologen bewusst war:

> One especial and embarrassing difficulty affecting work in market places is the impossibility of checking most of what is said: one's observations resemble a unique snapshot, which could never be retaken. There is also the further problem [...] that one often cannot perceive order in chaos when overwhelmed by the sight of piles of produce in motion – participant observation then becomes an absurd notion.[5]

4 Scott: *Seeing Like a State*, S. 317–323.

5 Polly Hill: *Indigenous Trade and Market Places in Ghana.* Jos: Department of History, University of Jos 1984, S. 2–3.

Auch das Durchführen von Interviews gestaltet sich als problematisch:

> Although as individuals many market women are highly articulate and vocal, many of their stories 'were not told, they were enacted'.[6]

Abgesehen davon, dass man die Händler mit einem Interview bei der Arbeit stört, ist es auch so, dass viele Dinge oftmals nicht erwähnt werden, weil sie für sie selbstverständlich sind. Man kann nur dann mehr über sie lernen, wenn man sie selbst *erfährt.* Dafür reicht Beobachten und Erfragen nicht. Man muss die Arbeit auf dem Markt selbst verrichten, sich von den Händlern in ihr Handwerk einführen lassen. Außerdem schafft man durch Interviews eine angespannte Situation – Arbeitet man aber mit, macht sich nützlich und stellt Fragen aus dem praktischen Kontext heraus, kann es nur schwer zu dem Gefühl eines ‚Verhörs' kommen.

Bei einer phänomenologischen Herangehensweise ist es zentral, eine intersubjektive Position anstelle einer objektiven Position einzunehmen. In der Philosophie wird dies als „vorwissenschaftlich" beschrieben, da es sich bei unserem Forschungsfeld nicht um eine objektiv konstruierte wissenschaftliche Wirklichkeit, sondern um eine *menschliche*, gelebte, mit allen Sinnen erfahrbare Wirklichkeit handelt, die auch unlogischen Linien folgen kann.[7] Und nur durch eine solche Methode kann ‚kulturelle Fremdheit' überbrückt werden, weil so das soziale Unbehagen, welches mit Fremdheit einhergeht, minimiert wird.[8] Soziale Fremdheit und das damit verbundene Unbehagen haben einen größeren Nährboden, wenn man sich als Ethnolog_in im Feld nur in seiner Position als Wissenschaftler_in statt wie ein ganzer Mensch mit allen Fehlern, Ängsten, Freuden etc. verhält. Intersubjektivität ist hier zwar die Maxime, aber durch starke und auch notwendige subjektive Erfahrungen ist diese Maxime – ähnlich wie die der Objektivität – niemals ganz zu erreichen.[9] Reine Wissenschaftlichkeit im Sinne einer ‚professionellen' Distanz zum Forschungsobjekt ist in der Ethnologie weder möglich noch sinnvoll, da sie die Wissenschaft vom menschlichen Fühlen, Denken und Handeln ist und die/der Ethnolog_in selbst das Forschungswerkzeug ist. Zudem beeinflusst

6 Clark: *Onions are my Husband*, S. xxi.

7 Edmund Husserl: *Ausgewählte Texte II. Phänomenologie der Lebenswelt.* Stuttgart: Reclam 2007, S. 280; Alfred Schütz / Thomas Luckman: *Strukturen der Lebenswelt.* Konstanz: UVK / UTB 2003, S. 29.

8 Bernhard Waldenfels: *Kulturelle und soziale Fremdheit.* In: Notger Schneider / R. A. Mal / Dieter Lohmar (Hrsg.): *Einheit und Vielfalt. Das Verstehen der Kulturen.* Amsterdam: Rodopi 1998, S. 19–35, hier S. 23.

9 Justin Stagl: Feldforschung als Ideologie. In: Hans Fischer (Hrsg.): *Feldforschungen. Berichte zur Einführung in Probleme und Methoden.* Berlin: Reimer 1985, S. 289–310, hier S. 290.

man ohnehin durch Anwesenheit und Handeln die zu untersuchende Lebenswelt, womit das Beobachten des ‚Authentischen' hinfällig wird. Möglich sind intersubjektive Momentaufnahmen, die aber einen erkenntnistheoretischen Wert haben, weil sie (wie auch andere Wissenschaften) in *bestimmten* Kontexten – jedoch nicht allumfassend – Gültigkeit beanspruchen können:

> Am Bau der Begriffe arbeitet ursprünglich, wie wir sahen, die Sprache, in späteren Zeiten die Wissenschaft. Wie die Biene zugleich an den Zellen baut und die Zellen mit Honig füllt, so arbeitet die Wissenschaft unaufhaltsam an jenem großen Kolumbarium der Begriffe, der Begräbnisstätte der Anschauungen, baut immer neue und höhere Stockwerke, stützt, reinigt, erneuert die alten Zellen und ist vor allem bemüht, jenes Ungeheure aufgetürmte Fachwerk zu füllen und die ganze empirische Welt, das heißt, die anthropomorphische Welt, hineinzuordnen. […], so baut der Forscher seine Hütte dicht an den Turmbau der Wissenschaft, um an ihm mithelfen zu können und selbst Schutz unter dem vorhandenen Bollwerk zu finden. Und Schutz braucht er: denn es gibt fruchtbare Mächte, die fortwährend auf ihn eindringen und die der wissenschaftlichen „Wahrheit" ganz anders geartete „Wahrheiten", mit den verschiedensten Schildzeichen entgegenhalten.[10]

Man kann behaupten, dass die Ethnologie sich mit den „anders gearteten Wahrheiten" beschäftigt und dort ihren Gültigkeitsanspruch besitzt. Diese „Wahrheiten" sind nicht messbar, aber sie bestimmen menschliches bzw. gesellschaftliches Handeln und sind deshalb relevant.

Intersubjektivität hat den Vorteil, dass man zu einem Teil der Gruppe wird, auch wenn man anfangs fremd ist. Menschen stehen nicht für sich allein, sondern in Beziehung zu anderen, entsprechend muss die Betrachtungsweise angepasst werden. Damit geht der weitere Vorteil einher, dass man sich bei der phänomenologischen Forschung auch auf seine Empfindungen verlassen darf und, da man zu einem Teil der Lebenswelt wird, lässt sich durch Intersubjektivität die Verbindung zwischen Individuum und Konstrukten wie z. B. Gesellschaft oder Gender besser erkennen.[11]

Für meine Forschung in Tamale bedeutete das, dass ich zur „Little Market Seminga" – also zur kleinen weißen Marktfrau – wurde und vorwiegend Seife für meine Gastmutter verkaufte, Botengänge für sie und andere Händler erledigte, Seifenkartons transportierte und auch im Haushalt half. Ich wurde wie eine Tochter behandelt, was mir nicht nur Respekt von den Marktakteuren einbrachte, sondern gleichzeitig auch für den Entzug von Privilegien, die

10 Friedrich Nietzsche: *Über Wahrheit und Lüge im außermoralischem Sinne. Aus dem Nachlass.* 1873. S. 5. http://www.uni-erfurt.de/fileadmin/public-docs/Literaturwissenschaft/ndl/Material_Schmidt/Nietzsche_Über_Wahrheit.pdf (Zugriff am 23.06.2015).

11 Michael Jackson: *Minima Ethnographica. Intersubjectivity and the Anthropological Project.* Chicago / London: University of Chicago Presse1998. S. 7.

Fremden vorbehalten sind. So durfte ich das Haus beispielsweise nach 23 Uhr nicht mehr verlassen. Dass ich mich an diese Regeln hielt, verschaffte mir ein besseres Ansehen bei den Händlern. Das körperliche Arbeiten auf dem Markt gab mir nicht nur Einblicke in Arbeitsprozesse auf dem Markt, sondern sorgte auch für beste Unterhaltung, wenn ich Fehler beging. Ich stand im Rang jederzeit unter den Händlern, was es für sie leichter machte, mit mir umzugehen und offen zu sein.

Durch einen phänomenologischen Zugang baut man Barrieren ab und schafft Raum für Menschlichkeit. Das mag pathetisch klingen, aber letztlich bleibt der Fakt, dass man ‚einen besseren Draht' zu den Menschen hat, wenn man sich als privater Mensch und nicht als Wissenschaftler_in zeigt und sich den fremden Regeln beugt, sofern diese nicht gegen eigene ethische Wände stoßen.

Der Tamale Central Market

Der Central Market in Tamale gehört zu den größten in Ghana und ist doch deutlich kleiner als vergleichbare Märkte und in Kumasi, Accra oder Techiman. Dennoch ist er ein wichtiges Handelszentrum im Norden des Landes und außerdem der soziale Knotenpunkt der Stadt.

Im Gegensatz zu vielen anderen ghanaischen Märkten ist er nicht nach Waren unterteilt, sondern bunt gemischt. Ein weiterer Unterschied zu den Märkten im Süden ist die Tatsache, dass es in Tamale keine Market Queens gibt, sondern der Markt von *Hajias* regiert wird. *Hajias* sind Frauen, die nach Mekka gepilgert sind und die dadurch einen höheren gesellschaftlichen Status bei der überwiegend muslimischen Bevölkerung der Stadt haben. Es gibt zwar ein Marktbüro und zugleich den *Dakpema* und den *Gulkpe N'aa*, die sich beide als für den Markt zuständige Dagomba Chiefs betrachten, aber tatsächlich sind es die *Hajias*, die den Markt leiten. Beide genannten Chiefs sind in unterschiedlichen Funktionen zwar nominell die Oberhäupter des Marktes, dies aber nur in ritueller Hinsicht.

Hajias werden auf dem Markt nicht gewählt, sondern werden mit der Zeit einfach zu Oberhäuptern. Hierzu sind jedoch bestimmte Voraussetzungen nötig: Ehrlichkeit, kaufmännisches Geschick, Durchsetzungsvermögen und Erfahrung im Markt. Entsprechend wird nicht jede *Hajia* zu einem Oberhaupt und der Titel *Hajia* ist zwar von Vorteil, aber nicht zwingend notwendig. Sie sind keine organisierte Instanz, sondern einflussreiche Frauen, die sich in Notzeiten zusammenschließen und die Dinge im Interesse der Händler regeln.

Abb. 2: Tamale Central Market, 2014.

Die einflussreichsten unter ihnen sind die *founders*. Der Markt wurde 1981 durch die Regierung von Jerry Rawlings zerstört und von den Händlern selbst mit ihrem eigenen Kapital neu errichtet, was zu dem interessanten juristischen Effekt geführt hat, dass der Markt in Tamale den Händlern *gehört*, auch wenn er auf dem Grund und Boden der Regierung steht. Die Händler müssen so zwar Pachten zahlen, aber die Läden können nicht vom Staat geräumt oder einfach abgerissen werden.

Es gibt kaum Güter, die auf dem Markt nicht verfügbar sind. Geht man an die richtige Stelle, kann man Handys oder Laptops kaufen. Das Verhältnis von landwirtschaftlichen und handgemachten Gütern und solchen, die industriell gefertigt sind, hält sich in der Waage. Die meisten industriell gefertigten Güter kommen aus dem asiatischen und arabischen Raum und sind teurer als lokal produzierte Äquivalente.

Das wirtschaftliche Handeln auf dem Markt funktioniert durch soziale Netzwerke. Durch verwandtschaftliche oder freundschaftliche Kontakte erhält man einen eigenen Laden oder als *petty trader*[12] einen Platz zwischen den Läden.

12 Unter dem Begriff *petty traders* sind verschiedene – schwer erfassbare – Händler zusammengefasst. Was sie miteinander verbindet, ist die Tatsache, dass sie keine festen Läden

Petty traders erhalten ihre Waren bei größeren Händlern, die sie nicht nur nach Preis, sondern auch nach Bekanntschaft auswählen. Die *petty traders* hingegen versorgen die Ladenbesitzer (und auch alle anderen) mit Wasser, Snacks, Mittagessen, Plastiktüten und allem, was man sonst benötigen könnte.
Alle Aspekte des Handels im Markt haben Bezug zu einander und unterstützen sich gegenseitig, damit der gesamte Apparat funktioniert. Dazu gehören Großhändler in der Industrial Area außerhalb des Marktes, Händler mit festen Läden im Markt, *petty traders*, arbeitende Kinder, Taxifahrer, jugendliche Helfer in den Läden, Lieferanten, Kunden und auch Produktvertreter.
James Carriers Begriff der *moral economy*[13] trifft auf diesen Markt in vielerlei Hinsicht gut zu: Man kennt sich gegenseitig, jeder weiß von welchem Menschen er seine Produkte kauft, es herrscht gegenseitiges Vertrauen und eine gegenseitige Abhängigkeit.[14] Es ist zwar nicht so, dass es gar keine Konkurrenz gäbe – natürlich will jeder für sich selbst den größten Profit – aber zum einen hat man mehr Skrupel untereinander, weil man sich meist schon von Kindheit an kennt, im gleichen Boot sitzt und voneinander abhängig ist. Zum anderen geht es nicht darum, als Sieger aus dem Markthandel hervorzugehen, sondern sein *tägliches* Brot zu verdienen. Man wirbt sich nicht gegenseitig die Kunden ab, man redet sich nicht gegenseitig schlecht. Ein Beispiel: In der Nähe der Taxi Station sitzen drei ältere Frauen, die alle die gleichen Zigaretten verkaufen. Ayi, Farida und Ramatu. Als ich dort das erste Mal hinkam um Zigaretten zu kaufen, war Ayi die Schnellste, ich kaufte sie bei ihr und kam über die nächsten Monate hinweg immer mal wieder mit ihr und den beiden anderen ins Gespräch. Eines Tages wollte ich wie üblich meine Zigaretten kaufen, aber Ayi war beten. Ich wandte mich zu Farida und Ramatu und war in Begriff, welche bei ihnen kaufen zu wollen, als Ramatu aufstand, mir Zigaretten von Ayi verkaufte und mein Geld in Ayis Gelddose legte.

besitzen und die kleinsten Profite machen. Teilweise sind sie völlig mobil und tragen z. B. mit Gütern gefüllte große Teller durch die Straßen. Andere versorgen nur die Händler im Markt mit Produkten. Dann gibt es solche, die kleine mobile Stände haben, die sie zwischen anderen Läden täglich errichten. Diese müssten theoretisch 50 Percevas (ca. 12 Cent) pro Tag an das Marktbüro für ihren Platz bezahlen, was aber kaum jemand tut. Die Plätze werden durch die Ladenbesitzer vergeben, das Marktbüro hält sich bei solchen Angelegenheiten eher raus. *Petty traders* sind – so könnte man sagen – die Informellsten der Informellen, da sie keinen festgelegten Standort haben und entsprechend nicht erfasst sind

13 Carrier bezieht sich bei diesem Begriff auch auf James C. Scott ab: James C. Scott: *The Moral Economy of the Peasant. Rebellion and Subsistence in Southeast Asia.* New Haven / London: Yale UP 1976

14 James G. Carrier: *Gifts and Commodities. Exchange & Western Capitalism since 1700.* London / New York: Routledge 1995, S. 56, 66.

Natürlich fragte ich die drei Damen später nach der Situation: Was Ramatu für Ayi tat, wird Ayi auch jederzeit für sie tun. Jeder hat seine Kunden und diese werden nicht abgeworben. Es ist wichtiger, sich gegenseitig zu unterstützen, weil das Handeln im Markt auch so schon schwer genug ist. Farida sagte mir dazu:

> When you were young, I bet you and your brother were competitors right? I mean, when you were playing. You will allways want to win, but you don't want your brother to lose everything, right? What happened, when you and your brother were playing with stronger children? You wanted him to win, right? And you helped him, understand? Eissh. Now imagine… we traders are sisters and brothers. We all want to win, but for us here everything is a stronger child. In the market we have to be sisters to beat the stronger child.

Die Menschen investieren in *long term values*[15] – Man darf hier allerdings nicht davon ausgehen, dass die eben genannte *moral economy* so funktioniere, weil die Menschen in Tamale netter oder altmodischer sind. Es ist vielmehr so, dass diese sozialen Interaktionen eine ökonomische Notwendigkeit für das Funktionieren des Marktes darstellen. Jemand, der sich gegen die Ansichten der *Hajias* stellt, wird schnell aus dem Markt ausgeschlossen. Nicht weil er ‚rausgeschmissen' wird, sondern weil ihm niemand mehr vertrauen würde und er somit ziemlich schnell bankrottginge. Dieses enge soziale Netzwerk erschwert aber gleichzeitig den Zugang für fremde Akteure und somit auch den Zugang zu Innovationen. Dennoch ist der Markt nicht nur ein Ort der Tradition, sondern auch ein Ort des Wandels. Viele neue Ideen werden gerne aufgenommen und erprobt, so ist z.B. das Smartphone nicht mehr vom Markt wegzudenken, man erprobt neue Produkte und übt sich gern in kleinen Konsumforschungen an seinen Kunden. Handelsstrategien ändern sich hingegen kaum, weil sie funktionieren. Sie bringen allerdings selten echten Profit, aber darum geht es auch nicht notwendigerweise:

Die Kaufkraft in Ghana ist zu gering, als dass die Menschen es sich leisten könnten, viel Geld auszugeben, entsprechend können die Händler in den Märkten ihre Waren nicht zu hohen Preisen anbieten, weil sie niemand kaufen würde. Der Markthandel dreht sich darum, genug Geld zu verdienen, um seine Familie ernähren zu können. Das Tagesziel ist es, einen Profit zu machen, also ein Plus zu erreichen. Dieser Profit ist aber nicht vorrangig. Viel wichtiger ist es, keine Verluste zu machen, also wenigstens bei Null

15 Chris Hann: Moral Economy. In: Keith Hart / Jean-Louis Laville / Antonio David Cattani (Hrsg.): *The Human Economy. A Citizens Guide*. Cambridge: Polity 2010, S. 187–198, hier S. 196.

rauszukommen. Das Existenziellste ist es, das Geld im Fluss zu halten, damit man *täglich* aus diesem Fluss schöpfen kann. Erst wenn diese Basis erreicht ist, versucht man Profite zu machen. Aufgrund der geringen Kaufkraft sind Profite aber meistens nicht möglich.

Hajia Farida ist 64 Jahre alt und handelt schon ihr ganzes Leben lang. Als Kind verkaufte sie Wasser und Obst als *petty trader*, arbeitete dann bei ihrer Mutter im Laden. Als der Markt 1981 zerstört wurde, baute sie sich ihren eigenen Laden im Markt und gehört somit zu den *founders*. Ihr Laden ist voll mit teuren Broktu Stoffen, die nur von wohlhabenden Kunden oder für besondere Anlässe gekauft werden. Vorne im Laden steht ein kleiner Tisch, auf dem sie Plastiktüten in verschiedenen Größen ausgelegt hat. Außerdem eine kleine Kühlbox mit verschiedenen Getränken, Stahlwolle und blaues Pulver zum Einfärben von Stoffen. Die Waren auf diesem Tisch sind am Ende eines jeden Tages ausverkauft, weil es sich um Alltagsgüter handelt. Der Erlös reicht, um sich selbst und ihre zwei Neffen täglich versorgen zu können. Broktu-Stoffe lassen sich meist ein oder zweimal am Tag verkaufen, es gibt jedoch auch Tage ohne einen einzigen Verkauf. In den letzten drei bis vier Wochen des Ramadan, kurz vor dem *Salla*[16], verkauft sie am meisten, da sich viele für dieses Fest neue Kleider schneidern lassen. Mit den Broktu Stoffen macht sie einen guten Profit, den sie für die Pacht und außergewöhnliche Ausgaben zurücklegt und sich damit ein finanzielles Polster schafft.

Hajia Memunatu – genannt Atu – gehört ebenfalls zu den *founders* und besitzt einen Laden in der *first lane* des Marktes, die gerade einen tiefgreifenden Umbau erlebt. Dadurch müssen die Händler momentan eine harte Zeit durchmachen, da sie solange keine Ladenfläche besitzen, bis der Bau beendet ist. Atu verkauft Seife, Cremes, Windeln und viele weitere Drogerieprodukte. In ihrem alten Laden war eine der Wände voll mit Haarteilen behangen. Zwei Regale enthielten teuer importierte Cremes (z.B. von Nivea, die in Tamale umgerechnet mindestens 10 Euro kostet) und Plagiate von Markenparfüms. Diese drei Güter generierten ihr profitabelstes Einkommen – ähnlich wie die Broktu Stoffe bei Hajia Farida. Da Atu durch den Bau gegenwärtig nur einen Tisch als Verkaufsfläche hat, verkauft sie ausschließlich Seife, Waschpulver, Windeln und Binden. Wie lange dieser Zustand andauert, ist unklar. Diese

16 Der *Salla* ist das große Fest des Fastenbrechens nach dem Ramadan. Der korrekte arabische Begriff ist *id al-Fitr*, jedoch wird in Ghana *Salla* (was so viel wie „Gnade“ bedeutet) verwendet.

vier Güter sind wie sie sagt, ihr „everyday food". Sie kann es sich nicht leisten, die teuren Produkte auszulegen, da sie vielleicht gar keine von diesen verkauft. Mit Seife und den anderen Produkten kann sie hingegen sicher sein, dass sie jeden Tag Einnahmen hat, die ihren Tagesbedarf decken. Atu verdient derzeit tagesabhängig zwischen 200 und 500 GHC (dies entspricht in etwa 50 bis 130 Euro), früher waren es zwischen 400 und 1.000 GHC. Von ihrem Erwerb ernährt sie zwischen sechs und acht Personen. Der tatsächliche Profit liegt derzeit bei etwas zwischen zwei und acht GHC pro Seifenkarton, der je nach Marke variiert. Rechnet man die Ausgaben für Plastiktüten dazu, bleiben ihr, in ihrer momentanen Situation, durchschnittlich vier GHC (ca. einen Euro) Profit pro Karton. Der geringe Profit ist jedoch kein Problem, solange das Geld weiter fließt. Derzeit kann sie keine höheren außerplanmäßigen Ausgaben machen, aber sie kann ihre laufenden Kosten decken. Echter Profit ist erst wieder zu erwarten, sobald sie ihren neuen Laden bezieht und Haarteile, importierte Cremes und Plagiate verkaufen kann.

Es wäre falsch zu sagen, die Händler handelten nicht profitorientiert. Sobald es eine Möglichkeit gibt, wird jeder versuchen, möglichst viel zu verdienen. Aber bevor man ein Risiko eingeht, beschränkt man sich zunächst auf das „everyday food". Dadurch haben die Händler eine wirtschaftliche Grundlage und die Kunden die Möglichkeit, Güter zu kaufen, die sie sich auch leisten können. Es wäre jedoch ungenau, diese Symbiose zu moralisieren, sie entspringt wirtschaftlicher Notwendigkeit.

Diese Notwendigkeit zeigt sich gut an dem Umgang der Händler mit Inflationen. Bei einer erhöhten Verteuerungsrate sinkt die Kaufkraft des Cedi. Während man in Supermärkten und anderen formellen Geschäften die Verteuerung deutlich spürt, hält es sich auf dem Markt in Grenzen. In Supermärkten werden die Produkte so verteuert, dass sich der Profit nicht maßgeblich verkleinert. Auf dem Markt hingegen heben die Händler die Preise bewusst weniger stark an, weil sie sonst gar kein Einkommen mehr hätten. Sie haben über diese Zeit einen noch geringeren Profit, aber so kann der Markt weiter laufen und sie erhalten weiterhin ihr „everyday food".

Die Händler im Markt können die Preise zwar nicht beliebig manipulieren, aber es gibt eine interne Preisregulation, damit der Handel auf dem Markt fortbestehen kann. Auch bei langfristigen Teuerungsraten bleibt der Markt die billigste Variante. Die Händler müssen zwar irgendwann ihre Preise auch erhöhen (v. a. dann, wenn die Großhändler teurer werden), aber sie bleiben immer unter dem Preis und auch unterhalb der Teuerungsrate formeller Geschäfte.

Informalität und Formalität

> If we consider normal English usage, 'informal' refers to behavior which relatively speaking lacks form. We all know the difference between formal and informal dancing or dress. But what is form? It is the presumptively invariant in the variable [...] Form what is regular, predictable, reproducible, recognizable; and it is intrinsic to all social behavior in some degree. When we identify something as informal, it is because it fails to reproduce the pattern of some established form.[17]

80 % der nordghanaischen Bevölkerung und insgesamt 70 % der ghanaischen Bevölkerung gehören dem informellen Wirtschaftsbereich an.[18] Der Begriff der informellen Wirtschaftssektoren wurde in den 1970er Jahren von Keith Hart geprägt. Er machte eine durchaus sinnvolle Unterscheidung: Es gibt die formellen Wirtschaften, welche sich durch Lohnarbeit, staatliche Regulationen, Bürokratie, Steuerabgaben, *Kontrollierbarkeit* und vergleichsweise gute Profite auszeichnet. Die formellsten Apparate sind dabei die Regierung selbst und entsprechende Behörden. Daneben stehen die informellen Wirtschaften, welche durch gegenteilige Eigenschaften gekennzeichnet sind: kleine Profite, Steuerabgaben nur in seltenen Fällen, „freies Unternehmertum" anstelle von Lohnarbeit, keinerlei staatliche Regulationen und deshalb auch eine mangelnde Kontrollierbarkeit durch den Staat.[19]

Es gibt also zugleich Parallelen und Verknüpfungen zwischen beiden Bereichen, was gegen einen Dualismus spricht. Es gibt jedoch auch gute Gründe dafür, ihn in stark relativierender Form weiter zu verwenden, auch wenn Begriffe wie ‚Sektor' in der Ethnologie berechtigterweise unbeliebt sind, denn dies würde bedeuten, dass es sich um zwei geschlossene Systeme handelt – dem ist definitiv nicht so. Vielmehr ist es so, dass Wirtschaft als eine Strategie oder mehrere Strategien verschiedener Individuen betrachtet werden sollte. Wirtschaft entsteht durch Handlungen der Akteure, die sich nicht in einem Model befinden, sondern ihre Lebenswelt aktiv gestalten.

Die Kontrolle durch den Staat ist in der Debatte über Formalität und Informalität ein entscheidender Punkt: Schon Max Weber machte deutlich, dass Institutionen und Bürokratie die Voraussetzungen für unsere profitorientierte Wirtschaftsform sind. Auch die Entwicklungsökonomik geht davon aus, dass

17 Hart: Informal Economy.

18 Ghana Government Portal: *Northern Region*. http://www.ghana.gov.gh/index.php/about-ghana/regions/northern (Zugriff am 20.01.2015).

19 Keith Hart: Informal Income Opportunities and Urban Employment in Ghana. In: The Journal of Modern African Studies 11 (1973), S.61–89, hier S. 69; ders.: Informal Economy; Scott: *Seeing Like a State*, S. 4–5.

funktionierende Institutionen ein wichtiges Standbein für wirtschaftliche Aktivitäten sind. Der Staat organisiert die Wirtschaft (so ‚frei' sie auch sein mag) ein Stück weit, indem er schützende Rahmenbedingungen aufstellt und reguliert den Geldfluss.[20] Gleichzeitig wird die Politik von der wirtschaftlichen Situation geprägt. So ist der Staat z. B. in hohem Maße vom Finanzsektor abhängig auch wenn er im Sinne der Finanzpolitik einen gewissen Einfluss nehmen kann. Mit den staatlichen Regulationen kommt die Bürokratie, welche die formellen Wirtschaftsbereiche durchdringt. In informellen Ökonomien gibt es kaum Bürokratie, der Staat hat so gut wie keinen Einfluss, unter anderem weil viele der entsprechenden Akteure gar nicht erst durch eine Geburtsurkunde erfasst sind. Informalität zeichnet sich mitunter dadurch aus, dass sie auf einer sozialen Organisation unter Individuen beruht und somit gut in James Carriers Idee der *moral economy* passt. Mit dem Begriff wird nicht ausgesagt, dass diese Wirtschaftsform besonders moralisch ist, sondern dass es eine wesentlich direktere Reziprozität unter den einzelnen Akteuren gibt. Während in westlich geprägten Ländern gerne zwischen Privatleben und Beruf unterschieden wird, ist dies in informellen Ökonomien nicht der Fall. Es ist vielmehr so, dass die verwandtschaftlichen und sozialen Beziehungen das Berufsleben – also das eigene Wirtschaften – stark prägen und unerlässlich für erfolgreiches Handeln sind.[21] Beide Bereiche sind anscheinend klar unterscheidbar, aber die Zeiten haben sich seit Keith Harts Aufsatz *Informal Income Opportunities and Urban Employment in Ghana* von 1973 geändert. Es ist nach wie vor auffällig, dass es sehr unterschiedliche Wirtschaftsweisen in Ghana gibt, aber die Grenzen verschwimmen zunehmend.

Viele Menschen, die im formellen Bereich tätig sind – z. B. als Lehrer – beziehen gleichzeitig ein zweites Einkommen aus der informellen Wirtschaft, da sie sonst mit ihrem Verdienst nicht auskommen würden.[22] Außerdem sind die Bereiche durch die entsprechenden Güter nicht mehr zu trennen. In

20 Die EZB oder ähnliche Institutionen sind zwar nicht immer gleichzusetzen mit einer Regierung, aber gehören doch unleugbar in einen staatlichen und politischen Rahmen. Keith Hart: *The Memory Bank. Money in an Unequal World.* London: Profile 1999; Karl Polanyi: *The Great Transformation. Politische und ökonomische Ursprünge von Gesellschaften und Wirtschaftssystemen.* Frankfurt am Main: Suhrkamp. S. 17, 270–280.

21 Carrier: *Gifts and Commodities*, S. 20; Hart: Informal Economy.

22 Basudeb Guha-Khasnobis / Ravi Kanbur / Elinor Ostrom: Beyond Formality and Informality. In: Dies. (Hrsg.): *Linking the Formal and Informal Economy. Concepts and Policies.* Oxford: Oxford UP 2006, S. 1–20, hier S. 6; Keith Hart: *Formal Bureaucracy and the Emergent Forms of the Informal Economy*, paper presented at the EGDI-WIDER conference. Unlocking Human Potential – Linking the Informal and Formal Sectors. 17–18 September 2004 in Helsinki. http://thememorybank.co.uk/papers/emergent-forms/ (Zugriff am 20.01.2015).

den 1970er Jahren mag dies noch anders gewesen sein, aber heute bekommt man auf den Märkten (sofern sie nicht warenassoziiert sind) genau so viele industriell hergestellte Güter, wie auch in formellen Geschäften. Diese Güter sind besteuert und meist importiert und unterliegen notwendigerweise einem staatlichen Einfluss. Vor allem sind die Bereiche aber durch die Akteure nicht klar voneinander zu trennen. Die Händler, die feste Stände in Märkten haben, zahlen in Tamale eine jährliche Pacht an den Staat, in verschiedenen Märkten im Süden bezahlen sie monatlich. In Tamale gehört lediglich das Land dem Staat, die Läden sind Besitz der Händler, allerdings gibt es im Süden inzwischen auch Märkte, die als Ganzes dem Staat gehören. Außerdem sind die Händlerinnen z. B. in Kumasi oftmals politische Figuren, die von den entsprechenden Parteien z. B. für Werbekampagnen eingesetzt werden.[23] Entsprechend zeigt schon die rechtliche Komponente, dass es inzwischen Verknüpfungen zwischen dem Staat und den Märkten gibt. So ist das „Hawking" theoretisch verboten: *Petty trader* sind nicht staatlich erfasst und ihr Handeln ist eigentlich illegal, jedoch werden sie weitestgehend geduldet, auch wenn der Trend in eine andere Richtung geht.

Der informellen Wirtschaft wird oft nachgesagt, dass sie nicht organisiert oder reguliert sei, was in Bezug auf den Staat stimmen mag, aber es ist definitiv falsch, von einem chaotischen Zustand zu sprechen.[24] Alle Märkte Ghanas unterliegen einer bestimmten Hierarchie und entsprechenden Strategien. Sie sind stark organisiert, aber nicht von einer Art unsichtbaren Hand oder dem Staat, sondern durch soziale, von allen anerkannte und sichtbare Netzwerke.

Die oben genannten Unterschiede zwischen beiden wirtschaftlichen Handlungsweisen sind nicht zu leugnen, auch wenn es starke Wechselbeziehungen gibt. Geht man durch einen ghanaischen Markt und dann durch einen Supermarkt gibt es keinen Zweifel, dass man gerade zwei völlig unterschiedliche Orte besucht hat, selbst wenn sich beide um Angebot und Nachfrage drehen. Auch die Händler distanzieren sich unter dem Motto „Die sind die und wir sind wir" bewusst von formellen Wirtschaftsweisen. Außerdem steckt eine Ideologie hinter dem Dualismus: Informelles Wirtschaften wird mit Rückstand assoziiert,[25] und zwar auch von der ghanaischen Regierung.

23 Clark: *Onions are my Husband*, S. 50.

24 Guha-Khasnobis / Kanbur / Ostrom: Beyond Formality and Informality, S. 16.

25 Hart: Informal Economy.

Während der verschiedenen Revolutionen Ghanas wurden die Händler immer wieder als Grund für die schlechte wirtschaftliche Lage angegeben, der erste Makola Market in Accra und der Central Market in Tamale wurden von der Regierung unter Jerry Rawlings zerstört.[26] Dahinter steckt mitunter eine „high modernist ideology"[27], die Märkte symbolisieren das alte, Shoppingmals, die Börse und ähnliches repräsentieren das neue Ghana.

Ghanaische Medien und Politiker sprechen selbst von informeller und formeller Wirtschaft, immer mehr Märkte, so auch der Central Market in Tamale, werden modernisiert, angepasst, kontrollierbar gemacht und die Händler als auch die Kunden haben dabei nicht selten das Nachsehen.

Diese dualistische Ideologie spiegelt sich auch in Geldnoten wider: Durch die Handhabe der Cedi-Scheine auf den Märkten werden diese schnell schmutzig, zerknittert und gerissen. Obwohl diese Scheine die gleiche Kaufkraft haben wie saubere Cedi-Scheine, werden sie in formellen Branchen nur selten als Zahlungsmittel akzeptiert, weil ihnen ein geringerer *Wert zugesprochen* wird. Dieses *market money* ist ein Symbol der Informalität und seine Ablehnung in formellen Bereichen ein Symptom für den gedachten und erfahrbaren Dualismus. Andererseits bleibt die Tatsache, dass es die staatliche Währung ist, die einfach angeeignet wird, was deutlich gegen einen Dualismus, sondern vielmehr für fließende Übergänge spricht.

Die beiden folgenden Abschnitte zeigen einerseits, wie stark die beiden ökonomischen Extreme sich voneinander unterscheiden und wie sie in Konflikt miteinander geraten, aber andererseits auch, wie die informelle Wirtschaft die formellen Bereiche nachhaltig beeinflusst und sogar nötig für das Fortbestehen der ghanaischen Wirtschaft ist.

Das Capacity Support Project in Tamale

Im Dezember 2013 bekamen die Händler des Tamale Central Market ein Schreiben, das besagte, dass die *first lane* des Marktes umgebaut werden soll, damit mehr Ladenflächen entstehen können. Die *first lane* beherbergte verhältnismäßig die meisten Händler. Auf ihr bewegen sich auch die meisten Kunden.

Ein paar Tage später kamen Mitarbeiter der Stadtverwaltung, der Weltbank (die dieses Projekt finanziert) und der Universität Tamales (University for Development Studies), um sich mit den Händlern zu besprechen. Die Idee

26 Clark: *Onions Are My Husband*, S. 54.

27 Scott: *Seeing Like a State*, S. 4.

Abb. 3
Tamale Central Market, 2011, die *first lane* vor dem Bauprojekt.

hinter dem Projekt ist ein zweistöckiges Gebäude und die Erweiterung der *lane*, um mehr Platz zu schaffen. Die Mitarbeiter der Universität sollten die Händler regelmäßig befragen und dann der Weltbank berichten, wie die Händler mit dem Umbau zurechtkommen und was ihre Interessen sind. Bei dem ersten Treffen mit allen vier Parteien ging es darum zu erfragen, ob die Händler einverstanden sind. Ungefähr die Hälfte der Händler war für das Projekt, die restlichen fühlten sich unter Druck gesetzt, gaben aber letztlich auch ihr Einverständnis. Ohne das Einverständnis der Händler hätte das Projekt nicht durchgeführt werden können, da die Läden den Händlern selbst gehören.

Die Stadtverwaltung versprach beim ersten Treffen und auch im Vertrag, dass das Projekt nach sechs Monaten beendet sei. Sechs Monate schienen für die Händler erträglich zu sein und jeder Händler war insofern für das Projekt, als dass sie wirklich Platzprobleme haben. Die Einstellung der Händler fasste Hajia Adamu treffend zusammen: „We will suffer during that time. But

Abb. 4
Tamale Central Market 2014, die *first lane* nach dem die Läden abgerissen wurden.

modernisation is necessary. It is good for the market, but we will have to suffer first."

Der erste Konflikt zwischen Stadtverwaltung und den Händlern entstand, als es darum ging, eine Entschädigung für die Bauphase zu bezahlen, da die Händler in dieser Zeit wesentlich weniger verdienen können. Den Händlern wurde diese Anforderung nicht gewährt. Stattdessen wurde festgelegt, dass die Ladeninhaber in den ersten zwei Jahren in den neuen Läden eine geringere Pacht zahlen. Kaum ein Händler war damit einverstanden, aber zu diesem Zeitpunkt war der Vertrag bereits unterschrieben.

Den Händlern wurde mitgeteilt, dass die alten Läden Mitte Februar 2013 abgerissen werden sollen, also mussten sie bis dahin die Läden geräumt haben. Man suchte also pünktlich nach neuen Lagermöglichkeiten, riss die Regale aus den Wänden, nahm die Dächer und Tore ab und saß nun in der prallen Sonne in einer Ruine und wartete auf den Abriss. Und zwar einen Monat lang – die Stadtverwaltung verspätete sich mit den Abriss- und Bauarbeiten.

Der erste Spatenstich sollte groß gefeiert werden, und zwar nachdem die Läden abgerissen wurden. Dazu kam es nicht. Das große Fest zur Feier des ersten Spatenstichs fand am 11. März 2014 statt und zeigte deutlich, wie konfliktbeladen das ganze Projekt ist. Während der Bürgermeister, ein Mitarbeiter der Weltbank, der *Dakpema* und der Bauleiter große Reden über Modernität schwangen, wurden die Händler immer ruhiger und sichtlich wütend. Denn sie wurden in den Reden zu Symbolen des Rückstands gemacht. Die Imame der großen Moscheen hingegen beteten öffentlich für die Händler. Der *Gulkpe N'aa* rief seinen Segen für den Markt aus.

Als sich dann alle in der *lane* versammelt hatten, kam es zu einem Konflikt zwischen den beiden Dagomba Chiefs. Der *Dakpema* ist zwar der Chief des Marktes, aber wird seit den Kolonialzeiten als regierungstreu gesehen und besitzt eher diplomatische und administrative Funktionen. Der *Gulkpe N'aa* hingegen ist der größte Priester der Dagomba und für das seelische Wohl des Landes, der Menschen und der Händler des Marktes zuständig. Der *Dakpema* bekam den Spaten vom Bürgermeister überreicht, woraufhin der *Gulkpe N'aa* sich beschwerte und es zu einem Kampf zwischen ihnen und ihren Anhängern kam. Die meisten Händler zogen sich so schnell wie möglich zurück, weil man große Angst hatte, dass der Yendi-Konflikt[28] wieder ausbrechen könnte. – Die Feierlichkeit war damit recht schnell beendet.

Die meisten Händler bewerteten die Situation folgendermaßen: Der *Gulkpe N'aa* war im Recht, denn für die Händler war es vorrangig, dass der Markt den Segen des *Gulkpe N'aa* erhält und von ihm geschützt wird. Der *Dakpema* mag der Chief des Marktes sein, aber er ist nicht für die den Markt schützenden Riten zuständig. Er wird außerdem oft sehr stark mit der Regierung assoziiert. In den Augen der meisten Händler hätte der erste Spatenstich also vom *Gulkpe N'aa* durchgeführt werden müssen, auch wenn dieser sich gelegentlich wie „ein ungezogenes Kind" verhalten mag.

Zu einem Spatenstich kam es nicht, die Händler fühlten sich gedemütigt und in ihrer Tradition missachtet. Es kam in den nächsten Tagen vermehrt zu Diskussionen über Streiks, welche aber schnell erledigt waren, da man zu viel

28 Bei den Dagomba gibt es zwei königliche Familien: Abudu und Andani. Der Konflikt der Familien begann 1974, als der neue König der Abudu den Thron bestieg, ohne die notwendigen Riten durchzuführen. Die Reihenfolge wurde unterbrochen, da die Andani-Anhänger ihn nicht akzeptierten. Es kam immer wieder zu kleineren, aber blutigen Konflikten, die 2002 ihren Gipfel fanden, als Abudu-Anhänger den Palast stürmten und den Andani-König töteten (Albert K Awedoba: *An Etnnographic Study of Northern Ghanaian Conflicts. Towards a Sustainable Peace.* Accra: Sub-Saharian 2009, S. 195). Der Konflikt ist bis heute nicht beendet, ist aber ruhiger geworden.

Sorge hatte, dass die Chiefs gegeneinander aufgehetzt werden würden. Diese Angst resultierte daraus, dass einen Tag zuvor ein Anhänger aus der oppositionellen Königsfamilie der Dagomba getötet wurde und man die Konflikte von Yendi nicht noch einmal erleben wollte.

Der Abriss fand anderthalb Monate zu spät statt, die Bauarbeiten begannen vier Wochen nach dem Abriss. – Inzwischen ist es August 2015 und die Bauarbeiten sind noch lange nicht beendet. Die versprochenen sechs Monate wurden nicht eingehalten und die Händler machen entsprechend immer mehr Verluste. Sie verkaufen weniger, weil viele Kunden sich den Baustaub und -lärm in der *lane* nicht antun wollen, sie haben nicht genug Platz, um alle ihre Güter anzubieten und sie haben praktisch keinen Schatten, sondern sitzen permanent in der prallen Sonne, sind dem Baustaub und dem damit einhergehenden Lärm (wenn denn dann gearbeitet wird) ausgeliefert. Händler wie Hajia Adamu haben sich vorübergehend aus dem Markt zurückgezogen und verkaufen in Läden an ihren Häusern. Auch dort machen sie Verluste, aber wenigstens haben sie im Gegensatz zu vielen anderen eine Alternative.

Die Stadtverwaltung hält sich abgesehen von den Abmachungen mit den Händlern auch nicht an die sinnvollen Auflagen der Weltbank. Die Weltbank ist federführend in einem ghanaweiten Projekt für urbane Räume, für welches sich die verschiedenen Verwaltungen bewerben konnten. Bedingungen für die Finanzierung sind: Miteinbezug der betroffenen Akteure, Minimierung der negativen Umstände während der Durchführung der Projekte, Respekt gegenüber den Traditionen der Menschen vor Ort (sofern diese nicht gegen die UN-Menschenrechtskonvention verstoßen), regelmäßige Berichte an die Weltbank und ökologisch nachhaltige Durchführung der Projekte.

Nicht eine der Auflagen wurde korrekt eingehalten, was aber zu spät an die Weltbank kommuniziert wurde. Nachdem die Weltbank davon erfuhr, wurde der Verwaltung Druck gemacht,[29] aber inzwischen ist wieder alles beim alten: Die Händler werden nicht regelmäßig informiert, eine Moschee und einige zum Teil sakrale Bäume (genannt *buga*) wurden unrechtmäßig zerstört und der Zeitplan wird nicht einmal ansatzweise eingehalten.

Abgesehen von dem wirtschaftlichen Schaden der Händler während der Bauphase ist mit weiteren Problemen zu rechnen: Die Pacht soll zwar für die

29 Zu diesem Zeitpunkt hatte die Weltbank zunächst die erste Rate für den Bau gezahlt und konnte so damit drohen, dass das Projekt abgebrochen wird. Inzwischen ist die volle Summe gezahlt, neues Druckmittel der Weltbank ist es, der Assembly klar zu machen, dass es bei vermehrten Verstößen gegen die entsprechenden Auflagen keine neuen Projektfinanzierungen von ihr geben wird.

ersten zwei Jahre niedrig sein, aber es ist davon auszugehen, dass sie danach stark erhöht wird. Die neuen Läden sind wesentlich kleiner als ihre Vorgänger, die Händler müssen also weiterhin zusätzlichen Lagerraum anmieten. Es wird zwar Platz für mehr Ladeninhaber geben, aber wahrscheinlich weniger Platz für *petty traders*. Wäre der Bau wie angekündigt in sechs Monaten und unter Berücksichtigung der Auflagen der Weltbank durchgeführt worden, wären wohl alle Parteien damit zufrieden gewesen, denn es herrscht tatsächlich ständig Platzmangel auf dem Markt und viele der Stromleitungen in den Läden sind defekt. Aber so fühlen sich die Händler hintergangen und vor allem degradiert. Hajia Habiba dazu: „They sit on our rights. We are Market Women… What is wrong with that?“

An diesem Beispiel wird deutlich, wie sehr sich der informelle und der formelle Bereich voneinander unterscheiden, wie Konflikte entstehen können und dass es starke Einflussnahmen gibt. Hier wird klar, dass es sich trotz Verknüpfungen um zwei verschiedene Instanzen handelt, weil in diesem Fall die zwei Extreme der ghanaischen Wirtschaft aufeinandertreffen. Während es am Anfang des Projekts nach einem Miteinander aussah, löste es in der Endphase einen Konflikt zwischen zwei Parteien aus.

Market Money

Der Begriff *market money* ist ein Symbol für die Handhabe des Geldes in informellen Wirtschaftsbereichen. *Market Money* sind zerknitterte, dreckige, oftmals gerissene Cedi-Scheine – also die reguläre ghanaische Währung in einem schlechten materiellen Zustand. Durch die Abnutzung im Markt oder beim Handel auf den Straßen nutzen sich die Scheine schnell ab und werden zu *market money*. Es wird außerhalb des informellen Bereichs kaum verwendet, weil ihm ein geringerer Wert zugesprochen wird. Während sie zerknitterte Scheine aus einer Blechdose zog, sagte Hajia Memunatu einmal: „See how we handle our money. This is Market Money. It shows how the market handles us.“

Nur ein geringer Teil der Händler bringt sein Geld zu einer Bank, was dazu führt, dass die Scheine länger im Gebrauch bleiben. In Shoppingmalls und ähnlichen Geschäften wird *market money* nicht akzeptiert, obwohl es die gleiche Kaufkraft besitzt wie gutaussehende Scheine. Bei Hochzeiten, Geburten und Beerdigungen ist Geld die beliebteste Gabe, aber man würde niemals *market money* schenken. Solche Anlässe sind fast die einzigen Gelegenheiten, wo Händler *market money* bei einer Bank gegen adäquate Scheine eintauschen.

Abb. 5: *Market money* und ein normale Cedi-Schein.

Market money wird also nicht nur von ‚außen' ein minderer Wert zugesprochen, sondern auch von ‚innen'.

Wie oben beschrieben geht es beim Handel im Markt in erster Linie nicht um großen Profit, sondern darum, den Fluss des Geldes zu erhalten, damit man täglich daraus schöpfen kann, um sich und seine Familie zu ernähren. Dies ist laut den Händlern der Hauptgrund, wieso sie kein Konto auf einer Bank einrichten lassen. Die Reishändlerin Shemima Osanu sagte dazu: „Why Should I bring my money to a bank? I need my money."

Banken sind für die Händler aus vielen Gründen nicht attraktiv: Die meisten Banken fordern für die Eröffnung eines Kontos Sicherheiten, die die Händler nicht bieten können oder wollen. Der Austritt aus einem Vertrag geht nicht ohne weiteres, man ist gebunden. Die Zinsen und das Anlegen eines Kontos sind zu teuer. Außerdem muss man für einen Vertragsabschluss persönliche Angaben machen, wovor viele zurückschrecken, weil sie a) Angst haben, dass ihre Daten missbraucht werden und b) weil sie oft keine Angaben machen können. – Sehr viele Händler kennen ihr Geburtsdatum nicht, können nicht schreiben oder lesen. Der Zugang ist ihnen also auch aus solchen Gründen versperrt. Der Hauptgrund ist aber wohl, dass die Händler den Banken nicht vertrauen, weil sich viele der formellen Bereiche durch Korruption auszeichnen.[30] Für Banken wiederum sind Händler unattraktive Kunden, weil sie, wie erwähnt, keine Sicherheiten bieten, außerdem spielt eine gewisse Ideologie eine Rolle, wie das folgende Zitat einer Bank in Accra zeigt: „We dont want to go down to the bush"[31].

Market money verlässt den informellen Bereich also relativ selten, dieser wird aber von außen mit neuen Scheinen versorgt. Dadurch dass ein großer Teil des Geldes nicht auf dem Konto bei einer Bank liegt, wird *market money* nicht dafür verwendet, im Finanzsektor verzinste Kredite zu vergeben oder anderes Geld zu kaufen. Es ist im Gegensatz zum virtuellen Giralgeld ein physisch existenter Gebrauchsgegenstand des Alltags der Gesellschaft. In unserem vom Finanzmarkt stark beeinflussten Wirtschaftssystem ist Geld kein reines Tauschmedium oder ein Wertaufbewahrungsmittel mehr, sondern selbst eine Ware.[32] *Market money* jedoch bleibt ein Tauschmedium und beschreibt den Wert, der ihm von den Akteuren zugesprochen wird. Dies zeigt sich insbesondere daran, dass die Händler weniger auf Profit als auf den täglichen Geldfluss bedacht sind.

Oben wurde beschrieben, wie Händler die Preise auf ihren Märkten anpassen, um weiter im Geschäft zu bleiben. Dieser Prozess sorgt dafür, dass die Märkte flexibel auf die Bedürfnisse der Gesellschaft reagieren, aber im Gegensatz beispielsweise zum deutschen Wirtschaftssystem nicht überflexibilisiert gegenüber dem Finanzsystem sind. Durch die beiden Umstände, dass a) vergleichsweise wenig Geld durch Banken verwaltet wird und dadurch im Umlauf bleibt und b) im Markt Preisregulationen vorgenommen werden, unterliegt also nur ein Teil der Währung den Schwankungen des Finanzsystems.

Normalerweise wäre es bei einer Deflation nicht möglich, noch zu investieren, da das Geld ‚zu teuer' ist. Es besteht keine Liquidität mehr und die Wirtschaft kommt völlig zum Erliegen. Die informellen Märkte können aber durch Hortung des Geldes und Preisregulationen weiter im Geschäft bleiben. Der Geldwert wird bis zu einem gewissen Grad auf das Bezugsystem Markt umdefiniert, sodass die Liquidität bestehen bleibt. Oft entstehen in solchen

30 Howard Jones / O. Sakyi-Dawson / Nicola Harford / Aba Sey: Linking Formal and Informal Finencial Intermediaries in Ghana: Conditions for Success and Implications for RNR Development. In: *Natural Resource Perspectives* 61 (2000), S. 1–4, hier S. 2.

31 Ebd., S. 4.

32 Margit Kennedy: *Geld ohne Zinsen und Inflation. Ein Tauschmittel, das jedem dient.* München: Goldmann 2006, S. 19.

Krisen Schwarzmärkte, in Ghana tritt dann jedoch der informelle Bereich lediglich stärker in Kraft, als er es ohnehin schon tut.

Ein wirtschaftliches System ohne Kredite ist schwer vorstellbar und auch auf dem Markt in Tamale nicht der Fall. *Market money* basiert nicht nur auf Hortung, sondern auch auf einem rotierenden und zinsfreien Kreditsystem innerhalb des Marktes. Dieses System nennt sich *Susu* und ist in Ghana weit verbreitet, tritt aber in den unterschiedlichsten Formen auf. *Susus* sind ROSCAs (Rotating Savings and Credit Associations) und haben alle das gleiche Grundprinzip: Über einen untereinander abgestimmten Zeitraum zahlt jedes Mitglied (fast ausschließlich Frauen) einen bestimmten Betrag bei der *Susu Mother*, dem *Susu Collector* o.ä. ein. Im ersten Zyklus, dessen Länge zuvor abgesprochen wird, bekommt Person A den gesamten Topf ausgezahlt, in der zweiten Woche wird wieder der gleiche Betrag von allen eingezahlt und Person B bekommt den Betrag ausgezahlt usw.[33]

In Tamale ist es so, dass der Markt für Fremde ohnehin schwer zugänglich ist, man bekommt einen Stand, Laden oder Platz ausschließlich über soziale Beziehungen und ein gewisses Vertrauen. Entsprechend gibt es auf diesem Markt kein verzinstes *Susu*. Wenn jemand eine Investition tätigen muss oder z. B. die jährlichen Schulgebühren anfallen, fragt man unter seinen Kolleginnen herum, ob jemand *Susu* machen möchte. Hat man genügend Personen zusammen, wird eine *Susu Mother* gewählt, die das Geld verwaltet. Man spricht alle Bedingungen ab, darunter fällt auch die Reihenfolge der Auszahlung. Wer das Geld am schnellsten benötigt, bekommt es als erstes ausgezahlt.

Susu in Tamale ist rein auf Vertrauen untereinander basiert und nicht profitorientiert. Das Geld wird zwar von der *Susu Mother* gehortet, aber durch das

33 Im Süden Ghanas gibt es feste *Susu Clubs*, die einen Namen tragen, über einen längeren Zeitraum laufen und nur für das Geschäft gedacht sind. Diese sind vergleichsweise streng organisiert und zahlen den letzten Zyklus gelegentlich an ein Nicht-Mitglied (meistens marktfremde Personen) aus und bekommen dafür Zinsen, die untereinander aufgeteilt werden. Außerdem gibt es im Süden *Susu Collectors*, die *Susu* für Einzelpersonen oder sehr kleine Gemeinschaften praktizieren und einen Einsatz als Provision behalten. Solche *Susu Collectors* sind vor allem sinnvoll für Fremde oder ‚Einsteiger', die noch kein soziales Netzwerk im Markt haben, aber trotzdem eine Investition tätigen wollen oder müssen. Siehe dazu Koko N'Diabi Affo-Tenin: „Susu"-Sparen und fliegende Bankiers. Finanzielle Selbsthilfegruppen und Bäuerinnen bei den Bariba in Togo. In: Marin Trenk / Dieter Weiss (Hrsg.): *Disskussionspapiere*. Berlin: Freie Universität Berlin 1993, S. 27; Ellen Bortei-Doku / Ernest Aryeetey: Mobilizing Cash for Business: Woman in Rotating Susu Clubs in Ghana. In: Shirley Ardener / Sandra Burman (Hrsg.): *Money-Go-Rounds. The Importance of Rotating Savings and Credit Associations for Woman*. Oxford / Washington D. C.: Berg 1996, S. 83; Jones / Sakyi-Dawson / Harford / Sey: Linking Formal and Informal Finencial, S. 1.

Rotationssystem bleibt ein Großteil eben doch im Umlauf und ermöglicht Kredite, bei denen niemand etwas verliert.
Bei einem solchen informellen Kreditsystem werden Banken obsolet, da diese zum einen nicht den Bedingungen des Marktes entsprechen und *Susu* schlicht die unkompliziertere, schnellere und vor allem billigere Variante ist. *Susu* impliziert die Verwendung von *market money*, weil es dabei gerade darum geht, Banken zu vermeiden, aber trotzdem Investitionen tätigen zu können. Diese Art des Sparens und Investierens unterstützt die Aussage, dass die Märkte bei Schwankungen des Finanzsektors im Geschäft bleiben können. Und zwar, weil sie ihr eigenes Finanzsystem praktizieren, welches zu ihren Bedingungen funktioniert.
Es gibt vier Funktionen, die Geld besitzen sollte, damit der wirtschaftliche Apparat funktioniert: 1. Es muss als Tauschmittel akzeptiert werden, 2. Es muss teilbar sein, 3. Es muss ein Wertaufbewahrungsmittel sein, 4. Es muss staatlich anerkannt sein (wobei dieser Punkt nur bei einer Währung von zentraler Bedeutung ist). *Market money* funktioniert ähnlich wie eine Parallelwährung, die eingeführt wird, wenn das eigene Geld, insbesondere die Funktion der Wertaufbewahrung, nicht mehr erfüllen kann. Man benutzt dann eine fremde Währung, die funktioniert, solange sie von allen akzeptiert wird. Die Parallelwährung erfüllt dann alle Funktionen, abgesehen von der des gesetzlichen Zahlungsmittels und wird zu einem reinen Tauschmedium.[34]
Market money ist und bleibt der ghanaische Cedi und erfüllt entsprechend alle vier Punkte, wenn auch nicht äquivalent zum normalen Cedi, während aber das Geld, welches der Finanzwirtschaft unterliegt, seine Funktion der Wertaufbewahrung verliert. Man könnte es so ausdrücken: *Market money* wird von den Akteuren angeeignet und zugunsten des eigenen Bezugssystems umdefiniert.
Dass es zwei oder mehr verschiedene Arten von Geld innerhalb einer Währung gibt, ist keine Neuheit oder gar etwas Besonderes. In den Wirtschaftswissenschaften wird unter anderem zwischen *inside money* und *outside money* unterschieden. Ersteres beschreibt das Geld des Finanzsektors, welches auch an Börsen gehandelt wird. *Outside money* ist das Kapital des Privatsektors, welches im Alltag Verwendung findet. Beide beeinflussen sich gegenseitig, wobei betont wird, dass *inside money* ein Risiko darstellt.[35]

34 Jörn Altmann: *Volkswirtschaftslehre*. Stuttgart: UTB 2009. S. 87–89.

35 Livio Stracca: Inside Money in General Equilibrium: Does It Matter for Monetary Policy? In: *Macroeconomic Dynamics* 17,3 (2013), S. 563–590, hier S. 586.

Der wirtschaftliche Effekt von *market money* und die Unterscheidung zwischen ihm und dem Cedi mag zunächst abstrus oder auch banal wirken, wird aber dadurch plausibel, dass es in Ghana zwei verschiedene Wirtschaftsextreme gibt: Das formelle und das informelle System. Sie beeinflussen sich gegenseitig und natürlich können *market money*, interne Preisregulationen und *Susu* im informellen Bereich nicht verhindern, dass die Menschen in einer Wirtschaftskrise durch harte Zeiten müssen. Aber eine gewisse Liquidität wird gewährleistet, es gibt wesentlich weniger Menschen ohne jegliches Einkommen und jeder, der für vertrauenswürdig gehalten wird, kann einen Kredit aufnehmen, ohne dabei Verluste zu machen. Außerdem verdient der Staat durch die Mehrwertsteuer industriell gefertigter Produkte und durch die Pacht an den Märkten (wenn auch nicht so viel, wie er gerne hätte) und hat durch die geringe Erwerbslosigkeit sogar Kosten gespart. Die Märkte werden in den ghanaischen Medien gerne als Klotz am Bein der ghanaischen Wirtschaft bezeichnet, aber wie sich zeigt, ist eher das Gegenteil der Fall.

Zusammenfassung

Die ghanaische Wirtschaft ist ein Komplex aus den entsprechenden Strategien der Akteure, welcher aber zwei Extreme besitzt: Informelles Wirtschaften und formelles Wirtschaften. Der Großteil des ökonomischen Komplexes besteht jedoch aus einer Symbiose beider Extreme.

Dabei zeigt das Beispiel *market money* ganz deutlich, dass es nicht nur so ist, dass der formelle Bereich die informellen Märkte beeinflusst, sondern eben jene informellen Bereiche die gesamte nationale Wirtschaft stabilisieren. Sie bringen auch für den Staat nur einen kleinen Profit, aber ohne sie bestünde er kaum. Informelles Wirtschaften ist eine Notwendigkeit in einem System, dem funktionierende Institutionen fehlen. Wenn man in Ghana nachfragt, so sagen die meisten, dass die Institutionen und auch die Wirtschaft wegen hoher Korruption nicht so funktionieren, wie sie sollen und die informelle Wirtschaft deshalb so wichtig für Ghana ist. Die informellen Märkte sind natürlich ein Symptom für eine (im Sinne unseres Wirtschaftssystems) nicht gut geführte Wirtschaft.

Market money, Preisregulationen innerhalb der informellen Wirtschaftsbereiche und *Susu* sind nötig, um einen wirtschaftlichen Zusammenbruch zu verhindern und können die Auswirkungen einer Krise lindern. Sie sorgen im Alltag für wirtschaftliche Stabilität, in Krisen für ein ökonomisches Fortbestehen und sichern so das ökonomische Kontinuum in Ghana.

Kontinuität: Nur ein roter Faden?

Geraldine Schmitz / Lukas Wiggering

In der Auseinandersetzung mit Kultur, sowohl immaterieller wie auch materieller Natur, sind Wandel und Beständigkeit allgegenwärtige Aspekte. Deutlich wahrnehmbar sind vor allem Umbrüche, Innovationen und Veränderungen. In der Gegenwart erfolgen diese scheinbar immer rasanter – eine Neuheit jagt die nächste und gerade noch moderne Trends sind schon wieder altmodisch und überholt. Auch bei der Auseinandersetzung mit der Vergangenheit scheinen Wandel und Brüche, neue Ideen und Konzepte zu dominieren und ständige Wertverschiebungen zu bewirken.

Werte werden jedoch nicht nur durch Wandel generiert, auch Kontinuität bewirkt diese. Beispielsweise können Traditionen identitätsstiftend sein, gehören sie doch zum kulturellen Gedächtnis und bilden in vielen Fällen sogar die Basis für Innovation und Wandel. Für die wissenschaftliche Auseinandersetzung mit materiellen und immateriellen Werten eröffnet die Frage nach Kontinuität und Diskontinuität neue Blickwinkel.

Gerade in den letzten Jahren steht die Frage nach dem Wert der Dinge vermehrt im Fokus der Forschung. Zentral ist dabei die Frage nach Prozessen der Wertentstehung und -transformation von materieller Kultur. Dabei fällt auf, dass in diesem Diskurs vor allem Umbrüche und Wandel berücksichtigt werden. Dagegen nahm Beständigkeit bisher eine eher untergeordnete Rolle ein und schien lediglich die Basis für Forschungen über Wandel darzustellen. Doch gerade in Bezug auf Wert und Wertvorstellungen, ist die Frage nach Kontinuität ein wichtiger Aspekt.

Innerhalb der Geisteswissenschaften stellen Kontinuität und Diskontinuität vielfach gebrauchte Begriffe dar. Ihre Verwendung und inhaltliche Auslegung weichen jedoch zwischen den verschiedenen Fachrichtungen und Anwendungsgebieten ab. Unterschiede bestehen dabei vor allem in der genauen

Verwendung. Das grundlegende Konzept bleibt dabei unverändert: Kontinuität stellt einen gleichmäßigen, stetigen Vorgang oder Ablauf dar, das abrupte Abbrechen eine Diskontinuität. Wie jedoch in diesem Band gezeigt werden konnte, verschwimmen die Grenzen zwischen Kontinuität und Diskontinuität.

Die Auseinandersetzung mit Kontinuität ist in diesem Zusammenhang nicht notwendigerweise an eine historische Wissenschaft gebunden. Grundlegende Auseinandersetzungen wurden vor allem in der Philosophie und Geschichtstheorie geführt. Erste Beschäftigungen mit dem Konzept von Kontinuität fanden bereits in der Antike statt. Anders als in jüngeren Arbeiten standen Kontinuitätsvorstellungen noch nicht im Zusammenhang mit Geschichtlichkeit. Vielmehr zeichnete sich Kontinuität beziehungsweise ‚das Kontinuum' durch einen naturwissenschaftlichen oder theologischen Charakter aus. Innerhalb der Philosophie der Neuzeit fand die Auseinandersetzung mit der Kontinuitätsproblematik vor allem in Bezug auf die Lebensphilosophie und Phänomenologie statt. Dieser Diskurs schuf wesentliche Grundlagen für ein Aufarbeiten von ‚historischer Kontinuität'[1]. Diese wurde vor allem in der Geschichtsphilosophie des 19. und 20. Jahrhundert ausführlich diskutiert. Eine detaillierte Darstellung der Forschungsgeschichte und der wesentlichsten Arbeiten legte Hans M. Baumgartner mit seiner Habilitationsschrift vor.[2] Auffallendes gemeinsames Element der durch Baumgartner diskutierten Arbeiten ist das Vermitteln zwischen Gegenwart und Geschichte beziehungsweise deren Verknüpfungen. So stellte Johann G. Droysen in seinem Werk *Historik* von 1882 heraus, dass Kontinuität durch ein „stetes Werden, Weiterführen, Erweitern, Ergänzung des Früheren durch das Spätere"[3] geprägt ist und somit Geschichte und Kontinuität gleichzusetzen sind.[4] Im Rahmen des Workshops wurde diese Definition jedoch in Frage gestellt: Kann es nicht auch eine Kontinuität der Umbrüche geben? Und umgekehrt besteht die Frage, ob Geschichte nicht vordergründig durch Diskontinuitäten konstituiert wird. Wie gezeigt werden konnte, ist Kontinuität ein unleugbarer Teil der Geschichte, aber Geschichte bedeutet nicht notwendigerweise Kontinuität.

1 Thomas Knopf: *Kontinuität und Diskontinuität in der Archäologie.* Münster / New York / München / Berlin: Waxmann 2002, S. 12–13.

2 Hans Michael Baumgartner: *Kontinuität und Geschichte.* Frankfurt am Main: Suhrkamp 1972.

3 Ebd., S. 57.

4 Ebd., S. 56–58.

Wesentlich ist auch, dass eine klare Verbindung von Vergangenheit und Gegenwart das eigene Handeln legitimiert und begründet, historische Kontinuität somit als Mittel der eigenen Rechtfertigung dient[5] und zur (Selbst) Identifikation von Individuen und Gruppen beiträgt. So stellte bereits Émile Durkheim heraus, dass das Praktizieren von Ritualen der kulturellen Selbstversicherung dient. Dieses gemeinsame und zielgerichtete Erinnern an eigene Traditionen, das Durchführen der Rituale und nicht zuletzt das Erleben jener erzeugen ein Gefühl von sozialer Kontinuität.[6] Gleichzeitig sind die zyklischen Rituale selbst ein Bestandteil dieser.[7] Traditionen werden nicht nur als kulturelle bzw. soziale Selbstversicherungen verwendet, sondern sind identitätsstiftend, ebenso wie Kontinuität. Während des diesem Band zu Grunde liegenden Workshops wurde deutlich, dass gerade in der Ethnologie der Begriff ‚Tradition' sehr eng mit Kontinuität verbunden wird, obwohl es traditionelle Rituale gibt, die mit einem Kontinuitätsbruch zusammenhängen. Dazu gehören Übergangsrituale, die von einer Lebensphase in eine neue überleiten und somit einen Umbruch darstellen. Die Rituale sind hier selbst eine konstante Tradition, markieren aber einen erlebten Wandel.[8]
Für die verschiedenen archäologischen Disziplinen spielt Kontinuität eine wesentliche Rolle. Bereits die grundlegenden Methoden der Typologie und Chronologie sind eng mit der Annahme von Kontinuität verbunden. Dabei handelt es sich zunächst um ein rein deskriptives Auseinandersetzen und Ordnen von konstant vorkommenden gestalterischen und funktionalen Merkmalen. Darauf aufbauende weiterführende Untersuchungen zu Kontinuität und Diskontinuität dienen dazu, aus dem Fundmaterial Aussagen zu verschiedenen gesellschaftlichen Aspekten zu gewinnen. Im Vordergrund steht dabei die Frage, inwiefern immaterielle Kultur Auswirkungen auf die Konstanz oder Veränderung materieller Güter beziehungsweise archäologischen Quellenmaterials haben. Trotz der zentralen Rolle von Kontinuität und Diskontinuität innerhalb des archäologischen Arbeitens wurde nur

5 Ebd., S. 162. Hans Michael Baumgartner bezieht sich in diesem Abschnitt auf Ernst Troeltschs Arbeiten.

6 Dieses soziale Gefühl von Kontinuität bezeichnet Durkheim als Efferveszenz.

7 Émile Durkheim: *Die elementaren Formen des religiösen Lebens.* Berlin: Verlag der Weltreligionen 2007.

8 Siehe dazu Victor Turner: *Das Ritual. Struktur und Anti-Struktur.* Frankfurt am Main: Campus 2005; Arnold van Gennep: *Übergangsriten. Les rites de passage.* Frankfurt am Main: Campus 2005.

vereinzelt über grundlegende Fragen und Probleme des Kontinuitätskonzepts diskutiert.[9]

Verschiedene Ansätze finden sich zwar im fachlichen Diskurs wieder, auffallend ist jedoch, dass das ‚Kontinuitätsproblem' vor allem in Zusammenhang mit dem Siedlungswesen behandelt wird. Jürgen Kunow betont diesbezüglich, dass die Auseinandersetzung mit dem Kontinuitätsproblem vor allem auf empirische Ansätze beschränkt ist.[10] Kunow selbst versuchte daraufhin, die Rahmenbedingungen von Kontinuität/Diskontinuität in Hinblick auf das Siedlungswesen zu erarbeiten, ausgehend von einer sowohl empirischen als auch theoretischen Basis.

Hingegen verzichtet Jens Lüning[11] in seiner Auseinandersetzung mit Kontinuität und Diskontinuität auf einen inhaltlichen Diskurs und näherte sich der Problematik über die rein fachspezifische Quellenlage. Er stellt schon zu Anfang heraus, dass „es mit der einfachen Alternative Kontinuität-Diskontinuität nicht mehr getan ist"[12]. Vielmehr spricht er sich für eine klare Differenzierung zwischen Kontinuität und Diskontinuität mit mehreren Zwischenstufen aus. Die unterschiedlichen Stufen von Kontinuität erarbeitet Lüning anhand von Einzelmerkmalen beziehungsweise deren Kombination miteinander. Von ‚vollständiger' oder ‚absoluter' Kontinuität kann demnach nur bei einer Konstanz aller betrachteten Merkmale gesprochen werden. Abhängig von der Anzahl der gleichbleibenden Merkmale lässt sich dagegen die ‚partielle' Kontinuität beziehungsweise Diskontinuität in verschiedene Grade der Ausprägung unterscheiden.[13]

Eine zusammenfassende, kurze theoretische Auseinandersetzung mit wesentlichen Problemen der Kontinuitätsdebatte in der Archäologie findet sich bei Wolfgang Brestrich.[14] Im Rahmen seiner Untersuchungen zum Gräberfeld auf der Nordstadtterrasse von Singen am Hohentwiel macht er darauf

9 Zusammenfassend, siehe Knopf: *Kontinuität und Diskontinuität in der Archäologie,* S. 18–26; Manfred K. H. Eggert: *Prähistorische Archäologie: Konzepte und Methoden.* Tübingen / Basel: Francke 2000, S. 296–307.

10 Jürgen Kunow: Zur Theorie von kontinuierlichen und diskontinuierlichen Entwicklungen im Siedlungswesen. In: Claus Dobiat (Hrsg.): *Festschrift für Otto-Herman Frey zum 65. Geburtstag.* Marburg: Hitzeroth 1994, S. 339–352, hier S. 339.

11 Jens Lüning: Kontinuität und Diskontinuität. In: Siegfried J. De Laet (Hrsg.): *Acculturation and Continuity in Atlantic Europe Mainly during the Neolithic Periode and the Bronze Age; Papers Presented at the IV. Atlantic Colloquium, Ghent 1975.* Brugge: de Tempel 1976, S. 174–188.

12 Ebd., S. 174.

13 Ebd., S. 176–188.

14 Wolfgang Brestrich: *Die mittel- und Spätbronzezeitlichen Grabfunde auf der Nordstadtterrasse von Singen am Hohentwiel.* Stuttgart: Theis 1998, S. 183–184.

aufmerksam, dass bis zum Zeitpunkt seiner Publikation eine klare terminologische Definition fehlte, wobei er darauf verweist, dass eine klare Trennung beider Begriffe wahrscheinlich weder möglich noch sinnvoll ist. Wichtig erscheint ihm, dass beide Begriffe einer Relativität unterliegen und ihre Bewertung stark durch die zugrundeliegenden Bewertungskriterien sowie durch überlieferungsbedingte Verzerrungen beeinflusst ist. Darüber hinaus betont Brestrich, dass nicht nur die direkten Sachaspekte des archäologischen Fundguts in der Betrachtung berücksichtigt werden sollten, sondern auch weniger unmittelbare Komponenten wie Produktionsweisen, Funktionskontexte und/oder Rückschlussmöglichkeiten auf übergeordnete kulturelle Dimensionen in die Untersuchungen einbezogen werden müssen. Nur ein Einbeziehen dieser Faktoren würde seiner Meinung nach ein oberflächliches Bild von Kontinuität beziehungsweise Diskontinuität relativieren und klarer wiedergeben.

Einen umfassenden Beitrag zu dem Kontinuitätsdiskurs in der Archäologie liefert Thomas Knopf.[15] Ausgangspunkt seiner Arbeit ist eine umfassende Aufarbeitung der Verwendung des Begriffspaars innerhalb der ur- und frühgeschichtlichen Archäologie. Diese zeigt, dass innerhalb der archäologischen Disziplinen Kontinuität vor allem dazu verwendet wird, Ursachen hinter Konstanz und Wandel von ‚materieller Kultur' wiederzugeben. Untersuchungen von Fallbeispielen aus dem Bereich der Keramik führten Knopf zu dem Fazit, dass der Kontinuitätsbegriff deutlich differenzierter verwendet werden sollte. Der Begriff Kontinuität könne insgesamt nur in Verbindung mit Vorgängen verwendet werden – nicht jedoch mit Zuständen. Kontinuität erfordere entsprechend eine zeitliche Tiefe, die sich für ‚Bevölkerung' oder ‚Keramik' nicht per se feststellen ließe. Für dieses und ähnliche Beispiele sei es viel mehr von Nöten, über jene Merkmale zu sprechen, die innerhalb eines Zeitraumes Wandel oder Konstanz unterlagen.[16]

In der Ethnologie ist die Diskussion des Begriffs der Kontinuität ein marginales Feld, aber Kontinuität als Thematik wurde in vielen verschiedenen Debatten über Tradition bearbeitet. Besonders hervorzuheben sind die Werke *The Invention of Tradition* von Eric Hobsbawm und Terence Ranger[17] sowie *Disentangling Traditions: Culture, Agency and Power* von Ton Otto und Poul

15 Knopf: *Kontinuität und Diskontinuität in der Archäologie.*

16 Ebd., S. 271.

17 Eric Hobsbawm / Terence Ranger (Hrsg.): *The Invention of Tradition.* Cambridge: Cambridge UP 1983.

Pedersen.[18] Beide setzen sich mit der politischen Rolle von Traditionen und letztlich auch mit jener der Kontinuität auseinander. Zum einen werden Traditionen oftmals nicht nur neu entdeckt, sondern auch neu erfunden, um beispielsweise Landrechte zu bekräftigen. Entsprechend geht es in der Debatte um Traditionen längst nicht mehr nur darum, sie zu beschreiben oder schriftlich zu erhalten, sondern zu hinterfragen, ob diese Traditionen wirklich Kontinuität besitzen.

Zu erwähnen ist ferner der Sammelband *Kontinuität?* von Hermann Bausinger und Wolfgang Brückner,[19] welcher zwar weder aus Ethnologie oder Archäologie stammt, aber aus der Volkskunde, die mit beiden Fächern verwandt ist. Wichtig ist hier folgende Erkenntnis: Kontinuität schafft Identität, welche sich (zumindest rückblickend) am deutlichsten in der materiellen Kultur manifestiert.[20] Dadurch sind zugleich die Archäologien und die Ethnologie prädestiniert dafür, sich genauer mit Kontinuitätsvorstellungen auseinanderzusetzen. Die hier beschriebenen Ansätze unterstreichen die Notwendigkeit eines intensiveren Diskurses über Kontinuitäten und deren verschiedenen Erscheinungsformen. Obwohl diese allgegenwärtig und von zentraler Bedeutung für das menschliche Zusammenleben sind, stellen sie die verschiedenen Disziplinen trotz wiederholter theoretischer und historischer Auseinandersetzungen immer noch vor eine methodische und theoretische Herausforderung. Insbesondere bei einer fächerübergreifenden Auseinandersetzung zeigen sich die Grenzen der bisherigen Betrachtungen. Dieses Problem lässt sich durch einen praxis- und objektorientierten Zugang überbrücken und erlaubt einen gemeinsamen, empirischen Austausch zur Fragestellung nach der Rolle von Kontinuität in modernen und historischen Gesellschaften.

Auch wenn Kontinuität manchmal nur scheinbar existiert oder gar konstruiert wird und als Begriff schwer definierbar ist, ist sie eine Betrachtung wert. Denn Gesellschaften mögen sich nicht wörtlich mit ihr identifizieren, aber sie identifizieren sich mit den Dingen, die Kontinuität besitzen, oder bedingen Traditionen, Werte, materielle Kultur, Geschichte und vieles mehr. Kontinuität ist schwerer erfahrbar als Umbrüche und Einschnitte, aber dennoch

18 Ton Otto / Poul Pedersen (Hrsg.): *Tradition and Agency: Tracing Cultural Continuity and Invention.* Aarhus: Aarhus UP 2005.

19 Hermann Bausinger / Wolfgang Brückner (Hrsg.): *Kontinuität? Geschichtlichkeit und Dauer als volkskundliches Problem.* Berlin: Schmidt 1969.

20 Hermann Bausinger: Zur Algebra der Kontinuität. In: Ders. / Wolfgang Brückner (Hrsg.): *Kontinuität? Geschichtlichkeit und Dauer als volkskundliches Problem.* Berlin: Schmidt 1969, S. 9–30, hier S. 23.

in der menschlichen Wirklichkeit und seiner materiellen Kultur erkennbar. Finden wir in der Wissenschaft einen roten Faden, so wird er alsbald als Erkenntnisgrundlage verwendet. Kontinuität schafft Gewissheit und die Erhaltung von Werten. Die beständigen Werte geben uns unsere Identität, sie dienen uns als Rechtsgrundlage. Dinge, die konstant verwendet werden, erlangen ihren beständigen Wert durch ihren hohen Nutzen. Kontinuität scheint etwas Handfestes zu sein. Auf der anderen Seite gibt es durchaus eine Kontinuität der Diskontinuitäten. Auch permanenter Wandel kann zu einer Gewissheit und zu einer Tradition werden.

Im vorliegenden Band wurde eines deutlich: Kontinuität kann ein roter Faden sein, auf den wir zurückgreifen können. Sie kann aber auch ein ausgefranster oder knotendurchzogener oder gar aus vielen Schnüren geflickter Faden sein. Wie die Fallbeispiele aus den verschiedenen Disziplinen zeigen, ist Kontinuität vieles, aber nicht mit einer einzigen Definition beschreibbar.

Abbildungsverzeichnis

Bonka Nedeltscheva: Das Objekt Tontafelhülle.
Abb. 1: Tontafel mit Hülle, Louvre (FD III Urukagina/ Lagaš; CDLI Nr. P 100839).
Abb. 2: Tontafel mit Hülle, Pennsylvania (Altakkadisch PBS IX, Nr. 122).
Abb. 3: Tontafel mit Hülle, Schøyen Collection (Altakkadisch Mus. Nr.: MS 3550).

Elnaz Rashidian: Urbane Diskontinuität, Siedlungskontinuität und Landschaftswandel
Abb. 1: Schematische Darstellung der erwähnten Problematik. Bei der Erweiterung der Betrachtungsebene kann ein diskontinuierlich erschienenes Phänomen (a.) als ein Teil einer kontinuierlichen Wandlung (b.) nachgewiesen werden. Zeichnung: Elnaz Rashidian.
Abb. 2: Schematische Darstellung einer natürlichen kontinuierlichen (a.) und einer diskontinuierlichen (b.) Schichtabfolge, wobei b trotz der Diskontinuität von Schichten eine Siedlungskontinuität aufweist. Zeichnung: Elnaz Rashidian.
Abb. 3: Schematische Darstellung des Karkheh-Flusses im Südwesten Irans und seiner drei rekonstruierten Ausrisse, geändert u. basierend auf geoarchäologischen Ergebnissen von Vanessa M. A. Heyvaerta / Jan Walstrab / Peter Verkinderenb / Henk J. T. Weertsd / Bart Oogheb: The Role of Human Interference on the Channel Shifting of the Karkheh River in the Lower Khuzestan Plain (Mesopotamia, SW Iran). In: *Quaternary International* 251 (2012), S. 52–63, hier S. 55, Abb. 3. Zeichnung: Elnaz Rashidian.

Elwira Marta Janus: Kontinuitätsbruch?
Abb. 1: Plan der Agora von Athen ca. 150 n. Chr. (römische Bauten: rot und schwarz). Craig. A. Mauzy: *Agora Excavations 1931–2006. A Pictoral History*. Athen: American School of Classical Studies in Athens 2006, S. 9, Abb. 10. © American School of Classical Studies in Athens: Agora Excavations.
Abb. 2: Grundriss des Hephaisteions mit Einbauten der Kirche des Hl. Georgs, 7. Jh. n. Chr. John McK. Camp: *The Athenian Agora. A Short Guide*. Athen: American School of Classical Studies in Athens 2003, S. 12, Abb. 13. © American School of Classical Studies in Athens: Agora Excavations.
Abb. 3: Peirene-Quelle in Korinth: Rekonstruktion der Fassade (oben: hellenistisch, unten: römisch). Archiv Corinth Excavations, Zeichnung Nr. 067 022 (Restored Elevation of Peirene). http://www.ascsa.net/id/corinth/drawing/067%20022?q=references%3A%22Corinth%3AMonument%3APeirene%22&t=drawing&v=icons&sort=&s=20 (Zugriff am 24.08.2015). © American School of Classical Studies in Athens: Corinth Excavations.
Abb. 4: Triglyphe des Ares-Tempels mit Versatzmarken. Marian Holland McAllister: The Temple of Ares at Athens. A Review of the Evidence. In: *Hesperia* 28,1 (1959), Taf. 4,b. © American School of Classical Studies in Athens: Agora Excavations.

Martin Hensler: Untersuchungen zum Konsum einer archäologischen Objektgruppe.
Abb. 1: Skizze eines idealtypischen Ösenrings. Zeichnung: Martin Hensler.
Abb. 2: Verbreitungskarte der Befunde mit Ösenringen nach Quellengattungen. Karte: Martin Hensler. This product includes Intellectual Property from European National Mapping and Cadastral Authorities and is licensed on behalf of these by EuroGeographics. Original product is freely available at www.eurogeographics.org. Terms of the licence available at http://www.eurogeographics.org/form/topographic-data-eurogeographics).